UNA
CONSEJERÍA
BÍBLICA

UNA GUÍA BÁSICA DE PRINCIPIOS Y PRÁCTICA DE LA CONSEJERÍA

JOHN F. MacARTHUR, JR.
WAYNE A. MACK
Y LA FACULTAD DE THE MASTER'S COLLEGE

CARIBE

© **1996 Editorial Caribe**
A division of Thomas Nelson
P.O. Box 141000
Nashville, TN 37217

Título del original en inglés:
Introduction to Biblical Counseling
© 1994 por *Word, Inc.*
Publicado por *Word Publishing*

ISBN: 0-89922-572-1

Traductor: *Jorge Sánchez*

Impreso en EE.UU.
Printed in U.S.A.

E-mail: caribe@editorialcaribe.com

7ª Impresión
www.caribebetania.com

Dedicado a los consejeros bíblicos
que se preparan en
The Master's College y en el Seminario.

Contenido

Prefacio   **vii**

Introducción   **xi**

PARTE I. TRASFONDO HISTÓRICO DE LA CONSEJERÍA BÍBLICA

1. Renacer de la consejería bíblica   17
   John MacArthur (hijo)
2. Los puritanos ingleses: Un paradigma histórico de
   la consejería bíblica   37
   Ken N. Sarles
3. Consejería bíblica en el siglo veinte   61
   David Powlison

PARTE II. FUNDAMENTOS TEOLÓGICOS DE LA CONSEJERÍA BÍBLICA

4. Las Escrituras y la consejería bíblica   81
   Douglas Bookman
5. La consejería y la pecaminosidad humana   117
   John MacArthur
6. La unión con Cristo: Sus implicaciones para
   la consejería bíblica   135
   David B. Maddox
7. La obra del Espíritu y la consejería bíblica   151
   John MacArthur
8. La disciplina espiritual y el consejero bíblico   161
   Robert Smith
9. El enfoque hacia Dios de la consejería bíblica   173
   Douglas Bookman

PARTE III. EL PROCESO DE LA CONSEJERÍA BÍBLICA

10. Cómo desarrollar una relación adecuada con los aconsejados   193
    Wayne A. Mack

11. Infundir esperanza en el aconsejado   209
    Wayne A. Mack
12. Cómo llevar un inventario del aconsejado: recolección de datos   231
    Wayne A. Mack
13. Interpretar los datos del aconsejado   251
    Wayne A. Mack
14. Instrucción mediante la consejería bíblica   271
    Wayne A. Mack
15. Consejería bíblica e inducción   289
    Wayne A. Mack
16. Implementación de la instrucción bíblica   305
    Wayne A. Mack

PARTE IV. LA PRÁCTICA DE LA CONSEJERÍA BÍBLICA

17. Consejería bíblica y la iglesia local   321
    William W. Goode
18. Los dones espirituales y la consejería bíblica   333
    John MacArthur
19. La predicación y la consejería bíblica   345
    John MacArthur
20. Preguntas frecuentes acerca de la consejería bíblica   355
    Compiladas y editadas por Dennis M. Swanson

Apéndice   379

Prefacio

Este libro se escribe para presentar un sistema de verdad bíblica que incluya a las personas, sus problemas y el Dios viviente. *Una nueva mirada a la consejería bíblica* se basa en las convicciones de que: 1) La Palabra de Dios debe ser nuestra autoridad en consejería, 2) la consejería es parte del ministerio básico del discipulado en la iglesia local, y 3) el pueblo de Dios puede y debe estar preparado para aconsejar de manera efectiva.

Una nueva mirada a la consejería bíblica se escribe para todo el pueblo de Dios: pastores, diáconos y laicos. Prevemos que será un libro de texto en potencia de Consejería Bíblica o Teología Pastoral a nivel de universidades y seminarios cristianos. Tanto los pastores veteranos con una larga preparación y experiencia, como los que carecen de ellas o las tienen en poca medida, pueden sacar beneficio de este libro. Los creyentes sinceros que deseen mejorar sus habilidades en el servicio de Cristo y su pueblo, pueden también hallar mucho contenido útil, práctico y estimulante en sus páginas.

Al preparar este libro hemos trabajado para presentar un material que sea bíblicamente preciso, antes que humanístico o secular; que sea proactivo, antes que reactivo o polémico; práctico, antes que teórico y abstracto; algo que sea fácil de entender antes que técnico o complicado. Hemos escrito con el ánimo de informar, estimular, instruir, confirmar, ampliar y promover crecimiento espiritual y efectividad ministerial en los lectores.

Este libro se ha escrito con once objetivos en mente:

1. Ampliar y reforzar la confianza del pueblo de Dios basado en que las Escrituras son suficientes, superiores y prácticas para enfrentar todos los aspectos de la vida. Convencer a los cristianos de que los recursos que tenemos en Cristo y su Palabra no son sólo suficientes para llevar a cabo y resolver todos los problemas personales e interpersonales de la vida, sino también superiores a los que hallamos en el mundo. Por ejemplo, contestar preguntas tales como: «¿Necesitamos más que lo que las Escrituras nos ofrecen para ser eficaces en el ministerio de la consejería? ¿Qué dicen las Escrituras acerca de la consejería? ¿Qué base bíblica tenemos para usarlas en la consejería?»

2. Animar a los creyentes a pensar bíblicamente acerca de todo lo relacionado con la consejería; por ejemplo, contestar la pregunta: «¿Qué significa pensar bíblicamente y cómo podríamos desarrollar una mentalidad bíblica y un adecuado punto de vista bíblico del mundo?»

3. Ayudar a los cristianos a entender a las personas y sus problemas mediante una óptica escritural; por ejemplo, contestar la pregunta: «¿Qué dicen las Escrituras acerca de quiénes y qué son las personas y por qué tienen los problemas que tienen?»

4. Demostrar por qué nuestros métodos de consejería deben estar de acuerdo con nuestras convicciones teológicas; por ejemplo, responder a la pregunta: «¿Cómo se enlaza y se relaciona lo que creemos con nuestro ministerio de consejería?»

5. Proveer preceptos bíblicos para aconsejar eficazmente a personas que luchan con problemas; por ejemplo, contestar la pregunta: «¿Cómo debe uno realizar la consejería bíblica?»

6. Motivar a los creyentes para que participen en el ministerio de consejería, y equiparlos para que sean más competentes en esta tarea; por ejemplo, contestar las preguntas: «¿Por qué debería interesarme en la consejería bíblica y cómo podría llegar a ser un consejero eficaz?»

7. Dar a los creyentes principios bíblicos específicos para discernir la diferencia entre aconsejar lo que aparenta ser bíblico y aconsejar lo que realmente lo es; por ejemplo, contestar la pregunta: «¿Cuáles son las características de la consejería bíblica?»

8. Adoptar un acercamiento a las Escrituras que sea tanto exegéticamente correcto como esencialmente práctico; por ejemplo, contestar las preguntas: «¿Cuál debería ser nuestra actitud en el estudio como en la práctica de la Biblia? ¿Cómo deberíamos estudiar y aplicar las Escrituras?»

9. Presentar una breve perspectiva histórica sobre el ministerio de la consejería; ver cómo la sicología secular se ha infiltrado e influido en la iglesia a lo largo del siglo veinte y cómo el movimiento de la consejería bíblica progresa; por ejemplo, contestar las preguntas: «¿Quiénes han sido algunos de los promotores y practicantes de la consejería bíblica? ¿Cómo la iglesia llegó a enamorarse de los preceptos de la sicología secular de nuestro siglo? ¿Cómo se recuperó el énfasis e interés por la verdadera consejería bíblica? ¿Qué progreso se hace en el movimiento?»

10. Animar a la iglesia a aceptar las responsabilidades que Dios le ha dado para aconsejar y presentar un método para el desarrollo de un ministerio de consejería; por ejemplo, contestar las preguntas: «¿Dónde encaja el ministerio de la consejería en la iglesia? ¿Quiénes deberían involucrarse en la consejería? ¿Cómo desarrolla una iglesia un ministerio correcto de consejería bíblica?»

II. Responder a algunas de las objeciones que surgen contra la consejería bíblica y aclarar qué se entiende por esta; por ejemplo, contestar preguntas tales como: «¿No resulta muy simplista insistir que la Biblia nos provee todo cuanto necesitamos para tratar los problemas de las personas? ¿Puede la Biblia aportar todo lo necesario para aconsejar a personas con problemas serios? ¿No necesitan algunas personas un experto, es decir, alguien con una sólida preparación en sicología, capaz de entenderlos y ayudarlos?»

El libro está compuesto de tres partes. La primera, consagrada a la perspectiva histórica de la consejería bíblica, establece la tendencia y provee las razones fundamentales. La segunda, presenta los temas teológicos cruciales que apuntalan la consejería bíblica. La tercera, se enfoca sobre la implementación práctica de la consejería bíblica. Al final, se encuentran índices de autores y temas.

Reconocemos muy agradecidos la ayuda de tantos en la preparación de este libro. A David Swavely, John Hotchkiss, Phil Johnson y Jay Flowers por su tarea editorial. Sus inapreciables habilidades han hecho este libro más legible y útil. Dennis Swanson supervisó y coordinó el material tocante a recursos para consejeros bíblicos, asimismo el capítulo sobre preguntas que se hacen con frecuencia y los índices. Hacemos extensiva nuestra gratitud a David Powlison, de la *Christian Counseling and Educational Foundation,* al pastor Bill Goode, de la *Faith Baptist Church,* a Ken Sarles, del *Master's Seminary* y a Lance Quinn y Carey Hardy, de la *Grace Community Church* por unirse con el cuerpo facultativo de *The Master's College* en contribuciones valiosas sobre tópicos de especial interés para ellos. Debemos también extender nuestro reconocimiento al Dr. Robert Smith, quien escribió uno de los capítulos del libro y fue instrumento en el desarrollo inicial del programa de consejería bíblica en *The Master's College.* Deseamos también expresar nuestro agradecido reconocimiento al Dr. John Stead, vicepresidente de asuntos académicos de la misma universidad, por el ánimo y apoyo que recibimos de él durante el desarrollo de esta publicación. Por sobre todo, deseamos alabar a nuestro trino Dios por el privilegio de conocerle y servirle tanto a Él como a su pueblo de muchas maneras, en especial al escribir este volumen.

Quienes servimos a Cristo en *The Master's College* y hemos tenido parte en la producción de este libro, dedicamos *Una nueva mirada a la consejería bíblica* al honor y la gloria de Cristo y oramos para que Él lo utilice para bien de su pueblo que ama y por quien se dio a sí mismo. Nuestra oración es que Él utilice este material para equipar a pastores y laicos en el ministerio de edificar el cuerpo de Cristo. Que el Señor se complazca en utilizar los conceptos e información presentados en este libro para hacernos más competentes en preparar y restaurar a los santos, de modo que pueda recibir toda la alabanza y la gloria que sólo Él merece.

Wayne A. Mack

Introducción

El 29 de noviembre de 1993, la revista *Time* publicó una serie de artículos sobre la confusión en la sicología moderna. En su cubierta apareció una fotografía retocada de Sigmund Freud, su cabeza era un rompecabezas tridimensional, vacío e incompleto, y la pregunta sugestiva: «¿HA MUERTO FREUD?»

Uno de tales artículos suscita la duda: «¿Qué pasaría si Freud estuvo errado?» Señalando que este siglo ha visto ya el repentino colapso del marxismo, sugiere que podríamos estar cerca de ser testigos de un derrumbe igualmente dramático del «complejo monumento freudiano».[1]

No hace mucho los evangélicos se hubieran alegrado sinceramente con tales nuevas. Pero vivimos en tiempos extraños e, irónicamente, mientras el mundo secular en forma creciente se ha estado desconectando de la industria de la sicoterapia profesional, el mundo evangélico ha estado abiertamente tratando de conciliar la sicología secular con las verdades bíblicas. Mientras el mundo ha llegado a desconfiar cada vez más de la sicología, los cristianos parecen estar cada vez más comprometidos con ella. Quizás sea acertado decir que muchos en la iglesia son adictos a la sicoterapia.

La urgencia por introducir la sicología en la iglesia es algo que francamente resulta extraño. Sicología y cristianismo han sido enemigos desde el principio. Las presuposiciones de Freud fueron ateístas y cínicas. Calificó a la religión de «neurosis obsesiva universal».[2] Para él, la religión era una ilusión que derivaba sus fuerzas de lo irracional, simples pensamientos cargados de deseos irreales con raíces en el instinto humano.[3] Quienes siguieron a Freud fueron en principio hostiles a las creencias bíblicas. Las doctrinas fundamentales del movimiento fueron, por tanto,

---

1 Paul Gray, «The Assault on Freud» [El asalto a Freud], *Time*, 29 de noviembre de 1993, p. 47.

2 Citado en *Christian Psychiatry* [Siquiatría cristiana], de Frank B. Minirth, Revell, Old Tappan, NJ, publicado en 1977, p. 27.

3 Sigmund Freud, *New Introductory Lectures on Psychoanalysis* [Nuevas conferencias introductorias al sicoanálisis], conferencia 35, Norton, NY, 1977.

basadas sobre presuposiciones abiertamente anticristianas. Para Freud y sus seguidores el ser humano no fue sino un animal motivado por los impulsos sexuales y otras necesidades de su ego.

Con mucha justificación a la iglesia se le previno sobre estas ideas. Las teorías de Freud estaban entre varias hipótesis ateístas, junto con el darwinismo y el marxismo, que fueron ganando popularidad al final del siglo pasado. La batalla más importante de la iglesia era en ese entonces, sin embargo, librada contra otro enemigo insidioso: el liberalismo teológico, un seudocristianismo que negaba la autoridad de las Escrituras y cuestionaba lo sobrenatural. Esta fue otra doctrina que contribuiría a la rápida secularización de la sociedad.

Entre los cristianos profesantes, sólo los teólogos liberales encontraron aliados entre los sicólogos ateos. Carl Jung escribió mucho acerca de religión. En su enseñanza, sin embargo, el subconsciente humano era divino. William James, padre del pragmatismo moderno, mezcló también teorías de conducta y religión con un credo humanístico que hizo un uso copioso de terminología teológica. Pero tales hombres de ninguna manera fueron cristianos. Rechazaron decididamente lo sobrenatural, repudiaron la autoridad de las Escrituras y desecharon la mayoría de los principios de la fe cristiana histórica.

La sicología fue así ideal para una época crecientemente secular. Hacia mediados de nuestro siglo, la nueva disciplina se aceptó en las mentes populares como una ciencia desarrollada a plenitud, aun cuando el movimiento comenzaba ya a fragmentarse en docenas de escuelas y filosofías reñidas entre sí y pese a que sus hipótesis no podían comprobarse ni verificarse sus resultados a través de ninguno de los medios tradicionales de la verdadera ciencia. Nada de esto logró disminuir la aceptación de la sicología en una edad que creció hostil a toda noción de verdad absoluta.

En el espacio de pocas décadas, la industria de la sicoterapia y los evangélicos establecieron una coexistencia más o menos resguardada. Los cristianos parecieron intimidados por la abrumadora aceptación que el mundo dio a la sicoterapia como ciencia verdadera. Los terapeutas creían poseer un conocimiento superior y terapias efectivas que la consejería espiritual tradicional jamás había podido ofrecer. Declaraban en términos no inciertos que los clérigos y consejeros espirituales debían permanecer fuera de su campo de juego.

Un libro de texto sobre sicología pastoral escrito en los años cincuenta resumió la actitud de los terapeutas profesionales hacia la consejería espiritual en estos términos:

> Es deber [del pastor] no procurar arrogarse el papel de siquiatra sino que, *tan rápido como sea posible, debe remitir el paciente a un profesional.* A menudo debe asegurarse del juicio del siquiatra tocante a los síntomas

que muestra quien hace la petición. Sobre todo, *el clérigo, en tales casos, debe colocarse bajo la dirección del siquiatra*, si es que este último cree que su colaboración como religioso es de ayuda. La sicoterapia y la terapia religiosa demandan continuidad, tratamiento paciente por largos períodos y el clérigo pocas veces encuentra las horas para cumplir con esto. Por tanto, como parte del personal de su iglesia o sinagoga, debe tener un especialista al cual pueda referir los casos. Si no cuenta con tal profesional, este podría ser un amigo y consejero del clérigo cuando se requiera. Todo esto demanda tiempo y dinero, y no debe olvidarse que mientras el clérigo está dispuesto a brindar su tiempo libremente, el siquiatra profesional debe hacer que sus horas cuenten en términos de dinero. *Con demasiada frecuencia personas en angustia van al clérigo cuando no han tenido éxito en sus consultas con el siquiatra, pero es astuto el pastor que de inmediato las envía de vuelta a su siquiatra.*

Con frecuencia, pastor y siquiatra pueden trabajar de la mano, especialmente en el caso de personas que en un momento aceptarán la guía del clérigo mismo y en otro la del siquiatra. Cónyuges se han reunido como resultado de esta técnica. Algunas veces el siquiatra recomendará al religioso que reciba a un joven convaleciente como miembro de la organización juvenil de su institución, en la esperanza de que las oportunidades sociales lograrán acelerar su cura. Otras el siquiatra apreciará la utilidad de asistir a los servicios de la iglesia, la lectura de material religioso y la ejecución de ritos y ceremonias tradicionales. *En todos estos casos, el siquiatra debe ser el mentor y director del tratamiento.*[4]

Demasiados pastores se han rendido a tal manera de pensar y desde hace unos cuarenta años la consejería se ha removido sin titubeos desde la iglesia hasta las clínicas. Ahora la sicología «cristiana» es un negocio de miles de millones de dólares. Sin embargo, ¿ha mejorado el estado espiritual y emocional de los creyentes con esta tendencia? Es seguro que nadie afirmará con seriedad tal cosa.

Una de las tendencias prometedoras en el mundo evangélico de nuestros días es el surgimiento de un énfasis renovado sobre la consejería que es *bíblica* y no simple sicología coloreada con palabras y frases bíblicas, sino un ferviente esfuerzo por ayudar a la gente a resolver sus problemas llevándolas a las verdades escriturales objetivas que pueden cambiar la vida.

Al fin y al cabo, las Escrituras son el único recurso digno de confianza al que podemos ir para la solución de nuestros problemas espirituales:

---

4 Vergilius Ferm, *A Dictionary of Pastoral Psychology* [Un diccionario de sicología pastoral], Philosophical Library, NY, 1955, p. 208, énfasis añadido.

- ¿Con qué limpiará el joven su camino? Con guardar tu Palabra (Sal 119.9).

- Pues tus testimonios son mis delicias y mis consejeros (Sal 119.24).

- Me has hecho más sabio que mis enemigos con tus mandamientos, porque siempre están conmigo. Más que todos mis enseñadores he entendido, porque tus testimonios son mi meditación. Más que los viejos he entendido, porque he guardado tus mandamientos (Sal 119.98-100).

- Toda la Escritura es inspirada por Dios, y útil para enseñar, para redargüir, para corregir, para instruir en justicia, a fin de que el hombre de Dios sea perfecto, enteramente preparado para toda buena obra (2 Ti 3.16-17).

Muchísimos pasajes similares podrían citarse para demostrar la superioridad y absoluta suficiencia que las Escrituras tienen. O creemos lo que Dios enseña en su Palabra tocante a esto o nos abrimos a toda clase de influencias corruptoras de pensamientos mundanos. Así es de simple la elección.

Me alienta ver un importante movimiento de creyentes que vuelven a las Escrituras como la única fuente de sabiduría y corrección para el alma. Estoy muy agradecido a Dios por los hombres y mujeres que está utilizando para despertar la iglesia a esta necesidad.

Wayne Mack es uno de esos que han estado en la línea del frente en estos problemas durante muchos años. Bajo su sabio liderazgo, *The Master's College* ha venido consolidando un programa de consejería bíblica que no tiene igual en parte alguna. Mientras llevaba a cabo esta tarea, el Dr. Mack halló también tiempo para compilar y editar este libro. Es la realización de un deseo mío de muchos años tener un libro de texto fácil de comprender sobre los problemas que enfrentan los consejeros: Una guía para quienes desean ofrecer verdaderos consejos *bíblicos* y no sólo los conceptos recalentados y tomados de los montones de migajas de la sicología secular. Creo que este libro, en forma efectiva, equipará y animará a los consejeros cristianos que han sufrido la intimidación o confusión de las pretensiones de la sicología moderna. También instruirá y ayudará a quienes están ya involucrados en la consejería bíblica, de modo que resulten más efectivos.

Ya sea usted un consejero bíblico maduro o alguien que está comenzando, sé que en este volumen hallará mucho que le va a ayudar y animar. Mi oración es que este libro llegue a ser un catalizador en alejar a la iglesia de la falsa e intoxicante consejería del saber mundano para volver a la leche pura de la Palabra de Dios.

John MacArthur

Parte I

Trasfondo histórico de la consejería bíblica

1

Renacer de la consejería bíblica

John MacArthur[1]

Desde los tiempos apostólicos, la consejería se ha realizado en la Iglesia como una función natural de la vida espiritual del cuerpo de Cristo. Después de todo, el Nuevo Testamento manda a los creyentes: «Amonestaros los unos a los otros» (Ro 15.14); «Exhortaos los unos a los otros» (Heb 3.13); «Alentaos los unos a los otros» (1 Ts 4.18); «Animaos unos a otros, y edificaos unos a otros» (1 Ts 5.11); «Confesaos vuestras ofensas unos a otros, y orad unos por otros, para que seáis sanados» (Stg 5.16).

El apóstol Pablo escribió: «Así que, los que somos fuertes debemos soportar las flaquezas de los débiles, y no agradarnos a nosotros mismos» (Ro 15.1). Y: «Hermanos, si alguno fuere sorprendido en alguna falta, vosotros que sois espirituales, restauradle con espíritu de mansedumbre, considerándote a ti mismo, no sea que tú también seas tentado. Sobrellevad los unos las cargas de los otros, y cumplid así la ley de Cristo» (Gl 6.1-2).

Cualquier miembro de la iglesia puede usar estas instrucciones, pues no son exclusivas para alguna casta sacerdotal de expertos. La consejería, en particular la que emplea y aplica con eficacia la Palabra de Dios, es un deber necesario en la vida y compañerismo cristianos. Es también el resultado que se espera de la verdadera madurez espiritual: «La Palabra

---

1. Mucho en este capítulo se ha adaptado y ampliado de *Our Sufficiency in Christ* [Nuestra suficiencia en Cristo], de John MacArthur (hijo), Word, Dallas, 1991, pp. 55-72.

de Cristo more en abundancia en vosotros, enseñándoos y exhortándoos unos a otros en toda sabiduría, cantando con gracia en vuestros corazones al Señor con salmos e himnos y cánticos espirituales» (Col 3.16).

En años recientes, sin embargo, ha habido un fuerte e influyente movimiento dentro de la iglesia intentando reemplazar la consejería bíblica con «sicología cristiana»: técnicas y sabiduría extraídas de las terapias seculares y que, sobre todo, realizan profesionales a sueldo. Quienes defienden este movimiento, con frecuencia *suenan* vagamente bíblicos; es decir, citan Escrituras y, a menudo mezclan ideas teológicas con las enseñanzas de Freud, Rogers, Jung o de cualquier escuela de sicología secular que siguen. Pero no cabe dudas de que el movimiento en sí *no* lleva a la Iglesia en una dirección bíblica. Ha condicionado a los creyentes a pensar en la consejería como algo que es mejor dejar en manos de expertos preparados. Esto ha abierto la puerta a una línea completa de teorías y terapias extrabíblicas. En verdad, ha dejado a muchos con el sentimiento de que la Palabra de Dios es incompleta, insuficiente, sencilla e incapaz de ayudar a personas con profundos problemas emocionales y espirituales. Ha llevado a millones de cristianos a buscar ayuda espiritual lejos de sus pastores y hermanos creyentes, en clínicas de sicología. Ha dejado en muchos la impresión de que adaptar métodos seculares de recuperación, como el de los doce pasos que emplea Alcohólicos Anónimos, puede ser de mayor ayuda que los medios espirituales para apartar a las personas de sus pecados. En síntesis, ha menguado la confianza de la Iglesia en las Escrituras, la oración, la comunión y predicación como medios mediante los cuales el Espíritu de Dios obra en la transformación de vidas.

Si las presuposiciones que hay detrás de este movimiento fueran sanas, cabría esperar que la de hoy fuera la generación de cristianos mejor ajustados y mentalmente sanos que jamás haya vivido. Después de todo, ha tenido el beneficio de varias generaciones de expertos en sicología que dicen ser capaces de combinar tal conocimiento con las Escrituras y hacerlo «cristiano».

Pero, claramente, este no es el caso. Un gran número de personas anda en busca de tratamiento sicológico. Más cristianos que nunca antes esperan su turno junto a las puertas de clínicas y consejeros profesionales. A diario se escuchan a sicólogos cristianos que ofrecen consejería «en vivo y en directo» en miles de estaciones radiales alrededor del país. En la última década y media, la sicología cristiana ha llegado a ser una industria que mueve miles de millones de dólares. Parece que millones de cristianos evangélicos son adictos a la terapia.

En contraste con esas tendencias, sin embargo, otro movimiento ha estado ganando fuerza entre los evangélicos. Voces claras que comienzan a instar a la Iglesia a que vuelva a las Escrituras como fuente suficiente de ayuda para los problemas espirituales de la gente. Hay un creciente movimiento de apoyo al regreso a la consejería bíblica en la iglesia. Cada semana oigo de pastores y líderes de la iglesia que redescubren la importancia de la consejería bíblica. Comprenden lo que en realidad creyeron siempre: Que la Escritura es superior a la sabiduría humana (1 Co 3.19); que la Palabra de Dios discierne mejor el corazón humano que cualquier otro medio terrenal (Heb 4.12); que el Espíritu de Dios es el único agente eficaz para la recuperación y la regeneración (Ef 5.18-19) y que en Cristo Jesús se hallan todos los tesoros de sabiduría y conocimiento (Col 2.3).

Tales verdades son tan básicas para la fe cristiana que no nos debe asombrar que las ataquen desde dentro de la iglesia misma. Pero, por supuesto, esto es precisamente lo que ha ocurrido una vez tras otra en la historia de la Iglesia. Ocurre incluso hoy mismo, cuando empujan a la sicología dentro de la iglesia como una solución necesaria, y aun superior, para los problemas espirituales.

En 1980, me pusieron en la línea del frente en la batalla entre la sicología y la consejería bíblica, cuando nuestra iglesia sufrió por vez primera un juicio por «mala práctica eclesiástica». Los cargos que presentaron en el litigio eran que nuestros pastores habían sido negligentes porque tratamos de ayudar a un joven suicida, miembro de nuestra iglesia, dándole verdades bíblicas. Este tipo de demanda fue el primer caso jamás oído en el sistema judicial de los Estados Unidos. Los medios de comunicación se deleitaron, ya que el asunto duró años. Aun algunas fuentes nacionales de noticias dijeron que nuestra iglesia había instado al joven a matarse, enseñándole que el suicidio era una vía segura al cielo. Esto, por supuesto, era falso. Le mostramos con las Escrituras que el suicidio era incorrecto. Le instamos a permitir que la Palabra de Dios lo llevara a un íntimo conocimiento y apropiación de los recursos disponibles en Aquel que deseaba sanar su mente perturbada. Trágicamente rechazó nuestro consejo y se quitó la vida.

El caso suscitó la duda acerca de si las iglesias tenían o no el derecho legal a aconsejar a personas en problemas utilizando sólo la Biblia. Los demandantes argumentaron que aconsejar a una persona deprimida o suicida basándose en las Escrituras era una técnica simplista e irresponsable. Hicieron comparecer a varios «expertos» que testificaron que la consejería espiritual no es apropiada para personas con problemas *reales*. Declararon que las víctimas de depresión crónica, tendencias suicidas y problemas emocionales o mentales similares, deberían remitirse a un sicólogo experto. Los litigantes demandaban que se *requiriera* a los pastores y consejeros de iglesias que enviaran a tales personas a profesionales de salud mental. Su cargo básico era que intentar aconsejar en base a la Biblia a personas con problemas equivale a temeridad y negligencia por las cuales los consejeros de la iglesia debían considerarse moral y legalmente culpables.

Si hubieran ganado el caso, *cualquier* iglesia que practicara consejería bíblica estaría corriendo un enorme riesgo de responsabilidad civil.

Las cadenas de noticias dieron escasa o ninguna divulgación a las verdades del caso que se ventilaron en la corte. Los testimonios demostraron que el joven *estaba* bajo atención de siquiatras profesionales. Además de la instrucción bíblica que recibió de nuestros pastores, buscó tratamiento siquiátrico. Asimismo, nuestros pastores, en vista de que lo habían examinado varios médicos, desecharon causas orgánicas o químicas en su depresión. El muchacho había venido recibiendo todo tipo de terapia disponible pero, de todos modos, eligió poner fin a su vida. Hicimos cuanto pudimos por ayudarle; rechazó nuestro consejo y volvió sus espaldas a la suficiencia espiritual que tenía en Cristo.

Tres cortes diferentes escucharon las evidencias del caso y las tres dictaminaron a favor de la iglesia. Dos veces derribaron esas decisiones debido a apelaciones a raíz de aspectos técnicos, pero todas las cortes que trataron el caso coincidieron en el veredicto que absolvió a la iglesia de toda culpabilidad. Por último, llevaron el caso a la Corte Suprema de los Estados Unidos. Esta rehusó oírlo y de este modo dejó en pie el dictamen de la Corte Suprema del Estado de California que, finalmente, vindicó a la iglesia.

En las tres audiencias del caso, se dictó un fallo y los jueces expresaron también su opinión de que la iglesia *no* faltó a su responsabilidad de brindar un cuidado adecuado. Su juicio fue que nuestros pastores hicieron más que cumplir sus obligaciones legales y morales debido a que intentaron ayudar a ese joven que buscó nuestro consejo. Pero aún más importante, las cortes confirmaron los derechos constitucionales de cada iglesia a aconsejar en base a la Biblia. El caso estableció un precedente legal sosteniendo un importante derecho, sancionado por la constitución de nuestro país, concerniente a la libertad religiosa. El dictamen de la corte significa que las cortes seculares no tienen derecho a inmiscuirse en el área de consejería en la iglesia.

SICOLOGIZAR LA IGLESIA

Aquel juicio por malas prácticas eclesiásticas me colocó en medio del debate acerca de la sicología y la consejería bíblica. Antes de eso, había notado que los sicólogos cristianos, una vez desconocidos, cada vez se hacían más comunes y francos. Lamentablemente, presté poca atención a la moda y no escuchaba cómo comerciaban con la sicología en la iglesia.

Pero durante el juicio se llamó a un sorprendente número de «expertos», que eran consejeros cristianos profesionales, para argumentar contra la consejería bíblica. Me quedé pasmado y sin aliento al escuchar a hombres que se habían identificado como evangélicos, testificando que la Biblia por sí sola no contiene ayuda suficiente para satisfacer las más profundas necesidades emocionales y personales de las personas. ¡Tales testigos argumentaban delante de una corte secular que la Palabra de Dios no es un recurso adecuado para tratar los problemas espirituales de la gente! Lo que es realmente aterrador es el número de evangélicos dispuestos a aceptar como verídicas las opiniones de tales profesionales.

Es innegable que en los últimos veinticinco años la sicología ha hecho increíbles incursiones dentro de la cultura evangélica. Su influencia se refleja en la clase de sermones que se predica en los púlpitos evangélicos, en la clase de consejería que se ofrece desde las estaciones radiales, en la proliferación de sicólogos que abastecen en primer lugar a cristianos evangélicos y en los libros que publican muchas editoriales evangélicas.[2]

Alrededor de la última década ha surgido un sinnúmero de clínicas evangélicas de sicología. Aunque casi todas dicen ofrecer consejería bíblica, la mayoría brinda sicología secular disfrazada con términos espirituales. Esto puede verse con claridad en la literatura que prolifera del movimiento. Como Jay Adams observa: «Casi todos los libros de consejería recientes destinados a los ministros, aun los conservadores, están escritos desde la perspectiva de Freud, en el sentido de que se apoyan en esencia las presuposiciones de la ética de Freud de no responsabilidad».[3]

El surgimiento de clínicas de consejería implica otro problema para la iglesia: La tendencia ha quitado el ministerio de consejería de su propio terreno en el cuerpo de la Iglesia y llevado a la mayoría de los cristianos a la idea de que son incompetentes para aconsejar. Muchos pastores, sintiéndose incapaces y quizás temerosos de la posibilidad de un litigio por malas prácticas, están por completo dispuestos a dejar que «profesionales» tomen a su cargo lo que por lo general se ha visto como una vital responsabilidad pastoral.[4] Demasiados han comprado la mentira de que existe un reino crucial de sabiduría espiritual fuera de las Escrituras y que alguna idea o técnica de ese reino extrabíblico mantiene la verdadera llave para ayudar a la gente en sus profundos problemas.

---

2. Cf. Martin y Deidre Bobgan, *PsychoHeresy* [Sicoherejía], East Gate, Santa Bárbara, 1987, pp. 53-54. Los Bobgan presentan ocho evidencias de «sicologización de la iglesia».

3. Jay Adams, *Capacitado para orientar*, Editorial Portavoz, Grand Rapids, MI, 1981 (pp. 17-18 del original en inglés). El extraordinariamente exacto análisis de Adams del estado de la consejería entre los evangélicos tiene ahora más de un cuarto de siglo, pero es más apropiado que nunca. Ha dado a la iglesia un correctivo indispensable para varias tendencias que están devorando su vitalidad espiritual. Los líderes cristianos harían bien en prestar atención a esta admonición aún vigente.

4. Jay Adams, *More Than Redemption* [Más que redención], Presbyterian and Reformed, Phillipsburg, NJ, 1979, x-xi.

¿QUÉ TIENE DE MALO LA SICOLOGÍA?

La palabra *sicología* significa literalmente «el estudio del alma». Un verdadero estudio del alma no lo pueden hacer los incrédulos. Después de todo, sólo los cristianos cuentan con los recursos para comprender la naturaleza del alma y cómo se puede transformar. La disciplina secular de la sicología está basada en suposiciones ateas y fundamentos evolucionistas y es capaz de tratar con la gente sólo superficialmente y a nivel temporal. Sigmund Freud, padre de la sicología moderna, fue un humanista incrédulo que urdió la sicología como sustituto de la religión.

Antes de Freud, el estudio del alma se consideró como una disciplina espiritual. En otras palabras, se asoció intrínsecamente con la religión. La magna contribución de Freud fue definir el alma y el estudio de la conducta humana en términos seculares. Divorció del todo la antropología (estudio de los seres humanos) del reino espiritual y así abrió el camino a las teorías ateas, humanistas y racionalistas acerca de la conducta humana.

Esas teorías fundamentalmente antibíblicas llegaron a ser las bases de toda la sicología moderna. Por supuesto, los sicólogos de hoy utilizan centenares de modelos y técnicas basadas en una miríada de teorías conflictivas; de este modo es imposible hablar de sicoterapia como si esta fuera una ciencia unida y lógica.[5] Pero las bases de la sicología moderna se pueden condensar en algunas ideas, comúnmente sostenidas, que tienen sus raíces en el humanismo de Freud. Estas son una copia exacta de las mismas ideas que muchos cristianos procuran con celo combinar con la verdad bíblica:

- La naturaleza humana es básicamente buena.

- Las personas tienen la respuesta a sus problemas dentro de sí mismas.

- La clave para entender y corregir las actitudes y acciones de una persona yace en alguna parte de su pasado.

- Los problemas de los individuos son el resultado de lo que alguien les ha hecho.

- Los problemas humanos pueden ser puramente sicológicos en su naturaleza, sin relación con ninguna condición espiritual o física.

- Los problemas profundamente arraigados sólo los puede resolver un profesional mediante el uso de terapia.

- Las Escrituras, la oración y el Espíritu Santo son recursos inadecuados y simplistas para solucionar ciertos problemas.

---

5. Sigmund Koch, «Psychology Cannot Be a Coherent Science» [La sicología no puede ser una ciencia coherente], *Sychology Today*, septiembre de 1969, p. 66.

Esas y otras teorías ateas por el estilo, que han surgido del potaje de la olla llamada sicología, se han infiltrado en la Iglesia y tienen un efecto profundo y perturbador en su manera de ayudar a la gente. Muchos cristianos sinceros están seriamente despistados en su concepto de lo que es aconsejar y lo que esto, al parecer, debe lograr.

Algunos recordatorios básicos pueden ser de ayuda. Por ejemplo, la Escritura es el único manual confiable para un verdadero estudio del alma. Son bien comprensibles en el diagnóstico y tratamiento de cualquier problema espiritual que, reforzado por la presencia del Espíritu Santo en el creyente, nos conducen a ser como Cristo Jesús. Este es el proceso de la santificación y la meta de la consejería bíblica.

Los puritanos se referían al ministerio de aconsejar como «trabajo del alma». Hablaban de la responsabilidad del ministro como «la cura de almas». Entendían que la única ayuda digna de confianza era la infalible verdad de las Escrituras aplicadas por el Espíritu de Dios. Sabían que la única cura genuina, efectiva o permanente para las enfermedades del alma era la transformación que la gracia de Dios efectúa en el corazón de un creyente.

¿SON SIEMPRE RECOMENDABLES LAS TÉCNICAS SICOLÓGICAS?

¿Significa esto que las ciencias modernas sobre la conducta no ofrecen algo de valor en el tratamiento de problemas emocionales o de conducta? ¿No son de ayuda en ciertos casos la medicación, electroshocks, la terapia de grupos y otras técnicas? ¿No son las enfermedades del alma problemas médicos que deben tratar hábiles siquiatras?

Ciertamente es razonable que las personas busquen ayuda médica para problemas médicos. Nosotros enviaríamos al médico a alguien con una pierna rota, con problemas de riñones u otros males físicos. Es verdad que ciertos tipos de depresión obedecen a causas físicas que requieren tratamiento médico. El Dr. D. Martyn Lloyd-Jones, mejor conocido por su poderoso ministerio en la predicación expositiva antes de entrar al ministerio, recibió preparación como médico. Señaló que a menudo la depresión y algunas enfermedades mentales son más bien causas físicas que espirituales. Sugiere que la anemia perniciosa, arteriosclerosis, porfiria y aun la gota, son ejemplos de desórdenes físicos que pueden causar demencia o depresión.[6] Es muy apropiado y aun recomendable para el consejero que le sugiera al aconsejado que padece tales síntomas, que busque consejo médico o que se someta a un examen físico para descartar esas causas.

---

6. D. Martyn Lloyd-Jones, *Healing and Medicine* [Salud y Medicina], Kingsway, Eastburne, 1987, pp. 144-145.

También es sensato para alguien que es alcohólico, drogadicto, con problemas de aprendizaje, traumatizado por violación o incesto o severas golpizas, buscar ayuda tratando de vencer su trauma. Algunos tipos de terapia o tratamiento médico pueden servir para reducir traumas o dependencia. En situaciones extremas se puede necesitar medicación para estabilizar a una persona peligrosa.

Debe notarse que estos son problemas poco comunes; sin embargo, no deberían usarse como ejemplos para justificar el uso indiscriminado de técnicas sicológicas seculares en problemas de orden esencialmente espiritual. Tratar por esos medios los problemas sicológicos y emocionales de la vida *no* es santificación. Por eso tales técnicas son también efectivas en transformar la conducta, tanto en los cristianos como en los no cristianos.

¿QUÉ PASA CON LA «SICOLOGÍA CRISTIANA»?

La «sicología cristiana», tal como se usa el término hoy en día, es una ironía. La palabra *sicología* empleada en esa expresión ya no se refiere al estudio del alma; en cambio, describe una mezcla de terapias y teorías que son sobre todo humanísticas. Las presuposiciones y la mayoría de las doctrinas de la sicología no pueden unirse con éxito a la verdad cristiana.[7] Además, la infusión de la sicología en la enseñanza de la iglesia ha borrado la línea divisoria entre lo que es modificación de la conducta y santificación.

El camino a la meta de ser un individuo completo es el de la santificación espiritual. ¿Volveríamos tontamente las espaldas al Maravilloso Consejero, la fuente de agua viva, por la sabiduría sensual terrena y las aguas estancadas de la ciencia de la conducta?

Nuestro Señor Jesús reaccionó de un modo santo y perfecto ante cada tentación, prueba o trauma en la vida, y ellos fueron más severos que los que cualquier humano jamás podría soportar. Por tanto, está claro que una perfecta victoria sobre todos los problemas de la vida debe ser el resultado de ser semejantes a Cristo. Ningún «trabajador del alma» puede elevar a otro a un nivel de madurez espiritual superior al de sí mismo. Por tanto, la calificación suprema para cualquier trabajo del alma es la semejanza a Cristo.

El verdadero consejero cristiano debe trabajar en el alma en la esfera de las cosas profundas de la Palabra y el Espíritu, y no divagando en la superficialidad de la modificación de la conducta.

¿Por qué los creyentes han de elegir una modificación de conducta cuando poseemos los instrumentos para la transformación espiritual (como un cirujano al causar estragos con un cuchillo de untar mantequilla en lugar de usar un bisturí)? El más hábil consejero es el que con más cuidado,

---

7. Bobgan, *PsychoHeresy*, pp. 5-6.

oración y fidelidad aplica los recursos divinos espirituales al proceso de santificación, moldeando a otros a la imagen de Jesucristo.

No debe haber en estos momentos amenaza más seria para la vida de la Iglesia que la estampida por abrazar las doctrinas de la sicología secular. Estas son una mezcla de ideas humanas que Satanás ha colocado en la iglesia como si fueran verdades de Dios capaces de cambiar la vida. La mayoría de los sicólogos resumen el neognosticismo al decir que tienen un conocimiento secreto para solucionar problemas reales. Aunque muchos llaman a sus técnicas «sicología cristiana», en su mayoría, en el tratamiento de problemas, sólo usan teorías seculares con referencias bíblicas desviadas de su dirección.[8]

Lamentablemente, tal pensamiento domina la mayoría de las teorías de consejería que se han infiltrado en el cristianismo evangélico contemporáneo. El doloroso resultado es que a pastores, eruditos bíblicos, maestros de las Escrituras y creyentes cuidadosos que usaban la Palabra de Dios, se les ha hecho sentir que carecen de las cualidades para aconsejar a la gente.

Esa misma opinión está a menudo en el corazón del mensaje contenido en la mayoría de los libros de texto más leídos sobre consejería cristiana. Un bestseller sostiene que los consejeros cristianos que creen que la Biblia es una guía suficiente para consejería, son frecuentemente culpables de un «irreflexivo e ingenuo concepto de la vida y sus problemas».[9] Así aquellos que intentan limitar sus consejos a las cuestiones que hallan respuesta en las Escrituras los desdeñan como cándidos, superficiales y, en conjunto, como consejeros inadecuados.

La literatura de la sicología cristiana por lo general minimiza la importancia de la lectura de la Biblia y la oración y las tiene como respuestas superficiales o soluciones incompletas para alguien que lucha con la depresión o la ansiedad. La Escritura, el Espíritu Santo, Cristo, la oración y la gracia son las soluciones tradicionales que los consejeros cristianos han señalado a la gente. Pero la sicología cristiana nos dice ahora que ninguna de ellas *realmente* cura las aflicciones.

Es más, muchos nos harían creer que la sicología secular puede ayudar a la gente con *mayor* efectividad que el consejero sólo provisto de armas espirituales. El mismo bestseller popular cristiano que cité arriba, declara que la iglesia «promueve ajustes superficiales, mientras que la

---

8. Cf. los comentarios de un consejero sicólogo citado por Bobgan en *PsychoHeresy*, pp. 5-6: «En este momento no hay una sicología cristiana aceptable que se diferencie de la no cristiana. Es difícil implicar que nosotros actuamos de una manera fundamentalmente distinta a la de nuestros colegas no cristianos».

9. Larry Crabb, *Understanding People* [Entender a la gente], Zondervan, Grand Rapids, MI, 1987, pp. 54-58.

sicoterapia, con o sin fundamentos bíblicos[...] hace un mejor trabajo que la iglesia en la restauración de personas con problemas con un más efectivo resultado».[10] Más adelante, el mismo autor añade: «A veces los secularistas parecen tener la capacidad de enfrentar con sinceridad la perturbadora complejidad de la vida, mientras que los cristianos recitan clichés que echan a un lado las verdaderas preguntas del corazón. Como resultado, a menudo los no creyentes ayudan a la gente con problemas emocionales con más eficacia que los cristianos».[11]

¿CUÁN CIENTÍFICAS SON LAS CIENCIAS DE LA CONDUCTA?

Como dijimos antes, la sicología no es un cuerpo uniforme de conocimiento científico como la termodinámica o la química orgánica. Cuando hablamos de sicología, nos referimos a una colección compleja de ideas y teorías, muchas de ellas contradictorias. La sicología ni siquiera ha probado ser capaz de tratar con eficacia la mente humana ni sus procesos mentales y emocionales. Así difícilmente se puede considerar una ciencia. Karl Kraus, un periodista vienés, hizo este perspicaz comentario: «Pese a su engañosa terminología, el sicoanálisis no es una ciencia sino una religión: La fe de una generación incapaz de alguna otra».[12]

Muchos defensores de la sicología, simplemente dan por sentado que es una verdadera ciencia.[13] Pero no lo es. Es una seudociencia: Es la más reciente de varias invenciones humanas destinadas a explicar, diagnosticar y tratar problemas de conducta sin analizar aspectos morales y espirituales. Hace poco más de un siglo estaban en boga los debates sobre una clase diferente de ciencia de la conducta llamada frenología. Esta sostenía que las características de la personalidad estaban determinadas por la forma del cráneo de cada uno. Tal vez haya visto antiguos diagramas de frenólogos; eran mapas de la cabeza con áreas específicas rotuladas, mostrando qué zona del cerebro determinaba una emoción o característica en particular. Un frenólogo palpaba el cráneo de la gente, diagnosticando sus problemas por la ubicación de bultos en su cabeza.

Si piensa que la ciencia de la conducta ha avanzado gran cosa desde entonces, pregúntese cuán razonable sería rodear a un adulto, en posición fetal, con almohadas para que pueda volver a estar en contacto con sus ansiedades prenatales. O considere el tipo de tratamiento sugerido por los

---

10. Crabb, *Understanding People*, p. 129.

11. *Ibid.*, p. 211.

12. Citado en *PsychoHeresy*, de Bobgan, p. 23.

13. Cf. Gary R. Collins, *Christian Counseling: A Comprehensive Guide* [Consejería Cristiana: Una guía comprensiva], Word, Dallas, TX, 1980, p. 19.

defensores de la antigua terapia de los gritos; una metodología que enseña a la gente a sacar fuera sus frustraciones gritando a todo pulmón.[14] ¡Combine esta idea con una terapia de grupo e imagine los resultados! Los miembros del grupo se toman las manos y se gritan unos a otros para desahogar sus problemas. Créase o no, ¡algunos sicólogos utilizan en la actualidad este tipo de terapia y afirman que es definitivamente la más efectiva que la sicología jamás haya descubierto![15] Si me dieran a elegir, ¡creo con franqueza que optaría por un frenólogo que ande buscando algo en la cabeza!

Jay Adams citó un trabajo que escribió un simposio de Harvard hace más de veinticinco años. El autor pregunta: «¿Dónde estarán los sicoanalistas dentro de veinticinco años?» Su osada predicción fue: «Tomarán su lugar junto con la frenología y el mesmerismo».[16] Lamentablemente, la predicción resultó demasiado optimista y, lo más extraño, la sicología parece deber su supervivencia a una alianza profana entre la iglesia y la cultura popular.

Más o menos por el mismo tiempo en que la iglesia comenzaba a infatuarse con la ciencia de la conducta, quienes la conocían mejor se empezaron a preguntar en voz alta si la sicología era una ciencia en absoluto. Hace once años la nota central de la revista *Time* se publicó bajo el título: «Siquiatría sobre el diván». El escrito dice:

> En todos los frentes, la siquiatría parece estar a la defensiva[...] Muchos siquiatras desean transferir el tratamiento de los neuróticos comunes de cada día («los bien preocupados») a los sicólogos y a los terapeutas aficionados. Después de todo, ¿hace falta un bien ganado título de doctor en medicina[...] para hablar con simpatía y decirle al paciente: Usted es excesivamente duro con usted mismo? Y si la siquiatría es un tratamiento médico, ¿por qué sus practicantes no pueden proveer resultados científicos palpables como los obtenidos por otros médicos?
>
> Los siquiatras reconocen que su profesión con frecuencia sabe a alquimia moderna, llena de jerga, ofuscación y mistificación, pero muy poco del precioso conocimiento verdadero[...]
>
> Como siempre, los siquiatras son sus críticos más severos. Thomas Szasz, el crítico más franco de su profesión, insiste en que en realidad

---

14. Arthur Janov, *The Primal Scream* [El grito primario], Dell, NY, 1970.

15. Daniel Casriel, *A Scream Away from Happiness* [A un grito de la felicidad], Grosset & Dunlap, NY, 1972.

16. Leo Steiner, «Are Psychoanalysis and Religious Counseling Compatible?» [¿Son compatibles el sicoanálisis y la consejería religiosa?] Trabajo leído en la Sociedad para el Estudio Científico de la Religión, Harvard, noviembre de 1958. Citado por Adams, *Capacitado para orientar* (pp. 18-19 del original en inglés).

no hay tal cosa como enfermedades mentales, sino sólo problemas normales del vivir. E. Fuller Torrey, otro siquiatra antisiquiatrista, está dispuesto a admitir que hay pocas enfermedades cerebrales, como la esquizofrenia, pero dice que pueden tratarse con sólo un puñado de drogas que cualquier practicante general o internista podría administrar[...] A manera de contraste, el siquiatra y poeta escocés, R.D. Laing, está seguro que la esquizofrenia es cierta y esto es bueno para usted. Explica Laing: Es una especie de epifanía sicodélica, muy superior a la experiencia normal.

Aun la mayoría de los siquiatras dudan de que la siquiatría pueda decir quiénes son sanos o insanos.[17]

El artículo sigue relatando las fallas de la siquiatría, notando que: «De todos los pacientes, un tercio queda al final "curado", a otro tercio se le ayuda un poco y al tercio restante no le sirve de nada».[18] Pero, como declara además el artículo:

La dificultad es que la mayoría de las terapias, incluyendo algunas extranjeras, también atribuyen algún progreso en dos tercios de sus pacientes. Los críticos argumentan que muchos pacientes se someten a análisis luego de una experiencia traumática, tal como un divorcio o la pérdida de un ser amado y no comprenden que, de todos modos, se restaurarán una vez que el shock inicial desaparezca. Un estudio muestra que hay personas que mejoran con sólo estar en una lista de espera para recibir tratamiento siquiátrico; al parecer, la simple decisión de buscar tratamiento resulta de ayuda.[19]

El artículo concluye con un pronóstico pesimista de Ross Baldessarini, siquiatra y bioquímico en el Centro de Investigaciones Mailman. Este dijo a *Time*: «No vamos a hallar las causas y curas de enfermedades mentales en el futuro cercano».[20]

Varios años más tarde, una conferencia en Phoenix, Arizona, atrajo a los expertos en sicoterapia más destacados del mundo que fue anunciada como la reunión más grande jamás realizada sobre el tema. La conferencia llamada «La evolución de la sicoterapia» reunió a siete mil expertos en salud mental de todo el mundo. Fue la más grande reunión de ese tipo en la historia, llamada por sus organizadores como el Woodstock de la sicoterapia. De allí salieron varias revelaciones asombrosas.

---

17. «Psychiatry on the Couch» [Siquiatría sobre el diván], *Time*, 2 de abril de 1979, p. 74.

18. *Ibid.*, p. 79.

19. *Ibid.*

20. *Ibid.*, p. 82.

El diario *Los Angeles Times,* por ejemplo, citó a Laing, quien «dijo que él no podía pensar que se haya alcanzado una mejor comprensión de las relaciones humanas como resultado de un siglo de sicoterapia. "No creo que hayamos ido más allá que Sócrates, Shakespeare, Tolstoi o aun Flaubert, a los quince años"».[21] Laing agregó:

«No creo que la siquiatría sea una ciencia en absoluto. No es como la química ni la física, en las que podemos construir un cuerpo de conocimiento y progreso».

Dijo que, en su corriente lucha personal con la depresión, canturrear una tonada para sí mismo (su favorita es una llamada «Siga derecho hasta el final del camino»), a veces le era de mayor ayuda que cualquier cosa que la sicoterapia pudiera ofrecerle.[22]

La revista *Time,* informando sobre la conferencia, señaló que en un panel de discusión sobre la esquizofrenia, tres de cuatro expertos dijeron que no hay tal enfermedad.[23]

R.D. Laing, líder favorito de los estudiantes rebeldes de los años 60, retiene su romántica opinión sobre los esquizofrénicos, diciendo que son víctimas valientes que desafían a una cultura cruel. Sugiere que a muchas personas se les diagnostica esquizofrenia porque duermen durante el día y permanecen despiertos durante la noche[...] la esquizofrenia no existió hasta que se inventó el término, dijo[...] En un panel posterior, una dama en la audiencia preguntó a Laing cómo trataría con esquizofrénicos. Laing se movió y caviló durante veintisiete minutos y al final ofreció el único tratamiento posible para quienes no ve como enfermos: «Los trato exactamente de la misma manera que a cualquier otro. Me conduzco por las reglas comunes de cortesía y urbanidad».[24]

Una verdad surgió con claridad en la conferencia: Entre los terapeutas hay escaso acuerdo. No hay una ciencia unificada de la sicoterapia; sólo es una cacofonía de teorías y terapias reñidas entre sí. El Dr. Joseph Wolpe,

---

21. Ann Japenga, «Great Minds on the Mind Assemble for Conference» [Grandes mentes en la asamblea para la conferencia sobre la mente], *Los Angeles Times,* 18 de diciembre de 1985.

22. *Ibid.,* p. 17.

23. «A Therapist in Every Corner» [Un terapeuta en cada esquina], *Time,* 23 de diciembre de 1985, p. 59.

24. *Ibid.*

un pionero líder en terapia de la conducta, calificó la conferencia de Phoenix como «una babel de voces conflictivas».[25]

Y en verdad lo fue. Un especialista, Jay Haley, describió lo que llamó su técnica de «perro lanudo». Evidentemente, quiso destacar que es como un perro lanudo que parece ser gordo hasta que se moja; parece haber más sustancia que la que en realidad existe. Este es su concepto de la terapia:

> Logre que el paciente haga un compromiso absoluto de cambiar; luego garantice una cura pero, durante varias semanas, no le diga en qué consiste. «Una vez que la posponga, nunca los perderá como pacientes», dijo. «Tienen que averiguar en qué consiste la cura». A una bulímica que comía con frenesí, pero que vomitaba de cinco a veinticinco veces al día, se le dijo que se curaría si daba al terapeuta un centavo la primera vez que vomitara y doblaba la suma cada vez que volviera a hacerlo. Haley dice: «Pronto se dan cuenta que la suma se duplica tan rápido que pueden llegar a deber al terapeuta cientos de miles de dólares en unos pocos días y por eso dejan de hacerlo».[26]

Jeffrey Zeig, organizador de la conferencia, dijo que sólo en los Estados Unidos podría haber más de cien teorías diferentes. La mayoría, dijo, están destinadas a fracasar.

Los sicólogos no sólo venden curas aparentes a un alto precio, sino que también inventan las enfermedades que necesitan esas curas. Su estrategia de venta ha resultado efectiva. Invente problemas o dificultades, insista en ellos hasta que la gente piense que su aflicción supera toda esperanza y ofrézcales un remedio. Algunos de los problemas imaginarios de nuestra cultura son patéticamente trillados. La autoimagen, nuestra apariencia física, la codependencia, el abuso emocional, la crisis de la edad mediana, las expectativas no satisfechas, todas estas «enfermedades» de hoy, fueron una vez vistas con más acierto como los dolores del egoísmo. El egocentrismo se ha convertido en una estrategia de mercado importante para los sicoterapeutas. Mediante la promoción de la tendencia natural hacia la autoindulgencia, la sicología se ha autovendido a un público deseoso de recibir algo así. Y la iglesia, tontamente, se dejó llevar por la corriente.

La sicología no es más científica que la teoría atea de la evolución en la cual se basa. Como la evolución teística, la «sicología cristiana» es un intento de armonizar dos sistemas de pensamiento intrínsecamente contradictorios. La sicología moderna y la Biblia no pueden mezclarse sin un serio compromiso o un completo abandono del principio de la suficiencia de las Escrituras.

---

25. Japenga, «Great Minds».

26. «Therapist», p. 59.

Aunque se ha convertido en un negocio lucrativo, la sicoterapia no puede resolver los problemas espirituales de nadie. A lo sumo puede, en ocasiones, utilizar el discernimiento humano para modificar superficialmente la conducta. Esta tiene éxito o fracasa de igual manera, tanto en cristianos como en no cristianos, porque es sólo un reajuste temporal, un tipo de quiropraxia mental. No puede cambiar el corazón humano y aun los expertos lo admiten.

EL FRACASO DE LA SICOLOGÍA CRISTIANA

Mientras tanto, sin embargo, la tendencia dentro de la iglesia es aceptar la sicoterapia más que nunca. Si los medios de comunicación cristianos son el barómetro de la iglesia en conjunto, un cambio dramático está teniendo lugar. La radio cristiana, por ejemplo, que fue una vez el bastión de enseñanza bíblica y música cristiana, está ahora repleta de discusiones con participación del público, sicología popular y sicoterapia telefónica. La predicación de la Biblia ha pasado de moda. Los sicólogos y consejeros radiales son los nuevos héroes de los evangélicos. La radio cristiana es la herramienta más importante de publicidad para la venta de la sicología, lo cual aporta dinero en miles de millones.

De ese modo la iglesia ingiere dosis elevadas de dogmas de la sicología, adoptando la sabiduría secular e intentando santificarla llamándola cristiana. Los valores más fundamentales de los evangélicos se están redefiniendo. «Salud mental y emocional» es la nueva frase de moda. Este no es un concepto bíblico, aunque muchos pretendan que su equivalencia es la madurez espiritual. Al pecado se lo llama enfermedad, por eso la gente piensa que lo que necesita es terapia y no arrepentimiento. Al pecado común se le llama conducta adictiva o compulsiva, y muchos suponen que la solución está en un tratamiento médico más que en la corrección moral.[27]

Quienes abrazan con más fuerzas las terapias humanas son los débiles espirituales, aquellos vacíos o ignorantes de la verdad bíblica, que no quieren aceptar el camino del sufrimiento que lleva a la madurez espiritual y a la comunión más profunda con Dios. El efecto desafortunado es que estas gentes permanecen inmaduras, retenidas por una dependencia autoimpuesta de algunos métodos seudocristianos o sicocharlatanes que detienen el crecimiento real.

Cuanto más la sicología secular influya en la iglesia, tanto más se aleja la gente de la perspectiva bíblica de los problemas y soluciones. Quienes

---

27. Adams responde hábilmente a esta clase de pensamiento, cita *The Crisis in Psychiatry and Religion* [La crisis en siquiatría y religión], de O. Hobart Mowrer. Adams, *Capacitado para orientar* (pp. xvi-xvii del original en inglés).

realizan terapia individual reemplazan la Biblia, el medio supremo de la gracia santificadora de Dios (Jn 15.3; 1 Co 1.21; Heb 4.12). A menudo, el consejo que ofrecen estos profesionales es espiritualmente desastroso. No hace mucho escuché con asombro a un sicólogo cristiano que en un programa de radio, con participación telefónica de los oyentes, le aconsejó a alguien que llamó al programa que expresara el enojo contra su terapeuta haciéndole un gesto obsceno.

—Adelante —le dijo—, esta es una expresión honesta de sus sentimientos. No trate de guardarse su enojo.

—¿Y qué hacer con mis amigos? —preguntó quien llamaba—. ¿Debo reaccionar así con ellos cuando estoy enojado?

—Por supuesto —le dijo el consejero—, se lo puede hacer a cualquiera cuando tenga ganas. Excepto a quienes crea que no le van a entender, porque no serán buenos terapeutas para usted.

Esta es una paráfrasis. Tengo una cinta grabada del programa completo y lo que el consejero en realidad le sugería era mucho más explícito, a tal extremo, que no es apropiado escribirlo aquí.

La misma semana escuché otra popular estación cristiana que ofrece consejería directamente a quienes llamen desde cualquier punto del país. Llamó una dama y dijo que, por años, había tenido problemas de fornicación compulsiva. Dijo que iba a la cama «con cualquiera y con todos» y se sentía incapaz de cambiar su conducta.

El consejero le replicó que su conducta era su manera de vengarse de su pasado, el resultado de heridas infligidas por un padre pasivo y una madre sobreprotectora. «No hay caminos simples de recuperación», le dijo el radioterapeuta, «su problema no desaparecerá de inmediato; lo suyo es una adicción y demandará consejería prolongada. Le harán falta años de terapia para superar su ansiedad de sexo ilícito». Luego le sugirió que buscara una iglesia que fuera tolerante mientras ella hacía lo posible por liberarse de las «heridas dolorosas» que la «hacían» fornicar.

¿Qué clase de consejo es ese? Primero, el consejero en efecto le dio permiso a la dama para diferir la obediencia a un claro mandamiento de la Escritura: «Huid de la fornicación» (1 Co 6.18; véase también 1 Ts 4.3). Segundo, culpó a sus padres y justificó que se vengara de ellos. Tercero, parecía sugerir que la mujer podría ir liberándose gradualmente de su pecado; bajo terapia, por supuesto.

Además, el claro mensaje que dio a sus oyentes de todo el país fue de que en realidad no confiaba en el poder del Espíritu Santo para transformar el corazón y conducta de una persona. Peor aun, animó a las iglesias a tolerar el pecado sexual de una persona hasta que una terapia comenzara a surtir efecto.

Contraste las sugerencias de ambos consejeros radiales con la profunda simplicidad de Gálatas 5.16: «Digo, pues: Andad en el Espíritu, y no satisfagáis los deseos de la carne». ¿Realmente pensamos que años de terapia pueden llevar a la gente al punto desde donde andarán por el Espíritu? ¡No será así si el terapeuta es alguien que recomienda gestos obscenos, postergación del arrepentimiento y que las iglesias sean tolerantes con la inmoralidad crónica! No hay justificación alguna para semejante consejo; en realidad, contradice lisa y llanamente la Palabra de Dios. El apóstol Pablo dijo a los corintios que entregaran a un adúltero a Satanás poniéndolo fuera de la iglesia (1 Co 5).

Doy gracias a Dios por hombres y mujeres en la iglesia que dependen de la Biblia cuando aconsejan a otros. Estoy muy agradecido por consejeros fieles que instan a las personas en problemas a que oren y les señalan las Escrituras, a Dios y a sus recursos inagotables para todas las necesidades.

Nada tengo en contra de quienes utilizan tanto el sentido común como las ciencias sociales como una valiosa plataforma de observación para mirar la conducta humana y desarrollar herramientas que ayuden a la gente en la obtención de algún control externo de su conducta. Esto puede ser útil como un primer paso para llegar a la verdadera cura espiritual. Pero un consejero sabio entiende que cada terapia de conducta se detiene en la superficie, lejos de brindar soluciones a las necesidades reales del alma que sólo pueden resolverse en Cristo.

En cambio, no tolero a quienes exaltan la sicología por sobre las Escrituras, la intercesión y la perfecta suficiencia de nuestro Dios. No me entusiasman tampoco las personas que desean mezclar la sicología con los recursos divinos y vender la mixtura como un elixir espiritual. Su metodología equivale a una tácita admisión de que lo que Dios nos ha dado en Cristo no es en realidad adecuado para suplir nuestras más profundas necesidades y salvar nuestras vidas turbadas.

Dios mismo no piensa muy elevadamente de los consejeros que pretenden representarlo, pero en cambio descansan en la sabiduría. Job 12.17-20 dice:

> Él hace andar despojados de consejo a los consejeros [una señal
>   de humillación],
> Y entontece a los jueces.
> Él rompe las cadenas de los tiranos,
> Y les ata una soga a sus lomos.
> Él lleva despojados a los príncipes,
> Y trastorna a los poderosos.
> Priva del habla a los que dicen verdad,
> Y quita a los ancianos el consejo.

La sabiduría de Dios es tan inmensamente superior a la de los hombres, que el más grande de los consejeros humanos es puesto en ridículo. Los vv. 24-25 añaden:

> Él quita el entendimiento a los jefes del pueblo de la tierra,
> Y los hace vagar como por un yermo sin camino.
> Van a tientas, como en tinieblas y sin luz,
> Y los hace errar como borrachos.

Si alguien tuvo que soportar los desatinos de bien intencionados consejeros, ese fue Job. Sus inútiles e irrelevantes consejos le fueron tan dolorosos como las aflicciones satánicas que sufría.

La profundidad a la cual la sicoterapia santificada puede arrastrar es muy grande. Hace poco un diario local publicó un artículo acerca de una clínica de treinta y cuatro camas que había abierto en el sur de California para asistir a «cristianos adictos al sexo».[28] (Las razones para tener camas en esa clínica es algo que escapa a mi entendimiento.) De acuerdo con el artículo, la clínica está afiliada a una enorme y bien conocida iglesia protestante de la zona. Su personal incluye a especialistas descritos como «reales pioneros en el área [de la adicción sexual]». Según el director del Centro: «Son todos legítimos sicoterapeutas licenciados que tienen una fuerte orientación cristiana hacia la terapia».[29]

¿Su orientación «cristiana» será lo suficiente sólida como para permitir a tales sicoterapeutas admitir que la lascivia es pecado? Es evidente que no. Entrevistaron a varios de ellos para el artículo. Todos usaban continuamente los términos «enfermedad» «problema», «conflicto», «conducta compulsiva», «tratamiento» y «terapia»; pero evitaron con mucho cuidado palabras de tonos morales. Nunca mencionaron pecado ni arrepentimiento.

Peor aun, estos así llamados expertos se mofaban del poder de la Palabra de Dios para transformar el corazón y quebrar la esclavitud del pecado sexual. El artículo citó al director de programa del centro, quien explicó por qué creía que su centro de tratamiento, específicamente para cristianos, era tan importante: «Hay ciertos grupos cristianos que creen que la Biblia es todo lo que usted necesita».[30]

Semejante declaración es un eco del neognosticismo. En su afán de empequeñecer a quienes creen que la Biblia es suficiente, estas «nubes sin agua» (Jud 12) de los últimos tiempos, insisten en que poseen un más elevado y sofisticado conocimiento secreto de la respuesta real para lo que perturba el alma. No se deje intimidar por sus falsas pretensiones. Ningún conocimiento más elevado, ninguna verdad oculta, nada hay que pueda

---

28. Nicole Brodeur, «Center Aids Christian Sex Addicts» [Centro de ayuda a cristianos adictos al sexo], *Orange County Register*, 13 de febrero de 1989.

29. *Ibid.*

30. *Ibid.*

cambiar el corazón humano fuera de los todo suficientes recursos que hallamos en Cristo.

La Iglesia debe recobrar su confianza en los recursos espirituales que provee Dios. Debemos volver a la convicción de que sólo la Escritura «es inspirada por Dios, y útil para enseñar, para redargüir, para corregir, para instruir en justicia» (2 Ti 3.16). Estoy convencido de que está en juego mucho más de lo que el cristiano promedio puede comprender. Si los creyentes evangélicos no redescubren la consejería bíblica y vuelven a dar a la Palabra de Dios el lugar que merece como fuente suprema para discernir y corregir los pensamientos e intenciones del corazón (Heb 4.12), perderemos nuestro testimonio ante el mundo y la iglesia misma morirá. Estos asuntos son muy cruciales.

2

Los puritanos ingleses: Un paradigma histórico de la consejería bíblica

Ken L. Sarles

Los puritanos campesinos se destacaban por trazar los surcos bien rectos con el arado, una hazaña que lograban alineando más de dos árboles en su campo visual. De un modo similar, podemos alinearnos con las prácticas de consejería de los puritanos para ayudarnos a adoptar métodos contemporáneos bíblicamente exactos. Los pastores puritanos, conocidos como médicos del alma, representan en la historia de la Iglesia «la primer escuela protestante de consejería bíblica».[1] Así, un primer paso importante para recobrar un método bíblico para aconsejar es entender la esencia de los principios y doctrinas de los puritanos.

¿QUIÉNES FUERON LOS PURITANOS?

En la mente popular, el término *puritano* evocaba la imagen de un austero, engreído, lleno de justicia propia, un aguafiestas cazador de brujas. Pero nada podría estar más lejos de la realidad histórica. Aunque el término *puritano* se usó originalmente como un rótulo detractor, sólo se refiere a alguien que deseaba purificar la adoración de la Iglesia y la vida

---

1. Timothy Keller, «Puritan Resources for Biblical Counseling» [Recursos puritanos para la Consejería Bíblica], *Journal of Pastoral Practice* 9, 1988, p. 11.

de los santos. El puritanismo inglés surgió en los años de 1560. Primero apareció como un movimiento de reforma litúrgica, pero pronto se extendió a una actitud distinta hacia la fe cristiana.[2] El fenómeno puritano podría definirse como un movimiento en la iglesia inglesa, desde la mitad del siglo dieciséis hasta principios del dieciocho, que procuraba la reforma en la vida de la iglesia y una purificación individual del creyente. Era calvinista en su doctrina y pietista en su orientación.

Por supuesto, en la historia de la Iglesia ha habido numerosos movimientos reformadores, pero lo que destaca a los puritanos del resto, era su compromiso terminante de vivir para la gloria de Dios. En esta relación, nadie ha perfilado el carácter de los puritanos con más elocuencia que J.I. Packer:

> Los puritanos fueron grandes almas sirviendo a un gran Dios. En ellos se combinaba una inteligente pasión y una ardiente compasión. Visionarios y prácticos, idealistas y también realistas, orientados a una meta y metódicos, fueron grandes creyentes, grandes esperanzados, grandes hacedores y grandes sufrientes. Pero sus sufrimientos, en ambos lados del océano (en la vieja Inglaterra por las autoridades y en la Nueva Inglaterra por la inclemencia del clima) los sazonó y maduró hasta alcanzar una estatura sencillamente heroica[...] Las batallas de los puritanos contra el desierto espiritual y climático en que Dios los estableció produjo virilidad en su carácter invencible e inquebrantable, elevándose por sobre el desaliento y los temores.[3]

Los puritanos ocupan un lugar de honor entre el pueblo de Dios, concluye Packer, porque permanecieron «dulces, pacíficos, pacientes, obedientes y esperanzados bajo sostenidas y aparentemente intolerables presiones y frustraciones».[4]

---

2. Horton Davies, *The Worship of the English Puritans* [La adoración de los puritanos ingleses], Dacre, Westminster, 1948, p. 9. Véase también de Allen Carden, *Puritan Christianity in America: Religion and Life in Seventeenth-Century Massachusetts* [Cristiandad puritana en Estados Unidos: Religión y vida en Massachusetts del siglo diecisiete], Baker, Grand Rapids, MI, 1990, pp. 11-13.

3. J.I. Packer, *A Quest for Godliness: The Puritan Vision of the Christian Life* [Una búsqueda de la piedad: La visión puritana de la vida cristiana], Crossway Books, Wheaton, 1990, p. 22.

4. *Ibid.*, p. 23. En adición, un número de eruditos seculares del siglo veinte han llegado a apreciar lo que tienen que ofrecer los puritanos. Como Samuel Eliot Morison destacó:

> No es fácil describir a esta gente con exactitud y sentido a las mentes modernas. Los propósitos que movieron a hombres de conocimiento y mujeres de actitud afable, que guiaron a unos pocos miles de personas sencillas a plantar una Nueva

La estabilidad y fortaleza para la gloria de Dios que caracterizaba a los puritanos es sin duda digna de emular hoy en nuestra sociedad de paso acelerado, que busca con desesperación ascender, la alta tecnología y la autoindulgencia social. Estas mismas características también llenaron su método de consejería bíblica. A fin de comprender la consejería puritana y así emular su método, necesitamos distinguir ciertos elementos de sus pensamientos, incluyendo su perspectiva de las Escrituras, Dios, el hombre y el pecado.

CONSAGRACIÓN A LAS ESCRITURAS

Las Escrituras fueron la pieza central del pensamiento y vida de los puritanos.

El puritanismo fue, por sobre todas las cosas, un movimiento bíblico. Para los puritanos la Biblia era en verdad la posesión más preciosa que el mundo podía permitirse. Su convicción más profunda era que la reverencia a Dios significaba reverencia por las Escrituras; servir a Dios significa obediencia a las Escrituras. Por lo tanto, para su mente no podría darse un insulto mayor al Creador que rechazar su palabra escrita; y por el contrario, no podría haber un acto de reverencia más elevado que apreciarla, estudiarla con detenimiento y luego vivirla y enseñarla a otros. La intensa veneración por las Escrituras como la palabra viva del Dios viviente y un devoto interés por conocer y hacer todo lo que prescriben, fue el distintivo sobresaliente del puritanismo.[5]

Para los puritanos la Biblia fue suprema en todo, incluyendo la práctica de la consejería.

Inglaterra en un suelo ingrato, fueron absolutamente diferentes a los Estados Unidos de hoy. Su objetivo no fue establecer prosperidad ni privaciones, ni libertad, ni democracia, ni siquiera nada de lo que se suele reconocer como de valor. Sus ideales fueron vagamente abarcados en el término «puritanismo» que, en nuestros días, ha adquirido varios significados secundarios y distorsionados[...] Mi actitud hacia el puritanismo del siglo diecisiete ha pasado del menosprecio y fastidio a un cálido interés y respeto. Los métodos de los puritanos no son los míos ni su fe es la mía; no obstante, me parecen gente valerosa, humana, valiente y significativa.

Citado en *Eerdman's Handbook to Christianity in America* [Manual de Eerdmans para la cristiandad en Estados Unidos], ed. M. Noll, N. Hatch y G. Mardsen, Eerdmans, Grand Rapids, 1983, p. 31. Perry Miller concuerda: «Doy por cierto que el puritanismo fue una de las mayores expresiones del intelecto de Occidente que logró una síntesis organizada de conceptos fundamentales para nuestra cultura y que por lo tanto nos invita al examen más serio». En *The New England Mind: The Seventeenth Century* [La mente de Nueva Inglaterra: El siglo diecisiete], de Perry Miller, MacMillan, NY, 1939, p. viii.

5. Packer, *A Quest for Godliness*, p. 98. Cf. Carden, *Puritan Christianity*, pp. 45-46.

El fundamento bíblico de la consejería puritana descansó sobre la doctrina de la inspiración divina. El método de inspiración, como lo veían, era por la divina superintendencia del Espíritu Santo en la elección de las palabras sin hacer violencia al conocimiento o personalidad del autor humano.[6] El resultado fue que al texto se lo consideraba inspirado de manera verbal, pleno, infalible y exento de errores.[7]

Aunque muchos contemporáneos estuvieran de acuerdo con este punto de vista de la inspiración, los puritanos hicieron mucho más que dar servicio de labios a la doctrina. Sus teólogos enfatizaban tanto la transparencia como el provecho que se deriva de las Escrituras. Aun la forma literaria del texto inspirado hizo a las Escrituras particularmente adaptadas a la condición humana.

> En su forma de expresión, las Escrituras no explican la voluntad de Dios mediante reglas universales y científicas, sino preferentemente por historias, ejemplos, preceptos, exhortaciones, amonestaciones y promesas. Este estilo es más apto para el uso común de toda clase de hombres y afecta también en gran medida la voluntad promoviendo motivos santos, lo que es el fin supremo de la teología.[8]

Por su creación, las Escrituras intentan impartir la verdad de tal manera que el lector se mueva en dirección a Dios. La Biblia no sólo es clara en lo que afirma, sino que es auténtica a sí misma en su naturaleza. En relación con esto, William Ames afirmó: «Las Escrituras no necesitan explicación mediante una luz externa, en especial en las cosas necesarias. Se iluminan a sí mismas, lo cual debería ser diligentemente descubierto por los hombres».[9] Esta significativa declaración revela el rechazo de los puritanos a la introducción de teorías sicológicas extrañas a la interpretación del texto. La Biblia fue vista como la fuente de toda dirección, instrucción, consuelo,

---

6. Véanse *Works* [Obras], de John Owen, ed. William Goold, 16 vols., 1850-53, reed., Banner of Truth Trust, Carlisle, PA, 1965, 3:144-45; y *The Marrow of Theology* [Médula de la Teología], de William Ames, trad. John D. Eusden, 1629, reed., Labrynt Press., Durham, NC, 1983, p. 187.

7. Como señaló Ames: «Sólo quienes pudieron establecer la regla de fe y conducta por escrito, quienes en relación con esto estaban exentos de todo error por la guía infalible y directa que tenían de Dios». *The Marrow of Theology*, pp. 185-86. Cf. Leland Ryken, *Worldly Saints: The Puritans As They Really Were* [Los santos terrenales: Los puritanos como realmente fueron], libros académicos, Zondervan, Grand Rapids, 1986, pp. 141-42.

8. Ames, *Marrow of Theology*, pp. 187-88. Cf. John Jewel, en *Introduction to Puritan Theology* [Introducción a la Teología puritana], ed. Edward Hindson, Baker, Grand Rapids, 1976, p. 61.

9. Ames, *Marrow of Theology*, p. 188. Cf. Owen, *Works*, 8:537 y 16:318.

ánimo y exhortación divina.[10] El resultado fue un método de consejería centrado en la Biblia y no cargado de teorías.

Un corolario directo a la inspiración de las Escrituras es su autoridad implícita. Demostrando tener estampado el sello divino, la autoridad de la Biblia se consideró final y absoluta. Todo lo que digan las Escrituras, lo dijo Dios. Como dijo Thomas Watson: «En cada línea que lea, piense que Dios le está hablando».[11]

Esto significa que la Biblia, en todos sus mandamientos y promesas, está sentada en juicio sobre la conciencia de los individuos. En todo lo que dice, es como si Dios mismo exhortara, animara, dirigiera, confortara, instara, convenciera e instruyera.[12]

Puesto que la Palabra de Dios consta de sus mismas palabras, su autoridad es comprensiva, extendiéndose a toda área de fe y práctica, incluyendo todo lo necesario para la vida y la piedad. Como Richard Sibbes declara: «No hay ninguna cosa ni situación que pueda sobrevenir a un creyente en esta vida que no halle en las Escrituras una regla general y esa regla es iluminada con ejemplo».[13] En otras palabras, los puritanos tenían una perspectiva teológica que enfatizaba la santidad arraigada en las Escrituras, llevando a William Ames a concluir: «No hay precepto de verdad universal relevante para vivir bien en la economía nacional, moralidad,

---

10. Ames, *Marrow of Theology*, p. 187. Keller observó que los puritanos «consideraban las Escrituras más que suficientemente comprensibles para tratar con cualquier condición o problema básico humano», «Puritan Resources», p. 12.

11. Thomas Watson, *A Body of Divinity* [Un cuerpo de divinidad], 1692, reed., Banner of Truth Trust, Carlisle, PA, 1965, p. 35. En el mismo contexto, Watson con elocuencia brillante habla sobre la supremacía de las Escrituras:

> Cuán dulce suena el arpa de las Escrituras; qué música celestial hace llegar a los oídos del pecador angustiado, ¡especialmente cuando el dedo del Espíritu de Dios toca este instrumento! Hay divinidad en la Escritura. Contiene la médula y quintaesencia de la religión. Es una piedra de diamante, un misterio de la piedad. Hay gracia derramada en los labios de la Escritura. La Escritura habla de fe, de autonegación y de todas las gracias que como un collar de perlas adorna al cristiano. Mueve a la santidad; trata de otro mundo, ¡brinda una perspectiva de la eternidad! ¡Ah, escudriña entonces la Escritura! Haz que la Palabra te sea familiar. Aunque tuviera lengua de ángeles, no podría exaltar lo suficiente la excelencia de la Escritura. Es la lente con la cual podemos contemplar la gloria de Dios; es árbol de vida, oráculo de sabiduría, la regla de modales, la semilla celestial en que se forma la nueva criatura (pp. 34-35).

12. Note las palabras de William Adams, quien sostuvo que el propósito de las Escrituras era «moverse y trabajar amable y dulcemente sobre el corazón para persuadir, redargüir, instruir, maravillar, unir el corazón a Dios». Citado por Carden, *Puritan Christianity*, p. 41.

13. Richard Sibbes, citado por Ryken, *Worldly Saints* [Los santos terrenales], p. 143.

vida política o legislación de leyes que no esté en relación estrecha con la teología».[14] Por lo que a los puritanos se refiere, *cada necesidad sicológica concebible se puede suplir y cada problema sicológico se puede resolver mediante la aplicación directa de la verdad bíblica.*

La aplicación de las Escrituras se hizo con más constancia a través de la predicación. Como Ames explica: «Es deber de un predicador corriente declarar la voluntad de Dios, extraída de la Palabra y expresarla para edificación de los oyentes».[15] El sermón servía como un medio de consejería para toda la audiencia, edificando el cuerpo de creyentes reunidos. Desde la perspectiva puritana, si no se edificaba a los santos, la Palabra no se había predicado. Hablando a los ministros de sus días, Ames advierte: «Por tanto, pecan quienes se adhieren al hallazgo y explicación desnuda de la verdad, pero descuidan el uso y la práctica, en las cuales consiste la religión y la consecuente bendición. Tales predicadores edifican muy poco o nada la conciencia».[16] La predicación puritana consistía, pues, en una especie de consejería preventiva, ya que se aplicaban las verdades de la Palabra a la conciencia. Para cumplir este propósito, cada sermón se dividía en dos partes principales: doctrina y uso. El resultado fue una predicación profundamente teológica y eminentemente práctica.

El pasaje de las Escrituras que se iba a predicar se analizaba gramatical, lógica y contextualmente y luego se comparaba con otros textos a fin de reafirmar su significado doctrinal. Luego, «cada doctrina, una vez explicada lo suficiente, debería aplicarse de inmediato».[17] El uso de la doctrina estaba relacionado tanto con el discernimiento como con la dirección. El discernimiento incluye tanto la información dada a la mente como la reforma hecha del entendimiento. (Información es la revelación

---

14. Ames, *Marrow of Theology*, p. 78. Cf. William Ames, *Technometry* [Tecnometría], trad., con introducción y comentario de Lee W. Gibbs, 1633, reed. University of Pennsylvania Press, Pennsylvania, 1979, p. 113.

15. Ames, *Marrow of Theology*, p. 191.

16. Ames, *Marrow of Theology*, p. 192. Ames también criticó a los pastores que enfocaban más la erudición que la exposición:

> Pecan quienes tienen muy poco cuidado de lo que dicen si esto causa la impresión que han pensado y hablado acerca de muchas cosas. Lo hacen con mucha frecuencia, sacando muchas cosas fuera del texto que no están en él y a veces tomándolas prestadas de otros lugares, trayendo cualquier cosa de cualquier parte. El resultado es la ruina más que la edificación de los oyentes, en especial los no instruidos (p. 193).

17. *Ibid.*, p. 192. Ames siguió: «Sobre esta parte, a menos que haya una razón especial en su contra, debe insistirse mucho, ya que contiene la conclusión y lo bueno de la primera parte y está más cerca del verdadero propósito del sermón, que es la edificación de los oyentes (192).

de alguna verdad mientras que reforma es la refutación de algún error.) La dirección consiste en instrucción y corrección: la instrucción es declarar la vida tal como debe vivirse, mientras que la corrección es una condena a la vida que debe evitarse.[18] Ames delineó así la manera en que el pastor debía aplicar la verdad bíblica a la congregación: «Aplicar una doctrina a su uso es aguzar y hacer especialmente relevante alguna verdad general con tal efecto, que pueda penetrar las mentes de los presentes moviéndolas a sentimientos piadosos».[19] A través de instrucciones prácticas extraídas de la Palabra de Dios, los laicos puritanos fueron preparados por completo con motivaciones válidas para vivir para Dios mediante la instrucción práctica basada en la Palabra de Dios. La Biblia fue el fundamento sobre el cual edificaron sus vidas.

CONFIANZA EN DIOS

El compromiso puritano con la Palabra de Dios proviene de su devoción a Dios como su autor. En nuestro siglo, A.W. Tozer ha expresado de modo inmejorable la necesidad de una elevada idea de Dios:

> La cuestión más grave delante de la Iglesia es siempre Dios mismo y lo más portentoso acerca de cualquier hombre no es lo que él en un momento dado puede decir o hacer, sino lo que en la profundidad de su corazón concibe acerca de cómo es Dios. Por una secreta ley de nuestras almas tendemos a movernos hacia nuestra imagen mental de Dios. Esto es verdad no sólo para cada creyente, sino para todos los que componen la Iglesia. Siempre lo más revelador acerca de la Iglesia es su idea de Dios, tanto como su más significativo mensaje es lo que ella dice o no acerca de Él, porque su silencio es a veces más elocuente que sus palabras. Jamás puede escapar a la autorrevelación de su testimonio concerniente a Dios.[20]

De acuerdo con Tozer, un correcto concepto de Dios es tan básico para la vida diaria como lo es para la teología. «Esto es a la adoración lo que el fundamento es para el templo: Cuando este sea inadecuado o no esté a

---

18. *Ibid.*, p. 193.

19. *Ibid.* Para ampliar el estudio de la predicación puritana véase de Harry S. Stout, *The New England Soul: Preaching and Religious Culture in Colonial New England* [El alma de Nueva Inglaterra: Predicación y cultura religiosa en la Nueva Inglaterra colonial], Oxford University Press, NY, 1986; y de Sacvan Bercovitch, *The American Jeremiad* [La jeremiada estadounidense], University of Wisconsin Press, Madison, WI, 1978.

20. A.W. Tozer, *The Knowledge of the Holy* [El conocimiento del santo], Harper & Row, NY, 1961, p. 9.

plomo, toda la estructura, tarde o temprano, se derrumbará».[21] Si trazáramos el curso retrospectivo de virtualmente todos los errores morales o teológicos, en última instancia veríamos que obedecen a un bajo concepto de Dios. Hablando de su época, Tozer declaró: «Mi opinión es que la concepción cristiana de Dios, común en estos años de mitad del siglo veinte, es tan decadente que está absolutamente por debajo de la dignidad del Dios altísimo y constituye para los que profesan ser creyentes algo con proporciones de calamidad moral».[22] En nuestros días, a medida que nos acercamos al fin del siglo veinte, el comentario de Tozer es más exacto que nunca.

Por contraste, los puritanos fueron conocidos como gente intoxicada de Dios. Un puritano calificó a la teología misma como la doctrina del Dios viviente.[23] Explicó su significado con más detalles:

> Todo arte tiene sus reglas con las que concuerdan las obras de la persona que lo practica. Siendo que vivir es la obra más noble de todas, no puede haber estudio más apropiado que el del arte de vivir.
>
> Desde que el tipo de vida más elevado para el ser humano es el que se aproxima más estrechamente al Dios viviente y dador de vida, la naturaleza de la vida teológica es vivir para Dios.
>
> Los hombres viven para Dios cuando lo hacen de acuerdo con la voluntad de Dios, para su gloria y con Él obrando en ellos.[24]

Esto es expresivo de una perspectiva teocéntrica del mundo; relacionando toda la vida de uno, incluso los problemas personales, con la naturaleza, el carácter y los propósitos de Dios. Por consiguiente, la sicología, como conocimiento del hombre, se arraigó en la teología, que constituye el conocimiento de Dios. Para los puritanos, la teología no fue una ciencia arcaica y esotérica para ser estudiada por una élite sino, más bien, algo eminentemente relevante para todos los creyentes.

> Siendo que esta vida es real y en verdad nuestra más importante práctica, es evidente por sí misma que la teología no es una disciplina especulativa sino práctica; no sólo respecto a lo que tienen todas las disciplinas[...] buena práctica como su objetivo, pero en una especial y peculiar manera, comparada con todas las otras[...] La teología es para nosotros, por tanto, la más importante y noble de todas las artes exactas

---

21. *Ibid.*, p. 10.

22. *Ibid.*

23. Ames, *Marrow of Theology*, p. 77.

24. *Ibid.*

de la educación. Es una guía y un plan maestro para nuestro fin más elevado, enviada en una manera especial por Dios, que trata cosas divinas, inclinándonos hacia Dios y llevando los hombres a Él.[25]

Esta característica distintiva del puritanismo, de hacer de Dios el centro de todo, fue el resultado de una profunda devoción de corazón a Él. El distinguido teólogo inglés del siglo diecisiete, Thomas Watson, es quien mejor capta el énfasis puritano sobre el amor a Dios en su explicación de la naturaleza, grado y fruto del amor. Por su naturaleza, el amor a Dios debe ser completo, sincero, ferviente, activo, exclusivo y permanente.[26] Según Watson: «El amor a Dios hierve y se derrama, pero no se agota. El amor a Dios, de la misma manera que es sincero y sin hipocresía, también es constante y sin apostasía».[27] El grado de amor a Dios excede toda medida, ya que el Señor es la quintaesencia de todo lo bueno. Siendo que Dios es supremo en nuestra percepción, debe ser también supremo en nuestros afectos.[28]

Lo que Watson sacó en conclusión fue la gran diferencia que existe entre la actitud hacia Dios que tenían los puritanos ingleses, de la actitud de los evangélicos norteamericanos de hoy: «Usted puede amar demasiado a la criatura. Puede amar demasiado el vino y la plata; pero nunca podrá amar demasiado a Dios. Si fuera posible excederse, el exceso aquí sería una virtud; pero nuestro pecado es que no podemos amar lo suficiente a Dios».[29] Debido a que Dios es infinito, siempre trasciende nuestro amor por Él y excede nuestro conocimiento de Él. Por tanto, jamás debemos dejar de procurar un entendimiento mayor de sus propósitos y una devoción mayor a su persona. Una consumidora pasión por Cristo deja muy poco tiempo para distracciones tales como buscar nuestra propia satisfacción. Por consiguiente, los puritanos amantes de Dios no estuvieron tan ocupados con las necesidades del yo como aquellos de nosotros que nos toca vivir la «Generación del yo». Entendieron la verdad de que un conocimiento correcto de nosotros mismos proviene de un conocimiento correcto de Dios. Por lo tanto, su posición teocéntrica les dio una perspectiva diferente de la naturaleza del hombre, particularmente en lo que se refiere al funcionamiento de las facultades humanas.

---

25. *Ibid.*, p. 78.

26. Thomas Watson, *All Things for Good* [Todo para bien], 1663, reed., Banner of Truth Trust, Carlisle, PA, 1986, pp. 67-70.

27. *Ibid.*, p. 70.

28. *Ibid.*, p. 71. Watson agrega: «Pero si aman a Dios, han puesto su amor en el objeto más noble y sublime. Aman aquello que es mejor que ustedes. Dios es mejor que el alma, mejor que los ángeles, mejor que el cielo» (94).

29. Watson, *All Things for Good*, p. 71.

COMPRENSIÓN DEL HOMBRE

Las facultades sicológicas de los puritanos parecen extrañas para las reglas de hoy, pero probaron ser muy útiles para aclarar la vida interior de los individuos. Se pensaba que el cerebro poseía seis o siete compartimientos y que cada uno representaba una facultad diferente del alma. Las imágenes sensoriales de varios objetos, conocidas como fantasmas, son trasmitidas a través de cinco sentidos y entran al compartimiento del cerebro conocido como sentido común. Esta facultad identifica los fantasmas, los distingue unos de otros y los pasa a la imaginación. Esta compara los fantasmas entre sí, dándoles significado e inteligibilidad, y es capaz de retenerlos cuando el objeto ya no está a la vista. Los fantasmas son luego archivados en la memoria para futuras referencias o recuerdos.

El entendimiento llama a los fantasmas, ya de la memoria o la imaginación, juzga si son correctos o erróneos, verdaderos o falsos y luego toma una decisión acerca del curso de acción a tomar. La voluntad recibe instrucciones desde el entendimiento, vía sistema nervioso y dirige el cuerpo en concordancia. Los afectos luego preparan los músculos de acuerdo con la dirección de la voluntad.[30] La siguiente ilustración demuestra cómo las facultades actúan juntas:

> Así el oso, hallado en el monte, crea en el ojo un fantasma del oso, que el sentido común identifica como perteneciente a la especie de osos, se reconoce como peligroso en la imaginación, asociado con otros recordados peligros, declarado un objeto del cual huir en la razón, se da la señal de mando a la voluntad, la que estimula el sentimiento del miedo que, finalmente, prepara los músculos de las piernas para correr.
>
> Teniendo en cuenta que esta descripción se ha simplificado al máximo y que para cada punto hubo un trasfondo de una larga disputa, a pesar de todo, podemos considerarla como la concepción sustancial sobre la que se basaba todo el discurso puritano acerca de la conducta humana, el pecado del hombre y la regeneración.[31]

La única facultad dejada fuera de la ilustración y que jugó un papel clave en la consejería puritana es la conciencia.

---

30. En el pensamiento puritano hay dos clases de afectos. Los sensuales son instintivos, pasiones incontrolables que desvían el entendimiento y están relacionadas con el sustento, preservación y propagación. Los afectos racionales siguen al conocimiento y están subordinados al entendimiento; por tanto, son capaces de controlarse. Véase de Miller, *New England Mind*, p. 252.

31. Miller, *New England Mind*, p. 241.

La conciencia es aquella facultad del alma, destinada a formular juicios morales, que trata con lo correcto o incorrecto, bueno o malo. La palabra se deriva del latín *conscientae*, que significa un conocimiento (*scientia*) sostenido juntamente (*con*) otro; es decir, Dios. La conciencia habla con la voz de Dios, representando un conocimiento compartido que es en realidad el más exacto que el hombre tiene de sí mismo.[32] Ames define la conciencia como «el autojuicio de un hombre, coincidente con el juicio de Dios sobre él».[33] David Dickson lo elaboró como sigue: «La conciencia, tal como obra respecto a nosotros mismos es[...] el poder de nuestras almas de entender cómo están las cosas entre Dios y nosotros, comparando su voluntad revelada con nuestro estado, condición y andar, en pensamientos, palabras o hechos, cumplidos u omitidos, sometiéndolos a juicio, por consiguiente, según el caso requiera».[34]

Ames consideraba la conciencia como un juicio práctico según el cual la gente aplicaba lo que sabía en cuanto a su autoevaluación, de modo que llegaba a ser la regla para dirigir su voluntad.[35] En el pensamiento puritano, la conciencia operaba de acuerdo con un formato silogístico. En este punto, los puritanos tomaron prestada la casuística católica y utilizaron pensamientos de Aristóteles en la forma de un «silogismo práctico». Aunque usaron aspectos de la metodología católica, negaban los resultados católicos, particularmente el concepto de las probabilidades y el énfasis jesuita de que el fin justifica los medios. La estructura silogística estaba compuesta de tres partes: 1) proposición, 2) suposición, y 3) conclusión. La proposición o *syntersis* era el patrón a usarse, surgiendo de la voluntad revelada de Dios. La suposición o *syneidesis* era la automedida del individuo contra los patrones declarados. La fase de la suposición involucraba dos pasos: Primero, una comparación de la acción con la proposición y segundo, el juicio de la acción basado en la comparación. La conclusión o *krisis* dictaba sentencia sobre la acción basada en el juicio hecho en la *syneidesis*. La sentencia podría provocar gozo y esperanza o abatimiento y desesperación.[36]

---

32. Packer, *A Quest for Godliness*, p. 109.

33. John Dykstra Eusden, en Introducción a *Marrow of Theology*, de William Ames, p. 43.

34. David Dickson, *Therapeutics Sacra* [Terapéutica sacra], 1664, p. 3, citado por Packer, *A Quest for Godliness*, p. 109. Según Eusden: «La fuerza fundamental de la conciencia en la fe cristiana es examinar la relación entre el hombre y Dios, y allí hallar respuesta a genuinos interrogantes y producir fundamentos para la decisión y acción». Eusden, Introducción a *Marrow of Theology*, p. 43.

35. Eusden, en la introducción a *Marrow of Theology*, p. 42. Thomas Goodwin, *Works*, declaró que la conciencia era una función de la razón práctica. 8 vol., edit. Alexander Grosart, 1863, reed., Banner of Truth Trust, Carlisle, PA, 1979, 6:272.

36. Véase Eusden, introducción a *Marrow of Theology*, pp. 44-45.

Un par de ejemplos mostrará cómo actúa el silogismo práctico. La conciencia del incrédulo, cuando se basa en el testimonio de las Escrituras, razonaría así:

> *Syntersis*: La persona que vive en pecado morirá.
> *Syneidesis*: Vivo en pecado.
> *Krisis*: Por lo tanto, moriré.

Si el incrédulo abraza el evangelio, su conciencia actuará como sigue:

> *Syntersis*: Quienquiera crea en Cristo no morirá, sino vivirá.
> *Syneidesis*: Creo en Cristo.
> *Krisis*: Por lo tanto, no moriré, sino que viviré.[37]

Operando en este estilo silogístico, la conciencia juzga independientemente de la voluntad. «Ella está sobre nosotros yendo hacia nosotros con una autoridad absoluta que no le hemos conferido, pero que tampoco le podemos quitar».[38] La conciencia actúa como un sistema nervioso espiritual: El dolor de la culpa informa al entendimiento que algo anda mal y necesita corrección. Para los puritanos, la culpa negada significa destrucción definitiva. Richard Sibbes comparó la autoridad de la conciencia con una corte divina dentro del alma, en la que sirve como testigo, acusadora, juez y ejecutante.[39] En *La guerra santa*, que describe la conquista de la ciudad Almadelhombre por Diabolos, John Bunyan explica el efecto de la conciencia, a la que llama Sr. Recordador, sobre el incrédulo:

> Había degenerado mucho de su rey anterior y también muy complacido con muchas de las leyes y servicio del gigante; pero no lo haría todo puesto que no le pertenecía por completo. De tanto en tanto pensaría en Shaddai y temió el poder de su ley sobre él y luego hablaría contra Diabolos con una voz tan potente como el rugido del león. Sí, y también en ciertos momentos, cuando sus ataques vinieran sobre él (porque usted debe saber que a veces tenía terribles ataques), estremecía con su voz la ciudad entera de Almadelhombre.[40]

En otras palabras, la autoridad de la conciencia no podía desecharse por completo ni aun en los no regenerados.

---

37. *Ibid*.

38. Packer, *A Quest for Godliness*, p. 110.

39. Richard Sibbes, *Works*, ed. Grosart, 3:210-11.

40. John Bunyan, *La guerra santa*, Clie, Ft. Lauderdale, FL, 1990 (p. 16 del original en inglés).

La base para el funcionamiento de la conciencia es la ley de Dios revelada en las Escrituras. La conciencia no es en sí la dadora de la ley, sino más bien, discierne y demanda el cumplimiento de la ley de Dios. Una conciencia descarriada actúa con patrones extraños a la Palabra de Dios y, en lugar de obedecerla, mejor sería que se le instruyera.[41] En cambio, una conciencia cristiana saludable:

> Está siempre actuando, escuchando la voz de Dios en su Palabra, procurando discernir su voluntad en todo, activa en su autovigilancia y autojuicio. El cristiano sano conoce su fragilidad y siempre sospecha y desconfía de sí mismo a menos que el pecado y Satanás lo hayan enredado y esté desprevenido; por lo tanto, regularmente se cuestiona ante Dios, escrutando sus hechos y motivaciones y condenándose sin contemplaciones cuando encuentra en sí deficiencia moral o deshonestidad.[42]

El creyente puritano procuraba sensibilizar su conciencia acerca del pecado. Por consiguiente, el grado de autocondenación llegó a ser la medida de su semejanza a Cristo.[43]

Para los puritanos, la piedad consistía primordialmente en obtener y mantener una clara conciencia delante de Dios mediante una cuidadosa y cabal respuesta a la verdad bíblica. Este énfasis condujo al surgimiento de la casuística o casos de conciencia puritana, en la cual toda circunstancia concebible y finalidad de la vida diaria se consideraba para delinear la debida respuesta que glorificara a Dios. Había dos axiomas que gobernaban la casuística puritana: «(1) que ninguna verdad conocida debía comprometerse o negarse en la práctica y (2) que ningún pecado evitable debía cometerse, sin importar cuán grande fuera lo bueno a que tal compromiso y pecado pudiera conducir».[44] Jamás se sacrificaba la convicción a la conveniencia y el principio nunca sucumbía al pragmatismo. De allí que los puritanos, tanto hombres como mujeres, fueran conocidos como precisionistas. Procuraban vivir de un modo preciso, como una obra de arte viviente dedicada a quien, en sí mismo, era el Artista Supremo. Pero de la manera que las obras de arte están sujetas a deformidades e imperfecciones de diferentes clases, los puritanos tomaban en serio el pecado como deformador de lo que Dios había creado.

---

41. Packer, *A Quest for Godliness*, p. 113.

42. Packer, *A Quest for Godliness*, p. 116.

43. Sin embargo, desalentaba la introspección excesiva. Como apunta Packer: «La melancólica autoabsorción del hombre que nunca puede mirar fuera de sí mismo, es un mal puritanismo; los puritanos lo condenaron mucho». *Ibid.*, p. 118.

44. *Ibid.*, p. 121.

EL CONCEPTO PURITANO DEL PECADO

Es en su actitud hacia el pecado que el puritanismo contrasta de un modo tan agudo con nuestra época. En su concepto, la naturaleza humana fue radicalmente defectuosa, caracterizada por su inclinación al mal y aversión a lo bueno. Muchos evangélicos modernos han reemplazado el realismo bíblico de los puritanos con un concepto superficial y ligero del pecado. Hoy en día, el pecado se ha redefinido como el resultado de una aflicción demoníaca o una conducta adictiva. En cualquier caso, el pecador se tiene como víctima y, por tanto, sin responsabilidad de sus acciones. Los puritanos, en cambio, consideraban el pecado como criminal y le prestaban mucha atención. Como observaba un historiador: «El pecado era el recipiente de la repulsa mayor que los fieles puritanos podían expresarle porque amenazaba el orden social, violaba la razón y sobre todo resumía la antítesis de aquello que profesaban amar con más intensidad: el Señor».[45]

Stephen Charnock comenta que el pecado es una afrenta a Dios: «Cada pecado se funda en un ateísmo secreto[...] cada pecado es como una maldición a Dios en el corazón, su objeto es la virtual destrucción del ser de Dios[...] Un hombre, en cada pecado, apunta a establecer su propia voluntad como gobierno y su propia gloria al final de sus acciones».[46] Pecado es dar las espaldas a la adoración de Dios para adorar al ego. El aspecto más importante acerca de la humanidad es que estamos adorando a las criaturas. Autoadoración, pues, está en el centro del problema del pecado.[47]

A la luz de la corriente infatuación con la autoestima, merece examinarse la enseñanza puritana sobre el amor propio. En un estilo típicamente puritano, Charnock discierne tres tipos de amor propio. El primero es el «amor propio natural», al cual lo considera tanto necesario como recomendable ya que es el patrón de medida de nuestro deber con nuestro prójimo. Este tipo de amor es innato y parte de nuestra naturaleza, por lo que no requiere que lo inculquen.[48] Amor propio carnal es «cuando un hombre se

---

45. Carden, *Puritan Christianity in America*, p. 49. Carden citó a Thomas Shepherd, el pastor puritano de Newton, en su declaración: «En cada pecado, hiere a Dios clavándole un puñal en su corazón». Agrega: «La real magnitud del pecado es vista por mirar la magnitud del Dios que es afligido por el pecado», p. 50.

46. Stephen Charnock, *Discourses Upon the Existence and Attributes of God* [Discursos sobre la existencia y atributos de Dios], 2 vol., reed., Baker, Grand Rapids, 1979, I:93-94. De modo similar, John Owen describió los patrones básicos de imaginaciones pecaminosas como egocentrismo, autogratificación y voluntad propia, *Works*, ed. Goold, 7:164.

47. Keller, «Puritan Resources», p. 28.

48. Aquí el puritanismo habla alto y claro a nuestra cultura narcisista. Defender el amor propio natural, que es como un instinto de autopreservación, conduce a un amor propio desordenado. El último es pecado, mientras que el anterior no lo es.

ama a sí mismo más que a Dios, en oposición a Dios, con menosprecio de Dios». Esta clase de amor «resulta criminal por su exceso».[49] Este es un amor propio desordenado y, como tal, la pasión fundamental del corazón y puerta de entrada a toda iniquidad. El amor propio pecaminoso es «alejarse de Dios para meterse en el lodo del egoísmo carnal», del que no hay escape fuera de la gracia divina.[50] Esto lleva al tercer tipo que menciona Charnock, que es un afable amor propio impartido a los creyentes en la regeneración. Es «cuando nos amamos a nosotros mismos por fines más elevados que la naturaleza de una criatura[...] en subordinación a la gloria de Dios. Esto es reducir a la criatura rebelde a su orden verdadero y feliz; se dice, por tanto, que un cristiano es creado en Cristo Jesús para buenas obras».[51] Sin embargo, aparte de una transformación radical de la naturaleza, el individuo es dejado con su idolatría:

Cuando actúa como si algo menos que Dios puede hacerle feliz, o como si Dios no pudiera hacerlo feliz sin otras cosas. Así, el glotón hace un dios de sus manjares; el ambicioso, de su honor; el sensual, de su lascivia; el avaro, de sus riquezas; por consiguiente, las estima como el mejor y más noble fin al cual elevar sus pensamientos. De este modo envilece y rebaja al Dios verdadero que puede hacerle feliz, menospreciándole por una multitud de falsos dioses que sólo le hacen miserable. Quien ama los placeres más que a Dios dice en su corazón que no hay más Dios que el placer. Quien ama su belleza más que a Dios dice que no hay más Dios que ella: su felicidad no descansa en ese Dios que hizo el mundo, sino en el provecho o los placeres a los que convirtieron en su dios.[52]

El hecho de que los apetitos y afectos puedan crear sus ídolos, demuestra la amplitud y profundidad del principio del pecado en sus efectos sobre las facultades humanas.

La imaginación y voluntad son particularmente susceptibles a impulsos pecaminosos. Puesto que los sentidos no limitan la imaginación, puede formar fantasmas sobrenaturales o en exceso natural. En este estado depravado está claramente sin ley y crea fantasmas artificiales que seducen el entendimiento y la voluntad. De un modo vano y malicioso, forja imágenes irreales carentes de sensación externa. En *The Soul's Conflict* [Los conflictos del alma], Richard Sibbes declaró:

---

49. Charnock, *Attributes of God,* p. 136.

50. *Ibid.*

51. Charnock, *Attributes of God,* p. 136.

52. *Ibid.,* p. 143.

> La vida de muchos hombres[...] es casi nada más que una fantasía; aquello que principalmente establece su imaginación, lo cual erigió una excelencia dentro de sí mismo, en comparación con toda la verdadera excelencia que menosprecia y aquellas cosas que, por cierto, sus efectos son más necesarios.[53]

La imaginación sin gobierno, continúa Sibbes, es algo salvaje que divaga; no sólo falsea la estructura de la obra de Dios en nosotros, enalteciendo la parte más vil del hombre por encima de la más elevada, sino que también distorsiona la obra de Dios en las criaturas y todo lo demás, porque configura las cosas de acuerdo a su propio agrado».[54] Como la imaginación puede transgredir con tanta facilidad, debe controlarse con rigurosidad por una razón espiritualmente iluminada en base a las Escrituras.

Asimismo, la voluntad puede actuar independientemente, rebelándose contra el entendimiento. Una notable convicción puritana, que habla por volúmenes a nuestra cultura de hoy, es que la supremacía de la razón sobre la voluntad debe alcanzarse mediante la gracia divina y no por la educación humana. La educación, por sí misma, sólo producirá un pecador más perverso. Sólo la gracia puede apaciguar una voluntad rebelde. La gente es depravada no porque tiene voluntad, sino porque tiene una voluntad que prefiere el mal.

Debido a la propensión al mal de la naturaleza humana, los puritanos estaban bien advertidos de lo engañoso del pecado. John Owen veía tres etapas en el engaño del pecado. Antes que todo, se pierde la perspectiva de la vileza del pecado y de la maravillosa gracia de Dios.[55] La tendencia del pecado es siempre a disminuir su propia seriedad. La verdad bíblica pierde su fuerza sobre la imaginación y se reduce a una mera información. Como se opacan las sensibilidades espirituales, los creyentes pierden ese «santo sabor» que ha sido la motivación primaria de su vida.

En segundo lugar, cuando los afectos no se han puesto firmemente en las cosas de Dios, la atracción del pecado se presenta en la imaginación. Cuando el pecado se contempla sin un sentimiento de disgusto, captura la imaginación y se torna positivamente deseable. La imaginación «enrolla» el placer del pecado como «el bocado de comida sobre la lengua para paladearlo».[56]

Tercero, la voluntad cede ante lo que parece ser bueno en la mente y desarrolla razones para justificar el pecado que se contempla. Los afectos

---

53. Richard Sibbes, citado por Miller en *The New England Mind*, p. 258.

54. *Ibid.*

55. Keller, «Puritan Resources», p. 33. Véase *Works*, de John Owen, 6:218-23.

56. Keller, «Puritan Resources», p. 33. Cf. Owen, *Works*, 6:246.

están agitados e inflamados por las vívidas representaciones del placer del pecado, mientras se silencian las convicciones de la conciencia.[57] Si esta «cadena del engaño» no se quiebra, conducirá a actitudes y acciones pecaminosas. «Luego, cuando el pecado que habita en nosotros ha desarrollado un patrón de hábito, el ciclo puede ocurrir con tanta rapidez que ya no hay una conciencia de "etapas", de "discutir y seducir". En cambio, pronto la conducta estalla y con muy poca advertencia».[58]

En relación a esto, Thomas Brooks advierte contra el engaño del pecado cuando aparece con los colores de la virtud. En su descripción del efecto que se produce por desenmascarar el pecado, su elocuencia está a la altura del significado del hecho y capta la intensidad que es la característica distintiva del puritanismo:

> ¡Ah, almas! Cuando estén en el lecho de muerte, de pie ante el estrado del juicio, el pecado se desenmascarará; sus ropas y vestiduras se quitarán; así se verá más vil, sucio y más terrible que el infierno mismo; luego, aquello que parecía tan dulce parecerá lo más amargo; lo que parecía más bello parecerá más horrible y lo que parecía más deleitoso parecerá más doloroso para el alma. ¡Ah, la vergüenza, el dolor, la vejación, el horror, la visión infernal que se levantará en el alma como resultado del pecado, especialmente cuando se le quite sus vestiduras. El pecado seguramente se mostrará malo y amargo al alma cuando se le quite su manto[...] Hasta que pequemos, Satanás es un parásito: cuando pecamos, es un tirano.[59]

Brooks advierte además que ceder a un pecado menor mueve al diablo a tentarnos a cometer uno mayor. «El pecado es un invasor, se desliza en el alma poco a poco, paso a paso».[60] Owen concuerda con esto, hablando del pecado como una fuerza dentro del corazón:

> Primero codicia, despertando e incitando demasiadas quimeras en la mente, deseos en los apetitos y afectos, proponiéndolos a la voluntad. Pero no descansa allí; no puede descansar; insta, presiona y persigue sus propósitos con ardor, fuerza y vigor, luchando, contendiendo y guerreando para obtener sus fines.[61]

---

57. Keller, «Puritan Resources», p. 33.

58. *Ibid.*

59. Thomas Brooks, *Precious Remedies Against Satan's Devices* [Remedios preciosos contra las estratagemas de Satanás], 1652, reeditado, Banner of Truth Trust, Carlisle, PA, 1984, pp. 35-36.

60. *Ibid.*, p. 39.

61. Owen, *Works*, 6:195.

De este modo, el grueso de la consejería puritana se enfoca sobre el problema del pecado en razón a la amplitud y profundidad de su naturaleza. Reconociendo el engaño que anida en cada corazón humano, los consejeros puritanos sabían que lo que a la gente menos le agrada escuchar es lo que más necesitan oír. De aquí que la solución que los pastores puritanos ofrecían a los dilemas que crea el dominio del pecado era el principio de la «mortificación».

Mortificación es hacer morir las obras de la carne (Ro 8.13). Mortificar significa quitar toda fuerza, vigor y poder al pecado, de modo que no pueda actuar por sí mismo ni influir en la vida del creyente.[62] Esto involucra no sólo el fruto del pecado en los patrones de conducta externa, sino también la raíz de pecado en las motivaciones y deseos.

En su desarrollo del concepto de mortificación, Owen explica primero lo que no es, antes de describir lo que es. Mortificación no significa eliminar el pecado de esta vida de modo que ya no constituya un problema. Aunque esta es la meta de la santificación, no se puede alcanzar en esta vida debido al pecado que habita en nosotros (Ro 7.14-25). Segundo, mortificación no significa alcanzar un grado de civilización o conformidad a la moral externa, porque esto «podría hacer que los hombres parezcan a sí mismos y a otros muy mortificados, cuando quizás sus corazones son albañales de todas las abominaciones». Tercero, la mortificación no es el reemplazo de un pecado por otro, porque cada pecado merece la muerte. Por último, las victorias ocasionales sobre el pecado no constituyen el principio de mortificación del pecado.[63]

Ferguson ha resumido muy bien lo que expresa Owen sobre lo que implica la mortificación:

> En esencia, mortificación significa el debilitamiento habitual del pecado y lucha constante contra este, con cierta medida de éxito. La batalla se debe perpetuar porque cada manifestación de pecado contiene las semillas de su dominio maligno e inclina hacia ese mismo fin. Es necesaria una crucifixión de la carne, mediante la cual el pecado se debilita.[64]

El secreto del carácter puritano puede hallarse en la actitud de la vida cristiana en constante lucha espiritual contra el pecado. Esto es muy diferente a las espasmódicas luchas espirituales en los seminarios que se

---

62. Owen, *Works*, 6:8.

63. *Ibid.*, 6:25-26.

64. Sinclair B. Ferguson, *John Owen on the Christian Life* [John Owen sobre la vida cristiana], Banner of Truth Trust, Carlisle, PA, 1987, p. 149. Véase *Works*, de Owen, 6:28.

ofrecen hoy, donde se enseña a los creyentes a batallar con las fuerzas demoníacas que le rodean. Los puritanos no luchaban contra los demonios sino contra sí mismos y, por consiguiente, ganaban cierto grado de señorío sobre sí mismos, produciendo una vida piadosa.

A fin de entender lo que es mortificación, debemos responder a la siguiente pregunta estructurada por Owen:

> Supongamos que alguien es un verdadero creyente y aún hay un poderoso pecado en él, que le lleva cautivo a su ley, consumiendo su corazón con problemas, confundiendo sus pensamientos, debilitando la comunión de su alma con Dios, perturbando su paz, tal vez corrompiendo su conciencia y exponiéndolo a endurecerse mediante los engaños del pecado: ¿Qué hará?[65]

La pregunta es significativa porque revela una sensibilidad hacia el pecado que no es común entre los evangélicos de hoy en día. Hacer la pregunta es comenzar a moverse hacia la mortificación.

Para responderla, uno debe considerar las consecuencias que perturban el alma cuando se permite al pecado avanzar sin control. Ellas incluyen endurecimiento del corazón, insensibilización de la conciencia, pérdida de la paz y seguridad y la consiguiente disciplina correctora de Dios.[66] Luego que se le dé la debida consideración, la conciencia en particular debería quedar agobiada por la culpa del pecado.[67] «El pecado debería someterse a la luz de la ley y del evangelio respectivamente, por el hecho de que debe verse a la verdadera luz de la santidad, gracia y amor de Dios y del sacrificio de Cristo por él».[68] El santo que ha pecado debe temblar delante de Dios por haber ofendido su paciencia, pecado contra su misericordia y tomado su gracia por otorgada.[69]

---

65. Owen, *Works*, 6:24.

66. Keller, «Puritan Resources», p. 25.

67. Ferguson, *John Owen on the Christian Life*, p. 151. Véase *Works*, de Owen, 6:56.

68. Ferguson, *John Owen on the Christian Life*, p. 151.

69. Owen demostró una saludable convicción de pecado mediante un monólogo retórico:

> Di a tu alma: «¿Qué he hecho? ¡Qué amor, qué misericordia, qué sangre, qué gracia he despreciado y pisoteado! ¿Es este mi reconocimiento al Padre por su amor, al Hijo por su sangre y al Espíritu Santo por su gracia?[...] He corrompido el corazón que para lavarlo Cristo murió[...] Tengo mi comunión con él como cosa de tan poco valor que, por rendirme a mi vil codicia, he dejado tan escaso lugar para él en mi corazón?[...] Obsequia diariamente tu conciencia con este tratado». *Works*, 6:58.

Si la convicción toma control del corazón, le seguirá un definitivo arrepentimiento. Un genuino arrepentimiento es mucho más que un simple reconocimiento del pecado.[70] Como Keller señala: «Es natural para una persona expresar dolor brevemente sobre un pecado y luego restablecerse con un versículo referido al perdón (e.g. 1 Jn 1.8-9). Pero esto puede producir una tremenda dureza de corazón, en especial en aquellas personas que caen a menudo ante las trampas del pecado que vive en nosotros».[71] Tampoco es suficiente dejar el pecado si la única razón es el temor a las consecuencias. El verdadero arrepentimiento, como Richard Sibbes lo expresó, es «promover en nuestros corazones tal dolor que el pecado resulte aún más odioso que su castigo, hasta llegar al punto en que ejerzamos una santa violencia en su contra».[72]

Para quienes han experimentado convicción y arrepentimiento, Owen ofrece las siguientes palabras de aliento: «Ponga su fe a trabajar en Cristo para "matar" su pecado. Su sangre es el remedio soberano para las almas enfermas por el pecado. Viva así y morirá como un conquistador; y llegará el día en que, por la buena providencia de Dios, vivirá para ver su codicia muerta a sus pies».[73] Después del arrepentimiento del pecado, Dios hablará palabras de paz a su conciencia. «Es su soberano placer hacerlo así y es prerrogativa de Cristo decírnoslo mediante su Palabra y su Espíritu».[74]

Sin embargo, antes de experimentar la paz, debe indagarse acerca de la fuente de esa paz. Ferguson ha captado la esencia de las instrucciones de Owen sobre este punto:

> ¿Cómo puede distinguirse la voz de Cristo de nuestras inclinaciones personales? La voz proviene de esas inclinaciones cuando no va acompañada de un odio genuino por el pecado y no evidencia una paciente espera en Dios[...] Es voz de hombre y no de Cristo si habla fácilmente de paz o habla a un corazón contento de ser albergue del pecado o cuando la humillación que, por lo general acompaña a una obra de la gracia, está ausente en tales momentos.[75]

Igualmente, la voz de Cristo da paz al alma humillada que en verdad odia el pecado y no se contenta con su presencia. Este es el ministerio

---

70. Owen advierte que «aplicar misericordia a un pecado que no se mortifica con decisión, es cumplir el fin de la carne por sobre el evangelio». *Works*, 6:46.

71. Keller, «Puritan Resources», p. 26.

72. Sibbes, *Works*, 1:47.

73. Owen, *Works*, 6:79.

74. Ferguson, *John Owen on the Christian Life*, p. 152.

75. *Ibid*. Véase Owen, *Works*, 6:71-77.

reflexivo del Espíritu Santo. En otras palabras, el Espíritu Santo ministra a los creyentes de un modo contrario al que ellos usan para juzgarse a sí mismos. Si los creyentes, con un sentimiento de seguridad carnal, se autoconsuelan de su pecado descartando con descuido su impacto sobre sus vidas, el Espíritu Santo les convencerá reemplazando su consuelo con dolor, miseria y angustias de una conciencia atormentada. En cambio, si los creyentes se juzgan a sí mismos sobre su pecado, sufren profundamente por haber ofendido al Salvador y el Espíritu Santo les animará, confortará y calmará su conciencia afligida. Así se alcanza la mortificación. Cuando el santo se siente quebrantado por el pecado y el Espíritu Santo lo consuela, el poder del pecado en la vida diaria se debilita. Si la iglesia de hoy tiene por meta desarrollar cristianos espiritual y sicológicamente sanos, los puritanos han marcado la senda hacia ella en su énfasis sobre la mortificación del pecado. Owen lo dice mejor:

> *La continua humillación*, condena y aborrecimiento de uno mismo son otros deberes directamente opuestos al[...] gobierno del pecado en el alma. Ningún estado mental es mejor antídoto contra el veneno del pecado[...] Esta es la tierra donde toda gracia prosperará y florecerá. Un constante sentido del pecado como pecado, de nuestro interés en él por naturaleza y en el curso de nuestra vida, con una continua memoria afligida de[...] cosas como estas[...] es la mejor postura del alma[...] Mantener nuestra alma en un constante estado de lamento y abatimiento es la parte más necesaria de nuestra sabiduría[...] y está muy lejos de ser inconstante con las consolaciones y gozo que el evangelio nos tiende al creer, ya que este es el único medio de permitirles posesionarse de nuestra alma en la manera debida.[76]

CONCLUSIÓN

Tal vez en este punto, de acuerdo a la práctica puritana, lo mejor sería preguntar de qué *utilidad* sería el método puritano para la cura del alma en el ministerio de la consejería de hoy. La pregunta es doble: *¿por qué?* y *¿cómo?*

¿Por qué debemos usar el método puritano? Porque la devoción espiritual, compromiso teocéntrico e integridad personal de los puritanos reflejan realidad bíblica y es digna de emulación por los evangélicos de hoy. Lo mejor de la cristiandad puritana es que «tenía un vigor, virilidad y profundidad que en gran medida le falta a la cristiandad moderna. Esto se debe a que el puritanismo fue[...] una práctica ininterrumpida de buscar

---

76. Owen, *Works*, 7:532-33.

el rostro del Señor[...] Los puritanos fueron cristianos viriles sólo porque fueron cristianos más piadosos».[77] Packer ha anotado tres puntos de contraste entre los puritanos del siglo diecisiete y los evangélicos de nuestro tiempo que son dignos de repetir:

> Primero, no podemos sino concluir que, en tanto que la comunión con Dios de los puritanos fue una *gran* cosa, para los evangélicos de hoy es en comparación una cosa *pequeña*. Los puritanos se preocupaban por lograr la comunión con Dios en una medida que no tenemos nosotros[...]
>
> Segundo, observamos que mientras la piedad práctica de los puritanos era «natural y espontánea», porque era fervientemente centrada en Dios, la nuestra (tal como la vemos) es con demasiada frecuencia «artificial y ostentosa» porque en gran medida se preocupa de nosotros mismos[...]
>
> Tercero, parece innegable que la pasión puritana por la integridad y honestidad moral delante de Dios, el temor a la hipocresía en ellos y en otros, y su humilde autodesconfianza que les guiaba a la examinación continua para evitar un desliz hacia una mera representación en un drama religioso[...] *no tiene contraparte en los hábitos evangélicos de nuestros días*. Fueron típicamente cuidadosos, serios, realistas, firmes, pacientes y persistentes en hacer el bien y ávidos por santidad de corazón; nosotros, en cambio, con mucha frecuencia nos mostramos impetuosos, eufóricos, frívolos, simples, huecos y superficiales.[78]

¿Cómo debemos usar el método puritano? Para aplicar las verdades teológicas que emplearon a las presuposiciones sicológicas de nuestros días. Su punto de vista acerca de cómo el pecado domina la vida provee la clave para entender la conducta adictiva. Su énfasis en tener a Dios como centro de todo, coloca la estructura para una aproximación adecuada al tema de la autoimagen. Como dice Keller: «De acuerdo al standard moderno, a cualquiera que lucha con profundos problemas de autogratificación o de propia voluntad, se le podría decir: "Usted no es responsable", o "Un verdadero cristiano no debería sentirse así", o "Usted debe tener un demonio"».[79] En contraste, un consejero puritano primero exhortaba a la persona a mortificar el pecado mediante la contrición, la confesión y el arrepentimiento. Luego la animaba diciéndole que su lucha con el pecado era un buen síntoma, una muestra de que aún no había un dominio

---

77. Packer, *A Quest for Godliness*, p. 235.

78. *Ibid*, pp. 215-17.

79. Keller, «Puritan Resources», p. 28.

completo del pecado. Sobre estas bases, había razón para esperar que el patrón de conducta, formado por el pecado, se rompiera mediante la verdad del evangelio. Los puritanos ingleses se asombrarían ante el énfasis que hoy se le da a la autoestima; lo considerarían sólo una forma de autoadoración. Ellos hubieran evitado hablar de «necesidades insatisfechas» porque en su punto de vista, la única necesidad que se debe satisfacer es la de adoración.[80] Por eso los puritanos practicaron la santificación mediante la teología más que por la sicología. Como Owen explicó:

> La santificación es una acción inmediata del Espíritu de Dios sobre el alma de los creyentes, purificándola y limpiándola de la contaminación y suciedad del pecado, renovando en ellos la imagen de Dios y capacitándoles así, desde un principio habitual de gracia, a rendir obediencia a Dios[...] O más brevemente: Esta es la restauración de la imagen de Dios en nuestra naturaleza, mediante el Espíritu Santo y Cristo Jesús. De aquí sigue nuestra «santificación», que es el fruto y efecto de esta obra[...] ya que esta comprende la renovada[...] imagen de Dios en nosotros, de modo que en ello estriba una santa obediencia a Dios, mediante Cristo Jesús, de acuerdo con los términos del pacto de la gracia.[81]

La característica distintiva del puritanismo fue su hincapié en la vida santificada. Sea en el área de consejería u otra cualquiera de la vida y ministerio cristianos, los puritanos nos desafían a nosotros, más que a cualquier otra generación en toda la historia de la Iglesia, por su absoluto compromiso con la integridad tanto en la fe como en la acción.

> No pensemos que somos mejores por nuestras convicciones tocantes a la verdad de las grandes doctrinas del evangelio[...] a menos que tengamos el poder de esas verdades habitando en nuestros corazones y experimentemos su continua necesidad y excelencia en nuestro permanecer delante de Dios y en nuestra comunión con Él.[82]

---

80. *Ibid.*, p. 40.

81. Owen, *Works*, 3:386.

82. *Ibid.*, 12:52.

3

Consejería bíblica en el siglo veinte

David Powlison

Felizmente, en los últimos veinticinco años, la Iglesia de Jesucristo ha redescubierto la consejería bíblica. Mas lo que se reencuentra tuvo que estar perdido. ¿Cómo se perdió la consejería bíblica en la iglesia? A fin de averiguarlo, debemos volver las páginas de la historia.

Los creyentes de habla inglesa tienen una larga historia sobre un sabio cuidado pastoral para los diferentes casos que pudieran presentarse. Muchos de los más grandes escritos protestantes se caracterizan por la habilidad en el uso de las Escrituras para resolver los «casos» más variados; son prominentes: *Precious Remedies Against Satan's Devices* [Preciosos remedios contra las estratagemas de Satanás], de Thomas Brooks; *El progreso del peregrino*, de Juan Bunyan; *A Treatise Concerning Religious Affections* [Un tratado concerniente a afectos religiosos], de Jonathan Edwards. Cada uno de estos escritores pastorales poseía una ardiente preocupación puesta por Dios por la fidelidad doctrinal, rectitud moral, una vida devocional disciplinada y servicio cristiano. Además, poseían una abundante medida del amor que discierne del Pastor: No sólo conocían íntimamente a la gente, sino que tenían una sensibilidad especial para percibir el avance en el camino hacia la santificación progresiva.[1]

---

1. Para una útil introducción a esta herencia, véase de Timothy Keller, «Puritan Resources for Biblical Counseling» [Recursos puritanos para la Consejería Bíblica], *The Journal of Pastoral Practice* 9, n° 3, 1988, 11-44 y el capítulo 2 de este libro.

El clásico de Edwards tiene casi 250 años, el resto más de 300, y la consejería bíblica como tal se puede encontrar bien en el siglo diecinueve. Jay Adams cita a Ichabod Spencer como «muestra de una especie de consejería pastoral realizada por un predicador presbiteriano anterior a la próxima capitulación del ministerio cristiano ante la siquiatría. En su *Sketches* [Bosquejos], Spencer discutió una gran variedad de problemas y cómo resolverlos».[2] Spencer escribió en la década de 1850, pero el manantial de sabiduría en la consejería bíblica que había venido disminuyendo gradualmente por años, se secó por completo en las décadas subsiguientes.

En los siglos diecinueve y veinte, los cristianos de Estados Unidos perdieron básicamente el uso de verdades y habilidades que poseían; es decir, la sabiduría práctica para la cura de almas decayó, aun cuando la iglesia conservadora, por definición, se mantuvo aferrada a su doctrina ortodoxa, principios morales bíblicos, las disciplinas espirituales y el llamado misionero. La iglesia perdió ese componente crucial en el ministerio pastoral que podría llamársele «sabiduría según el caso»; sabiduría que conoce a la gente, que conoce cómo cambia y cómo ayudarla a cambiar. La habilidad pastoral es un arte y ciencia aplicada; una forma de amor que abunda en conocimiento y discernimiento en el trabajo con personas. Y, sin embargo, esta habilidad para aplicar la verdad a «casos» específicos, se atrofió. En verdad, hacia principios del siglo veinte, la teología liberal y la sicología secular fueron ascendiendo en el dominio de la consejería.[3] Sólo

---

2. Jay L. Adams, *Manual del consejero cristiano*, Clie, Ft. Lauderdale, FL, (p. 130 del original en inglés). El primer volumen de Ichabod Spencer, *A Pastor's Sketches* [Bosquejos de un Pastor], se publicó en 1850, el segundo en 1853. *Sketch* fue la palabra de Spencer para un estudio. Por un historiador más detallado véase a Spencer referirse al capítulo 4 en *A History of Pastoral Care in America From Salvation to Self-Realization* [Una historia de cuidado pastoral en Estados Unidos desde salvación hasta autorrealización], de E. Brooks Holifield, Abingdon, Nashville, 1983.

3. Los lectores interesados en la historia del eclipse pastoral por los profesionales de salud mental pueden hallar un análisis sugestivo de Andrew Abbott, *The System of Professions: An Essay on the Division of Expert Labor* [El sistema de profesiones: Un ensayo sobre la división de labor experta], University of Chicago Press, Chicago, 1988. Lea el capítulo 10: «La construcción de jurisdicción de problemas personales», pp. 280-314, en especial 294-314. Abbots habla de cómo los pastores tenían la clave interna para dirigir los problemas personales a fines del siglo diecinueve. «Los análisis de los clérigos era primitivos. El reconocimiento gradual de los problemas personales como categoría legítima de trabajo profesional no trajo un esfuerzo serio de los clérigos por conceptualizarlos. Su falla en proveer un fundamento académico a su trabajo con problemas personales provocó finalmente su desaparición» (286). Las recién nacidas profesiones de salud mental coparon el terreno. Abbott sigue hablando del subsecuente «derivar de la consejería pastoral hacia la sicoterapia secular» y «la deserción voluntaria de los eclesiásticos de su tarea tradicional» (310, 313).

ecos confusos y sombras de una sabiduría pasada pueden oírse y verse entre los cristianos conservadores.[4]

En su lugar, la sicología secular se apoderó del campo de juego de la consejería experta y la comprensión de la naturaleza humana. Los cristianos conservadores pueden haber retenido partes de la teología formal de Jonathan Edwards, pero el sicólogo William James fue el heredero de su estilo en la cuidadosa observación y reflexión.[5] Los cristianos tomaron la Biblia y los sicólogos a las personas; ¡una situación no feliz por cierto para personas necesitadas en cualquiera de los dos campos! El liderazgo de cómo tratar a los individuos pasó de los ministros del evangelio de Jesús a los ministros de un evangelio secular o liberal. Los sicoanálisis de Freud y otras nacientes sicoterapias se adaptaron para pastorear a la gente sin el Pastor: El movimiento de higiene mental, el púlpito de Harry Emerson Fosdick y la terapia del evangelio del ego, de Carl Rogers, fueron algunas de las corrientes más destacadas en la primera mitad del siglo veinte.

Las sicologías no sólo reclamaron el campo de juego en la consejería, sino que lo dominaron. El sociólogo Philip Rieff tituló acertadamente su libro sobre Estados Unidos del siglo veinte *The Triumph of the Therapeutic* y declaró con astucia: «El hombre religioso nació para ser salvo; el sicológico para ser complacido[...] Si la terapéutica va a ganar, sin duda el sicoterapeuta será su guía espiritual secular».[6] Rieff lamentó con nostalgia la muerte de la cultura cristiana; pero fue un hombre moderno que se las arreglaba como podía, no un profeta llamando a la gente a volver al Dios viviente.[7] Las metas, las verdades, los métodos, aun la posibilidad de la consejería bíblica, desaparecieron durante la revolución sicológica. En efecto, la consejería bíblica no sólo desapareció sino que llegó a ser algo imposible de aceptar.

---

4. Por ejemplo, compare el giro del siglo en *Personal Work: A Book of Effective Methods* [Trabajo personal: Un libro de métodos efectivos], de R.A. Torrey, Fleming H. Revell, NY, con los escritos más antiguos citados antes. Aunque tiene algunas cualidades rescatables, el libro de Torrey es pobre en su comprensión de las personas, la Escritura, el ministerio pastoral y el proceso del cambio.

5. El método y tema de Jonathan Edwards en *A Treatise on Religious Affections* [Un tratado sobre afectos religiosos] fue tomado por William James en *The Varieties of Religious Experience* [Las variedades de la experiencia religiosa], 1902, una de las monografías fundamentales en la sicología moderna.

6. Philip Rieff, *The Triumph of the Therapeutic: Uses of Faith After Freud* [El triunfo de la terapéutica: Usos de la fe después de Freud], University of Chicago Press, Chicago, 1987, p. 24f.

7. El sociólogo y apologista Os Guinness volcó los conceptos de Rieff en un llamado al arrepentimiento en mucho niveles. Véase «America's Last Men and Their Magnificent Talking Cure» [Los últimos hombres de norteamérica y su magnífica cura verbal], en *No God but God* [No Dios sino Dios], ed. Os Guinness y John Seel, Moody Press, Chicago, 1992, III-132.

A mediados de la década del 60, cuando la consejería bíblica fue redescubierta, emergió como una extraña en medio de tres comunidades sicologizadas. El establecimiento cultural de la actividad llamada consejería o sicoterapia podría compararse con tres círculos concéntricos, cuyas diferencias, agudas diferencias, se produjeron dentro de un consenso fundamental. El enorme y dominante círculo externo fue la sicología secular. Dentro de este, los pioneros creadores de teorías, los programas de grados y pregrados de universidades, las credenciales, el sistema de salud mental, las revistas especializadas y los libros, marcaron el paso intelectual y el de la metodología. El círculo medio consistió en la teología pastoral de los liberales, que ganó el campo de consejería pastoral aún en seminarios conservadores. El círculo más pequeño lo constituyeron creyentes profesantes que eran sicólogos y terapeutas.

El círculo mayor dominó el avance intelectual y los métodos de terapia de los más pequeños. Así, los consejeros religiosos, sicólogos, trabajadores sociales, consejeros guías y enfermeras siquiátricas se unieron a un vasto ejército de practicantes, dentro de una «escala» en las profesiones de la cura de almas. Los oficiales de más alto rango eran los siquiatras y teorizantes sobre la personalidad, quienes proveyeron el contenido cognitivo y las razones filosóficas a la ciencia de salud mental. Cualquiera que quisiera hablar de consejería o leer consejería o unirse a una asociación de consejeros o ir a una escuela de consejería o hacer consejería, tendría que hacerlo dentro del gran círculo exterior. La consejería bíblica surgió como una forastera en tierra extraña.

La sicología secular dominó la consejería, definiendo las ideas acerca de la gente y sus problemas. Las ciencias sociales, de conducta y médica obtuvieron enorme poder social, prestigio intelectual y autoconfianza. Como resultado, la práctica total de la consejería en el siglo veinte llegó a estar rodeada y permeada con versiones seculares tocantes a cómo entender y ayudar a la gente. Varias formas de sicoterapia, trabajo pastoral secular, arrollaron a la bíblica cura de almas; varias sicologías teóricas, teologías seculares, abrumaron el entendimiento bíblico de la naturaleza y funcionamiento humanos; varias instituciones de terapéutica, comunidades religiosas seculares, arrollaron a la iglesia como lugar primordial para la ayuda de la gente en sus problemas.

Los sicólogos más capaces reconocieron y expresaron con franqueza lo que hacían. Aún Freud, contrariamente a la mayoría de sus discípulos, negó que el papel de los sicoanalistas fuera el mismo que el del médico. Afirmó que el sicoanalista era un «trabajador pastoral secular» y no necesitaba ser médico.[8] Por ejemplo, el destacado discípulo de Freud, Erik

---

8. «Las palabras "trabajador pastoral secular", bien podrían servir como fórmula general para describir la función que el analista, ya sea médico o no, debe efectuar en su

Erikson, ¡tenía su preparación profesional en el campo del arte! Carl Jung comentó en estilo similar: «Los pacientes obligan al sicoterapeuta al papel de un sacerdote y esperan y demandan de él que los libere de sus tensiones. Por eso los sicoterapeutas debemos ocuparnos con problemas que, estrictamente hablando, pertenecen a los teólogos».[9] B.F. Skinner en *Walden Two* [Waldo dos], consciente y específicamente ofrece sustitutos para la verdad, las técnicas e instituciones de la fe cristiana. En verdad, los sicólogos conductistas son los equivalentes de los sacerdotes del cielo en la tierra de Skinner.[10] El gran círculo de la sicología secular implantó un universo secular. Los sicólogos y siquiatras líderes fueron personas seculares que deseaban ayudar a personas seculares. No debe sorprendernos que hayan ofrecido un sustituto de la religión, porque los problemas con los cuales lidiaron fueron en esencia religiosos.[11]

Lamentablemente, las iglesias liberales quedaron ligadas a esta revolución de la sicoterapia desde su inicio; de aquí el desarrollo del segundo círculo: La teología pastoral liberal. En su abandono de la verdad y autoridad bíblica, los líderes dentro de esas iglesias miraron a las ciencias sociales como proveedoras de autoridad y eficacia. No es coincidencia que Harry Emerson Fosdick, cuyo liberalismo teológico fue el catalizador de la división entre los fundamentalistas y modernistas de la década del veinte, fuera un líder del movimiento de higiene mental. Usando su

---

relación con el público». Sigmund Freud, «The Question of Lay Analysis, Postcript» [La cuestión de los análisis laicos, postescritos], en *The Freud Reader,* ed. Peter Gay, W.W. Norton, NY, 1989, pp. 68, 2f.

9. Carl Jung, *Modern Man in Search of a Soul* [El hombre moderno en la búsqueda de un alma], Harcourt Brace Jovanovich, NY, 1933, p. 241. Los últimos dos capítulos de este libro, «El problema espiritual moderno» y «Sicoterapeutas o clérigos», lo dicen. Jung veía la «neurosis» como una crisis de orden espiritual, no un problema médico. La sicoterapia busca dar significado a la vida. Jung exhorta a los terapeutas: ¿Qué harán cuando los problemas del paciente surgen «de no tener amor sino sólo sexualidad; ninguna fe, porque teme andar en la oscuridad; sin esperanza porque está desilusionado del mundo y la vida y sin entendimiento porque ha fracasado en la lectura del significado de su propia existencia?» (225f). El sicoterapeuta debe encarar el esfuerzo de dar amor, fe, esperanza y entendimiento a gente secular.

10. B.F. Skinner, MacMillan, *Walden Two*, NY, 1948, p. 199.

11. El artículo seminal de Charles Rosenberg de la historia de la siquiatría, «The Crisis in Psychiatric Legitimacy» [La crisis en la legitimidad de la siquiatría], merece muchos lectores. En *American Psychiatry Past, Present, and Future*, [Pasado, presente y futuro de la siquiatría estadounidense], ed. George Kriegman, University Press of Virginia, Charlottesville, 1975, pp. 135-148; reed., en *Explaining Epidemic and Other Studies in the History of Medicine* [Explicando estudios epidémicos y otros en la historia de la medicina], del mismo autor, Cambridge University Press, NY, 1992. Rosenberg nota, primero, que a la siquiatría se le ha asignado y ha asumido un enorme rol social: las diversas enfermedades del alma, pero tiene un pequeño real conocimiento o eficacia que ofrecer. Segundo, la siquiatría

púlpito para exponer una nueva versión sicoterapéutica del cristianismo, su sicologismo fue el lado oculto de su incredulidad en los «fundamentalistas». La idea misma de la consejería pastoral se definió por la integración de sicólogos seculares de la teología liberal, especialmente Carl Rogers y Alfred Adler, desde la Primera Guerra Mundial hasta la década del sesenta.

En general, los cristianos conservadores no hablaron ni escribieron acerca de consejería.[12] Y cuando comenzaron a pensar y practicar consejería, adoptaron los poderosos paradigmas de las sicologías y teologías liberales seculares que formaban el círculo externo. Las presuposiciones, tanto del pensamiento como prácticas, no se expusieron ni sujetaron a un análisis bíblico. No hubo intento alguno de edificar una teología bíblica práctica para la consejería a partir de sus principios fundamentales. El gran círculo de la sicología y sicoterapia secular fue siempre el socio dominante en las conversaciones. Entretanto, el círculo del medio, una implícita o explícita teología liberal, siempre arrastró el pensamiento y práctica evangélica. La escuela de graduados en sicología del Seminario Teológico Fuller (fundada en 1965) ejemplificó el dominio de los paradigmas seculares y liberalizantes sobre los creyentes que profesaban creer en la Biblia.[13]

REDESCUBRIMIENTO DE LA CONSEJERÍA BÍBLICA

Los piadosos, sabios y experimentados en vivir de acuerdo con la Palabra de Dios, han apelado a ella para los problemas de la vida en todo

---

depende de su identidad médica para su legitimación, aunque es incapaz de proveer comprensión o alivio continuo con sus pretensiones de ser una verdadera especialidad medicinal. Tercero, la actividad más claramente médica de la siquiatría, cuidando a pacientes con síndromes orgánicos crónicos en hospitales, es un bajo status; el status más elevado de la siquiatría es precisamente donde llega a ser más filosófica, pastoral y casi teológica. Muchos de los escritos siquiátricos más influyentes de nuestro siglo han consistido en declaraciones generales acerca de la condición humana» (142). Rosenberg acepta la legitimidad de la siquiatría casi como una deficiencia; a lo largo y lo ancho no hay otra estructura de significado porque tal parece que los antiguos valores religiosos «ya no mueven a la mayoría de los norteamericanos» (147). Pero para quienes aún hallan inspiradores tales valores, quienes creen en el Dios y Padre de Jesucristo, ¡la alternativa a la siquiatría es deliciosa!

12. Véase Holifield, *A History of Pastoral Care* [Una historia de cuidado pastoral]. El libro, como revela su nombre, es en esencia la historia de cómo un sicologizado liberalismo reemplazó la ortodoxia. Holifield no toma ninguna postura definida, sin embargo hace algunos comentarios sugestivos. Por ejemplo: «Cuando Harry Emerson Fosdick se refirió al sermón como consejería en gran escala, olvidó que lo mejor de esos sermones protestantes han interpretado un texto antiguo que resiste su reducción a lo sicológico» (356).

13. He escrito más extensamente en otra parte sobre la relación entre la sicología moderna y la cristiandad conservadora. Véase de David Powlison, «Integration or Inundation?»

tiempo y lugar. En este sentido, dondequiera que los creyentes sabios han pensado en alentarse y amonestarse unos a otros, ha habido consejería bíblica. Si bien las verdades que no se han sistematizado corren peligros, es para la gloria de Dios que la sabiduría, aunque informal, haya operado siempre. Dios siempre ha capacitado a pastores sabios que con amor y paciencia han abierto sus Biblias en los lugares correctos para «fortalecer a los turbados y turbar a los cómodos». Pese a que los métodos sistemáticos para consejería registrados en libros y enseñados en las aulas durante el siglo veinte no se han basado en la Biblia, de todos modos ha habido un redescubrimiento de la consejería bíblica. Desde el punto de vista humano, tal redescubrimiento está enlazado primordialmente con la vida y esfuerzos de un hombre: Jay E. Adams. Él comenzó a ver, discutir y a hacer consejería de manera que ni él ni otros habían visto, discutido o hecho antes.

Jay E. Adams (n. 1929) creció en Baltimore como hijo único de un policía y una secretaria. Convertido a Cristo en la escuela secundaria, obtuvo un bachillerato en divinidades en el Seminario Episcopal Reformado de Filadelfia y un bachillerato en Artes en la Universidad John Hopkins de Baltimore en 1952. Sirvió como director de área en Juventud para Cristo a principios de la década del cincuenta, fue ordenado en 1952 y durante trece años pastoreó diferentes iglesias presbiterianas. También recibió una licenciatura en Teología Sagrada en la Universidad Temple, de Filadelfia, en 1958 y un doctorado en lenguaje, en la Universidad de Missouri, en 1969. La Biblia, la teología, el griego y la predicación formaron el corazón de su educación. Pero como pastor, los problemas de las personas fueron su constante preocupación y carga. «Ellos incomodaron tanto a Jay durante esos años que él nunca pudo ayudar a la gente en sus problemas. Dijo: "La sicología es tan mala como los liberales. No es buena ni da resultados. Pero, ¿cómo puede ayudar realmente a la gente?"».[14]

Adams siempre buscó mejorar sus habilidades para aconsejar. Leyó vorazmente de los tres círculos de la consejería: Los sicólogos líderes del siglo veinte, los trabajos típicos en consejería pastoral (entre ellos Carl Rogers a través de la teología liberal o neoortodoxa), Clyde Narramore y otros evangélicos que comenzaron a escribir desde un punto de vista de Freud o ecléctico. Mientras estuvo en Temple, tomó dos cursos de consejería con un siquiatra partidario de Freud.[15] Adams quedó frustrado y

---

[¿Integración o inundación?], en *Power Religion* [Poder de religión], ed. Michael Horton, Moody, Chicago, 1992, pp. 191-218.

14. Entrevista a Betty Jane Adams por el autor, diciembre 4 de 1990.

15. Jay E. Adams escribió acerca de esta experiencia en *The Power of Error* [El poder del error], Presbyterian and Reformed, Phillipsburg, NJ, 1978.

desencantado con este aprendizaje. Por cierto, se sentía lleno de especulaciones conducidas por teorías ineficaces en la práctica y opuestas a las verdades bíblicas. Los métodos ofrecidos no tenían sentido, no ayudaban a la gente y eran sobre todo antibíblicos. Adams no tenía una coherente alternativa y estaba confundido con lo poco que podía hacer en situaciones que requerían consejería pastoral. Las clases para pastores, por lo general patrocinadas por instituciones de salud mental, reiteraban la letanía de que los pastores no debían intentar demasiado, sino «diferir y remitir» a expertos seculares en salud mental. El fondo del mensaje para los pastores era: «Deje las cosas a los profesionales. Es poco lo que puede hacer fuera de proveer una atmósfera aceptable para la gente. Las personas con problemas no son violadoras de conciencia sino víctimas moralmente neutrales de una conciencia acusadora. Necesitan ayuda profesional. Los pastores no pueden hacer más que remitirlas».[16] Tal propaganda era intimidatoria para millares de pastores conservadores.

En 1963, Adams fue invitado a enseñar teología práctica en el Seminario Teológico Westminster. Sus responsabilidades se enfocaban en la predicación, pero incluían un curso de teología que dedicaba una parte a consejería pastoral. Este curso marcó el punto decisivo. ¿Qué debía enseñar? Adams oyó acerca del sicólogo O. Hobart Mowrer y fue a escucharlo. Esa conferencia, de su libro *The Crisis in Psychiatry and Religion* [Crisis en siquiatría y religión] (Van Nostrand, Princenton, 1961), y un curso intensivo de seis semanas con Mowrer aquel verano, surtieron un efecto transformador en Adams. Mowrer «limpió de escombros el campo para mí. Destruyó a Freud, cuyo sistema imperaba, y estremeció la fe en los profesionales de salud mental. Su sistema positivo era por completo antibíblico, pero me inspiró confianza para seguir adelante».[17] Mowrer arrancó las garras asfixiantes de la propaganda secular. Esto dejó a Adams en libertad para desafiar a la ortodoxia de la sicología y seguir su instinto bíblico. Como resultado, Adams hizo un estudio bíblico intensivo acerca de la conciencia, la culpa, la antropología y el cambio. Describe los dos años siguientes como «día y noche aconsejando y estudiando: estudiando a la gente, los libros sobre consejería y la Biblia».[18]

Los primeros bosquejos rudimentarios de Adams acerca de consejería bíblica comenzaron a surgir durante aquel breve curso de teología pastoral que mencionamos en el párrafo anterior. Al principio, sólo fue algo más que «el pecado es el problema, la Biblia tiene las respuestas», incorporando

---

16. Jay E. Adams, notas de una charla dada por el capellán del Marlboro State Hospital, NJ, a mediados de la década del 60.

17. Jay E. Adams, entrevistado por el autor el 4 de diciembre de 1990.

18. Jay E. Adams, entrevista.

unos pocos casos para estudio. Los problemas se encararon sobre bases *ad hoc* en la medida que surgían en la consejería o el estudio de las Escrituras. Mas para 1967, el pensamiento de Adams acerca de la consejería se había convertido en un sistema y transformó el área de consejería desde una mera parte del curso de teología a un curso de consejería. Luego, cuando publicó su primer libro en 1970, su redescubrimiento personal de la consejería bíblica fue inicio del redescubrimiento para vastos sectores de la iglesia.

Adams ha escrito prolíficamente para crear y desarrollar un sistema de consejería bíblica. Considera cuatro de sus libros como textos básicos. El primero de ellos, *Capacitado para orientar*, cayó como una bomba sobre el mundo cristiano conservador. Este fue a la vez polémico y positivo. Su parte polémica atacó la preeminencia de la sicología y siquiatría paganas en el campo de la consejería y sus métodos positivos sentaban un ideal de «confrontación noutética».[19] Adams vio el método de la Biblia en consejería como radicalmente dependiente de la obra del Espíritu Santo en la aplicación de la Palabra de Dios a la vida: las promesas dan valor y poder, sus mandamientos redarguyen y guían, y sus historias son de aplicación. La Biblia pide que los consejeros humanos sean francos, amables, humildes con sus fallas y orientados al cambio. Deben servir a los planes del Espíritu Santo y no profesionales autónomos o gurúes. En pocas palabras, la consejería «noutética» de Adams es la confrontación que brota del sentimiento de cambiar algo que Dios desea cambiar.[20] Ese algo puede involucrar actitudes, creencias, conducta, motivos, decisiones, etc.

El segundo libro de Adams, *Manual del consejero cristiano*, afina la filosofía de la consejería bíblica y provee métodos de consejería, incluyendo

---

19. Del término griego *nouthet*, literalmente «colocar en la mente», que significa amonestar o enseñanza particular bien definida sobre un tópico. Es una palabra relacionada con traer una verdad específica para iluminar los detalles de la vida de un individuo. Está asociada con sentimientos de amor intensos: por ejemplo, el «amonesté con lágrimas» de Pablo en Hechos 20.31, y «como a hijos amados os exhorto» en 1 Corintios 4.14. Este término sirve como un resumen para la edificación verbal: ya sea unos a otros («capaces de aconsejarse unos a otros, Ro 15.14), o a alguien bajo autoridad pastoral (1 Ts 5.12). También sintetiza el aspecto educativo de la tarea de un padre al criar hijos («criadlos en la amonestación del Señor», Ef 6.4). *Nouthet* va tomado de la mano con la enseñanza y la adoración en Colosenses 3.16, reforzando el sentido de la palabra como que involucra un aplicación de la verdad de Dios, expresada con humildad y ternura en sumisión a Dios. Se ha criticado a Adams por no haber elegido el término *parakale*, que se usa con más frecuencia en el Nuevo Testamento y también es una palabra que resume la edificación verbal (Heb 3.13; 10.25). Pero, tal como Adams declaró, la elección de palabras no hace diferencia, las dos cubren con exactitud el mismo campo semántico. Ambas palabras implican la verdad de Dios aplicada a las vidas, ambas palabras implican amor y cuidado, y ambas palabras comunican dureza y señalan directamente el error.

20. Jay E. Adams, *Capacitados para restaurar*, Clie, Ft. Lauderdale, FL, (pp. 9-12 del original en inglés).

una exposición sobre cómo entender y resolver problemas especiales. Su tercer libro, *Lectures on Counseling* [Conferencias sobre consejería], provee una serie de ensayos sobre tópicos fundamentales, y un cuarto libro, *More Than Redemption* [Más que redención] (reeditado como *A Theology of Christian Counseling* [Una teología de consejería cristiana]), amplía la base sistemática de la consejería bíblica.

A través de sus prolíficos trabajos escritos, Adams desafía a los consejeros bíblicos a no caer presas de métodos rígidos de pensamiento o de técnicas mecánicas. Insiste en que los consejeros deben hacer justicia tanto a las cosas corrientes y elementales como a las diversas situaciones particulares de la consejería y de la vida.

> Penetrar dentro del accionar interior de seres humanos pecaminosos, dentro de sus circunstancias y problemas externos y dentro del significado correcto de pasajes bíblicos apropiados es absolutamente esencial en consejería. Asimismo, la importancia de la «creatividad» no puede minimizarse. Esta es la que singulariza las cosas comunes, encajando juntos lo usual con lo inusual en cada situación. Sin ella, la gente se ajusta a moldes en los que no encaja adecuadamente; más bien la verdad debe adaptarse y aplicarse, pero no acomodarse, a cada persona tal como es.[21]

Adams no sólo proveyó por escrito recursos abundantes para el desarrollo de la consejería bíblica, sino que fue el pionero que estableció lugares donde ella era el *modus operandi* y la base del programa. Como dijimos antes, los primeros cursos rudimentarios que dictó sobre consejería bíblica fueron en el Seminario Teológico Westminster a mediados de la década del sesenta. Aunque Adams dejó Westminster en 1976 para dedicarse a investigar y escribir, el programa continuó desarrollándose bajo el liderazgo de su colega John Bettler. En 1980 comenzó un programa de Doctor en Ministerio especializado en Consejería, que ofrecía una docena de cursos en consejería bíblica. Cuando el programa residencial se reemplazó por uno modular, la mayoría de los cursos se pasaron al curriculum regular de Westminster como electivos. En 1984 comenzó una Maestría en Artes y Religión con énfasis en consejería.[22]

Adams estaba preocupado por los pastores; aun más que por los estudiantes que un día llegarían a serlo. Sentía que los pastores necesitaban un sitio donde se llevara a cabo la consejería, donde pudieran aprender a

---

21. Jay E. Adams, *Insight and Creativity in Christian Counseling: An Antidote to Rigid and Mechanical Approaches* [Penetración y creatividad en consejería cristiana: Un antídoto para los métodos rígidos y mecánicos], Zondervan, Grand Rapids, 1982.

22. Seminario Teológico Westminster, P.O. Box 27009, Filadelfia, PA, 19118.

aconsejar y luego volver a sus congregaciones y comunidades. Así en 1967, él y varios compañeros hicieron planes para desarrollar un centro que ofreciera consejería y un lugar donde los pastores pudieran observar y capacitarse. Estos planes cristalizaron en 1968 cuando Adams y John Bettler comenzaron la Christian Counseling and Educational Foundation (CCEF) [Fundación Cristiana de Consejería y Educación] en Hatboro, Pennsylvania. La consejería se ofrecía a quienes la necesitaban y la educación a quienes serían ayudantes de los necesitados. Durante el primer curso, los estudiantes se sentaban mañana y tarde en sesiones de consejería y luego discutían los casos durante la cena. En 1974, John Bettler llegó a ser el director y primer empleado a tiempo completo en la CCEF. Como la institución siguió creciendo, se abrieron lugares de consejería en San Diego, California, y en otros varios sitios en Pennsylvania y Nueva Jersey. La facultad de la CCEF enseña cursos en el Seminario Teológico Westminster y en el Seminario Bíblico Teológico.[23]

En la medida que la consejería noutética fue ganando adherentes, saltó a la vista la necesidad de formar una asociación de profesionales. A fin de apoyar al creciente grupo de practicantes, se comenzó a extender certificaciones a los consejeros bíblicos, se establecieron patrones de conducta y ética bíblicos, unidad e interacción entre los consejeros bíblicos, la preparación continuada para el servicio y protección ante la posibilidad de demandas judiciales. Para satisfacer estas y otras necesidades, Adams se unió con varios individuos para fundar en 1976 la National Association of Nouthetic Counselors (NANC) [Asociación Nacional de Consejeros Noutéticos]. Hoy, la NANC publica un boletín trimestral, *The Biblical Counselor* y coordina una importante conferencia anual.[24]

Adams deseaba también un foro donde las ideas pudieran exponerse y discutirse, y donde los escritores pudieran probar sus posibilidades. Así, en 1977 fundó el *Journal of Pastoral Practice*, publicado a través de la CCEF. Como editor del JPP en los quince años siguientes, su propósito fue desarrollar una publicación que tuviera niveles de erudición pero que a la vez fuera «eminentemente práctico» y supliera las «necesidades de hombres en el ministerio pastoral».[25] Esta publicación representa una visión única en al menos tres aspectos: Primero, la consejería no se aisló del resto de las prácticas pastorales, tales como predicación, enseñanza, misiones, adoración, evangelización, etc. El mero hecho de incorporar el ministerio

---

23. Christian Counseling and Educational Foundation, 1803 East Willow Grove Avenue, Laverock, PA, 19118.

24. National Association of Nouthetic Counselors, 5526 State Road 26 East, Lafayette, IN 47905.

25. Jay E. Adams, *Journal of Pastoral Practice* [Periódico de la práctica pastoral] 1, nº 1, 1977, p. 1.

privado en el contexto de una visión comprensiva, contrarrestaba el concepto corriente de que la consejería debía mantenerse a discreta distancia del resto del ministerio de la Palabra de Dios. Segundo, los artículos sobre consejería, y estos constituyeron siempre el grueso de la publicación, tomaron un punto de vista bíblico bien definido. Tercero, la idea del periódico, como se dijo, era ser esencialmente práctico. Procuró tratar e influenciar la práctica de la consejería, no sólo la teoría o la teología. En 1992, el nombre del periódico se cambió a *The Journal of Biblical Counseling* [El periódico de consejería bíblica]. La preocupación por suplir las necesidades de pastores se mantiene, pero se amplió para satisfacer las necesidades de creyentes laicos que desean aconsejar bíblicamente.[26]

Jay Adams, sus escritos e instituciones que fundó, han conducido a la proliferación de ministerios de consejería bíblica y centros de preparación, tanto en Estados Unidos como en el extranjero. Por ejemplo, un creciente ministerio de entrenamiento de laicos ha surgido como resultado de una serie de conferencias que Adams pronunció, en Washington, D.C. (1973) cuando John Broger, un cristiano laico activo en un ministerio del Pentágono, tuvo una profunda preocupación para que el discipulado cristiano tuviese en cuenta y resolviera los problemas de consejería en la vida de las personas. Broger tomó los materiales de Adams y en 1974 puso en marcha la Biblical Counseling Foundation (BCF) [Fundación de consejería bíblica] que sigue creciendo como un ministerio en la preparación de creyentes y pastores para la aplicación en el discipulado de métodos con fuerte sabor a consejería bíblica.[27]

Varias iglesias locales han fundado ministerios de consejería bíblica de diferentes maneras: Formales o informales, hecha por pastores o laicos, dirigida a las necesidades de la congregación o a las de la comunidad. Particularmente digna de destacarse es la Faith Baptist Church, en Lafayette, Indiana. Esta iglesia fundó un floreciente centro de consejería y está edificando la vida de la iglesia en torno a los conceptos de santificación progresiva y consejería mutua que son los pilares de la consejería bíblica. El ministerio de consejería de esta iglesia (FBCM) lo iniciaron el Rvdo. Bill Goode y el Dr. Bob Smith en el 1977. Este se ha extendido, ofreciendo preparación a través del medioeste del país. Bill Goode ha sido director ejecutivo de la NANC desde 1988 y la FBCM ha servido así de ubicación para las oficinas de la NANC. Las instalaciones de la Faith Baptist Church han recibido la conferencia nacional de la NANC varias veces en años recientes.[28]

---

26. *The Journal of Biblical Counseling*, 1803 East Willow Grove Ave., Laverock, PA 19118.

27. Biblical Counseling Foundation, P.O. Box 925, Rancho Mirage, CA 92270.

28. Faith Baptist Counseling Ministry, 5526 State Road 26 East, Lafayette, IN 47905.

El programa de consejería bíblica también se ha establecido en The Master's College y The Master's Seminary en California. A finales de la década del ochenta, John MacArthur y sus colaboradores pusieron cuidadosamente su atención en los temas de consejería bíblica y sicología secular. Juntos reestructuraron el curriculum, tanto de la Universidad como del Seminario, para reflejar una dedicación y compromiso definido a usar la verdad bíblica para explicar las necesidades de la gente y ofrecerle ayuda. Dos de los más antiguos compañeros de Jay Adams, Bob Smith (de FBCM) y Wayne Mack (de CCEF) han sido instrumentos principales en el desarrollo y ejecución del programa.[29]

La idea de brindar una consejería definitivamente bíblica se ha implantado también en varios países alrededor del mundo. Dondequiera y en el momento que quieran los creyentes aconsejar con sabiduría en obediencia a las Escrituras, existe la consejería bíblica, sea que lleve o no el título. Pero es una gran ventaja poder identificar a conciencia lo que estamos dispuestos a hacer y sumar a la causa a otros creyentes que piensan igual. Por eso surgen movimientos de consejería bíblica en Alemania, Suiza, Gran Bretaña y Sudáfrica, que toman la forma de asociaciones y/o centros de preparación y consejería.

PREGUNTAS PARA EL SIGLO VEINTIUNO

Uno de los resultados de seguir la marcha del redescubrimiento de la consejería bíblica ha sido el desafío a pensar para el futuro. La historia de la Iglesia contiene testimonios del fin incierto de diversos ministerios y movimientos. Algunos prosperaron. Otros duraron muy poco. Otros crecieron, luego cayeron. Algunos prosperaron por un tiempo y luego se estancaron. Algunos se deslizaron suavemente hacia el compromiso. Otros se desviaron del camino, tornándose sectarios y santurrones. Algunos se renuevan cuando las cosas parecen difíciles. Otros se desvían y caen en errores o irrelevancia. ¿Cómo puede la consejería bíblica seguir creciendo en sabiduría y estatura para encarar los desafíos del futuro? Sin dudas, el movimiento de la consejería bíblica enfrenta tres tareas fundamentales en la década del noventa y dentro del próximo siglo: (1) la de definir, (2) la de edificar, y (3) la de evangelizar.

La tarea de definir

¿Cómo se definirá la consejería bíblica? Un círculo con su credo necesario para trazar los límites de la confesión de fe y práctica de la

---

29. The Master's College, 21726 West Placerita Canyon Road, P.O. Box 221450, Santa Clarita, CA 91322-1450. The Master's Seminary, 13248 Roscoe Blvd., Sun Valley, CA 91353.

consejería bíblica. ¿Qué convicciones y prácticas deben caracterizar a un consejero bíblico? ¿Qué creencias y prácticas distinguen a alguien como consejero bíblico de cualquier otro? ¿Por qué la próxima década demanda el desarrollo de un credo? Definir sus límites es importante por tres razones.

Primero, a través de los primeros veinticinco años de desarrollo, la influencia personal y la red de amistades de Jay Adams proveyeron una guía elemental para la definición de la consejería bíblica. Pero el movimiento crece con rapidez y la siguiente generación no conocerá a Jay Adams personalmente. El alcance de una lealtad a la causa y visión de la consejería bíblica necesita definirse con mayor precisión. Una definición de credo y consolidación es una fase necesaria para cualquier movimiento sano de reforma en la Iglesia.

Segundo, el movimiento creciente de integración de sicoterapeutas cristianos emplea el adjetivo «bíblico» y dice tener una renovación teológica sin apartarse de su punto de vista. Mientras aplaudimos cualquier incremento genuino de conciencia y práctica bíblicas entre los integracionistas, todavía está por verse si el aumento en el hablar de la Biblia, de Dios y de Jesús representa un cambio sustancial. Entretanto, el grado elevado de similitud verbal entre los integracionistas y la consejería bíblica encierra una alta posibilidad de confusión para muchos. Definir el núcleo de las convicciones bíblicas ayudará a desmalezar las teorías y prácticas que dicen ser bíblicas pero que se desvían sustancialmente de las enseñanzas bíblicas acerca de las personas, el cambio y el ministerio.

Desde su inicio, el movimiento de consejería bíblica ha puesto de acuerdo a un diversificado grupo de cristianos. Nunca hemos sido monolíticos, sino que hemos abrazado a muchos creyentes de diferentes trasfondos: reformados, fundamentalistas, evangélicos, etc. Quienes fundaron y desarrollaron la consejería bíblica han sostenido diversas opiniones sobre muchos aspectos de la misma, además de muchos aspectos teológicos. En lo que el movimiento ha sido unánime es en el concepto de que estas diferencias eran secundarias, pues se reducían en esencia a cuestiones de aplicación o énfasis y no a aspectos fundamentales. A medida que el movimiento se expande resulta de mucha importancia fijar las áreas primarias en armonía. Una manera de expresar la cuestión de límites es: «¿Cuál es el tamaño de la cafetera dentro de la cual las tempestades son permisibles?» Definir las áreas primordiales de común acuerdo da libertad para discutir las diferencias. Las alternativas son la fragmentación o andar a la deriva.

¿Cuáles son las convicciones comunes? ¿Cuáles son los rudimentos de la consejería bíblica? Cada lector de las Escrituras y de los esfuerzos de Adams por sistematizar las Escrituras generaría una lista algo diferente. Aquí destacaremos siete elementos vitales que Adams redescubrió, articuló y defendió:

1. **Dios es el centro de la consejería.** Dios es soberano, activo, comunicativo, misericordioso, dominante y poderoso. El Señor y Salvador, Jesucristo, es el foco central de la consejería y el modelo ejemplar del Maravilloso Consejero (Is 9.6). La Palabra de Dios y la obra del Espíritu Santo son fundamentales para todo cambio significativo y perdurable de la vida. La Palabra de Dios es con relación a la consejería, la que da la comprensión de la gente y los métodos para ministrarla. La Biblia tiene autoridad, es relevante y suficientemente comprensible para aconsejar. Dios ha hablado a cada aspecto básico de la naturaleza humana y a los problemas del vivir. Su Palabra establece cuál es la meta de la consejería, cómo la gente puede cambiar, el papel del consejero, los métodos de consejería, etc. Los creyentes tienen la única fuente autorizada para aconsejar con sabiduría: El Espíritu Santo hablando a través de la Palabra de Dios. El temor del Señor es el principio de la sabiduría y esta es la única meta digna en consejería.

2. **El compromiso con Dios tiene consecuencias epistemológicas.** Primero, otras fuentes de conocimiento deben someterse a la autoridad de las Escrituras. Las ciencias, las experiencias personales, la literatura y otros elementos pueden ser útiles, pero no pueden jugar un papel constitutivo en consejería. Segundo, hay un conflicto de consejos construidos dentro de la vida humana. Génesis 3, Salmo 1 y Jeremías 23 son paradigmáticos. Consejos que contradicen el consejo de Dios han existido desde el Edén, desafiándolo y construyendo desde otras presuposiciones y hacia otras metas. Tales consejos falsos deben señalarse y evitarse. Especialmente en nuestro tiempo y lugar, la sicología profana se ha inmiscuido en los dominios de las prácticas y verdades bíblicas. Teorías y terapias seculares han sustituido la sabiduría bíblica y engañan a la gente dentro y fuera de la Iglesia. Los que dicen tener autoridad y resultan ser falsos deben identificarse y evitarse.

3. **El pecado, en todas sus dimensiones** (e.g. tanto el motivo como la conducta; los que cometemos y los cometidos contra nosotros; las consecuencias del pecado personal y las consecuencias del pecado de Adán) **son los problemas primarios con los cuales tiene que lidiar el consejero.** El pecado incluye conducta incorrecta, pensamiento distorsionado, una inclinación a seguir los deseos personales y malas actitudes. El pecado es habitual y engañoso y mucho de la dificultad en aconsejar consiste en traer a la conciencia pecados específicos y romper sus ataduras. Los problemas de la vida que necesitan consejería no son cuestiones de necesidades sicológicas insatisfechas, invasión de demonios de pecado, una pobre socialización, temperamento natural, predisposición genética ni cualquier otra cosa que quite la atención de la responsabilidad del ser humano. El problema del creyente es la secuela del pecado; el del inconverso es el pecado que impera. El pecado es el problema.

4. **El evangelio de Jesucristo es la respuesta.** Perdón del pecado, poder para cambiar y conformación gradual a la imagen de Cristo son las necesidades mayores de la raza humana. El evangelio ortodoxo de Cristo es la respuesta al problema. Cristo trata con el pecado: Su culpa, su poder, su decepción y su miseria. Sufrió la cruz por los pecadores. Reina sobre los corazones por el poder del Espíritu Santo y volverá para completar la liberación de su pueblo de sus pecados y sufrimientos. Estas verdades vitales deben introducirse en el proceso de aconsejar.

5. **El proceso de cambio al que la consejería debe apuntar es la santificación progresiva.** Aunque hay muchas maneras de cambiar una persona, la consejería bíblica debe apuntar a nada más que la transformación a la imagen de Cristo Jesús en medio de las vicisitudes de la vida diaria. El cambio no es instantáneo, sino progresivo a través de la vida. Este punto de vista de la progresión en la santificación tiene muchas implicaciones. Por ejemplo, el proceso de cambio es sólo metafórico, no sanador. La metáfora intenta captar el proceso de santificación: Arrepentimiento continuo, renovación de la mente sobre las verdades bíblicas y obediencia en el poder del Espíritu.

6. **Las situaciones difíciles que encaran las personas no son causas fortuitas de problemas del vivir.** Tales dificultades operan dentro de los designios soberanos de Dios. Son el contexto en el cual se revela el corazón, y la fe y la obediencia se purifican mediante la batalla entre el Espíritu y la carne. Los aspectos que influyen en la vida de alguien no causan pecado. Herencia, temperamento, personalidad, cultura, opresión y mal, padecimiento, incapacidades, ancianidad, Satanás, enfermedades físicas, etc. deben tenerse en cuenta en consejería pero, en última instancia, no son causales de pecado.

7. **La consejería es fundamentalmente una actividad pastoral y debe basarse en la iglesia.** Debe regularse por la autoridad de pastores señalados por Dios. Está conectada en estructura y contenido con otros aspectos de la tarea pastoral: enseñanza, predicación, oración, disciplina de la iglesia, uso de dones, misiones, adoración, etc. La consejería es el ministerio privado de la Palabra de Dios, creado específicamente para los individuos involucrados. Las diferencias entre predicación y consejería no son cuestión de conceptos sino de métodos. Las mismas verdades se aplican de diversas maneras.

Estas siete convicciones han unificado el movimiento de consejería bíblica. Han aportado una estructura dentro de la cual muchas diferencias secundarias (interpretación bíblica, compromiso teológico, lugar para la consejería, personalidad) han coexistido, pero más bien constructiva que destructivamente. Pero hay muchos otros aspectos que demandan un pensamiento bíblico claro y un compromiso firme: el lugar del pasado, el de los sentimientos, el punto de vista bíblico de las motivaciones, la relación de la verdad bíblica con la sicología secular, el lugar del sufrimiento, cómo aplicar varios aspectos de las verdades bíblicas y métodos de ministerio bíblico a diferentes clases de problemas, etc. ¿Deberán los consejeros bíblicos trazar los límites en el lugar correcto? O, ¿trazarán las líneas tan estrechamente que den lugar a un espíritu sectario o partidista? ¿Se trazarán las líneas con tanta amplitud que lleven al compromiso o a andar a la deriva? Sólo dentro de un credo bien delimitado pueden guiarse y liberarse las energías para la edificación y la evangelización.

La tarea de edificar

¿Cómo desarrollarán los consejeros bíblicos una mayor habilidad para la cura de almas? ¿Cómo llegaremos a ser más sabios practicantes, pensadores, apologistas y cristianos? La tarea de edificar consejeros bíblicos demanda avances que sean tanto exegéticamente correctos como también efectivos en la práctica. Esto nos obliga a pensar muy bien acerca de muchos asuntos. Uno de los aspectos del trabajo de Jay Adams que se ignora con más frecuencia ha sido su continua observación de que su tarea es sólo un comienzo y que aún queda mucho por hacer para edificar sobre el fundamento.

La consejería bíblica se ha redescubierto. Pero quizás sería más apropiado decir que lo que se ha redescubierto son la *idea* de la consejería bíblica y el *llamado* a hacerla. Esto ha puesto dentro de su espectro muchos nuevos descubrimientos y discernimientos para la cura de almas. Por ejemplo, lo relativo a una metodología específica en la consejería (como la manera de hacer preguntas, edificar relaciones, poner metas, hablar la verdad, el uso de tareas a hacer en la casa, etc.) ha aportado valiosos progresos. Y la preocupación por traducir verdades bíblicas generales en una específica renovación interna y externa de la vida (Ro 13.12-14), hecha a medida para el aconsejado y la situación de su vida, es refrescantemente nueva. ¿Seguirá la consejería bíblica progresando intelectual y prácticamente?[30] O, ¿nos estancaremos y convertiremos los descubrimientos de ayer en fórmulas altruistas y técnicas del mañana?

La tarea de evangelización

¿Cómo van a propagar los consejeros bíblicos la causa de la consejería bíblica? La tarea de persuasión debe apuntar a tres grupos diferentes de personas: (1) el grueso de los creyentes de la iglesia, tanto en Estados

---

30. Véase D. Powlison, «Crucial Issues in Contemporary Biblical Counseling» [Tópicos cruciales en la Consejería Bíblica contemporánea], *Journal of Pastoral Practice* 9, n° 3, 1988, pp. 53-78, por áreas específicas con un margen de crecimiento.

Unidos como internacionalmente; (2) la comunidad de integracionistas de los diferentes países; y (3) los miembros de la cultura de la sicología secular. Muchos permanecen ignorantes de la existencia de la consejería bíblica, mientras otros la desechan como una caricatura que no soporta una comparación con lo que enseña la Biblia ni con lo que dice o hace un buen consejero. La consejería bíblica necesita evangelistas y apologistas con sensibilidad y pasión por cada una de esas comunidades. Tenemos las respuestas que las personas necesitan; respuestas mejores que las que poseen. Los consejeros bíblicos deben pensar bien, orar con precisión y discutir activamente para desarrollar una apologética enérgica y creativa y esfuerzos evangelísticos que ayuden a las personas a encontrar esas respuestas.

Parte II

Fundamentos teológicos de
la consejería bíblica

4

Las Escrituras y la consejería bíblica

Douglas Bookman

La epistemología se define como: «Una indagación de la naturaleza y origen del conocimiento, los límites del conocimiento y la justificación del derecho al conocimiento».[1] Es la última cláusula de esa definición la que está en juego aquí, la investigación dentro de la amplia y fundamental cuestión: «¿Cómo *sabemos* que lo que *pensamos* que sabemos es *verdad*?»

Cualquier cristiano que comienza a aconsejar a otro está consciente de que el consejo que da debe ser verdad. Aconsejar es por definición e impulso, un ministerio de ayuda. Esto presupone un individuo que enfrenta algún tipo de confusión, frustración o desesperación y una segunda persona dispuesta a ayudarle analizando la situación del aconsejado, aclarando las cuestiones involucradas, ofreciendo consejo eficaz y sanador así como dirección. Pero la eficacia de todo lo que el consejero intenta hacer depende al menos de este hecho fundamental: que el análisis y el consejo provengan de la verdad. De modo que cualquier consideración cuidadosa del ministerio de consejería debe comenzar con la más básica de todas las preguntas filosóficas; la que hizo aquel procurador romano hace dos mil años: «¿Qué es la verdad?»

---

1. Paul Feinberg, «Epistemology», *The Evangelical Dictionary of Theology* [El Diccionario Evangélico de Teología], Baker, Grand Rapids, 1984, p. 359.

Aun desde su principio como una disciplina reconocida, hace casi cuatro décadas, la escuela de pensamiento y ministerio, ampliamente conocida como Sicología Cristiana, ha sido convulsionada por la cuestión de su propia construcción epistemológica. (Esto es, ¿dónde deberían o podrían ir los cristianos para hallar la *verdad* necesaria para ayudar a personas que están sufriendo?) Debido a que esta disciplina se desarrolló largamente dentro de los límites de la cristiandad evangélica, ha habido un reconocimiento universal de la veracidad de la respuesta de Jesús a la cuestión de la verdad cuando, dirigiéndose a su Padre celestial en oración, dijo simplemente: «Tu Palabra es verdad».

Pero para la mayoría, esa respuesta por sí sola no es suficiente. Continua la persuasión —proclamada, justificada y aplicada de varias maneras— de que hay verdades que son, al menos, de provecho, y, hasta, necesarias para el esfuerzo de la consejería. Estas verdades están para ser descubiertas más allá de las páginas de las Escrituras. Los consejeros así persuadidos, están ansiosos por reafirmar la simple pero profunda declaración de Jesús, pero se sienten compelidos a calificar esa afirmación con la proposición de que las verdades escriturales pueden (o aun deben) ser suplementadas con aquellas que han sido descubiertas por la investigación y la observación humanas. Esta persuasión yace en el corazón mismo del impulso integracionista de la sicología cristiana.[2]

De todos modos, esta tendencia integracionista es de origen más bien reciente.[3] A lo largo de buena parte del siglo veinte, ha habido un espíritu de desconfianza mutuo y aun de desdén entre la sicología y la teología

---

2. El término *integración*, usado para denotar el esfuerzo por definir la relación entre teología y sicología y los límites en que ambas pueden o no entenderse en armonía, no es por completo satisfactorio, pero ha llegado a ser elegido en casi todas las discusiones sobre el tema. Fleck y Carter discuten con cuidado las implicaciones y delimitaciones del término, reconociendo que es más bien arbitrario y puede malentenderse; que ha habido intentos de reemplazarlo (con palabras tales como síntesis o sicoteología), pero que con calificaciones adecuadas es el término que sirve con más efectividad y su uso es casi universal. J. Roland Fleck y John D. Carter, eds., *Psychology and Christianity: Integrative Readings* [Sicología y cristiandad: ensayos integradores], Abingdon, Nashville, 1981, p. 16. cf. la acerba crítica del término hecha por J. Harold Ellens, «Biblical Themes in Psychological Theory and Practice» [Temas bíblicos en la teoría y práctica de la sicología], *Journal of Psychological Theory and Practice* 6, nº 2, 1980, p. 2.

3. Fleck y Carter, en su introducción a *Psychology*, acentúan que «relacionar al cristianismo con las formas del pensamiento y del entendimiento intelectual de una sociedad y una cultura no es nada nuevo», pero que «la integración del cristianismo con la sicología es algo muy nuevo. En realidad esto es posterior a la Segunda Guerra Mundial y la mayoría del trabajo sustancial se ha hecho en los últimos quince años» (15). Observan además que «una razón de lo reciente de la integración con la sicología es obviamente que la sicología por sí misma es bastante joven como ciencia; su nacimiento dataría de la fundación de un laboratorio por Wundt en 1879» (15).

cristiana. Pero esta hostilidad comenzó a disolverse en algunos círculos hacia mediados de este siglo[4] y para esta última década del siglo veinte existe una obvia actitud de reconciliación entre la cristiandad y la sicología en muchos lugares. En verdad, muchos devotos de la sicología cristiana evidencian una mayor medida de fraternidad con la comunidad de la sicología secular que con aquellos cristianos que, por su teología, son movidos a rechazar la disciplina de la sicoterapia secular.[5]

Muy pocos sugerirían, sin embargo, que este espíritu cordial y de aceptación es evidencia de que el trabajo de integración ha sido cumplido a satisfacción de todos, en verdad, de cualquiera.[6] En realidad, el tema recurrente en la literatura de la sicología cristiana es que la integración es un círculo que hay que cuadrar. El compromiso filosófico a la integración no ha sido abatido y todo modelo integracionista actúa sobre la premisa de que en algún sentido y en algún grado, esa tarea ha sido al menos provisionalmente cumplida. Pero la tarea de integrar la teología ortodoxa cristiana a la sicología secular, una tarea encarada con ese fin con un optimismo tan precipitado hace unos veinte años, ha probado ser asombrosamente difícil. Este es un nudo gordiano aún no desatado.

---

4. En 1984, D.G. Benner escribió: «Las dos últimas décadas han visto un enorme deshielo en el clima de desconfianza entre la cristiandad y la sicología». «Psychology and Cristianity» [Sicología y cristiandad], *Evangelical Dictionary of Theology*, ed. Elwell, Baker, Grand Rapids, 1984, p. 893.

5. cf. la caracterización que hace Ellens de quienes rechazan la integración como no válida. En su crítica del término *integración* declara que el mismo desafortunadamente implica «en su base, la fundamentalista noción norteamericana de que la verdad viene sólo mediante las Escrituras, mediante la acción especial reveladora del Santo Espíritu de Dios». Llega a afirmar que «esa noción es un residuo del "fundamentalismo de los viejos tiempos" en la forma esquizofrénica en que este establece en forma diametralmente opuesta el mundo natural y el sobrenatural, la manera apocalíptica que demarca el dominio de Dios y el de los demonios, y la sugestión pagana que yace en el fondo de su dicotomía, e.g., que Dios no vive aquí, pero que debe invadir territorio ajeno para entrar en el dominio de "este mundo" y su verdad científica». Ellens, «Biblical Themes», p. 2.

6. Sin duda, hay individuos que han luchado con la integración del cristianismo y la sicología y se sienten personalmente satisfechos de que han dado lugar a una construcción epistemológica que es suficiente, al menos para sus fines. Pero cada una de estas construcciones es muy criticada y corregida por otros dentro de la comunidad, y la mayoría de tales construcciones se reconocen como parciales o incluso tentativas. Además, la tarea de integrar cualquier sistema de pensamiento tan multifacético como la teología cristiana con su contraparte en el mundo secular (la cual será sólo una forma más libre, dado que no la encierran los factores delimitantes naturales en la cristiandad bíblica) es, por definición, un asunto siempre inconcluso. Así, esta afirmación no intenta ser negativamente crítica. Sólo se necesita afirmar que, dentro de la comunidad sicológica cristiana, al carro (modelos de consejería) se le ha permitido a veces correr delante del caballo (la construcción epistemológica que valida y controla el impulso de integración).

El propósito de este capítulo es desafiar a ciertos principios de trabajo que impactan los intentos evangélicos de integrar la sicología y la teología.

Tabla 1. Una construcción sugerida para edificar un modelo integracionista

EL ASUNTO GENERAL

¿Cómo puede el individuo que está comprometido con la Biblia, como Palabra de Dios, y que está decidido a ayudar a la gente, tan eficazmente como pueda (y que sospecha que se puede encontrar alguna ayuda en la disciplina de la sicología secular), diseñar un esquema de trabajo de integración que honre la lealtad a las Escrituras y el compromiso de ayudar a otros.

LOS NECESARIOS E INTERDEPENDIENTES ASUNTOS CONSTITUYENTES
(A ser leído de abajo hacia arriba)

Fase dos: La cuestión de procedimiento

Tercer asunto: ¿Cómo están mejor integradas la teología y la sicología? (Este es un asunto metodológico. Esta pregunta debería ser hecha luego que las dos primeras hayan sido contestadas afirmativamente. Aquí es donde casi todo el trabajo de los integracionistas es hecho hoy.)

■ Línea de flotación ■

Fase uno: La cuestión de posibilidad

Segundo asunto: ¿Deberían ser integradas la teología y la sicología?

(Este es un asunto ético. No todo lo que se puede hacer debe hacerse. Hay algún medio por el cual la(s) virtud(es) intrínseca(s) y/o mérito(s) de una disciplina deberían ser comprometidas o arriesgadas por mezclarla(s) con otras? Nuevamente ¿hay alguna necesidad o deficiencia intrínseca en teología que sicología pueda subsanar? Esta pregunta queda en suspenso a menos que la primera sea contestada en forma afirmativa.)

Primer asunto: ¿Pueden la teología y la sicología ser integradas?

(Este es un asunto ontológico. Es decir, ¿hay algo en la esencia de la teología que la haga constitucionalmente incompatible con la sicología o viceversa?)

Sin embargo, ante todo es necesario identificar y definir fases del esfuerzo de integración. Necesitamos desarrollar un modelo de integración viable que honre nuestro compromiso con las Escrituras tanto como nuestro compromiso de ayudar a la gente de la mejor manera posible. La Tabla 1 sugiere tal modelo para relacionar adecuadamente teología y sicología.[7]

Note que este modelo propone dos fases en el esfuerzo de integración. La primera trata con la cuestión de las posibilidades; es decir, ¿hay alguna posibilidad de que pueda desarrollarse un modelo de integración adecuado? Si es así, ¿hay una justificación ética para hacerlo? La fase dos enfrenta la cuestión de procedimiento: Dado que puede ser hecho, ¿cuál es la mejor manera de hacerlo?

Observe también que esta construcción está diseñada para enfatizar que los asuntos que la constituyen deben ser contestados en un orden lógico. En efecto, el arreglo en la tabla intenta enfatizar que la cuestión que más urgentemente se insinúa a sí misma en el tema de la integración es la tercera, que está sobre la línea de flotación. Pero no tiene sentido ocuparse de la tercera cuestión sin haber respondido afirmativamente a las otras dos que están debajo de esa línea.

La comunidad evangélica ha producido un volumen intimidatorio de literatura para defender la propuesta de que la integración de la sicología y la teología es a la vez valiosa y posible, para definir cómo es mejor cumplida sin que surjan las dos cuestiones más fundamentales.[8] Un estudio de esa

---

7. A través de este capítulo el término *sicología* se utilizará deliberadamente con una connotación estrecha, a saber, la terapia verbal (o sicoterapia) intrínseca en los modelos de consejería acogidos por la comunidad de la sicología cristiana. Esto no es para sugerir que el término *sicología* carece de un significado más amplio o que la crítica presentada aquí podría aplicarse con igual fuerza o legitimidad a todos los aspectos de tan amplia disciplina. Pero en la literatura integracionista el término se utiliza constantemente en el sentido más específico de terapia verbal tal como se empleaba en consejería personal y de ese modo se utilizará aquí para facilitar su comprensión.

8. Uno de los más significativos y originales intentos individuales de producir una construcción integracional es la de G. R. Collins: *The Rebuilding of Psychology: An Integration of Psychology and Theology* [Reconstrucción de la sicología: una integración de sicología y teología], Tyndale, Wheaton, 1977. Collins se enfoca en la cosmovisión y las proposiciones que prevalecen en la sicología secular; intenta eliminarlas o enmendarlas con elementos de una perspectiva netamente cristiana, redimiendo así a la disciplina de sus fundamentos destructivos. Para un estudio inicial dentro de la comunidad de la sicología cristiana en sus esfuerzos por definir un modelo de integración que diera resultados, véase J.D. Carter, «Secular and Sacred Models of Psychology and Religion» [Modelos seculares y sagrados de sicología y religión], *Journal of Psychology and Teology* 5, 1977, pp. 190-208. Carter reduce a cuatro los modelos de integración, diferenciados al grado de que suponen un antagonismo intrínseco e implacable entre la comprensión del mundo y las perspectivas y/o metas de la sicología secular y las de la teología cristiana ortodoxa. El *Journal of Psychology and Teology* lleva el subtítulo de «Un foro evangélico para la integración de sicología y teología»; y no hay asunto que más se repita en sus páginas que el de la integración. Un artículo titulado:

literatura sugiere que tres elementos básicos prevalecen en el esfuerzo de integrar sicología y teología. En el resto de este capítulo consideraremos cada uno de ellos.[9] Nuestro estudio se basará en una doble percepción: 1) Cada uno de los tres métodos que son fundamentales para la apologética integracionista es seriamente afectado en su validez y relevancia para los asuntos en discusión. 2) Pese a esas debilidades manifiestas, muchos en el mundo evangélico han abrazado una de ellas como razón suficiente para la noción de que las Escrituras de por sí no bastan para ayudar a gente con problemas. Sin lugar a dudas, tal noción no es para ser abrazada a la ligera. Los argumentos a que se apela en defensa de ella deben ser cuidadosamente escudriñados.

EL ENFOQUE DE «LOS DOS LIBROS»: CONFUSO Y DESTRUCTIVO

La falacia de estos métodos se relaciona con los asuntos uno y dos en la tabla I: ¿Pueden y deberían sicología y teología ser integradas? Entre esos integracionistas que profesan un concepto elevado de las Escrituras, esta proclama específica funciona con más frecuencia que todas las otras

«The Popularity of Integration Models, 1980-1985» [La popularidad de los modelos de integración] (16, n° 1, 1988, p. 3-14), calculaba que el 43% de los artículos publicados durante aquel período (76 de 177 artículos) se ocupaban del tema. El ejemplar de primavera en su totalidad (8, n° 1, 1980) está volcado a una evaluación del progreso de los esfuerzos de integración hechos desde el comienzo del periódico en 1973, hasta la fecha de ese ejemplar. Además, la colección de ensayos de *Sicología* editados por Fleck y Carter es muy valiosa, aunque uno quizás quede confuso con la variedad de modelos sugeridos y la manifiesta disonancia que hay entre muchos de ellos. *Wholehearted Integration: Harmonizing Psychology and Christianity Through Word and Deed* [Integración entusiasta: armonizando sicología y cristiandad a través de palabras y hechos], de Kirk E. Farnsworth, Baker, Grand Rapids, 1985, ha funcionado como un canal de elementos en el esfuerzo por definir un esquema eficiente para la integración, como también categorizar los intentos. Véase también la obra de Larry Crabb *Understanding People* [Entendiendo a la gente], Zondervan, Grand Rapids, 1987, pp. 25-73, como un intento de producir un modelo de integración que honre una concepción elevada de las Escrituras. Un intento más amplio y reciente de construir una integración desde una perspectiva evangélica es *Modern Psycho-Therapies: A Comprehensive Christian Appraisal* [Sicoterapias modernas: una comprensiva evaluación cristiana], de Stanton L. Jones y Richard E. Butman, InterVarsity, Downers Grove, 1991. La crítica más importante al esfuerzo integracionista hecha por un imparcial es la de David Powlison: «Integration o Inundation?», *Power Religion*, ed. M.S. Horton, Moody, Chicago, 1992, pp. 191-218. También es importante: «Which Presuppositions? Secular Psychology and the Categories of Biblical Thought» [¿Qué presuposiciones? Sicología secular y las categorías de pensamiento bíblico], *Journal of Psychology and Theology*, 12, n° 4, 1984, pp. 270-78.

9. En búsqueda de integridad y fraternidad, es apropiado reconocer las limitaciones de mi experiencia como autor y el carácter tentativo de esta crítica. No abrigo ilusiones de que las cuestiones y dificultades que rodean al esfuerzo integracionista se solucionen en estas páginas. Estoy persuadido, sin embargo, de que estas tres demandan ser reexaminadas junto con la conclusión que surja de ellas.

como la apologética fundamental para una respuesta afirmativa a aquellos dos asuntos. En verdad, esta respuesta es tan frecuente y confiadamente afirmada, que ha tomado para sí misma la identidad de un axioma: Una verdad tan intachable y evidente que basta con ser expresada; nunca razonada o defendida. En realidad, esta verdad autoproclamada es el fundamento sobre el cual ha sido erigida la superestructura evangélica de la integración.

El argumento identificado.

La falacia de los dos libros puede ser reducida a las siguientes proposiciones:

La aseveración axiomática:
Toda verdad es verdad de Dios.

La formulación teológica:
Dios se ha dado a conocer a sí mismo mediante dos canales: la revelación especial y la revelación general.

La revelación especial es la verdad proposicional registrada en las Escrituras.

La revelación general es la verdad no proposicional revelada por Dios en el orden creado de las cosas. Debe ser investigada y descubierta por la humanidad.

La conclusión epistemológica:
Aunque los dos canales de la verdad son identificables, ambos son revelatorios, de manera que la verdad derivada de la consideración del orden natural de las cosas (revelación general) es tan cierta como la derivada de las Escrituras.

La ramificación integracionista:
Cualquier verdad sostenible obtenida por medio de la investigación sicológica en el orden humano, es una verdad derivada de la revelación general; es decir, una verdad derivada de Dios y, en consecuencia, tan confiable y autoritativa como una extraída de las Escrituras.

Considere sólo una muestra de las expresiones de este elemento básico apologético hechas por los teorizantes integracionistas. James D. Guy, declara:

> Si la integración es conceptualizada como la búsqueda de la verdad concerniente a la naturaleza humana, y Dios es identificado como la fuente de esa verdad, la próxima cuestión lógica incluye la revelación de esa verdad. Tradicionalmente se ha sostenido que Dios nos revela esta verdad a través de una revelación especial o general, con la naturaleza y la

Biblia sirviendo como expresiones o representaciones de esta verdad. Las disciplinas de la sicología y la teología son intentos para descubrir y sistematizar la verdad por medio del estudio de las ciencias naturales y la revelación bíblica.[10]

De nuevo Fleck y Carter son muy explícitos al respecto.

Siendo que Dios es el Creador del universo, todos los principios y leyes tienen su origen en Él. Lo que, con frecuencia, la ciencia y la filosofía llaman «naturaleza» es, en realidad, creación de Dios. Como su Creación, la naturaleza y sus leyes revelan al Creador. De aquí, los teólogos se han referido a la imagen de Dios en la naturaleza como revelación general porque la naturaleza revela a Dios como el poderoso y ordenado Creador. En cambio, es revelado en las Escrituras y en Jesucristo de un modo especial. Por ejemplo, en las Escrituras están revelados detalles especiales o particulares acerca de su persona, naturaleza y sus planes para la raza humana y su relación con Él. Es por esto que los teólogos se refieren a las Escrituras como una revelación especial.[11]

R. L. Timpe sienta el mismo razonamiento fundamental para la integración de sicología y teología.

La tarea de integración implica una explícita relación de la verdad extraída de la revelación natural o general con la que deriva de una revelación bíblica o especial; de la interrelación del conocimiento obtenido del mundo y el conocimiento obtenido de la Palabra[...] El movimiento de integración ofrece un reacercamiento proponiendo la adopción de dos premisas: 1) Dios es la fuente de toda verdad, no importa *dónde* sea hallada. 2) Dios es la fuente de toda verdad, no importa *cómo* sea hallada.

Para el integracionista, la revelación natural sostiene a la revelación especial en lugar de ser una metodología rival. Es decir, si Dios es firme (e inmutable) como las Escrituras sugieren por ej. Mal 3.6, entonces el conocimiento que se basa en la revelación debería ser paralelo y complementario del que deriva de la razón. Ambos complementarán a aquel que se funda en la réplica y la observación. Subrayando esta idea hay una declaración de fe común a los científicos y teólogos: Las leyes que

---

10. James D. Guy, «The Search for Truth in the Task of Integration» [Búsqueda de la verdad en la tarea de integración], *Journal of Psychology and Theology* 8, n° 1, primavera de 1980, p. 28.

11. Fleck y Carter, introducción en *Psychology*, p. 18.

gobiernan la operación del mundo son susceptibles de ser descubiertas.[12]

En la misma corriente, Ellens critica la noción fundamentalista, «esencialmente norteamericana, de que la verdad viene sólo mediante las Escrituras cristianas», porque él siente que esto «devalúa la revelación general de Dios en el mundo estudiado por las ciencias naturales y sociales» y así «sugiere que la ciencia, nuestro libro de lectura de Dios en la naturaleza, está en guerra contra la religión cristiana, nuestro otro libro de lectura de Dios: las Escrituras». Más tarde, en el mismo artículo, Ellens afirma:

> Teología y sicología son dos ciencias, cada una en su propio derecho, establecidas legítimamente sobre sus propios fundamentos; y al leerse con cuidado son los dos libros de la revelación de Dios. Y no son extraños entre sí en ningún sentido inherente[...]
>
> Dondequiera que la *verdad* se descubra, es siempre *verdad de Dios;* ya sea que se halle en una revelación general o en una revelación especial, es una *verdad* que tiene la misma garantía que cualquier otra. Cierta verdad puede tener mayor peso que otra *verdad* en una determinada situación, pero no hay diferencia alguna en su garantía como *verdad.*[13]

---

12. R.L Timpe, «Christian Psychology», *en Baker Encyclopedia of Psychology,* ed. D.G. Benner, Baker, Grand Rapids, 1985, p. 166 (énfasis original). La implicación parece ser que quienes rechazan la validez del esfuerzo integracionista, rechazarían asimismo las más bien tautológicas premisas, evidentemente porque sospechan que los hallazgos de la «verdad» por los métodos de la ciencia natural no «sustentan la revelación especial». La noción parece ser que, aquel que niega que «el conocimiento extraído del mundo» puede poseer una autoridad intrínseca equivalente a la del «conocimiento extraído de la Palabra», está cuestionando también si «las leyes que gobiernan la operación del mundo son o no capaces de descubrirse». Esto es, francamente, una falsa afirmación que sólo enturbia las aguas en el debate corriente. En un trabajo no publicado que se leyó en una reunión regional de la Asociación Evangélica Teológica en 1991, John H. Coe llevó los cargos un paso más adelante, arguyendo que los no integracionistas fallan en una mayordomía que Dios ha dado a la raza humana para extraer verdades de autoridad de la naturaleza, una mayordomía reflejada en un cuidadoso análisis del Antiguo Testamento, del orden natural de las cosas («Educating the Church for Wisdom's Sake, or Why Biblical Counseling is Unbliblical» [Educando a la iglesia por amor a la sabiduría, o por qué la Consejería Bíblica no es bíblica]; trabajo no publicado de John H. Coe, 1991).

13. Ellens, «Biblical Themes», 2 (énfasis original). Ellens critica aquí el término *integración*, porque piensa que la palabra sugiere una dicotomía. La falsedad sólo insinuada por Timpe (véase nota anterior) es explícita y caústicamente puesta por Ellens contra todos los no integracionistas. El nombrado dice de Jay O. Adams: «Al parecer, nunca pensó siquiera en la noción de que toda verdad, como verdad de Dios, tiene igual garantía, sea que provenga de la naturaleza o de las Escrituras». Semejante cargo es sencillamente

Podríamos multiplicar citas indefinidamente, pero tal vez estas serán suficientes para demostrar la naturaleza e importancia de este razonamiento específico.[14]

El argumento criticado

El argumento de la revelación general contra la revelación especial es aplicado en la construcción epistemológica integracionista para sostener la proposición de que la integración puede y debe ser hecha. Sin embargo, el argumento es invalidado por el hecho de que la definición de la revelación general, tan fundamental al argumento erigido sobre el término, es confuso y erróneo en dos puntos: Primero, define erróneamente el término revelación y este define mal la palabra general.

El término «Revelación» es mal definido. El argumento es invalidado porque rechaza el concepto bíblico de que la revelación es, por definición, no susceptible de ser descubierta por investigación ni meditación humanas.

Esta es la enseñanza de las Escrituras tocante a la comunicación de la verdad por parte de Dios, que reconocemos como revelación (Is 55.9; 1 Co 2.11-14; 1 Ti 6.15-16; 2 P 1.19-21) y tal enseñanza ha sido reconocida y abrazada por los teólogos evangélicos. Chafer distingue claramente entre razón y revelación, asegurando que «la revelación, por su naturaleza, trasciende la capacidad humana de descubrir y es una comunicación directa de Dios concerniente a verdades que ninguna persona podría

---

ridículo. Adams ha escrito extensamente tocante a este tema. (Para una referencia reciente al tema, véase: «Counseling and the Souvereignty of God» [Consejería y soberanía de Dios], en *The Journal of Biblical Counseling* 11, nº 2, invierno de 1993, p. 6.) Pero note cómo en la mente de Ellens este razonamiento ha logrado el status de una verdad primaria; si una persona no se somete a su validez y sus ramificaciones, sólo puede ser porque tal persona «jamás pensó siquiera en la noción»; la posibilidad de que la noción se rechace debido a un perceptible defecto ni siquiera se tiene en cuenta.

14. Es interesante ver la misma falacia involucrada en los esfuerzos integracionistas no necesariamente relacionados con sicología/teología. Por ejemplo, al edificar un intento de integrar fe y aprendizaje en alta educación cristiana, Kenneth Gangel habla de «revelación natural: ciencia, matemáticas, literatura, música, etc.» y llega a decir: «Muchos cristianos tienden a pensar en revelación natural sólo como el estudio de la creación de Dios, pero en realidad cada hermosura es hermosura de Dios, como toda verdad es verdad de Dios». Gangel diferencia la categoría de «revelación natural» de la revelación especial: la Biblia y la teología. «Integrating Faith and Learning: Principles and Process» [Integrando la fe y el aprendizaje: principios y procesos], *Bibliotheca Sacra*, abril-junio, 1978, p. 102. Esto no se menciona como una crítica al punto tratado en el artículo; es sólo para decir que esta falsa definición del concepto teológico de la revelación general invade también otras disciplinas.

descubrir de por sí».[15] Erickson sucintamente describe la revelación como «haciendo conocido lo que es desconocido; quitar el velo de lo que está velado». Bancroft caracteriza la revelación como «Aquel acto por el cual Dios comunica a la mente humana verdades no conocidas antes e incapaces de ser descubiertas por ella sin ayuda». Thiessen enfatiza el mismo elemento de revelación definiéndolo: «Por revelación significamos ese acto por el cual Dios se descubre a sí mismo o comunica una verdad a la mente; por el cual Él hace manifiesto a sus criaturas aquello que, de otra manera, no podría ser conocido». Unger destaca también este asunto caracterizando el término «revelación» como «expresivo del hecho de que Dios ha hecho conocer a los hombres verdades y realidades que ellos no podrían descubrir por sí mismos». Y Pache insiste sobre el punto de que «revelación es necesariamente un acto de Dios».[16]

En contraste con este concepto está la perspectiva de la teoría de los dos libros de que la *revelación* general es una verdad que Dios ha establecido en el orden natural y que la gente es responsable de extraer tal orden mediante la investigación y la meditación. William F. English afirma:

> Las verdades de la revelación general no son delineadas para nosotros por Dios; en cambio, son «descubiertas» por humanos falibles. En este punto, no interesa si el «explorador» es cristiano o ateo. Las verdades

---

15. Lewis S. Chafer, *Systematic Theology: Abridged Edition* [Teología sistemática, edición abreviada], ed. John F. Walwoord, Victor, Wheaton, 1988, 1:63. Note que revelación, como se ha analizado aquí, es un concepto teológico que «abarca la semántica de numerosos términos bíblicos». Clark H. Pinnock, *Biblical Revelation* [Revelación bíblica], Moody, Chicago, 1971, p. 29. B.B. Warfield discute la amplitud de términos en *The Inspiration and Authority of the Bible*, Presbyterianand Reformed, Filadelfia, 1948, pp. 97-101. Véase también Bernard Ramm, *Special Revelation and the Word of God* [Revelación especial y la Palabra de Dios], Eerdmans, Grand Rapids, 1961, p. 161 ss.

16. Millard J. Erickson, *Concise Dictionary of Christian Theology* [Diccionario conciso de teología cristiana], Baker, Grand Rapids, 1986, p. 143; Emery H. Bancroft, *Christian Theology*, Zondervan, Grand Rapids, 1955, p. 35; Henry G. Thiessen, *Introductory Lectures in Systematic Theology* [Conferencias introductorias a la teología sistemática], Eerdman, Grand Rapids, 1949, p. 31; M.F. Unger, «Revelación» en *Unger's Bible Dictionary*, Moody, Chicago, 1957, p. 922; y René Pache, en *The Inspiration and Authority of Scripture* [La inspiración y autoridad de las Escrituras], trad. Helen I. Needham, Moody, Chicago, 1969, p. 13. Se admite que este es un tratamiento superficial de la naturaleza de la revelación y en verdad este elemento se ha debatido mucho en cuanto a su esencia y extensión. Específicamente, la lucha al establecer el vínculo entre la revelación general y la teología natural, sobretodo en su surgimiento entre los pensadores cristianos después de la Ilustración, puede relacionarse con el asunto entre manos. Además, es cierto que muchas definiciones teológicas del término *revelación* no abundan en el elemento oculto, afirmando sólo que el término significa: «La revelación de lo que antes fue desconocido» (C.F.H. Henry, «Revelación especial», *Diccionario de Teología*, ed. E.F. Harrison, Baker, Grand

descubiertas en la revelación general deben ser estudiadas y examinadas para determinar su confiabilidad, prescindiendo de las creencias religiosas del descubridor.[17]

Así, pues, hay dos métodos distintos de revelación que debemos considerar: Uno afirma que Dios ha hecho conocer a la raza humana ciertas verdades que ella jamás hubiera podido descubrir por sí misma; el otro entiende que Dios, de alguna manera, ha implantado miríadas de verdades en el orden natural y que la gente no sólo está capacitada, sino que es responsable de extraerlas.

Ahora, es en este punto de mi argumento donde estoy corriendo mayor riesgo de ser mal interpretado y, por tanto, lo que expongo debe ser cuidadosamente entendido. Primero, permítaseme afirmar cada una de las siguientes proposiciones:

1. Dios es el autor y sustentador del orden creado.
2. En el orden creado, tanto humano como natural, hay hechos, realidades y verdades a ser descubiertos mediante la investigación y la meditación humanas.
3. Existe la posibilidad de que tales hechos y realidades descubiertos humanamente no sean menos ciertos que las verdades comunicadas por escrito por Dios. (El concepto de grados de verdad, es decir, que unas verdades pueden ser más ciertas que otras, es definitivamente erróneo.)
4. Muchos de los hechos y verdades descubiertos por la investigación humana dentro del orden creado pueden ser empleados de muchas maneras para ayudar a la gente.

El problema no consiste, entonces, en si es o no posible que la verdad pueda ser descubierta mediante investigación humana del universo natural y moral, sino más bien si la verdad, así descubierta, se puede o no asignar a la categoría de revelación general y, sobre todo, probar que tal descubrimiento material tiene capacidad para efectuar cambios espirituales.

Rapids, 1960 T.E.L.L., Jenison, MI, 1985. Pero el elemento oculto está por lo general latente en la discusión del concepto. En todo caso, puede argumentarse que la descripción bíblica de la historia y la idea de la revelación demanda que lo oculto se reconozca como un elemento necesario del concepto. Limitaciones de espacio nos impiden tratar todos los asuntos secundarios. El intento aquí es muy específico y tiene como único fin animar al lector a enfrentar lo que parece una contradicción básica de significado entre el entendimiento ortodoxo del concepto teológico de revelación y el significado que se asigna al término cuando se emplea como parte de la razón por el esfuerzo integracionista.

17. William F. English, «An Integrationist's Critique of and Challenge to the Bobgan's View of Counseling and Psychotherapy», *Journal of Psychology and Theology* 18, n° 3, 1990, p. 229.

Mi argumento es que, a fin de poder dar una definición apropiada a la categoría teológica «revelación general» y por razón de la intrínseca y divina autoridad que debe asignarse a cualquier verdad autoproclamada que sea puesta en esa categoría, es erróneo y conducente al error asignar tal categoría a hechos y teorías humanamente deducidos o descubiertos. El asunto es más extenso que una apropiada taxonomía.[18] En realidad, asignar a la categoría de revelación general verdades determinadas humanamente, introduce una doble falsedad en el argumento cuando éste es usado como una razón para la posición integracionista.

Primero, tenemos la falsedad que podría llamarse «validez falsamente percibida». La revelación proviene de Dios; por tanto, ella es, por definición, verdadera y autorizada. Asignar a descubrimientos humanos la categoría de revelación general es dotarlos de una aureola de validez y consecuente autoridad que en verdad no tienen ni pueden merecer. Así, asignar un concepto a la categoría de revelación general cuando no pasa de ser una teoría urdida por una persona es, en efecto, prestar el nombre de Dios a las ideas de una persona. Esta es una decidida falacia, no importa la verdad o falsedad que encierre la teoría bajo consideración.

La segunda falsedad podría llamarse *responsabilidad invalidada*; vale decir que, una vez reconocido que estas teorías son reveladoras en su naturaleza, la cuestión de desafiarlas resulta discutible. Es mucho lo que puede decirse tocante a examinar las ideas así derivadas, antes de reconocerlas como parte del augusto cuerpo de verdad que Dios ha comunicado a través del orden natural de las cosas o de honrar la distinción de autoridad intrínseca entre revelación general y especial.[19] Pero construir un argumento para la integración basado sobre la igualdad de méritos y autoridad de la revelación general y la revelación es funcionalmente un cortocircuito para tales esfuerzos y negar tales distinciones. Simplemente,

---

18. Es más, la definición incorrecta que se discute aquí involucra un error respecto de la taxonomía (e.g., la asignación de entidades y conceptos a categorías apropiadas). Tal error radica en dar por incorrectamente por sentado que las categorías verdad y revelación son contiguas. Por cierto que cada revelación es verdad, pero no toda verdad es revelación. En otras palabras, *verdad* es una categoría más amplia que *revelación*; por eso hablamos de verdad revelada (en oposición a la verdad que no es nuestra por revelación sino por investigación). Esto no es para desacreditar la verdad revelada; aunque esta no es más cierta que la verdad descubierta, es más confiable sólo porque Dios directamente nos las da a conocer.

19. Por ejemplo, English habla de «verdades menores de la revelación general» (English, «Integrationist's Critique», p. 231). Pero esta distinción entre la autoridad menor de la revelación general y la autoridad mayor de la revelación especial es peligrosa y no tiene validez. Proponer como principio los grados de autoridad y confiabilidad entre diferentes canales de la revelación es peligroso. Es más, cada revelación proviene de Dios, por lo tanto, es absolutamente verdad y normativa en un adecuado marco hermenéutico. Insistimos que este error surge de una definición falsa de la idea de revelación.

si es una revelación, entonces Dios lo dijo; si lo dijo Dios, entonces es verdad; cuando Dios habla verdades, la responsabilidad de los humanos no es someterlas a examen sino obedecerlas. Es autocontradictorio insistir en que la revelación general puede incluir verdades que deben ser «estudiadas y examinadas para determinar su confiabilidad».[20]

En síntesis, el razonamiento integracionista erigido sobre la pretensión de que las verdades establecidas por investigación humana son parte de la categoría de revelación y, en consecuencia, poseen la autoridad y confiabilidad propia de una revelación es algo fallido, ante todo, por la definición errónea del término «revelación». La idea de no «descubrible» es inherente al concepto bíblico de revelación; pero el elemento dominante en la revelación general, tal como es construido en este razonamiento, es que las verdades a las cuales debe asignarse la categoría de revelación son, por definición, el resultado de investigación y observación humanas.

El término «general» es mal definido. Segundo, la teoría de los dos libros falla en su errónea definición del término general. En el desarrollo del argumento de los dos libros está claro —por el uso del término general y, algunas veces, por la explicación que lo acompaña y la aplicación del concepto— que el término es tomado como para significar algo «genérico, no específico, como categoría o verificabilidad, cortando a través de un amplio espectro de tópicos apenas relacionados». (Esto contrasta con revelación especial, que es concebida para connotar algo «o específico en su categoría y enfoque, tratando sólo con una categoría».)

De acuerdo con Fleck y Carter, por ejemplo, la revelación general es llamada así porque comunica la «figura de Dios en la naturaleza». El contraste con la revelación especial es representado como sigue: «Dios es revelado en las Escrituras y en la persona de Jesucristo de un modo especial; por ejemplo, detalles particulares o especiales de la persona de Dios, su naturaleza y su plan para la vida humana y su relación con Él, son reveladas en las Escrituras». Nótese que esto es debido a que en las Escrituras son revelados detalles especiales o específicos que «los teólogos refieren a ellas como revelación especial».[21]

Este es un crítico malentendido de la connotación que se intenta dar al término *general* en esta frase. Marca lo referente a la fuerza descriptiva del término, ser el contenido de la revelación así descrita. Es más, tal como las palabras revelación general son histórica y universalmente utilizadas en la teología evangélica, el término general intenta especificar no el carácter de la revelación bajo discusión, sino el público para el cual la revelación es disponible.

---

20. English, «Integrationist's Critique», p. 229.

21. Fleck y Carter, *Psychology*, p. 18.

Ryrie describe las características de la revelación general como sigue:

> Revelación general es exactamente eso: general. Es general en su alcance; es decir, alcanza a toda la gente (Mt 5.45; Hch 14.17). Es general en su geografía; vale decir, que abarca a todo el mundo (Sal 19.2). Es general en su metodología; esto es, que emplea medios universales como el calor del sol (vv. 4-6) y la conciencia humana (Ro 2.14-15). Simplemente en razón de que es una revelación que afecta a toda la gente dondequiera que esté y en cualquier época que haya vivido, ella puede traer luz y verdad a todos o, si es rechazada, traer condenación.[22]

Así, «revelación general» es general no porque trata una amplia y no específica (esto es, general) categoría de hechos, sino porque es accesible a toda persona en todo tiempo (vale decir, a la gente en general).

Repetimos: la revelación especial es así llamada no porque da a conocer «detalles especiales o particulares de la persona de Dios, su naturaleza y plan para la vida humana»,[23] sino porque es dada a conocer no a todos en general sino a individuos específicos. Thiessen distingue la revelación especial como «aquellos actos de Dios mediante los cuales se da a conocer a sí mismo y a su verdad en momentos especiales y a personas específicas».[24] De este modo, la apología integracionista que toma el término general, en revelación general, como refiriéndose al tipo de contenido que puede colocarse bajo esa categoría, y por tanto arguye que todo tipo de verdades y realidades que derivan de investigación humana pueden ser categorizadas así, es una abierta falacia por su definición errónea del término general.[25]

---

22. Charles C. Ryrie, *Basic Theology* [Teología Básica] Victor, Wheaton, 1988, p. 28. cf. con la concisa definición de Erickson acerca de la revelación general: «Es la revelación disponible para toda persona en todo tiempo» (Erickson, *Concise Dictionary*, p. 143). Thiessen identifica el elemento distintivo de la revelación general como el hecho de que «en general está dirigida y es accesible a cada criatura inteligente» (Thiessen, *Systematic Theology* [Teología sistemática] p. 32). Demarest define la revelación general como la «revelación divina a todas las personas de todos los tiempos y lugares, mediante la cual uno viene a conocer lo que Dios es y cómo es» (B.A. Demarest: «Revelación general», *Evangelical Dictionary of Theology*, Baker, Grand Rapids, 1984, p. 944).

23. Fleck y Carter, *Psychology*, p. 18.

24. Thiessen, *Systematic Theology*, p. 35. cf. con la definición de Erickson: «Es la automanifestación de Dios en momentos y lugares determinados, a través de hechos particulares» (*Concise Dictionary*, p. 144). Demarest caracteriza la revelación especial como el hecho por el cual «Dios revela soberanamente sus propósitos redentores a ciertas personas». Bruce A. Demarest y Richard J. Harpel, «Redemptive Analogies' and the Biblical Idea of Revelation» [Analogías redentoras y la idea bíblica de la redención], *Bibliotheca Sacra*, julio-septiembre de 1989, p. 336.

25. Esto no es insistir que la incorrecta definición que analizamos prueba que la categoría de revelación general no podría ser tan extensa como para incluir todas las verdades

Tal falsedad es amenazadora en dos aspectos. Primero, es peligrosa porque amplía la categoría conocida como revelación general mucho más allá de lo que admiten las Escrituras. Demarest y Harpel definen la extensión de la verdad divinamente revelada a través del canal de revelación general como: a) «un dualismo metafísico: Que existe un Creador Supremo distinto a las criaturas finitas. b) Un dualismo ético: Que hay una diferencia entre el bien y el mal y c) Un dualismo epistemológico: Que la verdad existe claramente diferente del error».[26] Es una categoría cuidadosamente restringida por las enseñanzas de las Escrituras y la teología ortodoxa ha respetado esos límites bíblicos impuestos sobre ella. Ella es general porque incluye revelación disponible para toda persona, pero no porque tiene capacidad para dar cabida a todos los descubrimientos y teorías del razonamiento humano.

Nuevamente, la falacia implícita en la definición de este término es destructiva porque *quita partes esenciales al carácter* de la revelación general. Es decir, como es descrita en las Escrituras, la revelación general es una verdad hecha patente a toda la humanidad (Ro 1.17-19; 2.14-15); es una verdad tan clara e irrefutable como para ser percibida, por intuición, por todo ser racional (Sal 19.1-6; Ro 1.19); es una verdad tan manifiesta y revestida de autoridad que, cuando alguien se rebele en su contra, lo hará al costo de su propia condenación (Ro 1.20; 2.1,15). A este intachable, sin costura y majestuoso tapiz de la verdad dada por Dios, se lo pretende sustituir con trozos remendados de verdades «menores»[27], verdades «asequibles por lo menos en parte»[28], verdades que «no fueron delineadas para nosotros por Dios», sino «descubiertas por humanos falibles» y, por tanto, deben ser «estudiadas y examinadas para comprobar su confiabilidad»,[29] verdades cuya consideración «resulta en un elevado nivel de discernimiento

---

percibidas (aunque mi convicción es que no puede). Los límites de la categoría de revelación general deben establecerse apelando a las Escrituras (véase más adelante). Sin embargo, es necesario destacar que el malentendido concerniente al término *general* está en el corazón del uso axiomático en que se pone la frase y es esa fuerza axiomática la que se destruye por completo por la observación de que el término se define mal.

26. Demarest y Harpel, en «Redemptive Analogies», p. 335. Para una consideración cuidadosa de los peligros de ampliar la categoría de revelación general, véase Kenneth Kantzer, «The Communication of Revelation» [La comunicación de la revelación], en *The Bible: The Living Word of Revelation* [La Biblia: Palabra viviente de la revelación], ed. Merrill C. Tenney, Zondervan, Grand Rapids, 1968, pp. 62-69.

27. English, «Integrationist's Critique», p. 231.

28. Stephen M. Clinton, «The Foundational Integration Model» [El modelo de integración fundamental], *Journal of Psychology and Theology* 18, n° 2, 1990, p. 117.

29. English, «Integrationist's Critique», p. 229.

y comprensión».[30] Ciertamente, tal concepto de revelación general representa una destrucción del concepto bíblico.

No toda apologética integracionista emplea el argumento de la revelación general en la naturaleza, pero la mayoría lo hace. Además, cuanto más esmerado y notoriamente evangélico es el apologista, más probable es que tal individuo emplee semejante argumento. Pero hemos estado viendo aquí que la teoría de los dos libros es dos veces invalidada. Primero, está confundida en su definición del término revelación. Por definir la revelación general como ese cuerpo de verdades que se obtienen mediante investigación y descubrimiento humanos, el argumento es culpable de desechar el elemento de no «descubribilidad» intrínseco a la noción bíblica de revelación y suplantarlo con lo que es exactamente su antítesis. Además, la teoría es peligrosa porque atribuye a la verdad autoproclamada, humanamente obtenida, una autoridad que no tiene ni puede tener, y torna virtualmente imposible colocar esas pretendidas verdades bajo la autoridad del único patrón por el cual Dios demanda que sean medidas.

Segundo, el argumento que proviene del carácter de autoridad percibido en la revelación general está también confundido en su definición del término general. Por tomar ese término erróneamente como refiriéndose al contenido de la categoría (más que a las personas a quienes esa revelación está destinada), los apologistas que emplean este argumento incurren en dos falsedades destructivas para la teología ortodoxa: Primero, estiran la categoría hasta que quepa en ella toda clase de pretendidas verdades que carecen del derecho a ser consideradas como tales. Segundo, despojan de su contenido vital al carácter de la revelación por incluir en tal categoría dichas verdades, reconocidas como «menores» que las verdades de las Escrituras, y demandan que individuos limitados y caídos las midan para determinar su validez, con lo que, en el mejor de los casos pueden, posiblemente, aportar una mejor comprensión de las demandas del vivir.

En síntesis, estoy persuadido de que, en su interés por convalidar el impulso y el esfuerzo integracionista, muchos en la comunidad sicológica cristianas han cambiado, consciente o inconscientemente, la doctrina bíblica de la revelación general por una de su propia industria. El mundo evangélico es el único y gran perdedor con el cambio.

EL MÉTODO SIN LIBRO: CORRUPTO Y DESHONESTO

Esta notoria falsedad no es ni cercanamente tan prevaleciente como la de los dos libros y tiende a ser abrazada por aquellos no tan comprometidos

---

30. Guy, «Search for Truth», p. 27.

con la infalibilidad de las Escrituras. Sin embargo, cuando uno avanza en tiempo, esta mentalidad se encuentra con creciente frecuencia a través del espectro integracionista.

El método identificado

El método sin libro puede ser reducido a las siguientes propuestas:

La afirmación axiomática:

Toda fuente de verdad es susceptible de producir error al grado de que incluso individuos falibles y predispuestos tienen acceso a ellas.

La formulación teológica:

Sin importar la veracidad intrínseca y la consiguiente autoridad de las Escrituras, cualquier aplicación humana de ellas presupone el proceso de interpretación.

Debido a la caída espiritual de la raza humana y al género de acondicionamiento cultural, los individuos vienen necesariamente a la tarea interpretativa, trabajando bajo riegos significativos y limitantes

La conclusión epistemológica:

Todo conocimiento humano falla por definición. No hay razón para ser más desconfiado de la ciencia que de la teología (Por ej. de las teorías y hechos obtenidos mediante investigación y deducción que de las supuestas verdades derivadas de las Escrituras) simplemente porque las Escrituras no están menos expuestas a las limitaciones de la participación humana que cualquier otra fuente de verdad.

Prescindiendo de la autoridad y/o autenticidad de la fuente de verdad, el conocimiento humano de la verdad sólo puede acercarse a cada vez mayores niveles de probabilidad, puesto que la certeza final es presupuestamente impensable.

La ramificación integracionista:

Negativamente, cualquier sugerencia que indique que la finalidad y la certeza podría ser imputada a cualquier elemento de cualquier modelo, es errónea.

Positivamente, los integracionistas deberían estar permanentemente examinando y refinando todos sus hallazgos y convicciones, desde sus presuposiciones hasta su metodología, en la esperanza de que puedan efectuar, por sí mismos, una espiral ascendente de confianza y eficacia.

Esta es, más bien, una desnuda y tal vez inquietante expresión de la falsedad bajo consideración. Pero, en efecto, es la esencia de la posición que muchos han tomado en la comunidad integracionista.

Por ejemplo, haciendo la pregunta: «¿Podemos conocer la verdad?» Guy reconoce que las Escrituras «revelan la verdad definitiva acerca de la humanidad y nuestra existencia», pero nos advierte que: «Intentar conocer la verdad como ha sido revelada a través de la Biblia, expone a los mismos errores e inexactitudes hallados en la observación e interpretación de la verdad como ha sido revelada a través de la naturaleza».[31] Se basa en «la existencia de numerosas, conflictivas y tan cambiantes teorías acerca de la verdad» que «somos incapaces de conocer plenamente la verdad ya que nuestro conocimiento, en el mejor de los casos, es parcial».[32] Esta línea de pensamiento lleva a Guy a la siguiente implicación:

> En razón de que somos incapaces de conocer la verdad y nuestros intentos de lograrlo están expuestos al error, las conclusiones de la teología y la ciencia están expuestas a los mismos errores cuando formulan sus conclusiones. Ninguno de ambos conjuntos de teorías acerca de la verdad tiene necesariamente la última autoridad sobre el otro. Las pretensiones acerca de la verdad tal como está expuesta en la Biblia no necesitan ser consideradas como una autoridad sobre las pretensiones de la ciencia. Si Dios es realmente la fuente de toda verdad revelada, cualquier aparente contradicción es resultado de una errónea observación o interpretación de tal verdad en las disciplinas de la ciencia o la teología o en ambas. Teniendo en cuenta que el error es probable en cualquiera de los dos campos, la diversidad puede considerarse como un estímulo para el crecimiento y el desarrollo: Un proceso que, esperanzadamente, resultará en más altos niveles de exactitud y comprensión en la búsqueda de la verdad.[33]

Finalmente, en un esfuerzo por dar un giro más feliz a esta más bien desoladora epistemología, Guy concluye:

> No habrá un simple modelo de integración ni un conjunto de pretensiones terapéuticas, técnicas o metas que sean totalmente exactas

---

31. Guy, «Search of Truth» [Búsqueda de la verdad] p. 29. Guy ha afirmado en el contexto que «Dios nos revela[...] verdades mediante revelaciones generales y especiales utilizando la naturaleza y la Biblia como expresiones de estas verdades» (28). Considera a ambas como igualmente dotadas de autoridad y confiabilidad. Es interesante notar que emplea el argumento de los dos libros a nivel axiomático, pero sus puntos de vista de ambos libros (naturaleza y Biblia) dan muestra de un concepto muy pobre de la revelación.

32. *Ibid.*, p. 30. El artículo completo es una respuesta al intento de Collins de construir un modelo de integración (Collins, *Integration*). El argumento de Guy es que Collins ha errado en suponer que cualquier modelo de integración podría ser intrínsecamente superior a todos los demás.

33. *Ibid.*, p. 31.

y verdaderas. Los sicólogos cristianos están en libertad de adoptar cualquiera dentro de una cantidad de modelos y orientaciones cuando procuren elaborar una integración personal en la esfera de sus propios ministerios privados.[34]

A raíz de esta clase de conclusión, esta mentalidad se denomina aquí «la falsedad de ningún libro». Simplemente, este tipo de razonamiento deja a la comunidad de la consejería sin ningún libro, ninguna autoridad, ninguna fuente confiable de verdad y sin ningún patrón normativo que oponer a las incontables teorías y modelos fabricados hoy en los mundos de la sicología y la consejería.

Thorson plantea esta misma limitación epistemológica: «La importante verdad de que una revelación divina es la *fuente* real de nuestro conocimiento no elimina los problemas puramente epistemológicos de comunicación, interpretación y comprensión, ni imparte ningún status especial de razonable certeza a nuestro conocimiento mismo».[35] Farnsworth articuló una mentalidad similar. Apelando a un artículo en el que se arguye que «el dominio masculino ha empañado aun nuestras mejores traducciones [de la Biblia]»,[36] de las cuales él deriva evidencias del ineludible preacondicionamiento que inexorablemente destiñe cualquier entendimiento de aun un texto autorizado. Fransworth concluye que, «Pese a lo accesible de las palabras de la Escritura, leerlas no es una cuestión de percepción perfecta. Es fácil olvidar que leer la Biblia es una experiencia sicológicoperceptiva».[37] Sigue adelante para agregar la siguiente metodología:

> Puesto que Dios revela su verdad en formas diversas, varias disciplinas, fuera de la teología, están en necesidad de interpretar el amplio

---

34. *Ibid.*

35. W.R. Thorson, «The Biblical Insights of Michael Polanyi» [Las perspectivas bíblicas de Michael Polanyi], *Journal of the American Scientific Affiliation* 33, 1981, p. 132 (énfasis original).

36. B. Mickelsen y A. Mickelsen, «Does Male Dominance Tarnish Our Translation?» [¿Ha empañado nuestras traducciones el dominio masculino?], *Christianity Today*, octubre de 1979, pp. 23-29.

37. Kirk E. Farnsworth, «The Conduct of Integration» [La conducta de integración], *Journal of Psychology and Theology* 10, n° 4, 1982, p. 311. Shepperson, en respuesta al artículo de Farnsworth, menciona que la «suposición de que la base experimental de uno, consciente o inconsciente, influye en nuestra percepción de verdades teológicas y sicológicas» como parte de su argumento de que la teología no debe ejercer un «imperialismo» sobre la sicología (Vance L. Shepperson, en «Systematic Integration: A Reactive Alternative to "Conduct of Integration"», *Journal of Psychology and Theology* 10, n° 4, 1982, p. 326. Shepperson expresa deleite porque el artículo de Farnsworth «indica una disposición a sopesar múltiples sugerencias de varias disciplinas».

espectro de los datos revelados. Además, ya que toda disciplina académica está sujeta a error humano, ninguna disciplina debiera ser subyugada a otra. Lo que *no* estoy diciendo es que la Biblia no tiene autoridad funcional sobre todas otras formas de revelación. Lo que sí estoy diciendo es que la teología, como disciplina humana, no tiene necesariamente autoridad funcional sobre ninguna otra disciplina humana.[38]

La teoría «sin libro» llega a ser más evidente y alarmante cuando es empleada en el desarrollo de una apologética integracionista destinada a demostrar la veracidad y autoridad de la verdad derivada de la investigación sicológica. Primero, esto llega a ser con frecuencia la manera de negar de hecho el papel que, normalmente, se ha esperado que las Escrituras jueguen en un sistema de pensamiento evangélicamente orientado. Por ejemplo, en un intento de estructurar una epistemología cristiana, se ha hecho la siguiente advertencia:

> La revelación, como fuente de conocimiento, presupone una realidad sobrenatural trascendente. La educación cristiana argumenta que la verdad obtenida a través de esta fuente es absoluta. Sin embargo, uno debe entender que es posible la distorsión de esta verdad en el proceso de la interpretación humana. Por tanto, el cristiano debe cuidarse muy bien de no estar preocupado con la revelación de modo que en su búsqueda de la verdad, falle en el uso de otras fuentes de conocimiento disponibles.[39]

En su artículo, el autor afirmó la importancia y singularidad de las Escrituras, pero aquí mutila el papel que ellas pueden jugar cuando recuerda a sus lectores que «la distorsión de esta verdad es posible en el proceso de interpretación humana».[40]

---

38. Farnsworth, «Conduct», p. 311 (énfasis original). Note de nuevo la expresión axiomática en el uso de la frase «otras formas de revelación» con referencia a otras disciplinas humanas. Esta distinción entre la Biblia y la teología, entre la fuente autorizada de la verdad y la falibilidad de quien accede a esa fuente, es hueca; esto se discutirá más adelante.

39. Jimmy F. Sellars, en «In Defense of a Christian Epistemology» [En defensa de la epistemología cristiana], *Christian Education Journal* 12, n° 3, 1992, p. 163. Las «otras fuentes de conocimiento» que Sellars menciona en el artículo son: «la razón, la intuición, los sentidos y la fuente secundaria del testimonio o autoridad» (p.163).

40. cf. James D. Foster y Mark Ledbetter, «Christian Anti-Psychology and the Scientific Method» [Antisicología cristiana y el método científico], *Journal of Psychology and Theology* 15, n° 1, 1987, p. 17, donde luego de una discusión acerca de «cuál es el medio de conocimiento más valioso», concluyen: «Si bien podemos aceptar la autoridad, la intuición y la experiencia personal como aportes valiosos en el aprendizaje, no admitimos que

La influencia corruptora de la teoría sin libro es vista en el hecho de que este argumento insiste en que, aunque las Escrituras pueden en verdad ser absolutamente ciertas y una autoridad, cualquier entendimiento humano de ellas puede ser afectado por las limitaciones intrínsecas a la humanidad; podría esperarse que esto resulte en cierto descuido acerca de la interpretación de las Escrituras. Es decir, si el intérprete sabe que, no importa cuánto esfuerzo ponga en la tarea, estará siempre expuesto a *que sus conclusiones sean descalificadas como una norma de la verdad,* queda despojado de todo incentivo que lo mueva a una esmerada diligencia en su mayordomía de interpretación. Simplemente, si los resultados de una exégesis cuidadosa pueden no poseer más autoridad intrínseca que los de una exégesis superficial, no hay razón para procurar una exégesis esmerada.

Sea que esté bien o no anticipar esta alternativa en la mentalidad del método sin libro, los lectores deben decidir por sí mismos. Pero es mi observación que una creciente actitud despectiva hacia la exégesis es lo que en realidad sale a la superficie, con una perturbadora regularidad, en los escritos de los teóricos del método sin libro.

Por ejemplo, argumentando a favor de las «no racionales» o «humanistas metodologías sicológicas y teológicas» que podrían «permitirnos hacer preguntas sin restricciones mediante nuestras categorías de tecnología científica natural y teología racionalista», Farnsworth hace un uso más bien creativo de las Escrituras.

> Lo no racional es la sensibilidad de sentimiento que equilibra la sensibilidad de lo racional y que da calidez y riqueza a la dirección y madurez de la razón. Este es el encuentro directo preconceptual con Dios que nos capacita a orar en silenciosa expectación[...] y sin cesar (1 Ts 5.7)[...] Esto es lo que Jeremías significa cuando dice: «Mas alábese

---

el conocimiento que surge de esas fuentes sea de alguna manera superior al conocimiento obtenido mediante la observación, la evaluación y la experimentación». Antes los autores habían reconocido que: «La Biblia es[...] una autoridad para el creyente en virtud de su naturaleza reveladora» (11). Esta ausencia del papel vital de autoridad de las Escrituras llega a ser total en Morton Kelsey, «Reply to Analytical Psychology and Human Evil» [Réplica a la sicología analítica y la maldad humana], *Journal of Psychology and Theology* 14, n° 4, 1986, pp. 282-84, en el cual el autor argumenta que «el pensamiento y la experiencia» de C.G. Jung, «provee el mejor marco sobre el cual basar la integración de la sicología y la teología» (282). Kelsey responde a «Analytical Psychology and the Dynamics of Human Evil: A Problematic Case in the Integration of Psychology and Theology» (*Journal of Psychology and Theology* 14, n° 4, 1986, pp. 269-77), de G.A. Elmer Griffin, donde este critica una serie de conferencias del Seminario Teológico Fuller, en las que Kelsey argumentó que Jung podría servir como el mejor marco para la integración de la sicología y la teología. El punto es, por supuesto, que aquí Jung ha desplazado las Escrituras como el mejor fundamento para alcanzar la integración.

en esto el que se hubiere de alabar: en entenderme y conocerme» (Jer 9.24).[41]

En una réplica a Farnsworth en la misma edición del *Periódico de Sicología y Teología*, Virkler lo fustiga por usar las Escrituras desaprensivamente y examina los dos pasajes a que apela Farnsworth, concluyendo que «por no extender nuestras imaginaciones exegéticas» pueden esos pasajes ser utilizados en la forma que lo hace Farnsworth,[42] quien responde como sigue:

> Puedo ver como [Virkler], siendo un experto en el área de hermenéutica, pudo formar una opinión negativa acerca de mi hermenéutica, cuando ve que no estamos de acuerdo sobre el significado de ciertas porciones de la Escritura. Aunque reconozco que este es, en realidad, un criticismo menor no detractor de la validez de mi modelo de integración, estoy en desacuerdo en razón de que porque no coincidimos en la forma de exponer algunos versículos de la Escritura, yo soy «descuidado» y él no. No hay en mi artículo base alguna para tal juicio.[43]

Farnsworth no intenta defender su comprensión de los pasajes mediante consideraciones hermenéuticas; simplemente afirma que disiente con la crítica de su comprensión de esos pasajes. En realidad, no hay defensa del uso de Farnsworth de esos pasajes, excepto esto: La manera en que interpreta esos textos bíblicos apoyan el punto que él desea sentar en su artículo. El fiscal ha cerrado su presentación.

El método criticado.

El método sin libro en última instancia es corruptor en su noción de autoridad epistemológica y, en consecuencia, de la posibilidad de establecer lo absoluto en el campo moral. Es decir, las Escrituras (esto es reconocido) pueden (probablemente sí) poseer verdad intrínseca que, totalmente en algún otro mundo trascendental, ejercerá autoridad en el esfuerzo

---

41. Farnsworth, «Conduct», p. 312.

42. Henry A. Virkler, en «Response to "The Conduct of Integration"», *Journal of Psychology and Theology* 10, n° 4, 1982, p. 332.

43. Farnsworth, «Responses to "The Conduct of Integration": An Appreciative Reaction» *Journal of Psychology and Theology* 10, n° 4, 1982, p. 334. Las «bases» del artículo de Farnsworth para «enjuiciar» la pobre hermenéutica de Virkler es sólo el hecho de que cree que los pasajes a los cuales apela dicen algo muy diferente, si no antitético, al claro significado de tales pasajes en su contexto. Este es precisamente el criticismo que hizo Virkler, pero que no tiene fuerza alguna en la mente de Farnsworth. La sugerencia es que, dado el enfoque de este, no sólo deja sin una posibilidad a una hermenéutica exacta, sino que impide una consideración.

cósmico de las cosas que compiten en su proclama de verdad. Pero, a causa de que cada ser humano intenta comprender el significado de esas Escrituras, queda bajo el prejuicio de que está inválido e invalidando y, en razón de que en la batalla de ideas, la apelación sólo puede ser hecha al entendimiento humano de las Escrituras (como opuestas al áspero material de su significado intrínseco), ellas no pueden arbitrar funcionalmente en la competencia de las cosas que proclaman ser verdad.

En una discusión de la idea de que «corriendo a lo largo de las Escrituras» hay alguna «oscuridad radical, una total incoherencia o, por lo menos una délfica[44] especie de ambigüedad», Packer arriba a una conclusión similar acerca de las implicaciones necesarias de tal noción.

> Deberíamos concluir entonces, que cuando los reformadores afirmaron la claridad intrínseca de las Escrituras al presentar su mensaje central, estuvieron equivocados y que los muchos millones que a lo largo de los siglos han vivido y muerto en la luz de lo que tuvieron por certezas divinamente enseñadas, ¿estaban autoengañados? ¿Debemos decir que ninguna de tales certezas están disponibles para nosotros ni que nunca lo estuvieron para nadie? Esto es lo que esta idea, si es aceptada, implicaría.[45]

A las Escrituras se les ha calificado de ambiguas y por tanto carentes de autoridad, pero el cargo proviene de quienes negarían la consideración de su suprema infalibilidad y autoridad, que ha sido el distintivo de la teología evangélica.[46] Hallar que la misma evaluación peyorativa de las

---

44. La referencia es al oráculo griego de Delfos, una supuesta adivina que deliberadamente expresaba sus pronósticos en imágenes y frases ambiguas para eliminar la posibilidad de que algún devoto pudiera desafiar su exactitud.

45. J.I. Packer, «Infallible Scripture and the Role os Hermeneutics» [La Escritura infalible y el papel de la hermenéutica], *Scripture and Truth*, ed. Gerar Terpstra, Zondervan, Grand Rapids, 1983, p. 329. En esta sección de su artículo (titulado «Has Scripture One Clear Message?» [¿Tiene la Escritura un claro mensaje?]) Packer expone directamente la mentalidad que yace en la base de la teoría sin libro; es decir, la pretensión de que «el método de apelar y someterse a la Escritura, no importa con cuánto cuidado se siga, es en sí incapaz de dar seguridad» y esto a causa, como se afirma, de que «la comprensión moderna del proceso hermenéutico demuestra que los mismos textos trasmiten cosas diferentes a diversas personas dependiendo de dónde provienen las mismas y qué experiencias y cuestiones traen consigo» (328). Luego de una cuidadosa consideración de tal mentalidad, Packer concluye que «tales argumentos, que por lo general se exponen para probar la intrínseca incoherencia, ambiguedad o lo ininteligible de las Escrituras[...] están muy lejos de tener éxito» (332).

46. Al introducir su discusión tocante a lo que nos referimos en este pasaje como la mentalidad de los sin libros, Packer observa que «la teología liberal ha mantenido muy largamente» tal actitud hacia las Escrituras (*Ibid.*, p. 328).

Escrituras proviene de las plumas de aquellos que reclaman para sí el título de evangélicos «no puede sino perturbar».[47]

En realidad, la noción de que «problemas puramente epistemológicos de comunicación, interpretación y comprensión»[48] dan irrelevancia a la autoridad de las Escrituras está equivocada en, por lo menos, tres puntos: Primero, es lógicamente falsa y deshonesta. El detractor está empleando lenguaje humano para afirmar que pensamientos reconocibles no pueden ser comunicados por vía de lenguaje humano. Este es el escritor que asciende a los cielos en un biplano para garabatear con humo el mensaje: «¡El vuelo humano es imposible!» Los teóricos sin libro usan miles de términos para insistir en que las palabras pueden significar nada por cierto. La tesis cae por el propio peso de su formulación. Como Pinnock observa:

> El argumento es falso y se derrota a sí mismo[...] En el terreno de la lógica pura, si la interpretación de alguien no es válida porque es *su* interpretación, la opinión del oponente es equivocada porque es *su* opinión.[49]

La mentalidad de los sin libro es una negación de la doctrina clásicamente conocida como la *perspicuidad* de las Escrituras, definida como «claridad de pensamiento y lucidez» e identificada como «uno de los atributos tradicionales de las Escrituras».[50] Hodge reduce la doctrina de la perspicuidad a la simple afirmación de que «la Biblia es un libro claro[...] inteligible para la gente».[51] La Confesión de Westminster (1:7) menciona esta doctrina como sigue:

> Todas las cosas en las Escrituras no son igualmente claras en sí mismas, ni claras para todos, pero aquellas cosas que necesitan ser

47. *Ibid.*, p. 329.

48. Thorson, «Biblical Insights», p. 132.

49. Clark Pinnock, *Biblical Revelation*, Moody, Chicago, 1971, p. 99. El argumento específico al que Pinnock se refiere aquí es el que dice que «la interpretación de cualquier texto es una cuestión de opinión personal y que cierto conocimiento de lo que dice la Biblia es imposible» (p.99). Esto aparece en una sección en la cual Pinnock lucha por defender la claridad de las Escrituras y que comienza con la afirmación de: «Es necesario a las Escrituras, si han de ser nuestra autoridad, ser claras, de manera que podamos leerlas y entenderlas» (p.97).

50. Richard A. Muller, *Dictionary of Latin and Greek Theological Terms: Drawn Principally from Protestant Scholastic Theology* [Diccionario de términos teológicos en latín y griego: Tomados principalmente de la teología escolástica protestante], Baker, Grand Rapids, 1985, p. 228. Por «atributos tradicionales» Muller quiere decir que esta es una característica tradicionalmente atribuida a la Escritura en la teología protestante.

51. Charles Hodge, *Systematic Theology: Abridgen Edition* [Teología sistemática: edición abreviada], ed. Edward N. Gross, Baker, Grand Rapids, 1988, p.92.

conocidas, creídas y observadas para la salvación, son tan claramente propuestas y abiertas en alguna parte u otra de las Escrituras, que no sólo el erudito, sino el ignorante, en un uso debido del significado corriente, puede lograr una comprensión suficiente de ellas.

Aunque en la historia de la doctrina cristiana el canon de la perspicuidad o claridad fue elaborado en el contexto de un conflicto totalmente diferente,[52] los principios involucrados se aplican también a la mentalidad de los sin libro. En verdad, esta doctrina de la claridad (o perspicuidad) se levanta en juicio sobre cualquier pretensión de que la Biblia es incomprensible *por cualquier razón relativa al carácter o accesibilidad de la Biblia.* Como Pinnock observa: «Un libro oscuro, no podría desarrollar las funciones que las Escrituras desarrollan. Una negación de su perspicacia es una negación del principio mismo de la *sola scriptura.*[53]

La comunidad evangélica debería considerar con abierta sospecha toda tendencia de los teorizantes del método sin libro de rechazar elegantemente un concepto tan importante para la tradición protestante como es la doctrina de la perspicuidad de las Escrituras.

Tercero, la mentalidad sin libro es negada por las Escrituras mismas en varios puntos.

I. La Biblia afirma que las personas serán consideradas eternamente responsables por desobedecer las enseñanzas contenidas en ella (Sal 50. 16-17; Pr 13.13; Is 5.24; Lc 24.25; 2 Ti 4.3-4) y que la obediencia a sus palabras resultará en bendiciones temporales y eternas (Stg 1.18; 2 Ti 3.15-16). Es absurdo suponer que Dios prometería castigar a quienes desobedecen o bendecir a quienes obedecen palabras que, por su naturaleza sólo pueden, en el mejor de los casos, alcanzar «una especie de délfica ambigüedad».[54] En verdad, Jesús ordeno a sus contemporáneos: «Escudriñad las Escrituras» (Jn 5.39), en la seguridad de que esos oyentes «eran

---

52. La doctrina de la perspicuidad fue articulada por los reformadores para desvirtuar la doctrina católica de que «la Biblia es oscura y necesita interpretación aun en asuntos tocantes a la fe y la práctica». De acuerdo con Berkhof, la afirmación de los reformadores «fue simplemente que el conocimiento necesario sobre la salvación, aunque no igualmente claro en cada página de las Escrituras, está expuesto al hombre en toda la Biblia de una manera tan simple y comprensible que alguien que busque ardientemente la salvación puede mediante la dirección del Espíritu Santo, por leer y estudiar la Biblia, obtener con facilidad el conocimiento suficiente, y no necesita el auxilio y guía de la iglesia ni de un sacerdocio en particular». L. Berkhof, *Introductory Volume to Systematic Theology* [Volumen introductorio a la teología sistemática], Eerdmans, Grand Rapids, 1932, p. 167. cf. el análisis «modificado» de este esfuerzo reformista en *Holy Scripture*, de G.C. Berkouwer, Eerdmans, Grand Rapids, 1975, pp. 271-73.

53. Pinnock, *Biblical*, p. 99.

54. Packer, «Infallible Scripture», p. 329.

capaces de entender lo que el Antiguo Testamento decía del Mesías, aunque sus enseñanzas venían siendo malentendidas por los escribas, los ancianos y todo el sanedrín».[55]

2. Los mensajes y libros de la Biblia están destinados en su contexto a gente con la expectación de que ha de entender y obedecer. En verdad, en los relatos de la Biblia, la generación que primero recibió los mensajes es considerada responsable por su voluntad de obedecer. Hodge insiste en que «es la gente la que fue destinataria[...] ella es en todas partes considerada competente para entender lo que está escrito y en todas partes se le requiere creer y obedecer lo que provenía de los mensajeros inspirados de Cristo».[56]

3. El mensaje de la Escritura fue considerado tan claro que a sus receptores se les mandó: «y las repetirás a tus hijos» (Dt 6.7) y «a los hijos de tus hijos» (Dt 4.9).

4. Las Escrituras afirman repetidamente ser claras y accesibles.

La Escritura es «una antorcha que alumbra en lugar oscuro» (2 P 1.19). El «Padre de las luces» ha dado su Palabra para ser «lámpara a nuestros pies y lumbrera a nuestro camino» (Sal 119.105). No es inaccesible ni oculta para nosotros (Dt 30. 11-14). Somos mandados a leerla y escudriñarla (Jn 5.39; Hch 17.11). Ella hace sabio al simple, conforta el alma, alegra el corazón, ilumina los ojos (Sal 19.7-8). La Escritura es clara porque es *de Dios*. Si no fuera clara, fracasaría en su intención.[57]

Nuevamente, lejos de permitir la noción de su propia ambigüedad intrínseca, las Escrituras sugieren que la negación de la claridad y, consecuentemente, de la autoridad de la Biblia, surge del deseo de rechazar la autoridad de Dios, la que, a su vez, es nacida de una rebelión inicua (Pr 1.29-30; Is 30.9; Jn 3.20).

Una negación de la claridad es un pretexto para rehusar ser limitado por la Escritura y una determinación de alguien de seguir sus propias inclinaciones. Dondequiera que una iglesia o un teólogo se proponga definir la verdad sin referirse a la autoridad objetiva de la Palabra de Dios, llega a ser demoníacamente «solipsístico».[58]

En resumen, el método sin libro insiste en que, por razón de las limitaciones inherentes al intérprete humano, no puede decirse nada más

---

55. Hodge, *Systematic Theology,* p. 94.

56. *Ibid,* p. 93.

57. Pinnock, *Biblical,* p. 98.

58. *Ibid.,* p. 99. Por «solipsístico», Pinnock quiere decir que el espíritu nada considera importante sino sólo su propio ego.

acerca de la confiabilidad y autoridad de las Escrituras que lo que puede decirse de cualquier otra pretendida fuente de verdad. Semejante afirmación es un lobo «anticonstructivo» con la piel de un cordero evangélico.[59] Esto es corrupto en su esencia y en sus implicaciones; es deshonesto en cuanto niega a las palabras de la Escritura la medida de claridad y significado que los teorizantes adjudican a sus propias palabras; esto es opuesto a una doctrina cardinal para la tradición teológica que respalda al movimiento evangélico. Además, está contradicho y condenado por las claras enseñanzas de las Escrituras.

EL MÉTODO DEL LIBRO REGLA: RECOMENDABLE, PERO PELIGROSO

La distinción entre las dos fases del esfuerzo integracionista fue hecha antes: la cuestión de posibilidad (¿Podrían y deberían ser integradas teología y sicología?) y la cuestión de procedimiento (¿Cómo podrían ser mejor integradas teología y sicología?) Los dos métodos que hemos discutido implican un razonamiento fallido a nivel de posibilidad. Es decir, ambos están avanzados en su defensa de la noción de que se puede y se debería apelar a la sicología secular, a fin de suplementar las enseñanzas de las Escrituras, en el intento de ayudar mejor a la gente en sus conflictos personales.[60] Este tercer método es distinto de los anteriores en dos puntos importantes. Primero, esta mentalidad opera a nivel de la cuestión de procedimiento pero, generalmente, no intenta plantear la cuestión de posibilidad (por ejemplo, el asunto necesario e integrante que yace debajo de la línea de flotación).[61] Segundo, desde la perspectiva del pensamiento evangélico, esta construcción no encierra una falacia intrínseca de teología o lógica;[62]

---

59. Véase la discusión de «Deconstructionism» [Desconstruccionismo], Tremper Longman, *Literary Approaches to Biblical Interpretation*, Zondervan, Grand Rapids, 1987, pp. 41-45.

60. La falacia de los dos libros arguye que se puede y se debería apelar a los hallazgos humanos en razón de que ellos entran en la amplia(da) categoría de revelación general y, por tanto, tienen sanción divina; vale decir que la fuerza del argumento estriba en que eleva los hallazgos humanos al nivel de las Escrituras. La falacia del método sin libro argumenta que se puede y se debería apelar a esos hallazgos porque debido a las limitaciones humanas del intérprete, las Escrituras pueden tener una autoridad no mayor que la de los hallazgos humanos; en otras palabras, el énfasis de este argumento está en que rebaja las Escrituras al nivel de los descubrimientos humanos. Cada uno de ambos argumentos implica la fase de posibilidad del esfuerzo integracionista, pero ni menciona la cuestión de procedimiento.

61. Véase tabla 1.

62. Es decir, es válida y concluyente como la lógica, la definición y la teología en todo cuanto dice. El argumento aquí es que este método es falso no en lo que dice, sino en lo que *da por sentado*.

en verdad, actúa sobre una sincera confesión de la infalibilidad de las Escrituras característica de la teología ortodoxa evangélica. Afirma el carácter distintivo y la autoridad de toda verdad revelada e incluye un sincero compromiso de honrar esa realidad en la tarea de construir un modelo de consejería. Sin embargo, se argumentará que este método de integración no es confiable cuando se lo emplea en el esfuerzo de reconciliar la teología y la sicología.

El método identificado

El método del libro regla puede ser reducido a las siguientes proposiciones:

La afirmación axiomática:

Las Escrituras son la única y totalmente infalible Palabra de Dios.[63]

La formulación teológica:

Dios se ha dado a conocer a sí mismo a través de la revelación general y especial. El único canal para la revelación especial disponible para nosotros hoy es lo registrado en las Escrituras. De esta manera, la única revelación de Dios propuesta y objetiva disponible para nosotros hoy es la Biblia.[64]

La conclusión epistemológica:

La Biblia y ella sola debe funcionar para el creyente como su única y suficiente regla para la fe y la práctica.

La ramificación integracionista:

Todo lo que proclame ser verdad y que sea resultado de ponderación, investigación o de teorización, debe ser sujeto a la Palabra de Dios, única a la que se permitirá emitir juicio sobre la veracidad y aplicabilidad de aquellas verdades.

---

63. No todos los integracionistas que emplean el método del libro regla abrazarían un punto de vista tan elevado de las Escrituras como este, pero tal perspectiva es en realidad lógicamente necesaria a la mentalidad. Además, una visión inferior del carácter de las Escrituras no haría sino comprometer la integridad del método y aquí dicha mentalidad se considera en su expresión más elevada posible.

64. En realidad, los teorizantes del libro regla tratan el aspecto de la revelación general de diversas maneras. A menudo, incurren en la falacia de identificar descubrimientos humanos, incluyendo los del mundo de la sicoterapia, como pertenecientes a tal categoría (al igual que en el método de los dos libros). Son intrínsecamente ilógicos al caracterizar descubrimientos humanos como revelación y a la vez afirmar que la otra forma de revelación, la Biblia, puede sentarse en juicio sobre esos descubrimientos. Pero en esta discusión del compromiso de emplear las Escrituras como libro regla y único que puede sentarse en juicio sobre las cosas, provenientes de otras fuentes que se tienen por verdad, serán evaluadas por el valor que muestren.

A la Biblia y a ella solamente se le concederá el rol de establecer una falsificación; es decir, si algo reclama ser verdad pero está en contradicción o compromete una verdad establecida en las Escrituras, tal pretendida verdad será tenida por falsa.[65]

En suma, esta mentalidad acepta la Biblia y la Biblia sola como el libro regla (de aquí el título que utilizamos). Ella establece que las Escrituras decidirán en definitiva sobre todo lo que se tenga por verdad; ellas funcionarán como el único árbitro autorizado en toda cuestión epistemológica.[66] Como un apologista de este método resume:

La verdad derivada del estudio de cualquier segmento de la revelación general, sea en sicología o cualquier otro campo, no es tan confiable

---

65. Algunos fortalecerían la ramificación integracionista en este punto, insistiendo específicamente en que el creyente debe hacer algo más que utilizar la Biblia para medir una falsificación; que el creyente sólo debe aceptar lo que la Biblia afirma de manera explícita. Pero decir que todo lo de la Biblia es verdad, no implica que toda verdad está en la Biblia. Por consiguiente, no se puede decir que sólo debe aceptarse lo que se pueda probar como verdadero mediante una apelación a las Escrituras. (Por ejemplo, que el agua corre colina abajo o que los Twins ganaron la Serie Mundial en 1991.) Otros han insistido en que la Biblia contiene toda la Verdad (con mayúsculas) y que todo lo que la gente pueda descubrir es verdad (con minúsculas). O que la distinción se hace colocando la verdad subjetiva en pugna con la objetiva o la metafísica contra la física o contra los hechos. Pero tales distinciones parecen por completo artificiales. Es más, toda verdad es cierta y la gente puede descubrirla y apreciarla, aun la subjetiva o metafísica (e.g., la satisfacción del alma que surge del autosacrificio). Además, existen verdades que no están explícitamente declaradas en las páginas de la Biblia (e.g., el efecto feliz que ejerce la compañía de un animalito mimado en la vida de un anciano solitario). Podría argumentarse que cada verdad metafísica (subjetiva) importante aparece en las Escrituras y que todo lo que la gente pudiera descubrir por su cuenta es en realidad de poca importancia, pero tal afirmación no puede ponerse a prueba y, después de todo, no es de real ayuda. Es innegable que la gente puede descubrir verdades. Pero la cuestión para el creyente que encuentre cosas que dicen ser verdad es simplemente esta: «¿Cómo puedo saber que lo que se ha descubierto es realmente verdad?» Tal asunto sólo puede ser bajo el arbitrio de las Escrituras. Además, dado el hecho de que todo lo que la Biblia dice es verdad, pero que no todo lo que es verdad está en la Biblia (por ejemplo, usted cree que nuestro sistema solar está compuesto por el sol y nueve planetas, aunque la Biblia en ninguna parte afirma con claridad tal verdad), tal función de arbitraje no puede ser siempre positiva (**A** puede decir ser verdad y sólo puede juzgarse su veracidad si se apoya en las Escrituras. De todos modos, la Biblia debe siempre actuar negativamente en una batalla de ideas; es decir, si **B** dice ser verdad pero compromete o contradice cualquier verdad de las Escrituras, debe rechazarse no importa cuán convincente parezca). Esto es lo que significa la frase: «El papel de falsificación». Por ejemplo, aunque el mundo de la sicoterapia insista en que la gente sufre de una pobre autoestima, el creyente bíblico, que reconoce tal propuesta como una contradicción a la enseñanza escritural concerniente a la condición caída de la raza humana, es movido a rechazar la noción.

66. Cf. a Robert C. Roberts, en un análisis del modelo de consejería de Carl Rogers: «Permítaseme decir en principio que considero muy posible que conceptos paganos ayuden

como la verdad hallada en las Escrituras. Esta es la razón por la que los integracionistas filtrarán las verdades sicológicas a través de las verdades bíblicas y aceptarán sólo aquellas que no contradicen la revelación especial de Dios.[67]

¡Seguramente esta es una construcción integracionista con la cual puede vivir cualquier creyente que tenga un elevado concepto de las Escrituras! En verdad, esta es la única manera de mantener un testimonio en un mundo caído. ¿Hay algún aspecto de la vida en el cual la cultura no confronte al creyente que piensa con un cúmulo de teorías y sistemas de valores que deben ser desafiados bíblicamente? ¿Y no es esta mentalidad del libro regla el espíritu en que ese creyente debe responder a tales desafíos? Estoy persuadido de que el método del libro regla es justamente la mentalidad que debería prevalecer en los creyentes cuando buscan brillar como luminares en medio de una generación maligna y perversa.

El método criticado.

¿Por qué entonces esta mentalidad ha sido calificada de falacia aquí? Sencillamente, mi desacuerdo radica en que, aunque el método del libro regla es legítimo como básico para evaluar la moralidad y la veracidad del amplio espectro de cosas que son tenidas por verdad en el mundo, es ineficaz emplear aun este noble medio como una metodología para la integración cuando no se ha provisto una defensa razonable del esfuerzo. Carece de valor actuar a nivel de procedimiento sin haber considerado satisfactoriamente el aspecto de las posibilidades, no importa el mérito inherente a la construcción empleada a nivel de procedimiento.

Dije antes que mi propósito en este capítulo es estimular en los lectores la voluntad de volver a ver el tema de si la integración de la teología y la sicología *puede* o *debe* ser buscada. La literatura sugeriría que este asunto de *moral racional* no es muy discutido hoy dentro de la comunidad

---

a la iglesia si se adaptan de manera adecuada. Pero debemos ser decididamente críticos, probando los espíritus para asegurar que el evangelio de Jesús y la vida cristiana mejorarán por tales elementos paganos y que ellos no obstruyen ni contradicen». Carl Rogers, «Quiet Revolution: Therapy for the Saints», *Christianity Today,* noviembre de 1985, p. 25.

67. English, «Integrationist's Critique», p. 229. cf. a Gangel, «Integrating Faith», p. 106, donde habla de fabricar un cedazo bíblico-teológico mediante el cual filtrar el «tipo de información que bombardea el proceso mental [de los estudiantes]». English usa también la analogía del filtro para caracterizar el método del libro regla: «Los integracionistas filtrarán las verdades sicológicas mediante las verdades bíblicas y aceptarán sólo las que no contradigan la revelación especial de Dios» (English, «Integrationist's Critique», p. 229). Tal vez el más agresivo y recomendable (aunque, podría argumentar yo, no menos invalidado) intento de articular un modelo de libro regla que dé resultados es el de Crabb, *Understanding People,* pp. 25-73.

integracionista; en verdad, la existencia de lo racional es algo sobre lo cual se han hecho incontables intentos de construir una metodología coherente de integración.

En cambio, la construcción apologética que consistentemente es invocada dentro de la comunidad evangélica integracionista, es la que apela axiomáticamente a la mentalidad de los dos libros; es decir, la noción de que todos los descubrimientos humanos entran dentro de la amplia(da) categoría de revelación general y, por tanto, se les debe reconocer la posesión de veracidad y autoridad propias de la revelación. Pero ya demostramos que el método de los dos libros es una falacia. Si esto es así, entonces la estructura metodológica ha sido privada de su razonamiento fundamental. Esto es, en la medida que la metodología del libro regla (que prevalece en la comunidad evangélica) sea dependiente del razonamiento de los dos libros (que se ha demostrado está en bancarrota), los requerimientos de un método integracionista han sido comprometidos y la metodología misma provoca sospechas.

Y es justamente por esta razón que los principios del libro regla son aquí calificados de falacia como método para integrar teología y sicología. Como se indicó en la tabla 1, es a la vez tonto y peligroso pasar a la cuestión de procedimiento sin haber tratado las cuestiones de posibilidad. El tema se reduce a sí mismo aquí, entonces, a la integridad no de este método integracionista específico, sino a la intención integracionista. No importa el mérito del método, si la intención es tonta o perversa, el esfuerzo debe ser abandonado. Francamente, estoy persuadido de que la intención es, en realidad, ambas cosas: tonta y perversa.

Es seguro que este tipo de proposición no será bien recibido por muchos en la comunidad evangélica. Pero ¿no hay una causa? ¿No hay una razón para sospechar de la presunción de que cualquiera de las cuestiones de posibilidad pueda ser contestada afirmativamente? Si la propuesta delante de la comunidad evangélica es que la integración de la teología cristiana y la sicología secular es algo que puede hacerse, entonces la afirmación será dada sólo si puede lograrse que esas dos disciplinas puedan en verdad ser reconciliadas; estas disciplinas han estado por tanto tiempo de forma sincera y consciente en pugna, y surgen de bases de presuposiciones que tan evidentemente se excluyen de manera mutua y que operan dentro de perspectivas tan enteramente extrañas una a otra.[68]

---

68. Un artículo examinando los ministerios de consejería cristiana comienza con la observación siguiente: «En marzo de 1907, Sigmund Freud se refirió a Dios presentando un trabajo ante la Sociedad Sicoanalítica de Viena, en el cual concluyó que la religión fue una "neurosis obsesiva universal". Desde entonces los siquiatras han visto a la religión como un síntoma de problemas y no una fuente de sanidad. Ningún campo del saber ha sido más resueltamente irreligioso». Tim Stafford, «Franchising Hope» [Distribuyendo esperanza], *Christianity Today*, mayo de 1992, p. 22.

El peso de la evidencia recae ciertamente sobre aquellos que argumentarían por la afirmativa.

De la misma manera, si la proposición a ser considerada por la comunidad de creyentes es a la que debería concretarse la integración de la teología cristiana y la sicología secular, entonces debe darse por sentado que hay algo inadecuado o imperfecto en las Escrituras que exige que utilicemos, de la sicología secular, los instrumentos que enmienden esas deficiencias y capaciten a los consejeros cristianos para una más eficiente ayuda a personas heridas. Pero las Escrituras hacen explícitas proclamas de suficiencia, en especial con relación a los ingredientes de una vida fructífera (2 Ti 3.15-17; 2 P 1.3). Además, por centenares de años el mundo cristiano ha descansado seguro en la confianza de que esas Escrituras son, en efecto, completamente suficientes para todas las vicisitudes y adversidades de la vida. Ciertamente estas realidades dejarían a cualquier evangélico desconfiando de la insinuación de que defectos y deficiencias son intrínsecos a las Escrituras.[69]

Podría responderse que si la metodología es adecuada (por ej., si la mentalidad del libro regla honra genuina y adecuadamente el carácter único de las Escrituras) esto será suficiente aún cuando los problemas de posibilidad no hayan sido tratados. Nuevamente, uno podría anticipar que si la teología y la sicología fueron ontológicamente irreconciliables, podrían demostrarlo por sí mismas en el esfuerzo de integrarlas. Pero tal suposición nace de un espíritu de candidez. En verdad, hay algunas realidades morales que deben ser agregadas a esta cuestión: La realidad de que muchas de las nociones de la sicología secular, aunque contrarias a las Escrituras, son no obstante, seductoramente atractivas para la naturaleza adámica (por ej., la tendencia de considerar víctima virtualmente a toda persona, relevándola de toda responsabilidad moral por el pecado); la realidad de que, si los sicoterapeutas cristianos aceptan la validez de la sicología, de hecho ganan para sí mismos un status profesional y una afluencia económica que casi ciertamente no podrían haber conocido de otro modo; la realidad de que, aun armados con la metodología del libro regla, muchos integracionistas han abrazado conceptos que parecen abiertamente contrarios a las claras enseñanzas de las Escrituras.[70] Tales realidades nos recuerdan que el mandato del apóstol: «No proveáis para los deseos de la carne» (Ro 13.14), es aplicable a estos asuntos.

---

69. Una extensa y cuidadosa defensa de la noción de la suficiencia de las Escrituras puede hallarse en *Our Sufficiency in Christ* [Nuestra suficiencia en Cristo], de John MacArthur, Word, Dallas, 1991. Véase especialmente «Truth in a World of Theory» [Verdad en un mundo de teorías], p. 73 ss.

70. Véase, por ejemplo, a John E. Wagner, «National Association of Evangelicals: Amplifying His Voice» [Asociación Nacional de Evangélicos: Amplificando su voz], *Christianity Today*, mayo de 1975, p. 45 ss.

En síntesis, está reconocido que, desde el punto de vista de alguien que profesa un elevado respeto por las Escrituras y procura implementar un concepto bíblico del mundo, la mentalidad del libro regla es una metodología integracionista hermética. Pero he sostenido que, en el esfuerzo de integrar teología y sicología, tal metodología ha estado siendo utilizada imprudente y temerariamente. Mi temor es que el daño hecho a la causa de la cristiandad auténtica del Nuevo Testamento ha rebasado toda medida. Tal cargo de temeridad surge de la observación de que el esfuerzo ha procedido hacia la fase metodológica sin haber tenido adecuadamente en cuenta el aspecto del razonamiento. Todos reconoceríamos en que no hay virtud en hacer bien una labor que es tonta o perversa. Si el intento de integrar la teología cristiana con la sicología secular no es ni tonto ni perverso, entonces mi crítica aquí está totalmente fuera de foco. Pero en razón de que la comunidad evangélica integracionista no ha conducido de forma adecuada los asuntos epistemológicos «debajo de la línea de agua», tal esfuerzo no ha probado ser ni sabio ni virtuoso. Los integracionistas cristianos tienen una deuda consigo mismos, con sus colegas, con sus pacientes y con su Señor de producir un razonamiento convincente y exegéticamente sano para su intención *antes* de avanzar hacia el aspecto del método.

CONCLUSIÓN

El tenor de este capítulo ha sido casi totalmente, tal vez perturbadoramente, negativo. Hemos examinado tres métodos, a veces superpuestos, muy utilizados en el esfuerzo de integrar la sicología secular con la teología evangélica ortodoxa. El método de los dos libros fue considerado en primer lugar, el cual amplía la categoría de revelación general para incluir en el orden creado todos los datos que resulten de la investigación humana, asignando así a las realidades percibidas de la sicología secular la categoría y la autoridad de revelación. Tal método fue calificado de confuso en sus definiciones y, por tanto, destructivo de la condición de autoridad que la teología evangélica ha asignado sólo a las Escrituras. En segundo lugar, analizamos la mentalidad sin libro, la que presupone que, las limitaciones y prejuicios comunes a todo ser humano traban de tal modo su capacidad de acceder aun a una fuente de verdad tan autorizada y confiable como las Escrituras, y que la teología misma no puede ser más digna de confianza que cualquier otra fuente de conocimiento. Tal mentalidad fue calificada de corrupta en sus presuposiciones y conclusiones teológicas y deshonesta en su estimación del carácter de las Escrituras. Finalmente, enfocamos el método del libro regla, el cual honra a las Escrituras como la única fuente autorizada de verdad disponible hoy y que reconoce que sólo a ella se debe asignar la función de determinar la falsedad en toda lucha en que las cosas compitan por declararse como la verdad. Reconocimos que tal método era recomendable, con la salvedad de que, aun siendo tan laudable, no debería ser empleado hasta tanto se determine que la integración de sicología y teología es un esfuerzo virtuoso y sabio.

Con todo, pese a esta evaluación negativa de mucho de lo que está ocurriendo en el mundo de la sicología cristiana, Dios no permita que este artículo deje al lector con un sentimiento de pérdida o desesperación. Aun si esta crítica tiene validez, si la sicología secular es, en efecto, una «cisterna rota que no contiene agua», los consejeros cristianos no resultan empobrecidos de ninguna manera. Simplemente necesitamos que se nos recuerde que es necio «dejar la fuente de agua viva» que tenemos en la Palabra de Dios. En una palabra, las Escrituras son suficientes.

Hace casi veinte años, en un artículo en el que exploraba las dinámicas de una estructura integracionista que honrara el carácter único de las Escrituras, J. Robertson McQuilkin enfrentó la cuestión: «¿En qué medida, entre los evangélicos, las ciencias de la conducta evidencian estar bajo la autoridad de las Escrituras?» Para una respuesta a una cuestión tan fundamental, pronunció una muy seria advertencia:

> El alcance del éxito en la integración de la verdad revelada empíricamente y la verdad revelada en la Escritura (y, en verdad, el interés en hacer tal integración) varía tan ampliamente en círculos evangélicos que resulta imposible dar una respuesta precisa a mi pregunta. Con todo, es muy importante plantear la cuestión porque las posibilidades por bien o por mal son muy grandes. «La gran mayoría de eruditos evangélicos en ciencias de la conducta dan firme evidencia de completa integración bajo control de las Escrituras». Si tal afirmación no puede ser hecha con confianza, estamos en gran peligro a raíz del poder de penetración del pensamiento humanístico en nuestra sociedad y a causa de la sutileza con que es erosionada la autoridad de las Escrituras.
>
> Mi tesis es que en las próximas dos décadas, la mayor amenaza a la autoridad de la Biblia será el científico de la conducta quien, con toda buena conciencia montará barricadas para defender la puerta del frente contra cualquier teólogo que ataque la inspiración y autoridad de las Escrituras mientras que todo el tiempo él mismo escamoteará su contenido por la puerta trasera a través de una interpretación cultural o sicológica.[71]

McQuilkin catalogó luego, varios ejemplos de «interpretación cultural o sicológica» que estaban siendo aceptados por la comunidad sicológica

---

71. J. Robertson McQuilkin, «The Behavioral Sciences under the Authority of Scripture» [Las ciencias de la conducta bajo la autoridad de las Escrituras], *Journal of the Evangelical Theological Society* 20, nº 1, marzo de 1977, p. 37.

cristiana en aquel tiempo, pero que reflejaban un débil concepto de la autoridad de las Escrituras (escepticismo hacia la interpretación históri-co-gramatical de las Escrituras; negación de la perversidad moral de la homosexualidad; un tipo de literatura cristiana instruyendo a los lectores cómo llevar vidas fructíferas pero sin apelar a los patrones de gracias cristianas ni al poder del Espíritu Santo; recomendación de dar rienda suelta a las emociones a expensas de la virtud del dominio propio; la afirmación de que para la salvación es innecesario un conocimiento del evangelio), después de lo cual, concluye: «Estamos en gran peligro de una subversión en gran escala contra la autoridad de la Biblia por aquellos que están comprometidos con tal autoridad a nivel de conciencia y teoría, pero quienes, a través del uso irreflexivo de la metodología de los científicos de la conducta, se han colocado inadvertidamente bajo su control».[72]

Tal advertencia fue formulada en 1977. El temor de McQuilkin era «por las dos próximas décadas». Lamentablemente, la comunidad evangé-lica puede estar adelantada a las previsiones.

---

72. *Ibid.,* p. 41. McQuilkin lucha por definir una estrategia que proteja a los evangé-licos de esta tendencia. Recomienda que la Escritura esté en «control funcional» sobre las teorías y métodos trazados por los sicoterapeutas, una actitud que involucra «no sólo asentimiento mental a la tesis, lo cual haría al control teórico o constitucional, sino tomar conciencia clara sobre el peligro que encierra y un celoso compromiso para con la Biblia desde el principio hasta el fin, como la fuente que origina y controla las ideas tocantes al hombre y sus relaciones» (42). Sugiere que un paso práctico para asegurar tal control es que el científico de la conducta cristiana tenga también preparación teológica (43). Es interesante el contraste de esto con «The Role of Theology in the Training of Christian Psychologists» [Papel de la teología en la preparación de los sicólogos cristianos] (*Journal of Psychology and Theology* 20, nº 2, 1992, pp. 99-109), de James R. Beck, en el cual el autor procura definir una especie de idea apologética de incluir preparación teológica. Pone «tres papeles mayores que la teología puede jugar en la preparación de sicólogos cristianos» y al desarrollar el segundo de ellos, declara: «Cuando nuestra búsqueda de comprensión nos lleve a los límites de la capacidad de la sicología para explicar, el cristiano puede utilizar su comprensión teológica para ayudar en la guía de esa búsqueda» (103). ¡Esto es un gran alejamiento del «celoso compromiso con la Biblia desde el principio hasta el fin, como la fuente que origina y controla las ideas tocantes al hombre y sus relaciones» propuesto por McQuilkin!

5

La consejería y la pecaminosidad humana[1]

John MacArthur

No hay concepto más importante para los gurúes de la sicología moderna que el de la autoestima. De acuerdo con el credo de la autoestima, no hay gente mala; sólo personas que piensan mal de sí mismas.

Por años, expertos en educación, sicólogos y un número creciente de líderes cristianos han exaltado la autoestima como una panacea para toda clase de miserias humanas. Según los sustentadores de esta doctrina, si la gente abriga un buen sentimiento para consigo misma, se comportará mejor, tendrá menos problemas emocionales y alcanzará más logros. Se nos dice que la gente con una elevada autoestima es menos inclinada a cometer crímenes, actos de inmoralidad, fallar académicamente o tener problemas en sus relaciones con otros.

LA FE CIEGA EN LA AUTOESTIMA

Los defensores de la autoestima han tenido notable éxito al convencer a la gente que la autoestima es la solución a todo lo que perturbe a cualquiera. Un estudio reveló que la mayoría de la gente considera la autoestima como la más importante motivación para trabajar duro y tener

---

1. Adaptado y abreviado de *The Vanishing Conscience* [La conciencia desaparecida], Word, Dallas, 1994.

éxito. En realidad, la autoestima se ubicó varios puntos más alta que el sentido de responsabilidad o el temor al fracaso.[2]

Pero ¿funciona realmente la autoestima? ¿Promueve, por ejemplo, logros más elevados? Hay plena evidencia que indica que no. En un reciente estudio, se hizo una prueba de matemáticas a adolescentes de seis diferentes naciones. Además de las preguntas sobre la materia, el examen pedía a los jóvenes responder sí o no a la interrogación: «¿Soy bueno en matemáticas?» Los estudiantes norteamericanos obtuvieron las más bajas calificaciones en las preguntas sobre matemáticas, lejos de los coreanos que alcanzaron el tope. Irónicamente, más de las tres cuartas partes de los estudiantes coreanos contestaron *no* a aquella pregunta. En claro contraste, sin embargo, el 68 por ciento de los estudiantes norteamericanos creían que su habilidad en matemáticas era excelente.[3] Nuestros jóvenes podían fallar en matemáticas, pero obviamente se sentían muy bien con lo que hacían.

Moralmente, nuestra cultura se halla precisamente en el mismo bote. La evidencia empírica demuestra que la sociedad está moralmente en el punto récord más bajo. Podemos esperar que la gente de la autoestima esté también sufriendo. Pero las estadísticas muestran que los norteamericanos se sienten mejor que nunca acerca de sí mismos. En un estudio llevado a cabo en 1940, el once por ciento de las mujeres y el veinte por ciento de los hombres estuvieron de acuerdo con la declaración «Soy una persona importante». En la década del 90, esas cifras saltaron al sesenta y seis y el sesenta y dos por ciento respectivamente.[4] El noventa por ciento de las personas consultadas en una encuesta reciente, hecha por la organización Gallup, dijeron que su propio sentimiento de autoestima era robusto y saludable.[5]

Increíblemente, mientras la estructura moral de la sociedad se desintegra, la autoestima está prosperando. Todo el pensar positivo acerca de nosotros mismos parece no hacer nada por elevar la cultura o motivar a la gente a vivir vidas mejores.

¿Puede ser realmente que una baja autoestima es lo que está mal con la gente hoy? ¿Habrá quien piense seriamente que hacer a la gente sentirse mejor acerca de sí misma ha ayudado a los problemas del crimen, la decadencia moral, el divorcio, el abuso de niños, la delincuencia juvenil,

---

2. Jerry Adler, en «Hey, I'm terrific» [Hola, soy estupendo], *Newswwek*, feb. 17, 1992, p. 50.

3. Charles Krauthammer, en «Education: Doing Bad and Feeling Good» [Educación: Hacerlo mal y sentirse bien]. *Time*, feb. 5, 1990, p. 70.

4. Cheryl Russell, en «Predictions for the Baby Boom» [Predicciones para los "Baby Boomers"], *The Boomer Report*, set. 15, 1993, p. 4.

5. Adler, en "Terrific" [Estupendo], p. 50.

la drogadicción y todos los otros males que están hundiendo a la sociedad? ¿Podrían tantas cosas estar aún mal en nuestra cultura si las presunciones de la teoría de la autoestima fueran ciertas? ¿Imaginamos realmente que más autoestima solucionará al fin los problemas de la sociedad? ¿Hay siquiera una pizca de evidencia que sostenga tal suposición?

Absolutamente ninguna. Un informe en la revista *Newsweek* sugería que «el caso de la autoestima[...] es un asunto que tiene menos de pedagogía científica que de fe, fe en que pensamientos positivos pueden hacer manifiesta la bondad inherente de toda persona».[6] En otras palabras, la noción de que la autoestima hace mejores personas es simplemente un asunto de fe religiosa ciega. No sólo esto, sino que es una religión contraria al cristianismo, en razón de que es predicada en base a la presuposición de que la gente es básicamente buena y necesita reconocer su propia bondad.

LA IGLESIA Y EL CULTO A LA AUTOESTIMA

Sin embargo, los proponentes más pesuasivos de la religión de la autoestima, siempre han incluido clérigos. La doctrina del «pensamiento positivo» de Norman Vincent Peale, tan popular una generación atrás, fue simplemente un modelo temprano de autoestima. Peale escribió: «El poder del pensamiento positivo» en 1952.[7] El libro se abre con estas palabras: «Crea en usted! Tenga fe en sus habilidades!» En la introducción, Peale llama al libro un «manual de aprovechamiento personal... escrito con el único objetivo de ayudar al lector a alcanzar una vida feliz, satisfactoria y digna.[8] El libro fue promocionado como una terapia motivacional, no como teología. Pero según la estimación de Peale, el sistema total era meramente «cristianismo aplicado; un sencillo aunque científico sistema de técnicas prácticas para la vida exitosa, que funciona».[9]

Los evangélicos, en su mayor parte, fueron remisos en abrazar un sistema que llamaba a la gente a tener fe en sí misma en lugar de en Cristo. La autoestima, como Peale la bosquejó, fue la hija del liberalismo teológico casada con la neoortodoxia.

El tiempo evidentemente ha ido desgastando la resistencia de los evangélicos a tal doctrina. Ahora los libros de más venta en las librerías evangélicas son los que promueven la autoestima y el pensamiento positivo. Aun la revista *Newsweek* ha comentado sobre esta tendencia. Señalando

---

6. Adler, et al., «Terrific» [Estupendo], p. 50.

7. *El poder del pensamiento positivo*, Norman Vincent Peale, Prentice Hall, Englewood Cliffs, N.J., 1952.

8. *Ibid*, viii.

9. *Ibid.*, ix.

que la autoestima es en la actualidad considerada «religiosamente correcta», la revista observa:

> La noción [de la autoestima] puede chocar a cualquiera que tenga edad suficiente para recordar cuando «cristiano» era un adjetivo que era seguido con frecuencia por «humildad». Pero las iglesias norteamericanas que una vez no titubeaban en llamar malvados a los asistentes, se han movido hacia un más complaciente punto de vista de la naturaleza humana[...] el castigo de los pecadores es considerado contraproducente: los hace sentirse peor acerca de sí mismos.[10]

La sicología y la autoestima se han alimentado mutuamente. Y en la medida en que los evangélicos aceptan más la consejería sicológica se tornan más vulnerables a los peligros que yacen en la enseñanza de la autoestima. Aun como el mismo artículo de *Newsweek* sugiere, aquellos que primariamente están relacionados con la autoestima, apenas están en posición de poder tratar con las transgresiones humanas como *pecado contra Dios* o de decirle a la gente cómoda en su amor propio y autojusticia que son pecadores necesitados de salvación espiritual.

Aquí la teología de uno llega a ser intensamente práctica. Estas son las cuestiones que deben establecerse en el corazón antes que el consejero pueda ofrecer verdadera consejería bíblica: ¿Realmente desea Dios que toda persona se sienta bien consigo misma? ¿O Él primero llama a los pecadores a reconocer la absoluta desesperanza de su propio estado? Por supuesto, la respuesta es obvia para quienes permiten que las Escrituras hablen por sí mismas.

ENTIENDA LA DOCTRINA DE LA DEPRAVACIÓN TOTAL

Las Escrituras, por supuesto, enseñan de principio a fin que toda la humanidad es *totalmente depravada*. Pablo dice que los no redimidos están «muertos en[...] delitos y pecados» (Ef 2.1). Fuera de la salvación, toda persona camina en mundanalidad y desobediencia (v. 2). Quienes conocemos y amamos al Señor, «vivimos en otro tiempo en los deseos de nuestra carne, haciendo la voluntad de la carne y de los pensamientos y éramos por naturaleza hijos de ira como los demás» (v. 3). «Estabais sin Cristo, alejados de la ciudadanía de Israel y ajenos a los pactos de la promesa, sin esperanza y sin Dios en el mundo» (v. 12).

En esos pasajes Pablo describe el estado de los incrédulos como extraños para Dios. Es que ellos *odian* a Dios, no que ellos son intimidados

---

10. *Adler*, «Terrific» [Estupendo], p. 50.

por Él. Es más, Pablo dice que «no hay temor de Dios» en la persona no regenerada (Ro 3.18). Antes de nuestra salvación, éramos enemigos de Dios (Ro 5.8,10). Éramos «extraños y enemigos en vuestra mente, haciendo malas obras» (Col 1.21). «Porque mientras estábamos en la carne, las pasiones pecaminosas que eran por la ley obraban en nuestros miembros llevando fruto para muerte» (Ro 7.5). Estábamos manchados por el pecado en todo nuestro ser. Éramos corruptos, malos y totalmente pecadores.

Los teólogos se refieren a esto como doctrina de la *depravación total*. Esto no significa que todos los incrédulos son siempre tan malos como podrían ser (cf. Lc 6.33; Ro 2.14). Esto no significa que la expresión de pecaminosidad de la naturaleza humana está siempre viviendo en el desborde. No significa que los incrédulos son incapaces de actos de amabilidad, benevolencia, buena voluntad o altruismo. Esto ciertamente no significa que los no cristianos no pueden apreciar la bondad, la belleza, la honestidad, la decencia o la excelencia. Lo que *sí* significa es que nada de esto tiene mérito alguno delante de Dios.

La depravación significa también que el mal ha contaminado todo aspecto de nuestra humanidad: nuestro corazón, mente, personalidad, emociones, conciencia, motivos y voluntad (cf. Jer 17.9; Jn 8.44). Los pecadores no redimidos son, por tanto, incapaces de hacer algo que complazca a Dios (Is 64.6). Son incapaces de amar realmente al Dios que se revela a sí mismo en las Escrituras. Son incapaces de obedecer de corazón con motivos justos. Son incapaces de entender verdades espirituales. Son incapaces de una fe genuina. Y eso significa que son incapaces de agradar a Dios o buscarle verdaderamente (Heb 11.1).

Depravación total significa que los pecadores carecen de habilidad para hacer bien espiritual u obrar para liberarse a sí mismos del pecado. No están inclinados en lo más mínimo a amar la justicia y, están tan completamente muertos en pecado, que están imposibilitados de salvarse a sí mismos y aun de procurar por sí mismos la salvación de Dios. La humanidad incrédula no tiene capacidad para desear, entender, creer o aplicar la verdad espiritual porque «el hombre natural no percibe las cosas que son del Espíritu de Dios, porque para él son locura, y no las puede entender, porque se han de discernir espiritualmente» (1 Cor 2.14). Pese a todo esto, la gente está *orgullosa* de sí misma! La cuestión no es falta de autoestima.

A causa del pecado de Adán, este estado de muerte espiritual, llamado depravación total, ha pasado a toda la humanidad. Otro término para esto es *pecado original*. La Escritura lo explica de esta manera: «Por tanto, como el pecado entró en el mundo por un hombre, y por el pecado la muerte, así la muerte pasó a todos los hombres, por cuanto todos pecaron» (Ro 5.12). Cuando, como cabeza de la humanidad, Adán pecó, la raza entera fue corrompida. «Por la desobediencia de un hombre los muchos fueron constituidos pecadores» (Ro 5.19). Cómo pudo ocurrir tal cosa ha sido el tema de muchas discusiones teológicas a lo largo de los siglos. Para nuestro propósito, sin embargo, es suficiente afirmar que la Escritura enseña claramente que el pecado de Adán llevó la culpa sobre toda la raza humana. Estábamos «en Adán» cuando él pecó y, en consecuencia, la culpa del pecado y la sentencia de muerte pasó a todos nosotros: «En Adán todos mueren» (1 Cor 15.22).

Podríamos estar tentados a pensar: *Si soy pecador por naturaleza y nunca tuve una naturaleza moralmente neutral, cómo puedo ser considerado responsable por ser un pecador?* Pero nuestra naturaleza corrompida es precisamente la causa por la cual nuestra culpa es un asunto tan serio. El pecado fluye del alma misma de nuestro ser. Es por causa de nuestra naturaleza pecaminosa que cometemos actos pecaminosos: «Porque de dentro, del corazón de los hombres, salen los malos pensamientos, los adulterios, las fornicaciones, los homicidios, los hurtos, las avaricias, las maldades, el engaño, la lascivia, la envidia, la maledicencia, la soberbia, la insensatez. Todas estas maldades de dentro salen, y contaminan al hombre» (Mc 7.21-23). Somos «por naturaleza hijos de ira» (Ef 2.3). El pecado original, incluyendo todas las tendencias corruptas y pasiones pecaminosas del alma, es tan merecedor del castigo como todos nuestros actos pecaminosos. Qué es pecado, después de todo, sino «infracción de la ley»? (1 Jn 3.4). O, como el Catecismo Breve de Westminster: «Pecado es cualquier falta de conformidad con, o transgresión a, la ley de Dios» (q. 14). Lejos de ser una excusa, el pecado original es, en sí mismo, el núcleo del *por qué* somos culpables. Y el pecado original por sí mismo es causa suficiente para nuestra condenación delante de Dios.

Sobre todo, el pecado original, con su consiguiente depravación, es la *razón* por la que cometemos actos voluntarios pecaminosos. D. Martyn Lloyd-Jones, escribió:

> ¿Por qué es que el hombre siempre elige pecar? La respuesta es que el hombre ha caído y se ha alejado de Dios y, como resultado, su naturaleza completa ha llegado a ser pervertida y pecaminosa. La tendencia del hombre es persistentemente alejarse de Dios. Por naturaleza, odia a Dios y siente que Dios está opuesto a él. Su dios es él mismo, sus propias habilidades y poderes, sus propios deseos. Objeta toda idea de Dios y las demandas que Dios le impone[...] Sobre todo, el hombre desea y codicia las cosas que Dios prohíbe y le desagradan las cosas y la clase de vida a la cual Dios le ha llamado. Estas no son meras declaraciones dogmáticas. Son verdades[...] sólo ellas explican el lodo moral y las inmundicias que hoy caracterizan la vida en medida tan extensa.[11]

---

11. Dr. Martyn Lloyd-Jones, en *The Plight of Man and the Power of God* [El estado del Hombre y el poder de Dios], Eerdmans, Grand Rapids, 1945, p. 87.

La salvación del pecado original sólo puede lograrse mediante la cruz de Cristo: «Porque así como por la desobediencia de un hombre [el pecado de Adán] los muchos fueron constituidos pecadores, así también por la obediencia de uno [Jesucristo], los muchos serán constituidos justos» (Ro 5.19). Somos nacidos en pecado (Sal 51.5) y si hemos de llegar a ser hijos de Dios y entrar en su Reino, debemos nacer de nuevo por el poder de su Espíritu (Jn 3.3-8).

En otras palabras, contrariamente a lo que piensa la mayoría de la gente (y también a las presuposiciones de la doctrina de la autoestima) hombres y mujeres no son buenos por naturaleza. La verdad es justamente lo opuesto. Somos por naturaleza enemigos de Dios, amadores de nosotros mismos y esclavos de nuestro propio pecado. Somos ciegos, sordos y muertos espirituales, incapaces aun de creer de no intervenir la gracia de Dios. ¡Y sin embargo, somos orgullosos incorregibles! En realidad, nada es más ilustrativo de la perversidad humana que su deseo de autoestima. El primer paso hacia una adecuada autoimagen es un reconocimiento de que todas estas cosas son ciertas.

Esto es por lo cual Jesús *encomió* al recaudador de impuestos, más que reprenderlo por su baja autoestima, cuando el hombre se golpeaba el pecho pidiendo: «Dios, sé propicio a mí, pecador» (Lc 18.13). El hombre finalmente había llegado al punto desde el cual se vio tal como era y quedó tan sobrecogido que su emoción resulto en palabras de auto-condenación. La verdad es que su autoimagen jamás había sido tan sana como en aquel momento. Exento de orgullo y pretensiones, vio entonces que nada podía hacer para ganar el favor de Dios. En cambio, clamó a Él por misericordia y, por tanto, «descendió a su casa justificado»; exaltado por Dios porque se había humillado a sí mismo (v. 14). Por primera vez en su vida experimentaba verdadero gozo, paz con Dios y un nuevo sentimiento de dignidad propia que la gracia de Dios concede a todos aquellos que adopta como sus hijos (Ro 8.15).

TODOS HAN PECADO Y ESTAN DESTITUIDOS

En lo profundo de nuestros corazones todos sabemos que algo está desesperadamente mal en nosotros. Nuestra conciencia nos confronta permanentemente con nuestra pecaminosidad. Tratemos como podamos de culpar a otros o busquemos explicaciones sicológicas por cómo nos sentimos, no podemos escapar de la realidad. En última instancia no podemos negar nuestra propia conciencia. Todos sentimos nuestra culpa y sabemos la horrible verdad acerca de quiénes somos en nuestro interior.

Nos *sentimos* culpables porque *somos* culpables. Sólo la cruz de Cristo puede responder al pecado de un modo que nos libera de nuestra propia vergüenza. La sicología tal vez pueda enmascarar algo del dolor de nuestra culpa. La autoestima podría barrerlo y meterlo bajo la alfombra por algún tiempo. Otras cosas, tales como buscar consuelo en amistades o en culpar a otros por nuestros problemas, podrían hacernos sentir mejor pero el alivio es sólo superficial y temporal. Además, es peligroso. En realidad, esto a veces intensifica el sentimiento de culpa, en razón de que agrega deshonestidad y orgullo al pecado que originalmente hirió la conciencia.

La verdadera culpa sólo tiene una causa y ésta es el pecado. Hasta que tratemos con el pecado, la conciencia luchará por acusarnos. Y el pecado, no la baja autoestima, es lo que el evangelio se propone vencer. Es por esto que el apóstol Pablo comienza su presentación del evangelio a los romanos con un extenso discurso sobre el pecado. La depravación total es la primera verdad del evangelio que presentó e invirtió casi tres capítulos completos sobre la materia. Romanos 1.18-32 demuestra la culpa de los paganos. Romanos 2.1-16 prueba la culpa de los moralistas, que violaban las mismas reglas por las cuales juzgaban a otros. Y Romanos 2.17-3.8 establece la culpa de los judíos, quienes tenían acceso a todos los beneficios de la gracia divina pero, sin embargo, en su gran mayoría rechazaron la justicia de Dios.

Desde Romanos 1, Pablo ha argumentado elocuentemente, citando evidencias de la naturaleza, historia, sano razonamiento y conciencia para probar la total pecaminosidad de toda la humanidad. En los versículos 9 al 20 del capítulo 3, hace la síntesis final. Pablo razona como un fiscal que hace su presentación final. Revisa sus argumentos como un acusador que ha formulado cargos irrefutables contra toda la humanidad. Es una presentación poderosa y compulsiva, repleta de cargos, pruebas convincentes y el ineludible veredicto.

La acusación

«¿Qué pues? ¿Somos nosotros mejores que ellos? En ninguna manera; pues ya hemos acusado a judíos y gentiles, que todos están bajo pecado» (Ro 3.9). El proceso de Pablo comienza con dos cuestiones: «¿Qué pues?» o «¿Hay necesidad de más testimonios?» Y «¿Somos nosotros mejores que ellos?» o «¿Puede alguien sinceramente afirmar que vive por sobre el nivel de la naturaleza humana que acabo de describir?»

En ninguna manera, contesta. Cada uno, desde el más degenerado y pervertido (Ro 1.28-32) hasta el judío más rígidamente legalista, entran en la misma categoría de depravación total. En otras palabras, la raza humana completa, sin excepción, es enjuiciada en la misma sala de audiencias de Dios acusada de «estar bajo pecado», totalmente subyugada al poder del pecado. Toda persona no redimida, dice Pablo, es esclavo del pecado y cautivo de la autoridad del pecado.

Los lectores judíos de Pablo habrán hallado todas estas verdades tan chocantes e increíbles, como han de serlo para todos aquellos atrapados por la doctrina moderna de la autoestima. Ellos creían que eran aceptables a Dios por nacimiento y que sólo los gentiles eran pecadores por naturaleza. Los judíos eran, después de todo, el pueblo elegido de Dios. La idea de que todos los judíos eran pecadores era contraria a las creencias de los fariseos. Ellos enseñaban que los delincuentes, mendigos y gentiles eran nacidos en pecado (cf. Jn 9.34). Pero la Escritura claramente establece lo contrario. Aun David dijo: «He aquí, en maldad he sido formado, y en pecado me concibió mi madre» (Sal 51.5). «El mundo entero está bajo el maligno» (1 Jn 5.19). La sociedad moderna, atrapada por la sicología de la autoestima, también hallará chocante aprender que todos nosotros somos, por naturaleza, criaturas pecaminosas e indignas.

La prueba

Pablo, desarrollando su argumentación en la sala de audiencias, sigue probando con el Antiguo Testamento la universalidad de la depravación humana:

> «Como está escrito: no hay justo, ni aun uno; no hay quien entienda, no hay quien busque a Dios; todos se desviaron, a una se hicieron inútiles; no hay quien haga lo bueno, no hay ni siquiera uno. Sepulcro abierto es su garganta; con su lengua engañan. Veneno de áspides hay debajo de sus labios, su boca está llena de maldición y de amargura. Sus pies se apresuran para derramar sangre; quebranto y desventura hay en sus caminos; y no conocieron camino de paz» (3.10-17).

Note cómo Pablo subraya la universalidad del pecado. En esos pocos versículos dice «no hay» y «ni siquiera uno» seis veces. Nadie escapa de la acusación. «La Escritura encerró a todo hombre bajo pecado» (Gl 3.22).

El argumento de Pablo está compuesto de tres partes. Primero, muestra *cómo el pecado corrompe el carácter*: «No hay justo, ni aun uno[...] No hay quien haga lo bueno, no hay ni siquiera uno» (Ro 3.10-12). Aquí Pablo formula seis cargos. Dice que por causa de su innata depravación, la gente es universalmente mala («ni un justo»), espiritualmente ignorante («no hay quien entienda»), rebelde («no hay quien busque a Dios»), descarriadas («todos se desviaron»), espiritualmente inútil («a una se hicieron inútiles») y moralmente corrupta («no hay quien haga lo bueno»).

Los versículos que Pablo cita son Salmos 14.1 y 3: «Dice el necio en su corazón: No hay Dios. Se han corrompido, hacen obras abominables; no hay quien haga el bien[...] Todos se desviaron, a una se han corrompido; no hay quien haga lo bueno, no hay ni siquiera uno». Las palabras al final de Romanos 3.12, «ni siquiera uno» son una especie de comentario editorial agregado por Pablo, a fin de hacer la verdad ineludible para alguien que pudiera creerse una excepción de la regla, como es la actitud común del pecador que quiere autojustificarse.

Nótese que Pablo no sugiere que algunos pecadores tienden a pensar de sí mismos peor de lo que deberían. La verdad es exactamente lo opuesto: «Digo, pues, por la gracia que me es dada, a cada cual que está entre vosotros, que no tenga más alto concepto de sí que el que debe tener» (Ro 12.3). El orgullo indebido es la típica y esperada respuesta de los pecadores. Y la enseñanza de la autoestima es la expresión de ese mismo orgullo. Hacer que un salvaje se sienta bien consigo mismo sólo incrementa su peligrosidad.

Repetimos, la absoluta depravación que Pablo está describiendo, ciertamente no significa que toda la gente explaya la expresión de su pecado hasta el último grado. Hay ciertamente algunas personas que son buenas en un sentido relativo. Pueden tener cualidades de compasión, generosidad, amabilidad, integridad, decencia, consideración, etc. Pero aun estas características son imperfectas y afectadas por el pecado e indignidad humanas. No hay, «ni siquiera uno», se acerca a la verdadera virtud. La medida de Dios, después de todo, es perfección absoluta: «Sed, pues, vosotros perfectos, como vuestro Padre que está en los cielos es perfecto» (Mt 5.48). En otras palabras, ninguno que queda corto frente al patrón de medida divino de la perfección, es aceptable delante de Dios. ¿Qué hace eso con la teología de la autoestima? ¿Cómo puede alguien sentirse bien consigo mismo cuando Dios nos declara merecedores de su ira?

Por supuesto, *hay* una respuesta al dilema. Dios justifica al impío por la fe (Ro 4.5). La perfecta justicia de Cristo nos es imputada de modo que, por la fe, podemos estar delante de Dios revestidos con una justicia que no es la nuestra (Flp 3.9). Esto no habla de obras que pudiéramos hacer. Es una justicia superior; es la totalidad de la justicia de Cristo acreditada a nuestra cuenta. Cristo, asumiendo nuestra representación y en nuestro nombre ha cumplido totalmente el requerimiento de ser perfecto como nuestro Padre que está en los cielos es perfecto. Su virtud es asignada a nuestra cuenta y, por tanto, Dios nos considera absolutamente justos.

Pero estamos saltando la evidencia cuidadosamente arreglada por el apóstol. Él agrega una paráfrasis también del Salmo 14: «Jehová miró desde los cielos sobre los hijos de los hombres, para ver si había algún entendido que buscara a Dios». (v. 2; cf. 53.3). Ignorancia y depravación marchan mano a mano. Pero el ser humano no es pecaminoso ni enemigo de Dios por ignorancia; más bien es ignorante debido a su pecaminosidad y su posición adversa contra Dios, «teniendo el entendimiento entenebrecido, ajenos de la vida de Dios por la ignorancia que en ellos hay, *por la dureza de su corazón*» (Ef 4.18 énfasis agregado). En otras palabras, debido a su aversión a Dios y a su amor por su propio pecado, rechazan el testimonio de Dios en la creación y en su propia conciencia (Ro 1.19-20). Esto endurece el corazón y oscurece la mente.

El corazón endurecido y la mente entenebrecida se niegan a buscar a Dios: «No hay quien busque a Dios». Esto, nuevamente, es un eco del Salmo 14.2. Dios invita a buscarle y promete que quienes le busquen de corazón le hallarán (Jer 29.13). Jesús también prometió que todo el que le busque le hallará (Mt 7.8). Pero el corazón pecaminoso, lejos de buscar a Dios, está inclinado a alejarse de Él. Sin la intervención de la soberana gracia de Dios que busca y atrae hacia sí a los pecadores, ninguno le buscaría ni sería salvo. Jesús dijo: «Ninguno puede venir a mí, si el Padre que me envió no le trajere» (Jn 6.44).

Antes que buscar a Dios, los pecadores siguen su propio camino. Aún utilizando el Salmo 14, Pablo cita el verso 3: «Todos se desviaron», como dice Romanos 3.12. Es también una reminiscencia de Isaías 53.6: «Todos nosotros nos descarriamos como ovejas; cada cual se apartó por su camino». Los pecadores están naturalmente extraviados y descarriados. Una característica de la depravación humana es su invariable tendencia a alejarse de la verdad y la justicia. Siempre erran su camino. «Hay camino que al hombre le parece derecho, mas su fin es camino de muerte» (Pr 14.12).

La consecuencia del pecado es que «inutiliza» a la persona (Ro 3.12). La palabra es traducida de un vocablo griego que se refiere a la leche descompuesta o alimentos contaminados que deben desecharse. Las personas no redimidas son incapaces de ningún bien espiritual, ineptas para la justicia y dispuestas sólo para ser arrojadas al infierno y quemadas (Jn 15.6). Su gran necesidad no es autoestima ni pensamiento positivo, sino redención de su orgulloso modo de vivir pecando.

En los próximos pocos versículos, Pablo describe *cómo el pecado corrompe la conversación*: «Sepulcro abierto es su garganta; con su lengua engañan. Veneno de áspides hay debajo de sus labios; su boca está llena de maldición y de amargura» (3.13-14). El verdadero carácter de alguien se muestra inevitablemente por la conversación. Las Escrituras están llenas con afirmaciones de esta verdad:

- «De la abundancia del corazón habla la boca. El hombre bueno, del buen tesoro de su corazón saca buenas cosas; y el hombre malo, del mal tesoro saca malas cosas» (Mt 12.34-35).

- «Pero lo que sale de la boca, del corazón sale» (Mt 15.18).

- «La boca del justo producirá sabiduría; mas la lengua perversa será cortada. Los labios del justo saben hablar lo que agrada; mas la boca de los impíos habla perversidades» (Pr 10.31-32).

- «La lengua de los sabios adornará la sabiduría; mas la boca de los necios hablará sandeces. El corazón del justo piensa para responder; mas la boca de los impíos derrama malas cosas» (Pr 15.2,28).

- «Pero vuestras iniquidades han hecho división entre vosotros y vuestro Dios, y vuestros pecados han hecho ocultar de vosotros su rostro para no oír. Porque vuestras manos están contaminadas de sangre, y vuestros dedos de iniquidad; vuestros labios pronuncian mentira, habla maldad vuestra lengua» (Is 59.2-3).

- «Hicieron que su lengua lanzara mentira como un arco, y no se fortalecieron para la verdad en la tierra[...] porque todo hermano engaña con falacia y todo compañero anda calumniando. Y cada uno engaña a su compañero, y ninguno habla verdad; acostumbraron su lengua a hablar mentira, se ocupan de actuar perversamente» (Jer 9.3-5).

Pablo escoge más pasajes de los salmos para subrayar el tema:

- «Veneno de áspides hay debajo de sus labios» (Sal 140.3).

- «Porque en la boca de ellos no hay sinceridad; sus entrañas son maldad, sepulcro abierto es su garganta, con su lengua hablan lisonjas» (Sal 5.9).

- «Llena está su boca de maldición, y de engaños y fraude; debajo de su lengua hay vejación y maldad» (Sal 10.7).

Pablo aplica estos versículos, escritos para condenar a «los malos», a todos. Está demostrando el punto de que la depravación humana es universal. *Todos* son inicuos. *Cada uno* es culpable. *Nadie* puede reclamar exención de los cargos conque Pablo condena a todos.

Sobre todo, el apóstol está ilustrando cuán completamente el pecado invade y permea todos los aspectos de nuestra humanidad. Nota en qué manera tan completa el pecado corrompe la conversación: mancha «la garganta», pervierte «la lengua», envenena los «labios» y contamina la «boca». Las malas conversaciones son una expresión de la maldad del corazón y contaminan cada órgano que tocan; «lo que sale de la boca, esto contamina al hombre» (Mt 15.11).

Tercero, Pablo cita varios versículos para demostrar *cómo el pecado pervierte la conducta:* «Sus pies se apresuran para derramar sangre; quebranto y desventura hay en sus caminos; y no conocieron camino de paz» (Ro 3.15-17). Aquí Pablo está citando un pasaje de Isaías. Esto es significativo porque en estos versículos Isaías está fustigando a Israel por sus pecados contra Jehová. Esta no es una denuncia contra las perversidades paganas, sino una acusación a gente religiosa que creía en Dios: «Sus pies corren al mal, se apresuran para derramar la sangre inocente; sus pensamientos, pensamientos de iniquidad; destrucción y quebrantamiento hay en sus caminos. No conocieron camino de paz, ni hay justicia en sus caminos; sus veredas son torcidas; cualquiera que por ellas fuere, no conocerá paz» (Is 59.7-8).

La frase «sus pies se apresuran para derramar sangre» describe la pecaminosidad humana y su inclinación al homicidio. Debemos recordar que Jesús enseñó que el odio es el equivalente moral del homicidio (Mt 5.21-22). La semilla del odio madura y el fruto que produce es el derramamiento de sangre. El pecador es naturalmente inclinado al odio y sus violentas consecuencias. La gente se «apresura» hacia tales actos. Podemos verlo claramente en nuestra propia sociedad. Un artículo en la revista *Newsweek*, por ejemplo, recientemente informaba que «un niño de doce años, se volvió hacia una niña de siete y sin palabras le disparó y la mató porque le molestaba verla parándose sobre su sombra».[12]

En algunas de nuestras ciudades más grandes, ocurren, nada menos que doscientos homicidios en una semana típica. Disparos desde vehículos, peleas entre borrachos, violencia de pandillas, contiendas familiares y otras causas contribuyen a esa cifra promedio. Si el problema del corazón humano es falta de autoestima, debemos entonces preguntar ¿por qué el promedio de homicidios está trepando a un ritmo tan dramático en una sociedad donde la autoestima está también creciendo? La respuesta es que el problema no radica en una baja autoestima. Por el contrario, el orgullo, por sí mismo, es el gran problema que lleva a todo pecado, incluyendo odio, hostilidad y asesinato. El deseo de derramar sangre infecta el corazón de una humanidad pecaminosa. Removamos las restricciones morales de la sociedad y el resultado inevitable será una escalada en el homicidio y la violencia, no importa cuan bien las personas se sientan consigo mismas.

«Destrucción y miseria» es lo que más caracteriza las tendencias de una humanidad depravada. Ciertamente, nadie que esté familiarizado con las inclinaciones de la sociedad moderna podrá negar la veracidad de las Escrituras en este punto. La tapa está quitada y podemos ver claramente la verdadera naturaleza del corazón humano. ¿Qué otra explicación cabe para nuestra cultura en la que la gente es robada, golpeada, violada o asesinada sin otra razón que por simple placer? La destrucción descontrolada es tan grande y común en nuestra sociedad, que hemos llegado a acostumbrarnos demasiado a ella.

---

12. George F. Will, en «A Trickle-Down Culture» [Decadencia de una Cultura], *Newsweek*, diciembre 13, 1993, p. 84.

«Gangsta rap», música que exalta el asesinato, la violación y el uso de drogas, se cuenta ahora entre muchos de los discos más vendidos. La letra de tal música es indescriptiblemente vil. Es una mezcla de violencia, fantasías sexuales, y una inmundicia inimaginable dichas de un modo repulsivo e intencionalmente ofensivo. Peor aún, incita a la gente a reunirse en pandillas, matar policías, violar mujeres, provocar tumultos y cometer otros actos de destrucción brutal. «Gangsta Rap» es un gran negocio. Estos discos no son vendidos secretamente detrás del auto de un maleante, sino libremente en negocios al público en todas partes, respaldados por una esmerada campaña publicitaria, diseñada por ejecutivos de compañías como Capitol Records. Y el objetivo primario de tales productos son los jovencitos menores de dieciocho años. Una generación completa está siendo indoctrinada con estos vicios. Destrucción y miseria *están* en sus caminos. ¡Ay! de aquellos miserables tan desafortunados que se crucen en su camino! En meses recientes, varios de los nacionalmente conocidos artistas de esa música han sido acusados de crímenes violentos, incluyendo asesinatos y violaciones perpetradas por pandillas.

¿Por qué es que la miseria y la desesperación son tan características en esta edad moderna, aun cuando la humanidad ha hecho tan notables avances en la tecnología, la sicología y la medicina? Porque la depravación está en el centro del corazón humano. Todos estos problemas están tan arraigados en el corazón que no hay suficiente cantidad de educación ni autoestima como para eliminarlos. A medida que la ciencia avanza, la gente llega a ser más sofisticada en el uso de medios para hacer el mal. La destrucción y la miseria obradas por el pecado no disminuyen; se aceleran. La historia de este siglo, llena de guerras mundiales, holocaustos, asesinatos en serie, escalada del crimen y revoluciones sangrientas es una prueba gráfica de esto. La depravación está ligada al corazón de nuestra raza.

En otras palabras, «el camino de paz» es desconocido para una humanidad pecaminosa (Ro 3.17). Aunque en estos días oímos mucho hablar de «paz, paz», no hay paz (cf. Jer 6.14).

Pablo resume la evidencia de la depravación humana: «No hay temor de Dios delante de sus ojos» (Ro 3.18). Aquí vuelve a los Salmos para una cita final. Salmo 36.1, dice: «La iniquidad del impío me dice al corazón: No hay temor de Dios delante de sus ojos». La pecaminosidad humana es un defecto del corazón mismo. El mal comanda el corazón del hombre. El corazón de la gente está a tono con la maldad. No tienen temor natural de Dios.

El temor del Señor es, por supuesto, el requisito primario para la sabiduría espiritual (Pr 9.10). Moisés mandó a Israel: «A Jehová tu Dios temerás, y a Él sólo servirás, y por su nombre jurarás» (Dt 6.13). En realidad, cuando Moisés resumió las responsabilidades de los israelitas, esto es lo que dijo: «Ahora, pues, Israel, ¿qué pide Jehová tu Dios de ti, sino que *temas* a Jehová tu Dios, que andes en todos sus caminos, y que lo ames, y sirvas a Jehová tu Dios con todo tu corazón y con toda tu alma; que guardes los mandamientos de Jehová y sus estatutos, que yo te prescribo hoy, para que tengas prosperidad?» (Dt 10.12-13; énfasis agregado). Nosotros, en la era del Nuevo Testamento, somos mandados de manera similar: «Limpiémonos de toda contaminación de carne, y de espíritu, perfeccionando la santidad en el temor de Dios» (2 Cor 7.1). «Honrad a todos. Amad a los hermanos. *Temed a Dios*. Honrad al rey» (1 Ped 2.17, énfasis agregado, cf. Apoc 14.7).

«El temor de Jehová es enseñanza de sabiduría» (Pr 15.33). «Con el temor de Jehová los hombres se apartan del mal» (Pr 16.6). «El temor de Jehová es manantial de vida para apartarse de los lazos de la muerte» (Pr 14.27).

No oímos mucho acerca de temer a Dios en estos días. Aun muchos creyentes parecen sentir que el lenguaje de temor es algo demasiado áspero y negativo. ¡Cuánto más fácil es hablar del amor e infinita misericordia de Dios! Longanimidad, amabilidad y otros atributos parecidos no son las verdades faltantes en el concepto que la gente tiene de Dios. El problema es que la mayoría no piensa de Dios como alguien que debe ser *temido*. No comprenden que Él aborrece el orgullo y castiga al malhechor. Presumen de su gracia. Tienen más temor de lo que piensa la gente que cuidado de lo que pueda pensar Dios. Buscan su propio gusto sin preocuparse de lo que a Dios le disgusta. Su conciencia está corrompida y en peligro de desaparecer. «No hay temor de Dios delante de sus ojos».

El temor del Señor, por lo visto, es diametralmente opuesto a la doctrina de la autoestima. ¿Cómo podemos alentar el temor de Dios en personas que a la vez están obsesionadas con elevar su autoestima? ¿Cuál es el fin más bíblico? Las Escrituras hablan por sí mismas.

El veredicto.

Habiendo presentado un alegato convincente sobre la depravación total, Pablo pronuncia un claro veredicto: «Pero sabemos que todo lo que la ley dice, lo dice a los que están bajo la ley, *para que toda boca se cierre y todo el mundo quede bajo el juicio de Dios*» (Ro 3.19; énfasis agregado).

Aquí Pablo eliminó la pretensión de quienes creían que, por el mero hecho de tener la ley de Dios, de alguna manera los judíos eran moralmente superiores a los gentiles paganos. La ley acarreaba condenación contra aquellos que no la guardaban en forma perfecta: «Maldito el que no confirmare las palabras de esta ley para hacerlas» (Dt 27.26; cf. Gl 3.10). «Porque cualquiera que guardare toda la ley, pero ofendiere en un punto, se hace culpable de todos» (Stg 2.10). El mero hecho de tener la ley no hace a los judíos en nada mejores que el resto de la humanidad.

Los gentiles, por su lado, fueron hechos responsables de tener la ley escrita en sus conciencias (Ro 2.11-15). Ambos grupos fueron tenidos por violadores de la ley que poseían. El fiscal ha terminado. No puede haber defensa. Toda boca debe permanecer cerrada. El caso está cerrado. La humanidad no redimida es culpable de todos los cargos. No hay méritos para una absolución. El mundo entero es declarado culpable delante de Dios.

La autoestima no sólo no es solución para la depravación humana, ¡sino que la agrava! Los problemas de nuestra cultura, especialmente la angustia que destruye el corazón de los individuos, no serán solucionados por el engaño de lograr que la persona piense mejor de sí misma. La gente realmente *es* pecadora en su esencia. La culpa y la vergüenza que todos sentimos como pecadores es legítima, natural y aun apropiada. Esto tiene el benéfico propósito de permitirnos conocer la profundidad de nuestra propia pecaminosidad. No nos atrevamos a pasarla por alto por las fallidas enseñanzas de la autoestima humanística.

Recientemente leí un artículo, de una clara visión poco común, que trataba el mito de la bondad del ser humano desde una perspectiva no cristiana. El autor, un crítico social judío, escribe:

> Creer que la gente es básicamente buena después de Auschwitz, el Gulag y otros horrores de nuestro siglo, es tener una fe irracional, tan irracional como cualquier otra creencia [fanática] religiosa. Toda vez que hallo alguien, especialmente judíos víctimas del mal más concentrado en la historia, que persiste en creer en la bondad esencial de la gente, sé que he hallado una persona para la cual la evidencia carece de importancia. ¿Cuántos males tendrían que cometerse para sacudir de un judío su fe en la humanidad? ¿Cuántos inocentes tendrían aun que ser torturados y asesinados? ¿Cuántas mujeres tendrían que ser todavía violadas?[13]

Este artículo enumera cinco consecuencias del mito de que la gente es básicamente buena. Note cómo contribuyen a la destrucción de la conciencia.

> La primera consecuencia es, lógicamente, la atribución de todo mal a causas ajenas a la gente. Ya que la gente es básicamente buena, el mal que hace debe ser causado por alguna fuerza externa. Dependiendo de quién la atribuye, la culpa puede ser cargada al ambiente social, las circunstancias económicas, a los padres, a las escuelas, a la violencia en

---

13. Dennis Prager, en «The Belief that People are Basically Good» [La creencia de que la gente es básicamente buena], «Ultimate Issues» [Cuestiones Candentes], enero-marzo 1990, p. 15.

la televisión, a las armas de mano, al racismo, al diablo, a los recortes del presupuesto hechos por el gobierno y aun a políticos corrompidos (expresada como la necedad que oímos con frecuencia: ¿Cómo podemos esperar que nuestros hijos sean honestos cuando el gobierno no lo es?).

La gente no es, por tanto, responsable por los males que comete. No es falta mía si acecho a una anciana para asaltarla o si me paso engañando buena parte del tiempo; algo (elegido de la lista anterior) me lo ha hecho hacer.

La segunda y terrible consecuencia es negar el mal. Si lo bueno es natural, entonces el mal no lo es, es «enfermedad». Las categorías morales han sido reemplazadas por categorías sicológicas. Ya no hay más bien y mal; sólo hay «normal» y «enfermo».

Tercera, ni los padres ni las escuelas sienten la necesidad de enseñar el bien seriamente: ¿Por qué enseñar lo que viene naturalmente? Sólo quienes admiten que la gente no es básicamente buena reconocen la necesidad de enseñar la bondad.

Cuarta, siendo que buena parte de la sociedad cree que el mal actúa desde fuera de la gente, ya no trata de cambiar los valores de las personas y en su lugar se ha concentrado en procurar el cambio de las fuerzas externas. ¿Comete crímenes la gente? No es por el desarrollo de sus valores ni el de su carácter que debemos preocuparnos; lo que necesitamos es cambiar el ambiente socio económico que «produce» violadores y homicidas. ¿Hombres irresponsables embarazan a mujeres irresponsables? No son mejores valores lo que necesitan, sino mejor educación sexual y mejor acceso a preservativos y abortos.

Quinta, y la más destructiva de todas, quienes creen que la gente es básicamente buena, concluyen que la persona no debe sentirse responsable de su conducta delante de Dios ni de la religión; sólo ante ellos mismos.[14]

Tal autor, bastante extraño por cierto, niega tanto la depravación como la bondad humana. Cree que la gente *no* es buena ni mala, sino que elige su camino en la vida. (Al comienzo de su artículo, sin embargo, cita Génesis 8.21: «el intento del corazón del hombre es malo desde su juventud».

Pese a la posición inconsistente del autor, el artículo muestra claramente los peligros del mito de la bondad humana.

La Iglesia debe salvaguardar la sana doctrina recobrando la enseñanza de la depravación humana. Como J. C. Ryle escribió hace casi un siglo:

La perspectiva escritural del pecado es uno de los mejores antídotos para esa vaga, oscura y confusa clase de teología tan dolorosamente

---

14. Prager, en «People Are Basically Good» [La gente es básicamente buena], p. 15.

común en nuestra época. Es vano cerrar nuestros ojos al hecho de que hoy hay una enorme cantidad de un llamado cristianismo al que, si bien no podríamos declarar positivamente superficial, sin embargo, no tiene su medida completa, un buen peso, ni los mil gramos en el kilo. Es un cristianismo en el cual innegablemente hay «algo acerca de Cristo, algo acerca de la gracia, algo acerca de la fe, algo acerca del arrepentimiento y algo acerca de la santidad». Pero estas cosas no son como realmente se nos presentan en la Biblia. Ellas están fuera de lugar y fuera de proporción. Como Latimer hubiera dicho, esto es una especie de «mezcolanza» que no hace ningún bien. Es algo que no ejerce influencia en la conducta diaria, no trae fortaleza a la vida, ni da paz en la hora de la muerte y aquellos que la sustentan, con frecuencia despiertan demasiado tarde solo para descubrir que no tenían ningún fundamento sólido debajo de sus pies. Creo que la más probable vía para corregir y curar este defectuoso tipo de religión es elevar a un grado mucho más prominente la antigua verdad escritural acerca de la pecaminosidad del pecado.[15]

Usted puede estar preguntándose, por otra parte: *¿Es que dios desea que vivamos revolcándonos en vergüenza y autocondenación permanentemente?* No, en absoluto. Dios ofrece liberación del pecado y la vergüenza a través de la fe en Cristo. Si estamos dispuestos a reconocer nuestro pecado y buscamos su gracia, Él maravillosamente nos liberará de nuestro pecado y sus efectos. «Ahora, pues, ninguna condenación hay para los que están en Cristo Jesús, los que no andan conforme a la carne, sino conforme al Espíritu. Porque la ley del Espíritu de vida en Cristo Jesús me ha librado de la ley del pecado y de la muerte» (Ro 8.1-2). La liberación del pecado que describen estos versículos es la única base sobre la cual podemos realmente sentirnos con nosotros mismos.

---

15. J. C. Ryle, *Holiness* [Santidad], Evangelical Press, Durham, Inglaterra 1879, reeditado en 1991, pp. 9-10.

6

La unión con Cristo: Sus implicaciones para la consejería bíblica

David B. Maddox

La consejería tiene que ver con el cambio.[1] Esto es necesariamente así porque el evangelio proclama que en Cristo hay una esperanza futura y

---

1. No está dentro de las posibilidades de este capítulo presentar una argumentación para la enseñanza bíblica del cambio que se espera en el regenerado, llamado, de otro modo, santificación progresiva. Pero deberíamos reconocer que un cambio real y progresivo es fundamental en la fe reformada. Representativos de esta posición son los trabajos de G.C. Berkouwer. Por ejemplo, en *Faith and Sanctification* [Fe y Santificación], Eerdmans, Grand Rapids, 1952 declara que «fe no es meramente una afirmación intelectual de una justicia distante y extraña, sino un poder que renueva a los hombres y se manifiesta a sí misma en buenas obras» (p. 39). En un trabajo más reciente, J. P. Moreland sugiere que cualquier compromiso con la verdad debe incluir una «resolución de cultivar la mente como parte de nuestro discipulado bajo el señorío de Cristo». (Introducción a *Christian Perspectives in Being Human: A Multidisciplinary Approach to Integration* [Perspectivas cristianas en el ser humano: Un multidisciplinario método para integración], ed. J.P. Moreland y D.M. Ciocchi, Baker, Grand Rapids, 1993, p. 8.) En la misma obra, Robert Saucy sostiene que: «Es significativo que la fe, que obviamente involucra el pensamiento, es, sin embargo, siempre asociada, en el Nuevo Testamento, con el corazón, indicando que fe verdadera es más que una actividad intelectual» (p. 36). La normalidad del cambio de vida ha difundido un debate no pequeño en años recientes, más comúnmente bajo el lema de «Salvación y Señorío». Lewis Sperry Chafer, *He that is Spiritual* [El que es espiritual], Our Hope, Nueva York, 1918) junto con sus colegas John Walvoord, *The Holy Spirit* [El Espíritu Santo], Zondervan,

una presente realidad de renovación.[2] El concepto de cambio es central en el evangelio, como J. Gresham Machen declara: «Es inconcebible que un hombre a quien se ha dado esta fe en Cristo, acepte este regalo que Él ofrece y que continúe viviendo satisfecho con el pecado. Por el mismo hecho de que, lo que Cristo nos ofrece es salvación del pecado, no sólo salvación de la culpa del pecado, sino salvación de su poder»[3]

El consejero, como alguien que ministra el evangelio de la gracia,[4] se esfuerza por llevar al aconsejado en dirección hacia Dios. Aunque todos los consejeros llevan consigo un cúmulo de información de la cual derivan y dan dirección básica,[5] hay tres premisas básicas que todo consejero *bíblico* debe sostener; son: 1) Dios ha creado a cada persona; 2) El pecado ha perjudicado a cada persona; y 3) Dios ha hecho provisión para un cambio en cada persona. Es mi intención tratar en este capítulo una materia que considero de fundamental importancia teológica y sus implicaciones prácticas: La unión con Cristo. Estoy convencido de que la realidad principal del cambio en la salvación es la consecuencia de la unión con Cristo.

Grand Rapids, 1954), Charles Ryrie, *Balancing the Christian Life* [Equilibrio en la vida cristiana], Moody, Chicago, 1969 y *So great Salvation* [Una salvación tan grande], Víctor, Wheaton, 1989 y Zane Hodges, *The Gospel Vinder Siege* [El evangelio bajo sitio], Redención Viva, Dallas, 1981, han encabezado el pelotón de aquellos que sostienen la posición que puede ser descrita como «la normalidad del no-cambio». El lector haría bien en familiarizarse con las obras de John F. MacArthur, *The gospel according to Jesus* [El evangelio según Jesús], Zondervan, Grand Rapids, 1988 y *Faith works* [Obras de Fe], Word, Dallas, 1993, John Murray, *Redemption, Accomplished and Applied and Principles of Conduct* [Redención cumplida y aplicada: Principios de conducta], Eerdmans, Grand Rapids, 1955 y el excelente resumen de Robert Belcher: *A Layman's Guide to the Lordship Controversy* [Guía para laicos en cuanto a la controversia sobre el señorío], Crowne, Southbridge, MA, 1990.

2. Hablando de cambio en un capítulo titulado «Sobre la noción bíblica de "Renovación", B.B. Warfield dice: «Esta concepción [cambio] es que la salvación en Cristo incluye una transformación radical y completa[...] por virtud de la cual llegamos a ser «hombres nuevos» (Ef 4.24; Col 3.10), ya no conformados a este mundo (Ro 12.2; Ef 4.22; Col 3.9) sino siguiendo el conocimiento y santidad de la verdad, creada según la imagen de Dios (Ef 4.24; Col 3.10; Ro 12.2)». En *Biblical doctrines* [Doctrinas bíblicas], *Banner of Truth Trust* [El estandarte de la verdad: la confianza], Edinburgh, 1988, p. 439).

3. J.G. Machen, *What is Faith* [¿Qué es la fe?], Macmillan, Nueva York, 1925, p. 203.

4. Jay Adams correctamente se refiere a la consejería como «La labor dada por Dios» a la Iglesia, en *A Theology of Christian Couseling* [Una teología de la consejería cristiana], Zondervan, Grand Rapids, 1979, p. 10.

5. Véase David Powlison, *Wich Presuppositions? Secular Psicology and the Categories of Biblical* [¿Qué presuposiciones? Sicología secular y las categorías del pensamiento bíblico], *Journal of Teology and Psycology*, 12, N° 4, 1984, pp. 270-278.

ASUNCIONES INICIALES ACERCA DE LA UNIÓN CON CRISTO

El cambio hacia Dios, que es diferente pero inseparable del cambio inicial forjado por la unión, no es una opción porque «una fe real inevitablemente produce una vida cambiada».[6] Pablo dice que Dios, «a los que antes conoció, también los predestinó para que fuesen hechos conformes a la imagen de su Hijo» (Ro 8.29). Característicamente, Pablo sigue el gran discurso de que Dios ha cumplido en Cristo (los indicativos) con mandamientos respaldados por el Espíritu (los imperativos) a vivir «como es digno de la vocación con que fuisteis llamados» (Ef 4.1). Los imperativos de Efesios (caps. 4—6) siguen los indicativos de los tres primeros capítulos de la misma epístola.[7] De igual manera, en la epístola de Pablo a los creyentes romanos, su obra magna de teología, los indicativos de los capítulos uno al once son el fundamento necesario para los imperativos de los capítulos doce al dieciséis. Para el apóstol, el cambio es una experiencia que da por sentada en razón de que es precedida, fundamentada y generada en el objetivo de la obra de Dios; lo que Ridderbos llama la histórica obra redentora de Dios en Cristo.[8] Ridderbos explica: «El imperativo está basado sobre la realidad de que ha sido dado con el indicativo, apela a éste e intenta traerlo a un desarrollo completo».[9]

Aunque el cambio hacia Dios es esperado y fundamentado en la obra de Dios en Cristo, debemos apresurarnos a añadir que, en esta vida, el cambio jamás será completo. En términos que al principio parecerán algo sorpresivos, Pablo describe a los creyentes como aquellos que «gimen» en esta vida mientras esperan ansiosamente la «adopción[...] la redención de nuestro cuerpo» (Ro 8.23).[10] La consumación de la redención debe esperar

---

6. MacArthur, *Faith works* [Obras de fe], p. 24.

7. Berkouwer hace la significativa declaración: «A lo largo del camino de salvación no hay ningún trecho en que la justificación caiga fuera de la vista». *Faith and sanctification* [Fe y santificación], p. 77.

8. Ridderbos explica este término: «El tema central en la predicación de Pablo es la actividad salvadora de Dios mediante el advenimiento y obra de Cristo, particularmente su muerte y resurrección. Esta actividad es, por un lado, el fiel cumplimiento de la obra de Dios en la historia de la nación de Israel y, por tanto, también el cumplimiento de las Escrituras; por otro lado alcanza la consumación final de la aparición de Cristo y la venida del Reino de Dios. Esta es la gran estructura de la redención histórica dentro de la cual toda la predicación de Pablo debe ser entendida y todas sus partes subordinadas tener su lugar en una coherencia orgánica». *Paul: An Outline of His Theology* [Pablo: Un bosquejo de su teología], Eerdmans, Grand Rapids, 1975, p. 39.

9. *Ibid.*, p. 255.

10. J. Murray, *Romans* [Romanos], Eerdmans, Grand Rapids, 1979, p. 307. El autor explica que el gemir en este pasaje no es «meramente gemir bajo la carga de imperfección del presente, sino gemir *por* la gloria a ser revelada».

hasta aquel día cuando seremos totalmente transformados a la imagen de Cristo (1 Jn 3.2). Entre tanto, vivimos en la edad que cae entre el «ya» (que tiene el doble ingrediente de redención histórica y apropiación personal) y el «todavía no» o la consumación final que tendrá lugar cuando seamos llevados a la presencia de Cristo. Por tanto, toda la vida cristiana es vivida entre el «ya» y el «todavía no» de la redención; es decir, en esta edad presente, en la que somos llamados por Dios para ser transformados (Ro 12.2). En otras palabras, debemos esforzarnos en luchar contra el pecado en nuestro afán de cambiar para Dios.

Por consiguiente es necesario que los consejeros bíblicos estén equipados con el conocimiento del carácter del cambio (pasado, presente y futuro) con vistas a ayudar a los aconsejados, cuyas vidas transcurren entre las polaridades opuestas del «ya» y el «todavía no». Al mismo tiempo, el aconsejado debe tener en cuenta que, de acuerdo a la expectativa bíblica, debe llegar a ser como Cristo *ahora* y, a la vez, es confrontado con el siempre presente principio antagónico: el pecado.

En la encarnación, Dios entró en las dimensiones de tiempo y espacio a fin de efectuar cambios en el ambiente de la caída. De este modo, cuando hablamos de cambio, debemos considerar la doctrina de la unión con Cristo, doctrina que abarca el pasado, el presente y el futuro de la transformación del creyente. Esto devora los indicativos e imperativos y desde aquí provee las respuestas al *cómo* del cambio y al *por qué* del esfuerzo. El consejero debe saber lo que enseña la Biblia acerca de la unión con Cristo a fin de entender *qué* cambia en la salvación y por qué creyentes, que han sido cambiados, todavía pecan. Por cuanto la posición del consejero en relación con esos dos temas tendrá el control de cómo responde a una persona atrapada en el pecado, la doctrina de la unión con Cristo es una parte esencial del entendimiento teológico bíblico del consejero. De la comprensión de los tres tiempos del cambio (pasado, presente y futuro), surgirá el adecuado método de consejería.

LA IMPORTANCIA DE LA UNIÓN CON CRISTO

La unión con Cristo es a la vez una difícil y lamentablemente descuidada doctrina (lo último tal vez explicado por lo primero). Sinclair Ferguson, no obstante, escribió que la unión con Cristo es «una doctrina que yace en el corazón de la vida cristiana y está íntimamente relacionada con todas las demás doctrinas[...] La unión con Cristo es el fundamento de toda nuestra experiencia espiritual y todas las bendiciones espirituales».[11] Y Murray observa que «la unión con Cristo es realmente la verdad central de la doctrina completa de la salvación, no sólo en su aplicación, sino en

---

11. S. Ferguson, *Know your Christian Life* [Conozca su vida cristiana], InterVarsity, Downers Grove, IL, 1981, pp. 92-93.

sus logros de una vez y para siempre en la obra consumada por Cristo».[12]
Además, el respetado teólogo A. W. Pink presenta su trabajo sobre la unión con esta enfática declaración:

> El escritor no tiene la mínima duda en su mente de que la doctrina de la *unión espiritual* es la más importante, la más profunda y aun la más bendita de todas las que hallamos en las Escrituras; pero, triste es decirlo, difícilmente hay alguna que sea más descuidada. La expresión misma «unión espiritual» es desconocida en la mayoría de los círculos cristianos profesantes y aun donde es empleada, se le asigna un significado tan generalizado que parece quererse tomar sólo un fragmento de esta preciosa verdad. Quizás su misma profundidad es la razón por la que es tan ampliamente ignorada en esta era caracterizada esencialmente por su superficialidad.[13]

Los consejeros deben enfatizar la doctrina de la unión con Cristo porque ella incorpora dos temas esenciales para entender la dinámica del cambio y el conflicto en la vida cristiana. *Primero*, la unión con Cristo es una doctrina que abarca todas las demás. «Ella abraza todo el amplio espectro de la salvación, desde su origen en la elección eternal de Dios hasta la fruición final en la glorificación de los elegidos».[14] *Segundo*, esta es la doctrina que abarca los factores de lo que Cristo ha cumplido (el indicativo) y lo que los creyentes son mandados a hacer (el imperativo). Moule dice que el evangelio comienza «en la declaración indicativa de lo que Dios ha hecho» y antes de seguir con el imperativo «esfuérzate», nos confronta con el otro imperativo a unirnos (¡Bautícese! ¡Incorpórese!).[15] Configurada entre lo que Dios ha cumplido en Cristo y lo que nosotros debemos hacer en obediencia, y poseyendo un espacio que abarca de eternidad a eternidad, la unión con Cristo es una doctrina indispensable para entender el cambio y la lucha en la vida de la gente.

LOS SÍMBOLOS DE LA UNIÓN CON CRISTO

En las Escrituras hallamos que la unión con Cristo es enseñada a través de, por lo menos, cinco metáforas.[16] *Primero*, es la unión de un

---

12. Murray, *Redemption* [Redención], p. 170.

13. A.W. Pink, *Spiritual Union and communion* [Unión espiritual y comunión], Baker, Grand Rapids, 1971, p. 7.

14. Murray, en *Redemption* [Redención], p. 165.

15. C.D.F. Moule, *The New Life* [La nueva vida], en Colosenses 3.1-17», en *Revien and Expositor* 70, Nro. 4, 1973, p. 482.

16. La tediosa labor del intérprete bíblico es más complicada cuando tiene que distinguir entre lo que es literal y lo que no lo es; particularmente, cuando cierta palabra es

edificio con su cimiento. En Efesios, Pablo habla de Cristo como «la piedra del ángulo[...] en quien todo el edificio, bien coordinado, va creciendo para ser un templo santo en el Señor; en quien vosotros también sois juntamente edificados para morada de Dios en el Espíritu (2.21-22). Pedro dice que Cristo es «la piedra viva, desechada ciertamente por los hombres, mas para Dios escogida y preciosa, vosotros también, como piedras vivas, sed edificados como casa espiritual» (1 P 2.4-5). *Segundo*, la unión con Cristo es representada como la unión del hombre con su esposa. La clásica enseñanza de Pablo en Efesios habla por esta metáfora: «Por esto dejará el hombre a su padre y a su madre y se unirá a su mujer, y los dos serán una sola carne. Grande es este misterio; pero yo digo esto respecto de Cristo y de la Iglesia» (Ef 5.31-32). *Tercero*, es la ilustración de la vid y los pámpanos que hallamos en el evangelio de Juan y también en escritos de Pablo (Jn 15.1-5; cf. Ro 6.5 y Col 2.6-7). *Cuarto*, Pablo usa la metáfora de la unión de la cabeza con los miembros del cuerpo. En 1 Corintios 12.12, dice: «Porque así como el cuerpo es uno, y tiene muchos miembros, pero todos los miembros del cuerpo, siendo muchos, son un solo cuerpo, así también Cristo». *Quinto* y más significativo, en Romanos 5 y 1 Corintios 15, Pablo habla de dos razas en las que está incluida todo el linaje humano. Una es la raza de los no regenerados que están en Adán. Tal raza está bajo sentencia de muerte. Cristo, el segundo Adán, es la cabeza de la segunda raza. En Romanos, Pablo «se refiere a los lazos que unen a todos los descendientes de Adán con su progenitor como figura y modelo de la comunión entre Cristo y los suyos».[17] De acuerdo con un comentarista, en el capítulo cinco de Romanos, Pablo recuerda «lo que somos los seres humanos como miembros de la raza caída de Adán; todo lo humano está hundido en el pecado y permanece bajo la ira de Dios. Pero, por el otro lado, declara lo que llegamos a ser a través de Cristo; por fe en Él, fuimos liberados del dominio de la ira y recibidos en el reino de la justicia y la vida».[18]

---

utilizada en el Nuevo Testamento en forma tanto analógica como literal, tal como *cuerpo y carne*. Podemos cometer serios errores cuando fallamos en reconocer una metáfora o cuando, en forma antojadiza o injustificada, insinuamos que algo es una metáfora cuando no lo es. Paul S. Minear advierte. «Toda la historia de la interpretación bíblica podría ser narrada en términos del proceso por el cual ciertas imágenes clave, durante períodos sucesivos en la historia del pensamiento, han sido sacadas de su carácter de metáforas relativamente marginales para asignarles el de conceptos centrales y decisivos. De igual manera, la acción opuesta ha estado siempre en operación: Un concepto considerado esencial ha sido trasladado hacia la periferia del pensamiento». *Images of the Church in the New Testament* [Imágenes de la Iglesia en el Nuevo Testamento], Westminster, Filadelfia, 1960, pp. 18-19.

17. Ridderbos, *An Outline* [Un bosquejo], p. 61.

18. A. Nygren, *Romans*, Fortress, Filadelfia, 1949, p. 210.

Justamente del modo que la solidaridad existente entre Adán y su posteridad explica cómo, por la desobediencia de uno, la muerte pasó a todos los hombres, así la solidaridad entre Cristo y su posteridad explica cómo la obediencia de uno ha sido considerada como obediencia de los muchos. Pablo aquí está reconociendo lo que muchos han descrito como una «personalidad corpórea».[19] Adán y el Mesías son vistos como los representantes incluyentes de las dos humanidades. Quienes viven en unanimidad con el primer Adán, constituyen un cuerpo; aquellos que están solidarizados con el segundo Adán, constituyen otro. Estos dos cuerpos proveen las dos únicas solidaridades abiertas a la raza humana; en su oposición inherente yace un indicio del carácter de cada uno. Veamos a continuación las características de ambos.[20]

En Adán	En Cristo
todos mueren	todos viven
reina la muerte	todos reinan en vida
todos pecan	todos son justos
gobierna el pecado	gobierna la gracia
el pecado esclaviza	Cristo esclaviza

---

19. Para este término véanse los estudios sobre el Antiguo Testamento de H.W. Robinson y J. de Frain: Adan and the Family of Man [Adán y la familia del hombre» Alba House, Staten Island, NY, 1965. Véase también G.C. Berkouwer, sin [pecado], Eerdmans, Grand Rapids, 1971, p. 512ss. Saucy expresa que, en lo que se llama «personalidad corpórea», hallamos la enseñanza de que «la unión del individuo y la comunidad era tal, que puede concebirse al conjunto como actuando en el individuo» (e.g., el pecado de Acán en Josué 7.10-12). Mientras esto tiene algo de idea representativa, tiene también cierta realidad de relación, la cual puede verse más claramente en el concepto de "estar en Cristo". La unión de todos los seres humanos con Adán por nacimiento natural es así análoga a la unión de la nueva humanidad con Cristo[...] En este concepto de corporeidad, se sostiene que existe una unión real de la raza humana con su representante federal aunque sin intentarse explicar su exacta naturaleza, R.L. Saucy, *Theology of Human Name* [Teología de la naturaleza humana], Christian Perspectives [Perspectivas Cristianas], ed. Moreland y Ciocchi, p. 49.

20. Paul S. Minear, *Images of the Church in the New Testament* [Imágenes de la Iglesia del Nuevo Testamento], Westminster, Filadelfia, 1960, p. 74.

RESULTADOS DE LA UNIÓN CON CRISTO

La Biblia habla de los maravillosos resultados de la unión con Cristo. Pero ya hemos notado cómo tantos que escriben acerca de esta unión parecen tomar un rumbo equivocado en razón de que fallan al no mantener la diferencia entre *resultados y esencia* de esa unión.[21] De este modo, más que explicar en qué consiste esa unión, simplemente hablan de lo que produce. Sin embargo, mientras procuramos entender el significado de la unión, es importante reconocer los resultados normales que surgen de ella. No vamos a aventurarnos a considerar todos esos resultados, pero nos ocuparemos de tres que tienen relación con nuestra búsqueda de la esencia del cambio que encierra la salvación.

Justificación

El primer resultado de nuestra unión con Cristo que vamos a considerar es la justificación. Ridderbos la define como aquello que «el hombre necesita para ser absuelto en el juicio de Dios y saber que está exento de la sentencia divina».[22] Pablo lo dice de la siguiente manera: «para todos lo que creen en Él[...] siendo justificados gratuitamente por su gracia, mediante la redención que es en Cristo Jesús» (Ro 3.22-24) y «concluimos, pues, que el hombre es justificado por fe sin las obras de la ley» (Ro 3.28). Un texto clásico acerca de la justificación es Romanos 1.17: «Porque en el evangelio, la justicia de Dios se revela por fe y para fe, como está escrito: Mas el justo por la fe vivirá». Dios *declara* al creyente justificado porque Él le *imputa* su justicia (Ro 3.28; 4.11ss). «La verdad destacada en estos pasajes es que Cristo mismo es la justicia y que, mediante la unión con él o algún tipo de relación que lleguemos a mantener con Él, llegamos a apropiarnos de su justicia».[23] Es importante notar que la doctrina bíblica

---

21. Considere, por ejemplo, esta declaración: «La nueva y vieja naturaleza encierran actitudes opuestas hacia Dios; la vieja naturaleza es una disposición de enemistad contra Él». R. E. Showers, *The New Nature* [La nueva naturaleza] Loizeaux Brothers, Neptune, NJ, 1986, p. 9. Este autor, si bien por un lado ofrece muchas interpretaciones útiles, por el otro parece no hacer distinción entre los resultados y la esencia de esa unión. Por lo que considero que se vea un argumento mejor razonado sobre la realidad primaria del cambio en la salvación: a G.E. Ladd, *A Theology of the New Testament* [Una teología del Nuevo Testamento], Eerdmans, Grand Rapids, 1974). Ladd declara: «La idea del nuevo nacimiento no se diferencia de la paulina en cuanto a ser bautizado en Cristo y así entrar en la nueva vida (Ro 6.4). La metáfora es diferente —nuevo nacimiento, unión con Cristo— pero la teología es la misma. En la enseñanza paulina, los hombres son constituidos hijos de Dios más por adopción que por nacimiento» (p. 290).

22. Ridderbos, *An Outline* [Un bosquejo], pp. 163-164.

23. Murray, *Romans*, p. 357. Debidamente entendida, la justificación no es una declaración que surge de la misericordia de Dios sino de su justicia. Habiendo sido unido a Cristo, el creyente es declarado justo.

de la justificación no requiere una fe en el cambio que opera la regeneración como algo sustantivo o constitucional en su naturaleza.

Nueva vida

Estando unidos a Cristo, Dios restaura nuestra relación consigo mismo a través de la realidad objetiva de la justificación. Pero la salvación «no consiste sólo en una nueva relación, sino que esa restauración de la vida entera, en el sentido más profundo de la palabra, es resultado de ella y ha sido dado con ella».[24] Así Pablo habla de la justicia de Dios cumplida en Cristo como una «justificación de vida» (Ro 5.18). Para Pablo, las dos realidades de la existencia (la de la vida y la de la muerte) son a la vez decisivas y evidentes. Esto es, las buenas nuevas del evangelio residen en la declaración de vida, extraída de la muerte. En 2 Ti 1.10 Pablo dice que Cristo «quitó la muerte y sacó a luz la vida y la inmortalidad por el evangelio». A causa de su poder dador de vida, Pablo llama al evangelio «la palabra de vida» (Flp 2.16). Además, Pablo puede hablar del evangelio como «olor de vida y de muerte» (2 Co 2.14-16).[25] El elemento imposible de reducir en la proclamación del evangelio es que éste es la declaración de vida en Cristo.

En unión con Cristo, los creyentes han sido traídos al contexto de la nueva vida en Él. El concepto de vida nueva en los escritos de Pablo es crucial para una comprensión adecuada de la esencia del cambio y debe ser considerado haciendo distinción de lo que fue la vieja vida. En Efesios 4.23-24, el «viejo hombre» (*ho palaios anthropos*) es una visión de la personalidad completa en su condición caída.[26] De modo que el viejo hombre es el hombre autónomo bajo el pecado. La significación teológica del contraste de Pablo y la comparación del nuevo y viejo hombre es vivamente expresada en la siguiente discusión:

---

24. Ridderbos, *An Outline* [Un bosquejo], p. 205.

25. Nygren, en su valioso comentario sobre Romanos, Fortress, Filadelfia, 1949), cree que el texto que abre el tema central de Pablo en esa epístola es el capítulo 5.12-21. Comentando este pasaje, dice: «La cuestión de la que Pablo se ocupa aquí es indagar cuáles son las consecuencias de que Cristo nos haya sido dado a nosotros. Su respuesta, en ese pasaje, es clara: «Un nuevo eon (reinado), el eon de la vida, ha llegado a nosotros» (Ro 5.20-21). Ladd dice que «la muerte de Cristo permite el traslado del creyente, del reinado de la deuda y la condenación (el antiguo eon), al reino de la vida en el nuevo eon».*A Theology of The New Testament* [Una Teología del Nuevo Testamento], Eerdmans, Grand Rapids, 1974, p. 487.

26. C.E.B. Cranfield, *The Epistle to the Romans* [La epístola a los Romanos], vol. 1, en *The International critical Commentary* [El comentario crítico internacional], ed. J.A. Emerton y C.E.B. Cranfield, T. y T. Clark, Edimburgh, 1979, p. 309.

Pablo busca expresar [por ejemplo, hablando de la antítesis en 1 Corintios 5.6-8), la incompatibilidad entre la vida anterior en el pecado y la recién comenzada en Cristo[...] El pensamiento es aún más agudo si lo ponemos en contraste entre el viejo hombre y el nuevo, Romanos 6.6; Colosenses 3.9; Efesios 4.2[...] En Romanos 6, Pablo dice que quien es bautizado, lo es en la muerte de Cristo. Servir al pecado será entonces imposible.[27]

El contexto de la nueva vida del nuevo hombre y el contexto de la antigua vida en el viejo hombre se excluyen mutuamente y no pueden coexistir. Además, la transformación del viejo hombre en un hombre nuevo es una obra instantánea del Espíritu Santo: «En Tito 3.5, el Espíritu Santo es revelado como el agente que efectúa este cambio admirable en una persona. Al parecer, lo que aquí está en mente no es el proceso continuado de la obra del Espíritu, sino el cambio instantáneo que tiene lugar en el momento de la conversión. (Nótese el tiempo aoristo «nos salvó»).[28] El Espíritu gobierna en el contexto de la vida del nuevo hombre. «El Espíritu no es el único bajo cuyo dominio la Iglesia puede vivir, sino que Él entra y habita en la vida del creyente».[29] Aunque el cambio progresivo no se ve en Tito 3.5, debemos apresurarnos a decir que la obra del Espíritu dentro de la esfera de la nueva vida señala la intención de renovación.[30] La nueva vida es una transformación radical e instantánea, no en sustancia, sino del contexto de una vida a otra.

El Espíritu

La persona que está unida a Cristo, lo está también «en el Espíritu» (Ro 8.9). «Estar "en el Espíritu" significa estar en el reino que ha creado el Espíritu, en el cual el Espíritu bendice y comunica nueva vida».[31] La realidad de tal habitación es, ante todo, cristológica y no antropológica. Vale decir que el Espíritu habita en Cristo (1 Co 12.13) y, por virtud de su unión con Cristo, el creyente participa del y posee el Espíritu. De esto sigue que alguien que está unido a Cristo está también unido al Espíritu (1 Co

---

27. Heinrich Seeseman, *Theological Dictionary of the New Testament* [Diccionario Teológico del Nuevo Testamento], ed. G. Friedrich, trad. y ed. por G.W. Bromiley, Eerdmans, Grand Rapids, 1967, p. 719.

28. D.L. Norbie, *The washing of Regeneration* [EL lavacro de la regeneración], *The Evangelical Quarterly* 34, Nº 1, 1962, p. 36.

29. *Ibid*, p. 222.

30. Este asunto es tratado más extensamente en el capítulo 7.

31. Ladd, *A Theology of the New Testament* [Una teología del Nuevo Testamento], p. 483.

6.17). Sobre el tema de la supremacía de Cristo por sobre el Espíritu que lo habita, Ridderbos hace esta declaración:

> La idea no es que el Espíritu se muestra primero a sí mismo a los creyentes individuales, los trae para reunirlos en una unidad y así constituir el cuerpo de Cristo. De esta manera la participación en Cristo seguiría a la participación en el Espíritu, mientras que la Iglesia ha sido dada con Cristo como el segundo Adán. La secuencia es, por tanto, al revés: Aquellos que, por virtud de los vínculos corporales, han sido unidos con Cristo como el segundo Adán, y han muerto y fueron sepultados con Él, deben saber que están muertos al pecado pero viven para Dios y deben saber también que están «en el Espíritu». En razón de que están incluidos en el contexto de la nueva vida, ellos ya no están en la carne, sino en el Espíritu (Ro 8.9).[32]

El Espíritu habita en Cristo y en su cuerpo que es la Iglesia. El ministerio de Cristo y el del Espíritu conforman tal indisoluble unidad que, estar en Cristo es descrito como estar en el Espíritu y, viceversa, estar en el Espíritu es considerado estar en Cristo. En efecto, y notablemente, todas las expresiones y realidades de la nueva vida son atribuidas tanto a la acción del Espíritu como a la de Cristo. La novedad de vida, modelada según el patrón de la resurrección de Cristo, converge dentro de la «novedad del Espíritu» (Ro 7.6). Así, la nueva vida es mencionada como un don del Espíritu (2 Co 3.6) y el cambio consiguiente y progresivo generado por la nueva vida es, a la vez, el ministerio de Cristo y del Espíritu (2 Co 3.18).

En Gálatas 5.25, Pablo dice: «Si vivimos por el Espíritu (indicativo), andemos también por el Espíritu (imperativo)». La union, pues, con su característica primordial de vida corporal, describe al Espíritu morando en la Iglesia (el Cuerpo de Cristo) y, como miembros de ese nuevo estado de existencia, hemos sido trasladados del dominio del pecado (que ha sido quebrado) al dominio de Cristo (que ha sido inaugurado, Col 1.13). De este modo, la habitación del Espíritu no es antropológica (espacial) sino cristológica (corporal).[33] Por tanto, los pronombres plurales de 1 Co 3.16 no se refieren a muchos individuos, sino que son más bien expresiones

---

32. Ridderbos, en *An Outline* [Un bosquejo], p. 221.

33. Si fallamos en notar los diferentes usos que Pablo hace de las figuras del Antiguo Testamento, habremos interpretado erróneamente 1 Corintios 6.19. En este versículo Pablo no está hablando del cuerpo físico como el envase material de Dios. Fee dice que «Pablo aquí presenta la imagen del cuerpo como templo del Espíritu, destacando que ese es el "lugar" de la morada del Espíritu en la vida del creyente. De la misma manera que el templo de Jerusalén «alojaba» la presencia del Dios viviente, el Espíritu de Dios es «alojado»

paulinas tocantes a la naturaleza del Cuerpo de Cristo, en el cual habita el Espíritu y al que estamos incorporados a través de la unión.[34]

SINOPSIS

La unión del creyente con Cristo incluye la bendición cristológica de la justificación, la nueva vida y la habitación del Espíritu. Basado en tales realidades fundamentales, el creyente recibe más goces de la vida en Cristo. A fin de entender la esencia del cambio que trae la salvación, sugerimos que incorporación y no alteración es la mejor manera de describir ese cambio. Las realidades de la justificación, la nueva vida y la habitación del Espíritu no necesitan una creencia en un cambio en la esencia del hombre porque la Biblia no enseña que ellos pueden lograr tal cambio. La persona es declarada, no hecha, justa. En la nueva vida, la persona es hecha parte de la nueva humanidad, de la que Cristo es la cabeza. Tal persona es unida a Cristo y, en razón de que el Espíritu habita en Cristo, el creyente participa del don de Cristo a su iglesia, el Espíritu Santo.

EL LENGUAJE DE LA UNIÓN CON CRISTO

En Cristo.

La unión con Cristo es frecuentemente mencionada como «en Cristo». Esta frase es tan predominante en el Nuevo Testamento que podría intercambiarse con expresiones tales como «salvación» y, en particular, «nueva vida». Por eso no nos sorprendemos hallar a Pablo alternando entre las expresiones «en Cristo», «en el Espíritu» y «en la fe».[35] En Cristo, la vida anterior ha sido terminada de una vez y para siempre. «Porque habéis muerto y vuestra vida está escondida con Cristo en Dios» (Col 3.3).

---

en el cuerpo del creyente. Esta es una figura pura y simple, en la que se destaca la significación del cuerpo para el presente. Esto no intenta ser una declaración de antropología cristiana, como si el cuerpo fuera simplemente el estuche del espíritu o del Espíritu». G. Fee, *First Corinthians* [Primera Corintios], Eerdmans, Grand Rapids, 1987, p. 264. El Espíritu habita el cuerpo de Cristo y es «un don del cual participan los creyentes en virtud de que están incorporados a ese cuerpo» (Ridderbos, *An Outline* [Un Bosquejo], p. 373.

34. Esto no significa que el ministerio del Espíritu no es personal. Gozo (1 Ts 1.6); amor (Col 1.8); y unidad (Ef 4.3) son sólo algunos de los beneficios personales derivados de ese ministerio. El Espíritu nos enseña la Palabra de Dios (1 Co 2.14-16) y nos equipa para el servicio 1 Co 12.4,11).

35. «Aquello que es a la vez llamado vivir, caminar o estar en Cristo (Ro 6.11; Col 2.6; Flp 4.1; 1 Ts 3.8) y además vivir, caminar en o por el Espíritu (Gl 5.25; Ro 8.4) puede ser también llamado vivir, caminar y estar en o por la fe (Gl 2.20; 2 Co 5.7; Ro 11.20; 1 Co 16.13; 2 Co 1.24)». Ridderbos, *An Outlines* [Un Bosquejo], p. 233.

Pero, ¿qué significa estar «en Cristo»?

Algunos afirman que, como creyentes, algo cambia dentro de nosotros o que una parte de nuestra persona, «el espíritu», que antes estaba muerto, es revivido y así podemos mirar nuestro interior y ver «una nueva vida». Pablo dice que somos una nueva creación, que tenemos vida nueva, pero con esto no quiere significar que un cambio dramático, observable interiormente, ha tenido lugar en alguna parte de nuestro ser. Primordialmente se está refiriendo a nuestra nueva condición delante de Dios: Porque Cristo es nuestro representante y está vivo, nosotros también, estando *en* Cristo por la fe, tenemos vida (énfasis añadido).[36]

Pablo usa la frase «en Cristo» unas 164 veces para significar que hay una correspondencia entre la obra que Dios cumplió en Cristo y las bendiciones que reciben los creyentes a través de ella. «En Cristo, es una de las frases favoritas de Pablo para la nueva vida; con ella describe la profunda, permanente y gozosa relación entre el nuevo cristiano y su Señor; una vida que sólo puede concebirse en términos de una existencia totalmente diferente».[37] En Efesios 1, Pablo dice que, en Cristo, el creyente es «elegido» (v. 4), «objeto de su gracia» (v. 6), «redimido» (v. 7), «reconciliado» (v. 10), «destinado» (v. 11) y «sellado» (v. 13). Dios obró en Cristo para efectuar la instauración de una nueva dimensión de existencia que eliminó el antiguo dominio de Adán. Unidos con Cristo, los creyentes son ahora miembros de esa nueva humanidad de la cual Él es la cabeza. El resultado inmediato es que, «los elegidos en Cristo», son bendecidos «con toda bendición espiritual». En Cristo somos una nueva «creación» o una nueva persona cuya ciudadanía está en una nueva esfera. Novedad es la descripción de estar unidos con Cristo.

Bautismo

En Romanos 6.1-11 Pablo usa la figura de morir y resucitar con Cristo para expresar la misma verdad que hallamos en la frase «en Cristo». Unido con Cristo en la salvación, el creyente entra en una nueva vida y, aún más, la «anterior ha muerto». En los versículos 1-2 explica el significado de esto afirmando que en Cristo los creyentes han muerto al pecado. «Lo que el

---

36. R. Macaulay y J. Barrs, *Being Human: The Nature of Spiritual Experience* [Ser humano: La naturaleza de la experiencia espiritual], InterVarsity, Downers Grove, 1978, p. 82.

37. G. Carey, *I believe in man* [Creo en el hombre], Eerdmans, Grand Rapids, 1977, p. 87.

apóstol tiene a la vista es el rompimiento de una vez y para siempre con el pecado que constituye la identidad del creyente. Un creyente no puede, por tanto, vivir en pecado; si alguien vive en pecado no es creyente. Si vemos el pecado como un reinado o esfera, entonces el creyente ya no vive más en ella».[38]

Luego, en el versículo 4, Pablo usa el término *bautismo* para argumentar que la muerte al pecado es fruto de estar unido con Cristo. «Por tanto, unión con Cristo, que es lo que significa el bautismo, significa unión con Él en su muerte».[39]

Similar al uso de la frase «en Cristo», bautismo (en uso no sacramental) es casi alternativo con la idea de la unión de los creyentes con Cristo (1 Co 12.13; cf. Gl 3.27; Col 2.11-12). Este tejido del bautismo con la unión con Cristo es comentado por Ridderbos: «Para Pablo, lo que una vez tuvo lugar en Cristo, ha tenido también lugar en la Iglesia. Estar "en Cristo" tiene validez en la preexistencia de Cristo (Ef 1.4) y se extiende hasta su próxima manifestación (parousía) (Col 3.4). Pero en cuanto concierne a la Iglesia, a través del bautismo, ese «cuando» ha llegado a ser «aquí y ahora».[40]

Conclusión

Desde la obra de la redención de Cristo, en la vida ha habido dos dominios: el de Cristo y el de Adán. En tanto está fuera de Cristo, la gente está espiritualmente muerta (Ef 2.11-12), pero una vez en Cristo, tiene vida con Dios y puede experimentar bendiciones espirituales (Ef 1.3-14) y muerte al pecado (Ro 6.1-11). Siendo que bendición y muerte al pecado es lo que Dios ha cumplido en Cristo, deben ser apropiados personalmente a través de la unión con Cristo. Esta es la unión que Pablo describe como «en Cristo» y «bautismo».

Hemos dicho ya que, para entender el concepto de unión con Cristo, necesitamos considerar en qué sentido ocurre el cambio en la salvación. Además, cuando Pablo habla de cambio espiritual, con frecuencia usa metáforas. Hemos echado un breve vistazo a cinco de ellas y descubierto que el punto central de cada una es el concepto de vida corporal. Las Escrituras declaran que el creyente en Cristo es hecho «nueva criatura»; es decir, una persona que es parte de la nueva humanidad que existe ahora bajo el gobierno de Cristo. Los resultados de esa unión son múltiples. Justificación, vida nueva y morada del Espíritu son los frutos clave que

---

38. Murray, Romans, p. 213.

39. *Ibid*, p. 214.

40. Ridderbos, *An Outline* [Un bosquejo], p. 213.

emergen de esta relación con Dios. Estos resultados son enteramente consecuentes con el aspecto de la unión simbolizada en las figuras de Pablo, en las que aquellos son también derivados de la unión con Cristo. Desde nuestra inclusión en el nuevo reinado de Cristo, somos declarados justos; todo aquello que da significado a la vida es ahora nuestro y, en razón de que el Espíritu habita en Cristo, somos también partícipes de tal don. Finalmente, la terminología paulina relacionada con la unión, halla expresión en frases tales como «bautismo» y «en Cristo». El bautismo en Cristo significa muerte al pecado por cuanto el viejo hombre ha sido crucificado (Ro 6.2,6). En su lado positivo, el bautismo trae «vida en Dios». La «muerte» y «resurrección» implícitas en el bautismo, significa muerte a la antigua era y participación en la nueva.

Hablando en términos de redención, la persona que vivió una vez en la vieja era, ha dejado de existir. En el lenguaje de Pablo, tal persona «ha pasado», fallecido (2 Co 5.17). «En Cristo, el Cristo eterno, quien sufrió, murió, resucitó, ascendió y está ahora sentado a la diestra de Dios, supremo sobre todas las fuerzas del universo: En Cristo, en la esfera celestial en que ahora permanece, en la región de actividades espirituales, toda bendición espiritual es nuestra; en Cristo Dios nos ha bendecido».[41] No debería sorprendernos que Pablo diga que si alguno está en Cristo, «nueva criatura es». En Cristo, las cosas viejas pasaron (aoristo) y las nuevas han llegado (perfecto).

Como parte de la raza en Adán, la persona no regenerada se aferraba a una comprensión del mundo y de la vida antropocéntrica (centrado en el hombre). Ahora, en Cristo, la persona regenerada vive la vida con una comprensión Cristocéntrica (centrada en Cristo) del mundo y la existencia. La realidad primordial de este cambio es una nueva relación con Dios, conocida en unión con su Hijo. El aspecto fundamental de este cambio puede sintetizarse en estas palabras: «Conocer nuestro ambiente en una nueva manera y estar nuevamente en comunión con Dios mediante la justificación, es vivir en un mundo renovado, un nuevo conjunto de relaciones ha nacido».[42] La nueva persona es genuina pero no totalmente nueva ya que estar «libre del pecado» no es lo mismo que estar «sin pecado». En Cristo, el nuevo hombre ha sido liberado del dominio del pecado, lo cual constituye la base y explica la permanente lucha del creyente contra el pecado. En verdad, «se usa el imperativo en razón de que el indicativo

---

41. J. A. Robinson, *Commentary on Ephesians* [Comentario de Efesios], Kregel, Grand Rapids, 1979, p. 25.

42. C. K. Barrett, *A Commentary on the Epistole to the Romans* [Un comentario sobre la Epístola a los Romanos], en *Harper's New Testaments Commentaries* ed. H. Chadwick, Harper y Row, Nueva York, 1973, p. 174.

es cierto».[43] La antigua persona es totalmente muerta, pero de ninguna manera esto significa un cambio en sustancia, sino, como se nos ha mostrado, una cuestión de unión con Cristo. Junto con Murray, podemos concluir que:

> la santificación involucra[...] conformidad a la imagen del Hijo de Dios, una conformidad obtenida no mediante una asimilación imitativa externa, sino por habérsenos impartido la llenura de Cristo, la cual fluye a través de un organismo viviente que subsiste y actúa en un plano inmensamente más elevado que cualquier otra forma de vida orgánica o animada que hayamos conocido en nuestra existencia terrenal.[44]

El conflicto de la persona aconsejada con el pecado debe interpretarse a la luz del conflicto de Pablo en Romanos 7.14-25, porque, en ambos, la fuente de tensión radica en el choque entre dos diferentes modos de existencia o eones. En Romanos 7, el creyente está en conflicto a raíz de su doble situación, que se produce porque vive la nueva vida (el Espíritu) en el contexto de la antigua existencia (la carne).

---

43. Murray, *Romans*, p. 241.

44. J. Murray, Collected writtings [Colección de escritos], Banner of Truth Trust, Edimburgh 1977, 11:304.

7

La obra del Espíritu y la consejería bíblica

John MacArthur

Un libro reciente, titulado *I'm Dysfunctional, You're Dysfunctional* [Yo soy disfuncional, tú eres disfuncional], escrito por Wendy Kaminer, desenmascara mucho del misticismo de la sicología moderna.[1] La autora no pretende ser cristiana. En efecto, se describe a sí misma como una «escéptica, humanista secular, judía, feminista y abogada intelectual».[2] Sin embargo, escribe como una acerba crítica sobre la unión de la religión y la sicología. Nota que ambas cosas siempre se han considerado entre sí más o menos incompatibles. Ella ve ahora «no sólo una tregua, sino un notable acomodo».[3] Aun desde su perspectiva como no creyente, puede ver que este acomodo ha significado un cambio en el mensaje fundamental que los cristianos llevan al mundo. Y escribe:

> Los escritores religiosos minimizarían o desecharían el efecto de la sicología sobre la religión, negando firmemente que ella ha provocado cambios doctrinales, pero la sicología parece haber influenciado el tono y el conjunto de las apelaciones religiosas[...] libros cristianos sobre la

---

1. Wendy Kaminer, en *I'm Disfunctional, You're Disfunctional* [Yo soy disfuncional, tú eres disfuncional] Addison-Wesley, Reading, Mass., 1992.

2. *Ibid*, p. 121.

3. *Ibid*, p. 124.

codependencia tales como los publicados por la clínica Minirth-Meier, en Texas, no tienen diferencia alguna con los libros sobre el mismo tema publicados por escritores seculares[...] Los escritores religiosos justifican su confianza en la sicología y la alaban porque ésta se pone a la altura de algunas verdades eternas, pero también han hallado el modo de hacer potables algunas de las verdades temporales de la sicología. Los líderes religiosos antes condenaban a los sicoanalistas por su neutralidad moral[...] Ahora la literatura religiosa popular iguala al pecado con la enfermedad.[4]

Algunos aspectos de la crítica que Kaminer hace en contra de los evangélicos son injustificados o mal entendidos pero indudablemente acierta en el blanco en el aspecto mencionado que el mundo evangélico ha sido infiltrado por una «antropo-sicología-teología» mundanal que es diametralmente opuesta a las doctrinas bíblicas sobre el pecado y la santificación. Como resultado de esta contemporización, la Iglesia ha comprometido y confundido el mensaje que debe proclamar.

Visite su librería cristiana más cercana y advertirá la proliferación de libros sobre recuperarse de la adicción, terapia emocional, autoestima y otros tópicos relativos a la sicología. El lenguaje de tales libros lleva un tema común: «Mire dentro de usted mismo»; «póngase en contacto con su criatura interior», «explore en el pasado recóndito sus temores, heridas y frustraciones» o «encuentre las respuestas reales a los problemas que se anidan en su corazón». ¿Por qué? Porque «las respuestas yacen profundamente adentro».

Esos libros pueden lucir el emblema de editoriales cristianas pero tal clase de consejería no es bíblica ni digna de ser considerada cristiana. En realidad, resume la peor consejería que ofrece la sicología secular.

Las Escrituras en ninguna parte aconsejan a la gente buscar respuestas mirando a su ser interior. En realidad, ellas explícitamente nos enseñan que somos pecadores y debemos desconfiar de nuestros propios corazones: «Engañoso es el corazón más que todas las cosas y perverso; ¿quién lo conocerá? Yo Jehová, que escudriño la mente, que pruebo el corazón[...] (Jer 17.9-10). Quienes miran dentro de sí mismos en procura de respuestas están en una situación sin esperanza. En lugar de esperanza obtendrán mentiras.

La sicología no puede resolver este dilema. Virtualmente toda la sicoterapia torna a la persona hacia sí misma, estudia los sentimientos, buscando memorias recónditas y autoestima, escudriñando actitudes y, por lo general, escuchando su propio corazón. Pero las emociones son

---

desesperanzadamente subjetivas y nuestro propio corazón es engañoso. Sólo la consejería bíblica puede ofrecer respuestas confiables, autorizadas y objetivas. Y la verdad objetiva de las Escrituras es el único instrumento que Dios usa en el proceso de santificación. Jesús mismo oró: «Santifícalos en la verdad; tu palabra es verdad» (Jn 17.17).

Lamentablemente, la sicología y las terapias mundanas han usurpado el papel de la santificación en la manera de pensar de ciertos cristianos. Santificación sicológica ha llegado a sustituir la vida llena del Espíritu. Dentro de la iglesia está ampliamente arraigada la noción de que la sicoterapia es, a menudo, un agente de cambio más efectivo, particularmente cuando se trata de los casos más difíciles, que el Espíritu Santo quien nos santifica.

Pero ¿puede la sicoterapia realizar algo que el Espíritu Santo no pueda? ¿Podrá un terapeuta terrenal lograr más que el Consolador celestial? ¿Será de mayor ayuda la enmienda de conducta que la santificación? Por supuesto, que no.

EL PARACLETO

Para entender el papel crucial que juega el Espíritu Santo en satisfacer las necesidades íntimas de la gente, debemos volver a lo que Jesús enseñó a sus discípulos cuando por primera vez les prometió enviarles el Espíritu Santo. Esto ocurrió la noche en que fue traicionado. Su crucifixión se acercaba y los discípulos estaban temerosos y confusos. Cuando Jesús les habló acerca de irse, sus corazones fueron turbados (Jn 14.1-2). En aquella hora de confusión, temían ser dejados solos. Pero Jesús les aseguró que no serían dejados para defenderse a sí mismos y los confortó con esta promesa maravillosa:

> Y yo rogaré al Padre, y os dará otro Consolador, para que esté con vosotros para siempre: el Espíritu de verdad, el cual el mundo no puede recibir, porque no le ve ni le conoce; pero vosotros le conocéis, porque mora en vosotros y estará en vosotros. No os dejaré huérfanos; vendré a vosotros. Todavía un poco y el mundo no me verá más; pero vosotros me veréis; porque yo vivo, vosotros también viviréis. En aquel día vosotros conoceréis que yo estoy en mi Padre y vosotros en mí y yo en vosotros. El que tiene mis mandamientos, y los guarda, ese es el que me ama; y el que me ama, será amado por mi Padre, y yo le amaré y me manifestaré a él. Le dijo Judas (no el Iscariote): Señor, ¿cómo es que te manifestarás a nosotros y no al mundo? Respondió Jesús y le dijo: El que me ama, mi palabra guardará; y mi Padre le amará, y vendremos a él, y haremos morada con él. El que no me ama, no guarda mis palabras; y la palabra que habéis oído no es mía, sino del Padre que me envió. Os

he dicho estas cosas estando con vosotros. Mas el Consolador, el Espíritu Santo, a quien el Padre enviará en mi nombre, Él os enseñará todas las cosas, y os recordará todo lo que yo os he dicho» (Jn 14.16-26).

«Consolador», en el versículo 16, es la palabra griega *parakletos* que significa alguien llamado en ayuda de otro. En 1 Jn 2.1 se aplica el mismo término a Jesús mismo: «si alguno hubiere pecado, abogado *parakletos* tenemos para con el Padre, a Jesucristo el Justo». La palabra es algunas veces traducida al español como «Consolador». Esto describe a un ayudante espiritual cuya misión es brindar asistencia, socorro, sostén, alivio, intercesión y guía. Un consejero divino cuyo ministerio a los creyentes es ofrecerles exactamente las mismas cosas que tantos buscan en vano en la terapia.

Las promesas que Jesús hizo tocantes al Espíritu Santo y su ministerio, son increíbles en su alcance. Echemos un vistazo a algunos de los elementos clave de este texto.

UN AYUDADOR DIVINO

La palabra traducida «otro» da la clave para entender la naturaleza del Espíritu Santo. El texto griego encierra una precisión no evidente en español. En el griego hay dos palabras que pueden ser traducidas como «otro». Una es *heteros* que significa «uno diferente, de una clase diferente», como por ej.: «Si no le agrada ese estilo, pruebe otro». *Allos* es, asimismo, traducido «otro» en español, pero significa «otro de la misma clase», como, por ej.: «Ese bizcocho estaba delicioso, ¿puedo servirme otro?»

Jesús utilizó *allos* para describir al Espíritu Santo: «otro (allos) Consolador (de la misma clase)». Estaba prometiendo enviar a sus discípulos un Ayudador exactamente igual que Él: Un Ayudador compasivo, amante y divino. Ellos habían estado dependiendo del ministerio que les había brindado Jesús. Él había sido su Maravilloso Consejero, Maestro, Líder, Amigo y les había mostrado al Padre. Pero de ahora en adelante tendrían otro Paracleto, uno igual que Él, que supliría las mismas necesidades que Él había satisfecho.

Aquí, por primera vez, Jesús dio a sus discípulos una extensa enseñanza acerca del Espíritu y su ministerio. Notemos que nuestro Señor habló del Espíritu como una persona, no como una influencia, no como un poder místico, no como una fuerza etérea, impersonal ni fantasmal. El Espíritu tiene todos los atributos de una personalidad (mente: Ro 8.27; emociones: Ef 4.30; y voluntad: Heb 2.4) y todos los atributos de la Deidad (cf. Hch 5.3-4). Él es un Ayudador exactamente con la misma esencia de Jesús.

Hubo, sin embargo, una diferencia significativa: Jesús estaba retornando al Padre, pero el Espíritu Santo «estará con vosotros para siempre»

(v. 16). El Espíritu Santo es un permanente, seguro, confiable Paracleto divino, dado por gracia por Cristo a sus discípulos para que esté con ellos para siempre.

UNA GUÍA A LA VERDAD

Es digno de notar que Jesús se refirió al Espíritu Santo como «el Espíritu de verdad» (v. 17). Como Dios, es la esencia de la verdad, como Paracleto, es uno que nos guía a toda la verdad (Jn 16.13). Es por esto que, fuera de Él, es imposible para seres pecadores conocer o entender *ninguna* verdad espiritual. Jesús dijo: «Al cual (el Espíritu) el mundo no puede recibir, porque no le ve ni le conoce» (v. 17). Haciéndose eco de esta verdad, Pablo escribió: «Pero Dios nos las reveló a nosotros (cosas que el mundo no puede ver ni entender) por el Espíritu[...] nosotros no hemos recibido el espíritu del mundo, sino el Espíritu que proviene de Dios, para que sepamos lo que Dios nos ha concedido[...] pero el hombre natural no percibe las cosas que son del Espíritu de Dios, porque para él son locura y no las puede entender, porque se han de discernir espiritualmente» (1 Co 2.10,12 y 14).

El no regenerado no tiene acceso a la percepción espiritual. No puede comprender verdades espirituales porque está espiritualmente muerto (Ef 2.1), incapaz de responder a nada, excepto a sus pasiones pecaminosas. Los creyentes, en cambio, reciben una permanente enseñanza espiritual de parte de Dios mismo (cf. Jn 6.45). En realidad, buena parte del ministerio del Espíritu a los creyentes involucra el enseñarles (Jn 14.26; 1 Co 2.13; 1 Jn 2.20, 27); guiándoles hacia la verdad de Cristo (Jn 16.13-14) e iluminando la verdad para ellos (1 Co 2.12).

Esta promesa dada por un Maestro sobrenatural tuvo una aplicación especial para los once discípulos. Con frecuencia les resultó difícil entender inmediatamente las enseñanzas de Jesús. En verdad, mucho de lo que Él les dijo careció para ellos de significado hasta después de su resurrección. Por ejemplo, en Jn 2.22, leemos: «Cuando resucitó de entre los muertos, sus discípulos se acordaron que había dicho esto; y creyeron la Escritura y la palabra que Jesús había dicho». Juan 12.16 dice: «Estas cosas no las entendieron sus discípulos al principio; pero cuando Jesús fue glorificado, entonces se acordaron de que estas cosas estaban escritas acerca de Él, y de que se las habían hecho». En Juan 16.12, Jesús dijo: «Aún tengo muchas cosas que deciros, pero ahora no las podéis sobrellevar».

Después que Jesús ascendió a los cielos, uno de los ministerios cruciales del Espíritu Santo fue llevar a la mente de los discípulos el significado de lo que Jesús les había dicho y enseñado. «Os he dicho estas cosas estando con vosotros. Mas el Consolador, el Espíritu Santo, a quien el Padre enviará en mi nombre, Él os enseñará todas las cosas, y os recordará todo lo que yo os he dicho» (Jn 14.25-26). Esto significa que el Espíritu Santo capacitó a los discípulos para recordar las palabras precisas que Jesús les había dicho, de modo que, cuando ellos las registran en la Escritura, fueron perfectas y sin error. Esto garantiza infalibilidad a todo lo que se incluyó en los evangelios y que la enseñanza apostólica no fue adulterada.

Pero esta promesa de nuestro Señor revela también al Espíritu Santo como un Maestro sobrenatural que ministra la verdad a los corazones en que habita. El Espíritu nos guía a la verdad de la Palabra de Dios. Él nos enseña, afirma la verdad en nuestros corazones, nos convence de pecado y, con frecuencia, lleva a la mente verdades y declaraciones específicas de las Escrituras que son aplicables a nuestras vidas. Como hemos notado, «Cosas que ojo no vio, ni oído oyó, ni han subido en corazón de hombre, son las que Dios ha preparado para los que le aman. Pero Dios nos las reveló a nosotros por el espíritu» (1 Co 2.9-10, énfasis agregado).

Como un Maestro divino que habita en nosotros, el Espíritu de Verdad cumple una función a la que ningún consejero humano puede ni siquiera aproximarse. El está constantemente ocupando su lugar, señalándonos el camino de la verdad, aplicándola directamente a nuestros corazones y preparándonos para conformarnos a ella; en síntesis, santificándonos en la verdad (Jn 17.17)

LA PRESENCIA INTERIOR

Veamos un poco más de cerca las palabras de Jesús al final de Juan 14.17: «Porque mora con vosotros y estará en vosotros». Nuestro Señor estaba prometiendo que el Espíritu Santo haría una permanente e ininterrumpida morada dentro de sus discípulos. Esto no sólo significaba que el Espíritu estaría *presente con* ellos; la verdad más preciosa era que Él *habitaría dentro* de ellos en forma permanente.

Esta verdad de la habitación permanente del Espíritu es una de las maravillosas realidades del Nuevo Pacto. Ezequiel 37.14 la profetizó: «Y pondré mi Espíritu en vosotros, y viviréis». En el Antiguo Testamento, el Espíritu Santo estuvo, con frecuencia, presente con los creyentes, pero no habitó en ellos. Además, su presencia parecía ser condicional; por eso David oró: «no quites de mí tu Santo Espíritu» (Salmo 51.11).

En la era del Nuevo Testamento, en cambio, tienen un Paracleto que habita permanentemente, no *con* sino *en* ellos. En verdad, la habitación interior es una de las pruebas de nuestra salvación: «Mas vosotros no vivís según la carne, sino según el Espíritu, si es que el Espíritu de Dios mora en vosotros. Y si alguno no tiene el Espíritu de Cristo, el tal no es de Él» (Ro 8.9).

La promesa de Jesús en Juan 14 de que el Espíritu habitaría dentro, no fue limitada a los once apóstoles presentes esa noche. El Espíritu Santo habita en todo creyente. En el versículo 23, Jesús dijo: «El *que me ama*, mi palabra guardará; y mi Padre le amará y vendremos a él y haremos morada con él» (énfasis añadido). En 1 Co 6.19, Pablo dice: ¿O ignoráis que vuestro cuerpo es templo del Espíritu Santo, el cual está en vosotros, el cual tenéis de Dios, y que no sois vuestros?» De este modo cada creyente disfruta la presencia permanente del Espíritu Santo habitando en Él.

UNIÓN CON CRISTO

En Juan 14.18-19, Jesús continuó: «No os dejaré huérfanos; vendré a vosotros. Todavía un poco, y el mundo no me verá más; pero vosotros me veréis». Cristo sabía que dentro de unas horas sería crucificado. Su ministerio terrenal estaba llegando a su fin. Pero reafirmó a los suyos que Él no los dejaría definitivamente. Ellos seguirían contemplándole.

¿Qué significaba eso? ¿En qué sentido serían ellos capaces de verle? En tal promesa parece haber dos elementos clave. Primero, Él estaba confirmándoles, por implicación, que se levantaría de la muerte. Ésta ni lo vencería ni pondría fin a su ministerio en las vidas de ellos. Segundo, les prometió: «Vendré a vosotros» (v. 18). Esta promesa puede interpretarse de varias maneras. Algunos ven en ella una referencia a su Segunda Venida. Otros la ven como una promesa de que se les aparecería luego de su resurrección. En este contexto, sin embargo, esta promesa parece ligada a la venida del Espíritu Santo para habitar en ellos. Lo que Jesús parece estar diciendo es que Él estaría presente en sus discípulos mediante la habitación del Espíritu Santo. Compare esto con la promesa que les dio antes de su ascensión: «Y he aquí yo estoy con vosotros todos los días, hasta el fin del mundo. Amén» (Mt 28.20). En qué sentido estaría *con* sus elegidos? ¿Y en qué sentido ellos le «verían» a Él? La respuesta parece ser que Él también habitaría en ellos a través del Espíritu Santo.

Esta doctrina es conocida como unión con Cristo. John Murray escribió: «La unión con Cristo es en realidad la verdad central de la doctrina completa de la salvación».[5] Todos los creyentes están unidos con Cristo, por el Espíritu Santo, en una unión indestructible. Las Escrituras a veces hablan de esta unión como nuestro *estar en Cristo* (cf. 2 Co 5.17; Flp 3.9), y otras veces como Cristo estando *en nosotros* (cf. Ro 8.10; Gl 2.20; Col 1.27). Aun algunos pasajes unen los dos conceptos: «Permaneced en mí y yo en vosotros» (Jn 15.4). «En esto conocemos que permanecemos en Él y Él en nosotros, en que nos ha dado de su Espíritu» (1 Jn 4.13).

---

5. John Murray, *Redemption: Acomplished and Applied* [Redención: Consumada y aplicada], Eerdmans, Grand Rapids, 1955, p. 161.

Como muestra este último versículo, nuestra unión con Cristo está indisolublemente ligada a la habitación del Espíritu en nosotros. Es a través del Espíritu que llegamos a ser uno con Cristo y es también a través del Espíritu que Cristo vive en nuestros corazones. Aquellos en quienes permanece el Espíritu, actúan en una dimensión distinta. Están vivos en el reino espiritual. Tienen comunión con Cristo. Se mueven y participan en la vida del Espíritu. Tienen la mente de Cristo (1 Co 2.16).

Jesús, en Juan 14, siguió dando palabras de ánimo a sus discípulos: «En aquel día vosotros conoceréis que yo estoy en mi Padre, y vosotros en mí, y yo en vosotros» (v. 20). Aquí estaba destacando nuestra unión espiritual con Él y su unión con el Padre. Parece evidente que en esa noche terrible, cuando sería traicionado, sus discípulos aún no entendían el misterio de la relación de Cristo con el Padre. Mucho menos podían haber comprendido el concepto de su propia unión con Cristo. Pero Jesús les dijo que llegaría el tiempo cuando ellos comenzarían a entender las riquezas de esas realidades: «En aquel día vosotros conoceréis» (v. 20) parece referirse al día de Pentecostés, cuando el Espíritu Santo vino en poder. Lo que ocurrió aquel día demostró el poder del Espíritu de Dios para enseñarnos, para disipar nuestra confusión y revestirnos de poder para el servicio. Pedro repentinamente comenzó a predicar con poder, con una claridad y osadía totalmente extrañas a él. Esto fue como si, de pronto, para él todo hubiera sido aclarado y espiritualmente puesto en su debido lugar. Tenía la mente de Cristo, de inmediato fue transformado de un acobardado y confuso discípulo, en un apóstol decidido y valiente. Por fe fue unido con Cristo y lleno del Espíritu Santo. Tenía ahora acceso a un poder y una confianza que jamás había mostrado antes.

EL AMOR DE DIOS

Hay por lo menos un aspecto más importante de la promesa de Jesús a sus discípulos aquella noche: «El que tiene mis mandamientos, y los guarda, ése es el que me ama; y el que me ama será amado por mi Padre, y yo le amaré y me manifestaré a él» (Jn 14.21). Aquí Jesús está haciendo eco de una declaración que había expresado unos versículos antes: «Si me amáis, guardad mis mandamientos», (v. 15); luego amplió esta verdad tornándola en una promesa del amor que el Padre mostraría para con aquellos que siguieran al Hijo.

Este pasaje describe la relación del creyente con el Padre y el Hijo. Amamos a Cristo; entonces debemos guardar sus mandamientos. Quienes aman al Hijo son amados por el Padre y Cristo se manifiesta a ellos. El papel del Espíritu no está explícitamente declarado aquí, pero es el Espíritu obrando dentro del creyente el que lo mueve a amar y obedecer a Cristo: «El amor de Dios ha sido derramado en nuestros corazones por el

Espíritu Santo que nos fue dado» (Ro 5.5). No es que Dios nos ama *porque* nosotros amamos al Hijo. Por el contrario, es sólo la gracia del Padre la que nos mueve a amar al Hijo. Juan dice en otra parte: «Nosotros le amamos a Él, porque Él nos amó primero» (1 Jn 4.19).

Por lo que vemos, el cristianismo encierra una relación sobrenatural con la Trinidad. El Espíritu habita en el creyente produciendo deseos y afectos santificados y derramando el amor de Dios en su corazón. El creyente así ama a Cristo y se esfuerza por obedecerle. Además, el Padre y el Hijo han declarado su amor por los creyentes y Cristo se manifiesta continuamente a sí mismo a través de tal amor. El creyente, pues, es beneficiario de una amante relación con el Padre, el Hijo y el Espíritu Santo.

En este punto del discurso de Jesús, Judas, no el Iscariote, sino el que también es llamado Lebeo y Tadeo, preguntó: «Señor, ¿cómo es que te manifestarás a nosotros, y no al mundo?» (Jn 14.22), a lo que Jesús respondió: «El que me ama, mi palabra guardará; y mi Padre le amará, y vendremos a Él, y haremos morada con Él» (v. 23).

Tal repuesta simplemente reitera lo que el Señor ya había dicho en los versículos 15 y 21. Pero Jesús continuó: «El que no me ama, no guarda mis palabras; y la palabra que habéis oído no es mía, sino del Padre que me envió» (v. 24). La implicación es clara: El Señor Jesús no se manifestará a quienes desobedezcan. Aquellos que no le aman, que no le desean, que rechazan obedecer sus palabras, son cortados de cualquier relación o comunión con Él.

Además, quienes rechazan al Hijo rechazan también al Padre. Quienes vuelven sus espaldas a los mandamientos de Cristo, menosprecian la Palabra del Padre. Se privan a sí mismos de todo beneficio espiritual o comunión con Dios.

Esto trae a colación una cuestión esencial para la consejería bíblica. ¿Puede el consejero bíblico ofrecer una ayuda significativa a los no creyentes? Si el aconsejado no posee todos esos recursos espirituales que Jesús describió; si el Espíritu Santo no mora en él; si la persona no está en comunión con el Padre ni con el Hijo; ¿podrá cierta cantidad de consejos ayudar a resolver los problemas que, en principio, movieron al individuo a procurar ayuda?

La respuesta parece obvia. Algunos problemas superficiales podrían ser tratados mediante la aplicación de principios bíblicos. Por ejemplo, un esposo podría ser animado a convivir con su esposa en una base de entendimiento (1 P 3.7) y con esto podría mejorarse algo la calidad de ese matrimonio. O un joven luchando con la sumisión a la autoridad podría aprender la importancia de cumplir con sus padres y los representantes de la autoridad y así evitar algunos conflictos. Pero, fuera de la influencia de la regeneración operada por el Espíritu Santo, ninguna cantidad de consejos puede remover la raíz de los problemas. Una conformidad externa aun a los principios bíblicos no podrá neutralizar los efectos del pecado.

Por tanto, la absoluta prioridad del consejero bíblico será determinar si el aconsejado es creyente. Alguien a quien no debería mostrarse, antes que nada, su necesidad de redención. Esta es, en realidad, la manera en que Jesús modeló la consejería. Cuando Nicodemo vino a Él de noche, Jesús le dijo: «Os es necesario nacer de nuevo» (Jn 3.7).

EL ESPÍRITU SANTO EN LA CONSEJERÍA BÍBLICA

El nuevo nacimiento es obra soberana del Espíritu Santo (Jn 3.8). Y todo aspecto de verdadero crecimiento espiritual en la vida del creyente es producido por Él, utilizando las Escrituras (Jn 17.17). El consejero que pasa por alto este punto experimentará fracaso, frustración y desaliento.

Sólo el Espíritu Santo puede obrar cambios fundamentales en el corazón; por tanto, Él es el agente indispensable en toda consejería bíblica efectiva. El consejero, armado con la verdad bíblica, puede ofrecer guía y pasos objetivos hacia el cambio. Pero, a menos que el Espíritu Santo esté obrando en el corazón del aconsejado, cualquier cambio aparente será ilusorio, superficial y temporario, y los mismos o peores problemas reaparecerán muy pronto.

Al comienzo de este capítulo hablamos de la futilidad de mirar a nuestro interior en busca de respuesta a nuestros problemas. Y es absolutamente verdad que, quienes se centran en sí mismos, en los traumas de su niñez, en sus sentimientos heridos, en sus anhelos emocionales u otras fuentes egocéntricas, nunca hallarán respuestas a sus turbaciones.

El verdadero creyente, en cambio, tiene un Ayudador que habita en él; El Espíritu Santo, que aplica las verdades bíblicas objetivas en el proceso de santificación. Aunque no lleva nuestra atención hacia nuestro ser interior, ni siquiera hacia Él mismo. En su lugar, dirige nuestro enfoque hacia arriba, hacia Cristo. Jesús dijo: «Pero cuando venga el Consolador, a quien yo os enviaré del Padre, el Espíritu de verdad, el cual procede del Padre, *Él dará testimonio acerca de mí*» (Jn 15.26).

Finalmente, es hacia Cristo que debe dirigirse la mirada del aconsejado. «Por tanto, nosotros todos, mirando a cara descubierta como en un espejo la gloria del Señor, somos transformados de gloria en gloria en la misma imagen, como por el Espíritu del Señor» (2 Co 3.18). Este es el proceso de santificación. Y esta es la meta final de toda verdadera consejería bíblica.

8

La disciplina espiritual y el consejero bíblico

Robert Smith

Cuando oímos que un consejero ha estado involucrado en pecado sexual con una aconsejada, nos preguntamos: «¿Cómo pudo haber ocurrido?» «¿Cómo pudo haber sido prevenido?» Luego es fácil agregar: «¡Esto jamás me pasará a mí!»

Tal vez conocemos a alguien muy excedido en peso, pero hace un excelente trabajo en consejería, y de nuevo nos preguntamos: «¿Cómo puede esta persona ayudar a otra a lograr una vida disciplinada cuando obviamente ella misma es indisciplinada?»

Tales preguntas nos llevan a reflexionar sobre una necesidad básica en la vida del consejero bíblico: Disciplina espiritual. Esto es particularmente cierto a la luz de la advertencia de Pablo en el sentido de que, quien procure restaurar a otros, debe cuidar muy bien de no quedar atrapado en los mismos pecados. El consejero bíblico debe tener una creciente relación con el Señor, debe también crecer tanto en conocimiento como en obediencia a la Palabra de Dios y estar en guardia sobre su posibilidad de caer en pecado.

RELACIÓN CON EL SEÑOR

El consejero bíblico, por supuesto, debe ser nacido de nuevo; porque ¿cómo podrán los consejeros usar correctamente la Palabra de Dios si el Espíritu Santo no mora en ellos? ¿Y cómo podrían animar a otros a cambiar y crecer en el Señor si ellos mismos no son un modelo viviente del cambio progresivo que el evangelio opera en la vida? En la exposición que sigue describiremos ocho elementos esenciales para mantener una creciente relación con el Señor Jesús.

Leer la Palabra de Dios

Para estar en condiciones de aplicar correctamente la Palabra de Dios a las diferentes situaciones que pueden darse en consejería, debemos conocerla y practicarla. Debemos leerla, estudiarla y aplicarla a nuestras vidas antes de poder usarla con eficiencia en nuestra tarea de aconsejar. Seguir un programa de lectura regular puede sernos muy útil para ese fin. Hay numerosas maneras de estudiar la Biblia y, mientras que un método puede ser muy bueno para alguien, uno diferente puede resultar mejor para otro. Los consejeros que estudian la Biblia para sus sermones o para preparar su lección para la Escuela Dominical o el estudio bíblico, hallarán que los conocimientos obtenidos en esos estudios se volcarán con toda naturalidad en la consejería.

Memorizar las Escrituras

La memorización de la Escritura es una parte esencial de la relación del consejero con Dios, y asimismo como medio de ampliar su conocimiento personal de la Palabra a ser usada en ayuda de otros. En la medida que aplique pasajes memorizados a la vida diaria, ayudará al aconsejado a usarlos también en forma efectiva. La Biblia es la espada del Espíritu y el consejero debe tenerla disponible y lista para usar en el momento oportuno, no sólo en su vida privada sino en su tarea de aconsejar.

Es muy útil tener también un programa de memorización. Cuando lo haga, mejor que versículos sueltos, procure memorizar pasajes a excepción de Proverbios con lo que evitará el uso de versículos fuera de contexto. Retenga versículos útiles para su vida diaria y otros que enseñen doctrinas aplicables a los problemas en consejería. En su libro *What to do on Thursdays [Qué hacer los jueves]*, el Dr. *Jay Adams incluye una lista excelente de versículos cuya memorización será particularmente beneficiosa en consejería.*[1]

Oración

Los aconsejados tienen, con frecuencia, un concepto erróneo de la oración. A fin de ayudarles a entender lo que realmente es, los consejeros deben tener una correcta comprensión de ella y practicarla.

---

1. Dr. Jay Adams, *What to do on Thursday* [Qué hacer los jueves], Presbyterian and Reformed, Nutley, N.J., 1982, pp. 31-49.

¿Por qué necesitamos orar? la Biblia da muchas razones pero hay tres particularmente importantes. Primero, es un mandato de Dios (Col 4.2; 1 Ti 5.17). Segundo, Cristo modeló el ejemplo de oración para nosotros (Mc 1.35; Lc 6.12). Si Él, el único ser perfecto y exento de pecado, oraba, ¿cuánto más deberíamos orar nosotros? Tercero, siendo que Cristo nos enseñó a orar, debemos dar por sentado que Él espera que oremos; la oración es un acto de obediencia y adoración a Dios (Mt 6.5-9).

La oración es básicamente una comunicación, sólo de ida, entre nosotros y Dios. No debemos esperar que Él dialogue con nosotros durante la oración porque ya ha hablado a través de su Palabra. Si deseamos oírle hablándonos, debemos «escudriñar las Escrituras».

Debemos recordar también (y frecuentemente a nuestros aconsejados) que Dios contesta las oraciones con respuestas que no siempre son un sí inmediato. Por ejemplo, en Hechos, el pedido de Pablo de ir a Roma como predicador, fue contestado de un modo diferente. ¡Fue como prisionero con todos los gastos pagos por el gobierno romano! Algunas veces las respuestas son demoradas. George Mueller oró por un hombre toda su vida y nunca experimentó la respuesta. Años después de su muerte el hombre fue salvo.

A fin de crear un hábito de oración, es bueno programar un tiempo separado para esta labor; asimismo, a fin de utilizar bien su tiempo de oración, es muy útil hacer una lista de cosas por las que debe orar. En ella puede darse prioridad a cosas por las que se debe orar diariamente; hay otras por las que se puede orar semanalmente. Orar a diario por una necesidad, sin embargo, no es tan importante como el hecho de orar regularmente y reconocer que un largo tiempo de oración no tiene mérito sólo porque es largo. Habrá días cuando, debido a alguna crisis o responsabilidades a cumplir, el tiempo de su programa debe ser abreviado pero, en otros, usted puede volver a su programa de oración regular.

El ministerio de consejería es imposible si no se cuenta con la guía del Espíritu para entender la Palabra; por tanto, el consejero debe buscar su ayuda en oración para utilizar correctamente la espada de la verdad al tratar con los problemas del aconsejado. Al tener toda la información de éste, necesitamos también la ayuda del Espíritu para ubicar cada pieza en su lugar correcto. Debemos depender continuamente del Espíritu Santo para ayudar en los problemas de nuestro aconsejado. Los cambios en su vida se producirán en la medida que comprenda los principios bíblicos que se aplican a su situación. Aunque el consejo sabio de un consejero puede producir un cambio exterior, no será de efectos duraderos. Sólo el Espíritu puede dar la comprensión y la motivación para un cambio permanente. Los consejeros, pues, deben orar para que el Espíritu obre en las vidas de sus aconsejados y para que sus propias vidas sean ejemplos de obediencia a los principios bíblicos y de crecimiento constante en el conocimiento de la Palabra de Dios.

Aquí tenemos dos observaciones de Jay Adams sobre la oración:

> La oración es un recurso que Satanás no posee y del cual la carne nada sabe. Pero es nuestro; un poderoso caudal que el Señor advierte no debemos descuidar. Por supuesto, como los discípulos descubrieron y nosotros sabemos, orar es difícil. Y es justamente en este terreno donde perdemos muchas batallas. Creyentes que conocen la Palabra, cuyas mentes están fijas en metas correctas y que desean ganar la lucha interna son derrotados, sin embargo, porque no oran.
>
> Es muy importante contar con la ayuda del Espíritu, tanto en la oración como en la lucha misma[...] Si Dios provee para todos los aspectos de la batalla, incluso la oración a través de la cual podemos acudir a Él por provisiones, entonces no nos equivoquemos porque no hay excusa para fallar. ¡Ni siquiera podemos argüir que no sabemos como orar![2]

Relación con una iglesia local

Mantener relación con un cuerpo local de creyentes es una parte esencial de la relación del consejero con el Señor. Esta relación es ordenada en la Biblia. De aproximadamente 110 menciones a la Iglesia en el Nuevo Testamento, más de noventa se refieren a la iglesia local. En el Nuevo Testamento, los creyentes se unían rápidamente a la asamblea local (Hch 2.41-47). De manera, pues, que si intentamos ministrar independientemente de la iglesia local, estamos ignorando la visión de Dios y el propósito de la Iglesia.

Hay muchas ventajas para el consejero que mantiene relación con una iglesia local. Una de ellas es la predicación de la Palabra. Aquí es donde el consejero se alimenta, aparte de su estudio personal. Ningún creyente puede estar tan compenetrado con la Palabra que no necesite de la predicación. Una relación anormal con una iglesia local sólo debilitará el crecimiento espiritual del consejero y, en consecuencia, su ministerio. Otro beneficio de mantener vínculos estrechos con una iglesia local es que ésta provee respaldo cuando hay necesidad de disciplina, arrepentimiento o restauración. Un consejero que es miembro de una iglesia local está aceptando su protección y declarando sumisión a los principios bíblicos para todos los aspectos de la vida.

Para los consejeros es particularmente importante mostrar sumisión a otros líderes de la iglesia. De este modo dan ejemplo de sumisión a la Palabra de Dios y al liderazgo imperfecto de toda congregación, de manera

---

2. Jay Adams, *The War Within* [La guerra interna], Harvest House, Eugene, OR, 1989, pp. 87-88.

que sus aconsejados también se sientan inclinados a sujetarse a la autoridad, aunque esta no sea perfecta. Quienes rechacen someterse a las autoridades de la iglesia local perderán las bendiciones subsecuentes de la sumisión bíblica y no tendrán respuesta para quienes, en idéntica situación, acudan a ellos por consejo.

Adoración

Al creyente se le ordena adorar a Dios y en consecuencia debe ser una parte importante en la vida del consejero. La adoración no es una experiencia o un sentimiento cálido, sino un asombro cognoscitivo y una reverencia que el Espíritu Santo produce al enfocarnos en Dios. Sin la adoración es fácil minimizar el pecado y fallar en el crecimiento espiritual que agrada a Dios. La adoración nos hace estar atentos a nuestras propias necesidades espirituales.

La iglesia es el lugar bíblico para adorar como Cuerpo de Cristo. La música, el orden en el servicio y todo lo que se hace debería estar enfocado hacia el sermón, el cual es designado para ayudar a los oyentes a cumplir el propósito final de la adoración: la obediencia diaria a Dios.

La adoración incluye alabanza y acción de gracias por lo que el Señor hace en la vida del consejero y los aconsejados. Alabanza y gratitud pueden evitar el desaliento cuando tratamos con problemas difíciles. Tales problemas resultarán luego un motivo de alabanza por lo que el Señor ha hecho y puede hacer.

Teología correcta.

Puesto que, básicamente, casi todos los problemas en consejería son doctrinales, una correcta comprensión teológica es esencial para el consejero bíblico. Esto en modo alguno significa que vamos a hallar las respuestas a los problemas de consejería en un libro de texto de teología. Nuestro libro de texto es la Biblia y si la entendemos correctamente, estaremos adheridos a una teología correcta.

En consejería bíblica es particularmente importante que el consejero entienda de manera correcta el concepto bíblico del pecado. Muchos problemas a tratar en consejería derivan del pecado y esto proviene, con frecuencia, de que los aconsejados lo minimizan; desconocen la enseñanza bíblica tocante al pecado, cuán malo y corruptor es, lo que Dios piensa del pecado o lo que ellos deben hacer acerca de él. Una posición doctrinal correcta es también necesaria en otras situaciones que se dan en consejería. Por ejemplo, cuando un esposo no ama a su esposa como debería es porque no entiende la doctrina de Cristo: Su amor por la Iglesia, sus demostraciones de tal amor y su inamovible propósito de obediencia al Padre. En todo problema de consejería que haya un conflicto con un tercero, es evidente una falla de la persona en su relación con Dios.

Una correcta posición teológica es también esencial para entender la consejería bíblica como opuesta a otras formas de filosofías en consejería, tales como las que, usando la Biblia, intentan manipular a otros, incluso a Dios, o aquellas que pretenden que la Biblia no es suficiente y que el consejero moderno debe agregarle su propia sabiduría. Un correcto conocimiento doctrinal de la Biblia ayudará a sortear estos problemas.

La meta de la semejanza a Cristo

Romanos 8.28-29 enseña que la meta de todo creyente es parecerse cada vez más a Cristo. Todo cuanto ocurre en la vida de un creyente es divinamente permitido con el fin de ir modelando en él la imagen del Hijo de Dios. Ciertamente, esta debe ser una meta prioritaria en la vida del consejero.

Mayordomía

Los creyentes son mayordomos de todo lo que Dios les ha confiado. No tenemos nada que no nos haya sido dado por Dios en la confianza de que lo usaremos para su gloria. Esto incluye nuestro cónyuge, hijos, habilidades, posesiones, ministerio, etc. Al confiárnoslo, repetimos, el Señor espera que lo usemos fielmente para su gloria.

NUESTRA RELACIÓN CON OTROS

Evangelizar a otros

Un consejero bíblico debe ser un evangelista porque la Palabra de Dios manda a los creyentes a evangelizar (Mt 28.19-20; Mc 16.15; Hch 1.8). Si no hay evangelización no hay necesidad de consejería puesto que el inconverso no puede ser aconsejado bíblicamente. Adams correctamente dice que sólo podemos pre-aconsejar a no creyentes con vistas a procurar su salvación a través de la relación entablada al hacer consejería.[3] Por tanto, el consejero debe estar capacitado para mostrar a la gente, con la Biblia, cómo puede obtener el don de la vida eterna. A un consejero que no se conmueve por el destino eterno de las almas perdidas le falta el enfoque central de la vida de Cristo y de todo ministerio.

El éxito en la evangelización no se mide por los resultados sino por la exactitud y fidelidad conque se presenta el evangelio. Esto incluye todas las facetas que conducen a la capacidad de presentarlo. La persona que entabla relaciones amistosas con otros puede considerarse con éxito en la evangelización aunque no haya sido hecha una presentación del evangelio.

---

3. Jay Adams, *A Theology of Counseling* [Una teología de consejería], Zondervan, Grand Rapids, 1979, pp. 309-325.

Hacerse todo a todos los hombres para mejorar la presentación del evangelio es esencial y parte del éxito. Sin embargo, es también cierto que si uno trabaja solamente en entablar relaciones y nunca lleva el mensaje a través de ellas (tal vez por fallas personales como temor o negligencia) esto tampoco se puede considerar éxito.

La evangelización es particularmente importante para la consejería bíblica porque, a menos que el aconsejado experimente la fe salvadora, no habrá mucho progreso en el proceso de consejería. El consejero puede usar la Biblia para ayudar a la gente a mejorar su situación, pero siempre debe decir a sus aconsejados no creyentes que nunca alcanzarán todo el éxito que Dios desea que disfruten a menos que tengan la ayuda del Espíritu habitando en ellos. El peligro latente es que de no haber un nuevo nacimiento, los aconsejados se conformen con mucho menos de las metas que el Espíritu anhela que alcancen ya que no pueden entender la palabra de Dios. El éxito en tales situaciones podría considerarse como una mejora en las circunstancias pero no un cambio para la gloria de Dios. En el proceso de resolver problemas diarios, el consejero no debe pasar por alto el problema mucho mayor del destino eterno del aconsejado.

Discipular a otros

La consejería bíblica es, simplemente, una extensión del discipulado. No hay una marcada diferencia entre ambas. Discipular podría ser descrito como enseñar principios cristianos básicos a un creyente, mientras que la consejería usa esos principios para tratar con ciertas situaciones específicas en la vida del individuo. La consejería más productiva proviene del ministerio de discipular a una persona después de su salvación; de enseñar a ese individuo los principios básicos para vivir la vida cristiana. Los consejeros bíblicos que deseen ver vidas cambiadas deben ser discipuladores agresivos.

Servir a otros

Jesús no vino a la tierra para ser servido, sino para servir (Mt 20.28). Si el Creador vino para servir a aquellos que fueron creados, cuanto más éstos deberían estar dispuestos a servir. El ministerio de aconsejar no debe estar dirigido a generar ingresos sino a servir. Servir a otros es esencial para establecer integridad y autenticidad en la consejería bíblica. El consejero debe ser un servidor en el hogar, en la iglesia y mucho más aún en posiciones de liderazgo.

Tratar con las críticas

Una de las mejores maneras de tratar las críticas con éxito es tomarlas como una ocasión para aprender. Constitúyase en un estudiante de su crítico, especialmente cuando considere que es inocente. Aunque nuestra reacción natural cuando nos creemos inocentes es defendernos o tratar de hacer ver al acusador nuestra inocencia, es mejor aprender cómo el que nos critica llegó a esa conclusión. Necesitamos preguntar qué vio el acusador que le llevó a hacer su acusación. La respuesta a tal pregunta puede ilustrarnos acerca de cómo nos ven o parecemos a las personas con quienes nos comunicamos. Podemos ser totalmente inocentes en nuestras intenciones o motivos pero, en forma inadvertida, haber comunicado algo diferente.

Por ejemplo, usted puede ser acusado de haberse airado con alguien a quien aconsejó. Cuando reflexione en su última sesión, tal vez no recuerde ningún enojo o disgusto con la persona durante la entrevista. Sin embargo, cuando le pregunte a esa persona qué le hizo pensar que usted estaba enojado, tal vez le dirá que, mientras hablaba, tenía el ceño fruncido o parecía encendido o su tono de voz parecía más vehemente que de costumbre. El aconsejado captó esos signos no verbales como evidencias de enojo.

Aunque usted no estaba enojado, podrá entender por qué la persona interpretó que lo estaba y podrá tomar la decisión de controlar mejor su tono de voz y sus expresiones faciales en el futuro.

Cuando se vea desafiado, no se apresure; decida sacar lecciones del conflicto. Su mejor defensa será pedir al crítico defender su crítica mientras usted intenta aprender de ella. Proverbios 29.1 advierte contra desechar la represión y, en 2 Samuel 16, David vio a su crítico Simei como enviado por Dios para su beneficio. Debemos recordarnos que Dios está en control de nuestros críticos y hubiera evitado la crítica si hubiera sido lo mejor para nosotros. Cuando Él la permite, es para nuestro bien y el de nuestro crítico. Al observar nuestra actitud de aprender más que defendernos, el crítico verá una respuesta bíblica.

La mejor manera de defender la inocencia es dejar que los hechos la prueben y los únicos hechos son los que pueden ser observados. Podemos preguntar a alguien que nos critica por los hechos que le permitieron arribar a su conclusión; de qué modo es legítima y al mismo tiempo recordarle que las conclusiones acerca de actitudes basadas en esos hechos son meras inferencias y no pueden ser sentadas como verdades. Al mostrar que no tememos que nuestra inocencia sea cuidadosamente examinada, produciremos la mejor defensa de ella, aun cuando la acusación sea una amenaza a nuestra integridad. Primera Pedro 2.12 y 3.16 enseñan que un carácter piadoso es la mejor defensa contra las falsas acusaciones. Si usted no tiene nada que ocultar o de qué avergonzarse, deje que sus cualidades sean estrechamente examinadas. Su carácter piadoso probará su inocencia.

RELACIONES PERSONALES

Matrimonio

La Biblia enseña que el matrimonio es una figura del amor de Cristo por su esposa, la Iglesia, y la sumisión de ella a su Señor. El matrimonio del consejero bíblico debe ser un ejemplo de esta relación; si él no aplica los principios bíblicos para el éxito de su matrimonio, no estará en condiciones de ayudar a otros en el suyo. No podemos esperar que otras parejas construyan correctamente un matrimonio bíblico si no hemos construido primero el nuestro.

La compañía de un cónyuge es la provisión de Dios para evitar relaciones erróneas con nuestros aconsejados. Dios ha dispuesto que nuestras necesidades de intimidad sean satisfechas sólo a través de nuestro matrimonio y de nuestra relación con su Hijo. Aunque no hay matrimonio totalmente libre de problemas, el hogar del consejero debe ser un ejemplo de cómo una persona que estuvo bajo la maldición del pecado puede vivir en bíblica armonía con otra, aun en tiempos difíciles. Los consejeros deben, ante todo, ministrar con éxito en sus propios hogares si han de demostrar con eficacia a sus aconsejados el valor de los principios cristianos para la vida.

Familia

El primer ministerio del consejero debe ser hacia su cónyuge y sus hijos. No podremos ayudar a otros padres con sus hijos si no estamos invirtiendo tiempo en preparar y disciplinar a los nuestros. Debemos criarlos en la disciplina y amonestación del Señor (Ef 6.4). El tiempo que invertimos con ellos debe incluir diversiones (haciendo lo que a ellos les gusta) tanto como tiempo de enseñanza espiritual directa. Si no resulta divertido vivir con nosotros, tal vez necesitemos buscar los medios de crecer y cambiar (Ec 9.9).

RELACIÓN CON NOSOTROS MISMOS

Gálatas 6.1 exhorta a los consejeros a prestar atención a sus propias vidas; ellos deben estar creciendo continuamente en su relación con Cristo. Los consejeros deberían ser caracterizados como personas que crecen y cambian. Ningún consejero es perfecto, la perfección es imposible, pero debemos estar creciendo en nuestra semejanza a Cristo Jesús, quien es perfecto. Aquí tenemos cuatro conceptos importantes a considerar en relación con nuestro yo.

Posibilidad de pecar

Los consejeros deben tener una consideración realista de sí mismos y de su posibilidad de caer en pecado. Esta es parte de la advertencia de Gálatas 6.1 porque, aunque somos regenerados, vivimos todavía bajo la maldición del pecado. Esto significa que estamos expuestos a caer en los mismos pecados de los inconversos. Creer otra cosa es no sólo doctrinalmente erróneo, sino ingenuo y potencialmente peligroso. Con esto en mente, debemos tomar precauciones extremas de modo que nos resulte muy difícil caer en pecado (Mt 5.28-30).

Por ejemplo, si su relación sexual con su pareja no es todo lo que usted espera, esté alerta sobre la posibilidad de ser tentado en esta área. Trabaje en ministrar a su cónyuge y dé gracias a Dios por las buenas cualidades de él o ella. Cuando observe fallas, acéptelas como que tal vez Dios las está utilizando para forjar en usted la imagen de su Hijo. Cuando sea tentado a pensar en una relación sexual con una persona ficticia o real, reconozca tales pensamientos como pecado y reemplácelos inmediatamente con pensamientos bíblicos. Si usted se siente atraído hacia una persona a quien está aconsejando, reconozca que tal pensamiento o sentimiento está violando su compromiso matrimonial. Luego tome todas las precauciones necesarias para eliminar cualquier situación en que pueda ser tentado con esa persona.

Respuesta al pecado.

Un consejero que haya pecado debe hacer exactamente lo mismo que un aconsejado: Arrepentirse y cambiar mediante el desarrollo de un plan específico para cambiar. Es de extrema importancia no formar el hábito de sentirse cómodo con el pecado. No importa cuán pequeño o grande sea el pecado, debe ser cortado. Como consejeros que estudiamos la Palabra de Dios, debemos estar atentos a la enseñanza del Espíritu acerca del pecado aplicable a nuestras vidas.

Cuando somos confrontados con pecado en nuestra vida, no podemos ignorarlo. Si somos culpables, debemos arrepentirnos y cambiar. Si somos inocentes, debemos considerar por qué Dios habrá permitido que seamos acusados de ese pecado. Tal vez necesitamos adherirnos más firmemente a normas protectoras para evitar ese pecado en nuestras vidas.

Disciplina personal

En 1 Corintios 3.17, los creyentes son exhortados a no destruir su cuerpo que es templo del Espíritu Santo. Esta admonición incluye cuidar adecuadamente el cuerpo. Tener buen cuidado de nuestro cuerpo incluye dormir lo suficiente, ejercicio diario y disciplina para mantener un peso normal.

Dormir. La mayoría de las personas necesitan de siete a ocho horas de sueño cada noche. Muy pocas pueden funcionar bien con menos que esto sobre una base permanente y las muy contadas personas que creen poder hacerlo, raramente lo hacen. Los consejeros no deben permitir que un programa sobrecargado les prive del tiempo de sueño necesario. Un descanso suficiente es tan importante como cualquier otro aspecto físico. Sin suficiente descanso, la fatiga torna difícil concentrarse, sobre todo cuando estudiamos o cuando escuchamos a un aconsejado.

Ejercicio. Tener cuidado de nuestro cuerpo incluye también adecuado ejercicio físico. Numerosos estudios médicos confirman la necesidad de ejercicio para mantener un buen estado y su beneficio a largo plazo para la salud mental y física. No sólo mantiene nuestro físico en buen funcionamiento, sino que reduce las tensiones y disminuye el riesgo de enfermedades. Los consejeros necesitan formar un hábito de ejercicio diario y, por lo menos de vez en cuando, hacer algún esfuerzo; esto aclarará la mente y proveerá energía extra.

Peso. Mantener un peso normal es un factor importante para la salud. Para muchos consejeros que hacen un trabajo de escritorio que no demanda mucho ejercicio, se requiere una dosis extra de disciplina y determinación, no sólo para escoger una dieta balanceada de bajas calorías, sino para quemarlas mediante el ejercicio. Mantener nuestro peso bajo control es una necesidad porque, ¿cómo podrá un consejero insistir a su aconsejado que debe disciplinarse en ciertas áreas de su vida cuando él no lo hace en aspectos tan básicos como la dieta y el control de su peso?

PERSPECTIVA GLOBAL DE LA VIDA

Un consejero bíblico debe considerar toda su vida desde la perspectiva de Dios. Ningún hecho en su vida o en la del aconsejado está fuera de Dios, pues Él tiene un total y completo control sobre todas las cosas. Nada en este mundo escapa a su control. Las Escrituras enseñan que cada aspecto de la vida está bajo su control y Él lo usa para su gloria y nuestro beneficio (Ro 8.28-29). Podemos descansar seguros de que «Dios nunca procura su gloria a expensas del bien de su pueblo ni tampoco procura nuestro bien a expensas de su gloria. Él ha diseñado sus propósitos eternos de modo que su gloria y nuestro bien están inseparablemente unidos».[4]

---

4. Jerry Bridges, *Trusting God* [Confiar en Dios], NavPress, Colorado Springs, 1989, pp. 25-26.

9

El enfoque hacia Dios de la consejería bíblica

Douglas Bookman

Por definición, el consejero bíblico es alguien que está persuadido de y es leal a la perspectiva cristiana en cuanto al mundo y la vida. Esto es, alguien que funciona dentro de un marco de referencia que conscientemente ve todas las realidades y relaciones de la vida desde un punto de vista bíblicamente coherente así como consistente y de esta manera honra al Dios de las Escrituras. El elemento distintivo de tal punto de vista que más claramente lo distingue de todas otras pretensiones es el compromiso con una perspectiva teocéntrica sobre toda la vida y el pensamiento. De este modo, cualquier tipo de consejería auténticamente bíblico será enmarcado, diseñado y ejecutado en gozosa sumisión a la demanda bíblica de que nuestras vidas deben ser vividas por completo para la gloria de Dios. En pocas palabras, la consejería bíblica es impulsada por un enfoque hacia Dios.

La tentación hoy, aun dentro de la comunidad cristiana, es hacer lo contrario; es decir, conducir la consejería con un enfoque primario hacia cualquier persona o cosa que no sea Dios. Pero el consejero bíblico debe estar comprometido con un enfoque preeminentemente hacia Dios en su tarea. ¿Por qué? Hay tres razones básicas: 1) Porque Dios lo demanda. 2) Porque la exaltación del ego es destructiva; y 3) Porque la vida de satisfacción espiritual que Dios procura para sus hijos sólo puede ser hallada en la paradoja de Jesús: Negarse a sí mismo y centrarse en Dios.

EL IMPERATIVO MORAL

Dicho en forma simple, en la consejería bíblica debe mantenerse un celoso enfoque en Dios porque Él lo demanda. En una de las declaraciones más precisas del fiel carácter de Dios en el cumplimiento de su pacto, Jehová declara a través del profeta Isaías:

> Así dice Jehová Dios,
> Creador de los cielos, y el que los despliega;
> el que extiende la tierra y sus productos;
> el que da aliento al pueblo que mora sobre ella,
> y espíritu a los que por ella andan[...]
> Yo Jehová; este es mi nombre;
> y a otro no daré mi gloria,
> ni mi alabanza a esculturas.

> Isaías 42.5,8

Más adelante, en la misma profecía, el Señor predice la poderosa liberación que cumplirá a favor del pueblo de su pacto y reitera esta profunda realidad: «Por mí, por amor de mí mismo lo haré, para que no sea amancillado mi nombre, y mi honra no la daré a otro» (Is 48.11).

Dios, quien se ha dado a conocer en las Escrituras, es celoso de su propia gloria (Dt 4.24). Él es soberano y exige que la gente lo reconozca como el Dios Soberano y Creador de todo el universo. Este imperativo moral de honrar a Dios es con mayor frecuencia expuesto en las Escrituras en contextos relacionados con su gloria. El término hebreo para «gloria» es *chabod* que, básicamente, significa: «ser de peso o pesado».[1] Derivar la idea de gloria, dignidad o grandeza personal del concepto de peso es típico de la progresión de pensamiento en el hebreo. Para la mente semítica, honor o dignidad no pueden ser reducidos a una pura cualidad ideal; más bien, tales conceptos dependen, para su significado concreto, de algo «que pesa en el hombre y le confiere importancia».[2] Aunque el término *chabod*

---

1. John N. Oswalt, «Chabod», en *Theological Wordbook of the Old Testament* [Libro de palabras teológicas del Antiguo Testamento], ed. R. L. Harris, G. L. Archer, B. K. Waltke Moody, Chicago, 1980, pp. 1:426. Con todos sus derivados, la palabra aparece 376 veces en el Antiguo Testamento. Su uso más específico es para el título de la gloria que se mostró en la nube que apareció al partir Israel de Egipto (Éx 13.22) y su habitación en el tabernáculo (Éx 40.34); *Chabod* aparece por lo menos 45 veces en el Antiguo Testamento refiriéndose a esa visible manifestación de Dios.

2. Gerhard von Rad, *Chabod in the Old Testament* [Chabod en el Antiguo Testamento], en *Theological Dictionary of the New Testament* [Diccionario teológico del Nuevo Testamento], ed. G. Kittel, Eerdmans, Grand Rapids, 1964, 2:235.

se utiliza con varias connotaciones literales en el Antiguo Testamento, el concepto que más frecuentemente encierra es el de peso de una persona: alguien honorable, un potentado, digno de respeto.[3] Esta connotación prevalece en más de la mitad de las veces que se usa en el Antiguo Testamento.[4]

De modo que la noción bíblica de gloria implica algo más que dignidad o valor intrínseco; incluye también la representación visible de tal valor. Por ejemplo, *chabod* connota no sólo la dignidad y grandeza de un hombre rico, sino las riquezas que le confieren tal dignidad (p. ej., ganado, plata y oro en Gn 13.2; la riqueza que Jacob había tomado de Labán en Gn 31.1)[5]; no sólo el honor del oficio sacerdotal, sino las vestiduras que manifestaban la dignidad del oficio (Éx 28.2,40),[6] no sólo el único e infinito esplendor y majestad de la persona de Jehová, sino la inefable gloria física exhibida en la nube que testificaba su carácter fiel en guardar su pacto y su gobierno soberano en medio de su pueblo.[7] En suma, el término *chabod* habla no sólo de valor y dignidad intrínsecas, sino también de la manifestación externa y visible de tal valor.

Así, cuando Dios insiste en que Él «no dará su *gloria* a otro», está significando algo más que el valor intrínseco de su persona soberana. Basados en el uso que Dios hace de la palabra *gloria* en esas declaraciones, concluimos que su demanda no sólo exige que reconozcamos su dignidad única y su infinita perfección, sino que, públicamente, despleguemos esas

---

3. Dos veces en el Antiguo Testamento el término es usado significando peso literal. En 1 Samuel 4.18, el sacerdote Elí es descrito como «pesado» y, en 2 Samuel 14.26, se dice de Absalón que «pesaba su cabello doscientos ciclos». El término puede hablar también de «lentitud o pesadez» como en un corazón agravado (o endurecido) (Éx 7.14; 8.15, 18; 9.7) u oídos (Is 6.10), o una lengua (Éx 4.10) u ojos (Gn 48.10) agravados o insensibles. Asimismo puede significar severidad, en relación con el trabajo (Éx 5.9), esclavitud (1 R 12.10), guerra (Jue 20.34) o un yugo (2 Cr 10.4,11).

4. Oswalt, «Chabod», p. 426.

5. Nótese que tal riqueza es mencionada con el sustantivo *chabod*, no porque tenga un sentido primario de riquezas, sino porque éstas son concebidas como dando un distintivo de honor al individuo. Así, el concepto básico es de peso o aquello que distingue a un individuo, colocándolo separado de otros.

6. Note que la palabra «gloria», en estos versículos, es *chabod*.

7. Payne dice de la gloria en la nube: «[Un] hombre de *kavodh* tiene peso a los ojos de sus semejantes (Gn 45.13). La *kavodh* de Dios es, por tanto, la extensión visible de su perfección divina». J.B. Payne, *The Theology of the Old Testament* [La teología del Antiguo Testamento], Zondervan, Grand Rapids, 1962, p. 46. El término es traducido en el Antiguo Testamento en el nombre Icabod, dado a un niño que nació justamente después que su madre supo que el arca del pacto había caído en manos de los filisteos y que la nube de gloria se había apartado de Israel (1 S 4.21); el término *icabod* encierra un raro uso en el Hebreo, pero es mejor entendido como significando «sin gloria».

majestuosas realidades. En verdad, es deber de todo hijo de Dios no sólo abrazar las verdades que ha revelado acerca de sí mismo, sino deliberada y consistentemente ordenar todo aspecto de la vida para mostrar la gracia, la justicia y la fidelidad del Dios a quien pertenecen esos hijos.[8]

Para clarificar este concepto, considere como Dios mantuvo su gloria públicamente (reputación) en varios relatos del Antiguo Testamento. Por ejemplo, la liberación de su pueblo de Egipto, que culminó con el milagro del Mar Rojo, fue cuidadosamente preparada por el Señor, de modo que Él sería «glorificado en Faraón y todo su ejército[...] en sus carros y su gente de a caballo» (Éx 14.17,18).[9] Las diez plagas que precedieron a la experiencia del Mar Rojo fueron preordenadas y dadas en su momento por Dios; en su curso, Faraón fue endureciéndose gradualmente a las demandas de Moisés. Todo esto preparó el camino para la orden de Faraón, una orden militar y espiritualmente estúpida como ninguna otra en la historia, de que sus fuerzas persiguieran a los israelitas que escapaban a través del milagrosamente seco Mar Rojo. Cuando Moisés extendió su mano y las aguas cubrieron a los egipcios, Dios en verdad se glorificó sobre Egipto y dio respuesta a la arrogante pregunta que Faraón había hecho meses antes: «¿Quién es Jehová para que yo oiga su voz y deje ir a Israel?» (Éx 5.2). En efecto, por haber liberado milagrosamente a Israel de Egipto, Dios confrontó al mundo de aquellos días y de los siglos siguientes con la evidencia indiscutible de su poder y su carácter. (Compárense la reacción de Rahab en Josué 2.9-14 y la imperfecta memoria del incidente del Mar Rojo que evidenciaron los filisteos unos cuatro siglos más tarde en 1 Samuel 4.8).

Asimismo, cuando el reino de Judá fue llevado cautivo a Babilonia, el nombre de Jehová estuvo en grave riesgo de ser profanado. Dios había advertido a Israel que si perseveraba en rebelión y desobediencia, los entregaría para que fueran llevados cautivos por «una nación de fiero aspecto» (Dt 28.49ss; 1 R 8.46). Dada la superstición universal de aquellos días de que, si una nación era derrotada por otra era porque los dioses de la nación vencedora eran más poderosos que la vencida, el nombre de Dios estaba en peligro de ser deshonrado si mantenía esa promesa de juicio sobre el pueblo del pacto. Pero Dios intervino para preservar públicamente su gloria a través de Daniel.

Daniel fue tomado cautivo, en su juventud, por el rey Nabucodonosor en la primera etapa de la deportación de Judá a Babilonia (606 a.C.; cf. Dn

---

8. Estos dos aspectos del concepto de la gloria de Dios se distinguen a veces como gloria *intrínseca* (la que le es inherente) y gloria *conferida* (el reconocimiento consciente de la gloria de Dios por seres racionales). Véase, por ejemplo, *The Ultimate Priority* [La última prioridad], John MacArthur Moody, Chicago, 1983, pp. 128-30.

9. Note que la palabra traducida «glorificaré» y «glorifique» en tales versículos, es el verbo proveniente de *Chabod* en el hebreo.

1). Más tarde, Dios capacitó a Daniel para que proveyera el contenido e interpretación del sueño del rey, pero sólo después que todos los adivinos paganos de su corte habían confesado su absoluta incapacidad para hacerlo (Dn 2). Así Jehová fue públicamente honrado cuando Nabucodonosor reconoció el poder del Dios que adoraban Daniel y sus compañeros (Dn 2.46-47).

Algunas décadas más tarde, el profeta interpretó otro sueño del rey. Esta vez éste firmó un decreto a ser leído a través de todo el reino con la historia de su propia locura y honró al Dios de Daniel como «el Altísimo[...] que vive por siempre». El decreto concluye con este encomio de alabanza a Jehová:

> Cuyo dominio es sempiterno,
> y su reino por todas las edades.
> Todos los habitantes de la tierra son considerados como nada;
> y Él hace su voluntad en el ejército del cielo,
> y en los habitantes de la tierra,
> y no hay quien detenga su mano y le diga:
> «¿Qué haces?»
>
> (Daniel 4.34,35).

De este modo Nabucodonosor, pública y universalmente, proclamó la gloria de Jehová.[10]

Podríamos multiplicar los ejemplos históricos de las Escrituras pero con éstos tenemos suficientes: Cuando Dios insiste en que Él no compartirá su gloria con nadie, desea que entendamos no sólo que Él posee tal majestad personal, sino también que es su voluntad soberana que ella sea exhibida públicamente. Este es su cuidado y debe ser el nuestro.

Obediencia y caída.

En el mandato de reflejar deliberada y públicamente al Dios a quien servimos, hay profundas implicaciones. Esto significa que los hijos de Dios estamos bajo la obligación escritural de considerarnos a nosotros mismos como vehículos de la gloria de Dios; como espejos en los cuales el Soberano del universo ha elegido reflejar su gloria; como conductos para exhibirlo ante los ojos del mundo. Es un imperativo moral que los creyentes estructuren sus vidas, ordenen sus prioridades, formen sus relaciones y disciplinen sus almas en vías acordes con esta relación y responsabilidad.

---

10. Notemos que fue precisamente esta cautividad en Babilonia y la consiguiente liberación efectuada por Dios, a través de Ciro, Persa, lo que Dios tenía en mente cuando declaró en Isaías 48.11: «Por amor de mí mismo lo haré[...] y mi honra no la daré a otro».

Por supuesto, la mosca infernal en el perfume es la naturaleza caída de la humanidad. Aunque es cósmicamente apropiado para las criaturas humanas contentarse con hacer el oficio de luna para el sol del Creador y estar satisfechos con reflejar la gloria de Dios (aun cuando al hacerlo reconozcan que no tienen gloria propia), la gente no está dispuesta a obrar así. En verdad, es característico de la raza caída ofenderse por la afirmación de Dios de que sólo Él es digno de honor; en lugar de exaltar a Dios, prefieren exaltar su ego y colocarlo en el trono de su universo privado. La rebelión al estilo de Lucifer es reiterada momento a momento en las almas no redimidas de los descendientes de Adán cuando, en efecto, entonan el credo cardinal de los caídos:

> Subiré al cielo; en lo alto, junto a las estrellas de Dios,
> levantaré mi trono, y en el monte del testimonio me sentaré,
> a los lados del norte;
> sobre las alturas de las nubes subiré,
> y seré semejante al Altísimo.
>
> Isaías 14.13-14[11]

Podría argumentarse, en efecto, que esta tendencia a la auto exaltación es la esencia del pecado. Como observa Strong:

> El pecado, por tanto, no es algo meramente negativo ni una ausencia de amor a Dios. Es en realidad una elección fundamental y positiva de preferencia del ego en lugar de Dios, como el objeto de los afectos y fin supremo del ser. En lugar de hacer de Dios el centro de su vida, rendirse incondicionalmente a Él y poseerse a sí mismo sólo en subordinación a su voluntad, el pecador hace de sí el centro de su vida, se coloca a sí mismo en contra de Dios y ubica sus propios intereses como la motivación suprema y su propia voluntad como regla superior.[12]

---

11. Hoy se discute acerca de si hay alusión a la caída de Lucifer en Isaías 14 (y/o en Ez 28). Estoy persuadido de que en ambos pasajes se hace una referencia consciente a aquella insurrección primordial, pero el punto establecido en el texto aquí permanecerá aun cuando la caracterización de Isaías 14 fuera, en su contexto, restringida sólo a la maldad del rey de Babilonia.

12. A.H. Strong, *Systematic Theology* [Teología Sistemática], The Judson Press, Valley Forge, 1907, p. 572. Esto en una sección en la que Strong está argumentando «El principio esencial del pecado es el egoísmo». Insiste en que ese egoísmo es «no simplemente un exagerado amor propio, que constituye la antítesis de la benevolencia, sino que esa elección del ego como fin supremo constituye la antítesis del supremo amor a Dios» (p. 567). Aunque en las Escrituras hay varias sugerencias tocantes a lo que es esencia del pecado (incredulidad, dureza de corazón, orgullo, sensualidad, temor, autocompasión, celos, codicia, etc.), el punto de vista de Strong es correcto. Dado que el amor a Dios y al prójimo es el resumen

Esta es la carne, que aun en el creyente, se opone en sus deseos al Espíritu (Gl 5.17); es la altanera que se levanta contra Cristo (2 Co 10.5); el viejo ego corrompido por sus deseos engañosos (Ef 4.22).

Es en tal universo moral que los consejeros bíblicos deben ministrar; en verdad, deben conscientemente tenerse a sí mismos por siervos. Por un lado, el potente Creador y Soberano del universo demanda que los débiles humanos le honremos a Él como tal y es de todo punto apropiado que Él reciba tal honor. Por otro lado, toda persona caída, redimida o no, posee una naturaleza adámica que anhela ser como Dios, nos compele a usurpar el lugar de honor y dominio que sólo y correctamente pertenece a Dios, fuera del hecho de que es del todo inadecuado que alguna persona reciba tal honor.

Sólo Dios es Dios.

A causa de estos dos factores, los consejeros bíblicos deben constante y conscientemente armar sus espíritus, conformar su instrucción y constreñir a sus aconsejados a un compromiso de glorificar a Dios y solamente a Dios. Tal compromiso nos moverá a exaltar la verdad de que sólo Dios es Dios y reconocer gozosamente que toda criatura de Dios está bajo la sagrada obligación de resistir la tentación a exaltar su ego y honrar a Dios como Dios!

Todo esto podría ser dicho de una manera más simple en este reconocimiento: *¡Sólo Dios es Dios y no yo!* Sólo Dios es eterno; Él conoce el fin desde el principio y sólo Él es capaz de entender exactamente cómo todas las cosas «obrarán para bien», no importa cuán aflictivas puedan parecernos (dado que sólo conocemos el día presente y esto aun en forma insegura y parcial). Sólo Dios es soberano; podemos confiar que Él ordena todos los asuntos del universo moral, silencia al gran acusador de los hermanos y hace que sus hijos crezcan en gracia y conocimiento del Señor Jesucristo. Dios es único y verdadero; su Palabra es luz y vida y por ella somos bien aconsejados a descansar por completo sobre sus promesas y hallar en esa Palabra, y en ella solamente, todo lo que pertenece a la vida y la piedad, aun cuando seamos acosados por teorías y pretendidas verdades que contravienen la Palabra de Dios y sean tan seductivas que puedan tentarnos casi más allá de nuestra resistencia.

Pero *¡Sólo Dios es Dios y no yo!* Por tanto, sólo Dios es digno de nuestra honra, adoración, confianza, temor y amor. Es nuestro honor y privilegio

de la ley (Mt 22.37-39; Ro 13.8-10; Gl 5.14; Stgo 2.8), es razonable concluir que el amor a sí mismo que exalta el ego por sobre Dios y el prójimo, constituye la violación fundamental de la ley de Dios (2 Ts 2.3-4). Por otros argumentos bíblicos en defensa de esta definición de la esencia del pecado, véase Strong, 572.

glorificarlo y exaltarlo ante la gente, vivir nuestras vidas y ordenar nuestros días de modo que, cuantos nos conozcan, tengan un concepto mucho más elevado de Dios que el que hubieran tenido si no nos hubieran conocido. Pero la tentación que nos asedia es glorificar nuestro yo, vivir la vida como si fuéramos el centro del universo, como si la exaltación de nuestra reputación fuera una meta encomiable y como si nuestra satisfacción personal fuese lo mejor y más importante del mundo. Por esto el creyente debe ser confrontado permanentemente con la demanda de que sólo Dios debe ser honrado como Dios. ¡Y es también por esto que la consejería bíblica debe ser enmarcada en una determinación consciente e irreversible de glorificar a Dios!

PREDISPOSICIONES EGOÍSTAS PROVOCAN LA DESTRUCCIÓN

La decisión consciente de dar a la consejería bíblica un enfoque hacia Dios es también un imperativo porque cuando las personas se exaltan a sí mismas antes que a Dios, ciertamente sobrevendrán consecuencias destructivas. Esta verdad debe ser tenida especialmente en cuenta en consejería bíblica porque, muchos que buscan nuestra ayuda, se han sumergido a sí mismos en tal actitud destructiva. Ellos vienen cumpliendo su anhelo de magnificar su ego y el precio a pagar por tal rebelión espiritual es la tragedia más profunda para el alma. En pocas palabras, la tentación de exaltar el ego es tan terriblemente seductiva como ciertamente destructora.

Jonás, tentado, caído, restaurado.

Jonás luchó con la tentación de exaltarse a sí mismo por sobre Dios, por seguir sus propios deseos antes que obedecer los mandatos de Dios y perdió la contienda. El profeta hizo cuanto pudo por eludir el mandato de Dios y llegó a tal grado de ineptitud moral que se convenció de que podía huir de su presencia. Tuvo que comprender, sin embargo, por medios más que dramáticos, que ni Jope ni las rutas marítimas que conducían a Tarsis eran extrañas para Dios. ¡El precio de su rebelión fueron tres días y tres noches en el vientre del gran pez!

Por supuesto Jonás se arrepintió y, en el capítulo 2 de su libro, tenemos su oración de contrición y confesión. En esa oración Jonás clamó en angustia luego de haber sido arrojado «a lo profundo, en medio de los mares» (2.3). Lamentó que, a causa de su maldad, se encontraba «rodeado por el abismo» con algas que se enredaban en su cabeza (2.5). Aunque su alma desfallecía y el hálito de vida parecía escapar de él, «me acordé de Jehová», fijando sus ojos en el templo donde el Señor había puesto su nombre (2.7) y reconociendo su necedad y pecado. Dios contestó liberando al profeta.

En el salmo de arrepentimiento de Jonás (Jon 2.2-9), hallamos una breve declaración que habla directamente al tema que tenemos entre manos: «Los que siguen vanidades ilusorias, su misericordia abandonan». En otras palabras, el pecado es seductor y destructivo.

El pecado: Engañoso y delicioso.

Hablando de la naturaleza seductora del pecado, Jonás reconoció que había «observado vanidades ilusorias». El verbo hebreo traducido como «observar» significa «entregarse a», «dedicarse uno mismo a».[13] Esto sugiere una determinación inquebrantable o adherirse firmemente a algo a pesar de influencias que mueven a hacer lo contrario.[14] La vanidad ilusoria que repicaba en Jonás era «un falso amor por su país; no quería que su pueblo fuera en cautividad cuando Dios sí lo deseaba ni que Nínive, el enemigo de su país, fuera preservado».[15] Pero la frase «vanidades ilusorias» es más genérica, pues abarca «todas las cosas que los hombres transforman en ídolos u objetos de confianza».[16]

Objetos humanos contrarios a la voluntad de Dios son «vanidades ilusorias»; vacías, no pueden brindar satisfacción; mentirosas, prometen paz y seguridad, pero sólo traen miseria y dificultades horribles. Eso halló Eva, eso encontró Faraón, eso halló Israel cuando corrió tras las sendas de los paganos. Lo mismo le ocurrió al propio Jonás. Lo mismo

---

13. S.C. Burn, *The prophet Jonah* [El profeta Jonás], Houghter y Stoughton, Londres, 1880; reimpreso en Minneápolis por Klock & Klock, 1981, p. 130. Compárese la representación de Pusey acerca del verbo como significando «vigilar con diligencia, brindar deferencia o cortesía a», en E. B. Pusey *The Minor Prophetes: A Commentary* [Los profetas menores: Un comentario], Baker, Grand Rapids, 1950 1:410.

14. El verbo es *shamar*: «mantener, guardar, observar, prestar atención». Austel declara que la idea básica de la raíz es «ejercer gran cuidado sobre» y que esto significa «puede ser visto como fundamento de las diversas modificaciones semánticas observadas en el verbo». *Shamar, Theological Wordbook of the Old Testament* [Libro de palabras teológicas del Antiguo Testamento], de H. J. Austel Moody, Chicago, 1980, 2:939. Pusey enfatiza que el verbo significa algo más que un mero *hacer* vanidades: tiene que ver con «aquellos que observan, guardan vanidades, o mentiras; aquellos en cuyos corazones han entrado esas vanidades; aquellos que no sólo hacen vanidades, sino que las cuidan y las aman como si hubieran hallado un tesoro». Pusey, *Minor Prophets* [Profetas menores], 1:410.

15. Pusey, *Minor Prophets*, [Profetas Menores], 1:410. Cuando conocemos algo de la crueldad y la codicia de Asiria comenzamos a entender la ansiedad de Jonás por ver ese país destruido, pero esto no reduce su culpabilidad por su rebelión y su fuga.

16. C.F. Keil, *The Twelve Minor Prophets* [Los doce profetas menores], *Biblical Commentary on the Old Testament* [Comentario Bíblico del Antiguo Testamento], ed. C. F. Keil & F. Delitzsch, Eerdmans, Grand Rapids, 1949, 1:403. Hay cierto desacuerdo acerca de qué

hallarán todos cuantos abandonen la fuente de aguas vivas para cavar para sí cisternas rotas que no retienen aguas. Objetos mundanos destinados a ofrecer felicidad fuera de Dios son en verdad «vanidad de vanidades».[17]

En relación con la naturaleza destructiva del pecado, Jonás reconoció en su oración que, por adherirse a falsedades huecas que se sirven a sí mismas, había abandonado su «propia misericordia», había perdido su derecho a la bondad y la gracia que por largo tiempo Dios había derramado sobre él.

En Dios hay salvación; fuera de Él sólo hay destrucción. Hay algo asombroso en la maldición descrita aquí, que recae sobre aquellos que, cuando el Salvador puede ser hallado, le vuelven sus espaldas para buscar y servir a otros dioses. De los tales se dice que han «abandonado su propia misericordia». Actúan en contra de sus más altos intereses; rechazan su más rica bendición y reniegan del amigo más confiable.[18]

Keil desarrolla el mismo pensamiento respecto a la advertencia de Jonás sobre «abandonar la propia misericordia de uno»:

El alma del hombre no puede satisfacerse con algarrobas. Para los siervos de Dios, ir tras ellas es abandonar su propia misericordia. Es por eso que el pródigo cambia la casa del Padre por una sociedad de libertinos y prostitutas: «Muchos dolores habrá para el impío; mas al que espera en Jehová, le rodea la misericordia» (Salmos 32.10). El camino del deber será siempre el camino de la paz, la seguridad y el bienestar; rechazar el deber es un seguro anticipo de problemas; una mala conciencia nunca será presagio de dulce alegría.[19]

---

era lo que Jonás estaba criticando: Si la religión idólatra de los paganos que lo habían arrojado por la borda o su propia maldad por haber resistido a Dios. El hecho de que el sustantivo «vanidades» se aplica algunas veces a los ídolos se emplea como un argumento a favor de la interpretación de que Jonás tenía puesta su atención en los rituales paganos de los marineros. Pero el espíritu de su oración demuestra que aquí está hablando de su propio pecado. Tal vez la referencia a «vanidades ilusorias» incluye el reconocimiento de que, al resistir a Dios, estaba tratando su propio deseo de que Nínive fuera destruida, como un ídolo que debía ser adorado.

17. G. T. Coster, «Jonas», en *The Pulpit Commentary* [Comentario para el púlpito], ed. H. D. M. Spence & J. S. Exell, 22 volúmenes, Eerdmans, Grand Rapids, 1958, p. 55.

18. J. R. Thomson, «Jonas», en *The Pulpit Commentary*, ed. H. D. M. Spence y J. S. Exell, 22 volúmenes, Eerdmans, Grand Rapids, 1958, p. 47.

19. Keil, *Minor Prophets* [Profetas Menores], p.403.

La significación, pues, de la confesión de Jonás, es simplemente esta: Aquellos que tercamente se apegan a mentiras seductoras, se privan a sí mismos de la misericordia y la bondad que Dios anhela derramar en abundancia sobre ellos. Desde el seno del Seol (2. 2), Jonás reconoció en su actitud de terquedad una maldad que deshonraba a Dios y una necedad destructora para su alma por lo que se arrepintió.

«Vanidades ilusorias»: Huecas mentiras al servicio de sí mismas.

Jonás obedeció a una mentira. Una mentira doble: 1) Él creía que su deseo de que Nínive fuera destruida era más digno que el de Dios de que la ciudad se arrepintiera; y 2) Creía que él podía huir de la «presencia de Jehová» (1.3). Resulta difícil admitir que Jonás haya *creído* esa mentira; después de todo, era un verdadero profeta de Dios (2 R 14.25). Francamente es un desafío a la credulidad pensar que este profeta haya creído que su deseo pudiera exceder al mandato de Dios en dignidad e importancia o que haya concebido conscientemente a Jehová como una divinidad local tan limitada por el espacio que alguien pudiera huir de su presencia al tomar un barco. Pero el tema de si Jonás realmente creía o no esa mentira y si conscientemente habría afirmado la credibilidad de los reclamos de ésta, es algo discutible; el hecho histórico, registrado en las Escrituras, es que obedeció a la mentira. Jonás confesó que, a causa de sus propios deseos («vanidades ilusorias»: mentiras vacías que se sirven a sí mismas) se rindió a sí mismo a tal necedad espiritual que obró como si la mentira hubiera sido verdad («aquellos que observan»: se adhieren a, abrazan y abrigan a pesar de todas las influencias hacia lo contrario) y así atrajo sufrimiento sobre sí mismo.

La aterradora experiencia espiritual de Jonás es esta: El poder de una mentira no radica en su credibilidad inherente sino en la atracción que ejerce. El asunto moral primordial en esto no radica en si la gente creerá una mentira sino en si la obedecerá. El padre de mentira aprendió en el Jardín que una mentira casi absolutamente increíble («el día que de él comiéreis[...] seréis como dioses») resultará seductora si es lo suficientemente deslumbrante («bueno para comer[...] agradable a los ojos[...] deseable para alcanzar la sabiduría»). En síntesis, una mentira es potente no porque sea engañosa sino porque es deliciosa.[20]

---

20. Compárese la observación de Elifaz de que el hombre «bebe iniquidad como agua» (Job 15.16); la sentencia de Salomón: «Como perro que vuelve a su vómito, así es el necio que repite su necedad» (Pr 26.11, citado en 2 P 2.22); la reprensión de Jeremías a sus contemporáneos porque sus pies «se deleitaron en vagar» (Jer 14.10); la aplicación de la triste experiencia de Oseas al reprender a sus compatriotas porque «dirigieron sus deseos hacia su iniquidad» (Os 4.8); la reprensión de Jesús porque ellos «amaron más las tinieblas que la luz porque sus obras eran malas» (Jn 3.19); y la declaración de Pablo de que la gente

Para arribar al mismo punto desde una perspectiva diferente, una mentira sólo resulta efectiva a causa de nuestra propia predisposición; porque, como criaturas caídas, somos tan proclives a ceder a nuestros propios deseos que podemos entregarnos a una necedad espiritual tan grande como obedecer a una mentira que, conscientemente, jamás afirmaríamos. Pero esa disposición egoísta es invariablemente destructiva. Cuando alguien resuelve abandonar una verdad conocida por abrazar una mentira seductora, está abandonando la misericordia de Dios. Este es el testimonio del profeta Jonás.

Cualquiera que aconseje, por la naturaleza de su ministerio, tendrá que confrontar a personas que han obedecido a mentiras seductoras y han abandonado su fuente de misericordia. Han cedido a mentiras debido a su predisposición egoísta. En otras palabras, han rechazado un enfoque en Dios en favor de un enfoque en sí mismas y el resultado ha sido la destruccion espiritual, emocional, física y de sus relaciones. Están viviendo en medio de Jonás 2.8 pero su única esperanza se halla en Jonás 2.9. Han puesto sus ojos sobre sí mismas y han introducido estrago en sus vidas. Debemos confrontarlas con su maldad y desafiarlas a poner sus ojos en Dios, a obedecer sus leyes, a vivir sus vidas para su gloria y en esto, a confesar y experimentar que ¡La salvación es del Señor!

Mentiras ilusorias en la consejería cristiana.

La tragedia en el mercado contemporáneo es que muchos modelos de consejería cristiana están basados sobre teorías más exactamente incluidas en el error de Jonás 2.8 («vanidades ilusorias») que bajo la verdad de Jonás 2.9 («¡La salvación es del Señor!»). A sabiendas o no, algunos consejeros han probado ser ciegos guías de ciegos; se han adherido a nociones que halagan los oídos pero que no son bíblicas y deshonran a Dios; nociones que sólo hacen que la gente se sienta más cómoda en sus maldades.

Es deprimente ver el catálogo de «vanidades ilusorias» que se han insinuado a sí mismas en diversos modelos de consejería «cristiana»: modelos que legitiman una preocupación narcisista por el ego; modelos que han fabricado una dimensión de la siquis humana que no puede probar su existencia pero a la que debe reconocerse el insidioso efecto práctico de convertir a individuos en víctimas de fuerzas por las cuales no pueden ser contados como responsables, negando así que la persona es moralmente

---

sería engañada por el hombre de pecado «porque no creyeron a la verdad, sino que se complacieron en la injusticia» (2 Ts 2. 10,12). El inequívoco testimonio de las Escrituras es que la raíz que causa el pecado no es confusión sino rebelión; que la gente obedece a impulsos perversos no porque esos deseos parezcan moralmente nobles o espiritualmente creíbles sino porque sus corazones aman hacer el mal (Ro 1.18-25).

responsable por la forma en que actúa, piensa o siente; modelos que convalidan la noción de que las criaturas finitas tienen derecho a estar ofendidas con el Juez infinito del universo (quien, en realidad, nos asegura que Él obrará correctamente, Gn 18.25), y que puede haber beneficio espiritual y terapéutico al expresar esa actitud de ira contra Dios; modelos que hablan de sanidad emocional y crecimiento en relaciones y madurez mientras deliberadamente eluden toda apelación al Espíritu Santo o a las gracias que Dios nos otorga.

¡Todas ellas son mentiras! Ellas no mueven a nadie a operar dentro de una perspectiva escritural, pero en razón de que hacen sentirse bien a la gente en sus pecados, son extremadamente seductoras. Además, en razón de que es una realidad fija del mundo moral que todos los que observen vanidades ilusorias, *siempre* abandonarán su propia misericordia, estas mentiras son también destructivas.

Tanto para el consejero como para el aconsejado, el medio de contrarrestar estas mentiras destructivas es contraer un compromiso práctico y consciente de hacer de la gloria de Dios el foco de nuestra existencia. Este fue el descubrimiento liberador del profeta Jonás. Cuando puso su mira en sus deseos egoístas, se encontró a sí mismo en un desorden. Pero cuando reconoció lo destructivo de su predisposición egocentrista, cuando confesó el carácter esclavizante de las vanidades ilusorias que había abrazado, cuando reconoció que por adherirse a esas mentiras había abandonado la bondad de Dios y atraído destrucción sobre sí, Jonás halló liberación. Millones han seguido su ejemplo: personas que felizmente confesarían que toda la gloria y la alabanza por su liberación pertenece sólo a Dios.

DINÁMICAS DE LAS PARADOJAS ESPIRITUALES DE JESÚS

Ya en los dieciocho meses de su ministerio en Galilea, cuando la oposición había crecido dramáticamente y parecía que su tiempo era corto, Jesús llamó a los doce hombres que había investido como apóstoles. Él les había revestido de poder para obrar milagros como prueba de esa investidura y luego los envió a predicar, diciendo «El reino de los cielos se ha acercado» (Mt 10.7). Anticipando las dificultades que podrían encontrar, el Señor los equipó con una promesa tan enigmática como bendita. Fue una promesa paradójica, a la vez el más rudimentario principio gobernante del universo moral, conforme fue estructurado por Dios, y la más grande piedra de tropiezo para los mortales que insistían en definir el universo moral basados en débiles perspectivas y valores humanos distorsionados. ¿Cuál fue esa promesa paradójica? «El que halla su vida, la perderá; y el que pierde su vida por causa de mí, la hallará» (Mt 10.39).

En otras tres ocasiones registradas en los evangelios, Jesús proclamó este mismo principio. Algunas semanas después que el Señor había autorizado a sus apóstoles, viajó con ellos a una remota área llamada Cesarea de Filipos. Allí les dijo por primera vez que tendría que padecer mucho de los líderes judíos y morir (Mt 16.21). Los discípulos quedaron espantados. Luego Jesús siguió esta triste revelación con la advertencia de que ellos también deberían estar dispuestos a tomar su cruz, negarse a sí mismos y seguirle (Mt 16.24; Mc 8.34; Lc 9.23). Como parte de ese desafío, Jesús dijo:

> Porque todo el que quiera salvar su vida, la perderá; y todo el que pierda su vida por causa de mí y del evangelio, la salvará.
>
> Marcos 8.35

Nuevamente, en mitad de su viaje final a Jerusalén para la fiesta de la Pascua, Jesús confrontó a sus antagonistas, los fariseos, con esta advertencia velada.

> Todo el que procure salvar su vida, la perderá; y todo el que la pierda, la salvará.
>
> Lucas 17. 33

Por último, durante la semana final de la pasión, Jesús se dirigió a «ciertos griegos» que habían expresado su deseo de verle. Contemplando su próxima muerte, les dijo:

> El que ama su vida, la perderá; y el que aborrece su vida en este mundo, para vida eterna la guardará.
>
> Juan 12.25

Nuestro Señor pronunció estas duras sentencias por lo menos en cuatro diferentes ocasiones, mientras se dirigía a tres distintas audiencias. Para humanos finitos, estas son palabras difíciles, en el mejor de los casos, paradójicas y, en el peor, carentes de sentido. Pero son, en realidad, palabras del Salvador mismo y comunican una verdad central en sus enseñanzas de cómo vivir con éxito.

Perder la vida es hallarla

Para comprender la promesa de Cristo necesitamos considerar dos matices de la palabra *vida* que están en juego.[21] La advertencia es que,

---

21. En cada uno de estos pasajes, la palabra traducida «vida», es *psyche*, el término griego que la mayor parte de las veces es traducido como «alma». La referencia no es al alma/espíritu (el aspecto inmaterial humano) como opuesto al cuerpo (el aspecto material);

cualquiera que desee salvar su vida (temporal, material) la perderá (bendición eterna). La promesa es que, cualquiera que esté dispuesto a perder su vida (temporal) por amor del Señor, en realidad, hallará la vida (aspectos eternales). Es más, Hort sostiene que «estos dichos "paradójicos" obtienen su punto del hecho de que los hombres llaman "vida" a lo que en realidad no es verdadera vida: «El que quiere salvar su vida (vida en el sentido más estricto), perderá su verdadera "vida" (vida en el sentido más elevado).[22] Morison reconoce la misma distinción; parafrasea la advertencia: «El que se aferre a la sombra, perderá la sustancia».[23]

La declaración es, pues, paradójica sólo porque la gente no comprende en qué consiste la verdadera vida. Están totalmente convencidos de que la vida consiste en las cosas que poseen; cuando Jesús sostuvo exactamente lo contrario (Lc 12.15). Viven bajo el error de creer que la satisfacción radica en lograr metas, fama, ejercer poder y amasar riquezas; Jesús simplemente declaró que «bienaventurados son los que tienen hambre y sed de justicia, porque ellos serán saciados» (Mt 5.6). El materialista que está persuadido de que la felicidad y la satisfacción se encuentran en el mundo presente, es movido por la fuerza resultante de su errada lógica de poner sus ojos en este mundo.

Pero la dinámica de la paradoja espiritual de Jesús nos constriñe a apuntar hacia la gloria de Dios más que a la gratificación de nuestros propios deseos. La razón de tal ética no egocéntrica es tan simple al ojo de la fe como es de inescrutable para el hombre natural; esto es tan inspirador para alguien movido por el Espíritu Santo como es repugnante para alguien bajo el control de la carne. Tal exposición razonada, es simplemente esto: «¡Quienquiera pierda su vida por amor de mí y del evangelio, la salvará!» En otras palabras, el único medio de hallar una vida feliz y fructífera, es entregar nuestro ego a Dios («Por causa de mí») y a otros («por causa del evangelio»).

Podría argumentarse que en esta ética hay un egocentrismo latente; que entregar la vida con el fin de obtenerla de nuevo es recuperar el egoísmo que rendimos anteriormente. Pero este argumento es basado en la noción errónea de que Dios se disgusta si la gente es feliz; que Dios desea que sea miserable; es decir, que es moralmente inconveniente para alguien anhelar o esforzarse por la felicidad. En realidad, Dios es bueno, amante

---

más bien, Jesús se está refiriendo al «principio de la vida en general». F. J. A. Hort, *Expository and Exegetical Studies* [Estudios Expositivos y Exegéticos], Klock & Klock, Minneápolis, 1980, Kregel Pub., Grand Rapids, 1987, p. 122.

22. *Ibid.*

23. J. Morison, *A Practical Commentary According to St. Matthew* [Un comentario práctico sobre el Evangelio según San Mateo], Bartlett, Boston, N. J. 1884; reimp. en Minneapolis, Klock & Klock, 1981, p. 291.

y anhela ardientemente que sus criaturas encuentren la satisfacción para el alma que él ha provisto para ellos. El testimonio inequívoco de las Escrituras es que Dios anhela que toda persona encuentre contentamiento. En verdad, Él amó de tal manera al mundo que dio a su propio Hijo para proveer paz y satisfacción al alma. La maldad radica no en el deseo de hallar satisfacción, sino en la determinación de hallarla a expensas de los patrones y mandatos del Señor. Dios tiene un deleite inmensurable en aquellos que deciden obedecerle y, por medio de tal obediencia, disfrutan esa paz que excede todo entendimiento.

Enfoque en Dios

Así, nuevamente vemos la necesidad de que, en el ministerio de la consejería, se mantenga el enfoque en la gloria de Dios. La tragedia sobrevendrá ciertamente sobre la gente que vive cada día en un intento por hallar satisfacción, ¡porque en ese mismo esfuerzo la perderán! Cuando estos enfermos espirituales vengan a nosotros por consejo, debemos animarles a honrar la dinámica de la paradoja espiritual de Jesús; es decir, corregir su enfoque, poner su mira, ante todo, en Dios, luego en quienes están a su alrededor y, finalmente, ordenar sus vidas por caminos consecuentes con ese enfoque. Lamentablemente, el efecto de buena parte de la consejería actual es reforzar en el aconsejado el enfoque sobre sí mismo. Para justificar esta estrategia se intentan acrobacias exegéticas y teológicas; pero si esos esfuerzos no son resistidos, este consejo es doblemente penoso: Está explícitamente condenado por las Escrituras y es desastroso para el aconsejado.

Cuánto más sabio y de honra para Dios es reconocer la autoridad de la persona de Jesús así como la verdad de sus palabras y probar el poder transformador de la paradoja que nos dio.

> El camino de autocrucifixión y santificación puede parecer necedad y desperdicio para el mundo, tanto como sembrar la buena semilla de maíz parece un desperdicio al niño y al tonto. Pero jamás vivió el hombre que no halló que, por sembrar para el Espíritu, cosechó vida eterna.[24]

En síntesis, el espíritu del consejero bíblico debe ser como el que mostró el salmista David: «Exaltado seas sobre los cielos, oh Dios; sobre toda la tierra sea tu gloria» (Salmo 57.5). En verdad, la primera meta del consejero debe ser ver este mismo espíritu funcionando como el control

---

24. J.C. Ryle, *Expository Thoughts on the Gospels: John* [Los Evangelios explicados: Juan], Artic Press, Greenwood, S.C. 1965, 2:333.

de las actitudes en la vida del aconsejado. Sólo cuando el corazón de una persona es desbordado por el deseo que expresó el salmista y se derrama en la oración: «Exaltado seas, oh Dios», va a conocer la paz que Dios anhela dar a sus hijos.

Las realidades del universo moral demandan que viva mi vida en todos sus aspectos para honrar a Dios antes que a mí mismo; después de todo, Dios es Dios y no yo! Pero la más profunda necesidad de mi alma también me constriñe a honrar a Dios como Dios, someterme a sus reglas y amar su instrucción; sólo cuando esté hambriento y sediento de justicia de esta manera, seré satisfecho. Como Tozer nos recuerda:

> Hay una lógica tras las declaración de preeminencia de Dios. Tal posición es suya con todo derecho en los cielos y en la tierra. Mientras tomemos para nosotros el lugar que sólo a Él pertenece, el curso total de nuestra vida será desarticulado. Nada podrá restaurar el orden mientras nuestros corazones no hagan la gran decisión: «Seas exaltado, oh Dios».[25]

---

25. A.U. Tozer, *The Pursuit of God* [La búsqueda de Dios], Christian Publications, Camp Hill, PN, 1982, p. 104.

Parte III

El proceso de la consejería bíblica

10

Cómo desarrollar una relación adecuada con los aconsejados

Wayne A. Mack

La consejería bíblica existe para resolver los problemas de la gente. Tiene por fin descubrir las causas de sus problemas y aplicar principios bíblicos a las mismas. Algunas veces, sin embargo, aun consejeros bien intencionados se equivocan por aconsejar sin haber cultivado el elemento clave en el proceso: *involucramiento*.[1]

Considere la técnica del consejero que se describe en [El manual del consejero cristiano], de Jay Adams:

> Clara viene a usted diciéndole que ha iniciado los trámites de divorcio en base a la crueldad mental y corporal.

---

1. Podríamos exponer en extenso la necesidad del consejero de un involucramiento personal con Cristo, porque sólo cuando tiene una íntima relación con el Señor puede aconsejar en forma eficaz (cf. Mt 7.3-5; Hch 4.13; 1 Co 11.1). Pero en este capítulo nos concretaremos a tratar sólo el compromiso del consejero con el aconsejado, un involucramiento que se intenta con el fin de desarrollar y mantener una fluida relación entre ambos. En última instancia y eminentemente, el fin de este involucramiento es mejorar el compromiso del aconsejado con Cristo. Esta dimensión vertical es lo que hace la diferencia entre la consejería bíblica y toda otra forma de consejería.

Viene a la tercera sesión y comienza diciendo: «Traté de traerlo, pero tenía *otras* cosas que hacer. Por supuesto, usted ya sabe cuáles son esas otras cosas, porque se las he mencionado todas».

«No deseo oír tales acusaciones a espaldas de Marty», contesta usted, «esta continua hostilidad hacia él, aunque dice que lo perdonó, parece indicar que usted ha hecho poco o nada por enterrar el asunto y comenzar de nuevo. Creo que usted no entiende lo que es perdonar, «Usted...»

«¿Perdonarlo? Usted sabe que hay un límite. Después que me golpeó, e inclusive después de haberse bebido nuestro dinero quizás; pero cuando llegué a casa y lo encontré en mi cama con esa mujer... ¡es imposible que entierre eso! Él es sólo un cerdo inmaduro, inmoral y brutal», afirma Clara.

Usted le dice que tendrá que cambiar su lenguaje acerca de su esposo; que usted está allí para ayudar pero no para socorrer su actitud de autojusticia ni para oír sus siempre crecientes acusaciones en contra de su esposo.

«¿Por qué se pone de parte de él? Yo soy quien pertenezco a esta iglesia», dice Clara y rompe a llorar.[2]

¿Por qué esta entrevista cayó en una situación casi sin esperanza cuando apenas había comenzado? Aunque tal vez la mayoría de lo que dijo el consejero era verdad, la sesión se agrió porque usó lo que yo llamo el método del mecánico de autos.

Cuando alguien deja un auto para un arreglo, el mecánico toma el manual, somete el auto a varias pruebas para determinar su problema y lo repara de acuerdo con el manual. Me temo que algunos consejeros actúan de esa manera. Sólo están interesados en averiguar cuál es el problema y lo que el libro dice acerca de él. Luego, inmediatamente tratan de solucionar el problema sin mayor interés por su relación con el aconsejado.[3]

Este método de consejería no sirve porque trata al aconsejado como si fuera un mecanismo; en cambio, el consejero bíblico procura ayudar a la *persona* completa. Esto no quiere decir, por supuesto, que debe ponerse el énfasis sobre la persona hasta el extremo de que sus problemas no sean considerados. Un cuidado e interés genuinos por el individuo deben movernos a tratar con él y con sus problemas. Lo que queremos decir es

---

2. Adaptado de Jay Adams, *The Christian Counselor's* Casebook [Manual del consejero cristiano], Zondervan, Grand Rapids, 1974, p. 186.

3. Lamentablemente, el consejero que hace esto presta validez a la crítica de que los consejeros bíblicos sólo se reducen a «arrojar versículos de la Biblia» o «Atragantar a la gente con Escrituras». Como veremos más adelante, este tipo de Consejería «Bíblica» es patentemente no bíblica.

que los consejeros no deben permitir que su actuación sea orientada exclusivamente hacia los *problemas*. Más bien deberían orientarse hacia la *persona* total. De esta manera, el tratamiento de los problemas que fluyan de este énfasis, será establecido en su contexto adecuado.

El consejero de Clara fracasó porque su método estaba excesivamente orientado hacia el problema. Aparentemente hizo muy poco por establecer una integración con su aconsejada. No intentó desarrollar una relación fluida que asegurara el interés de ella. Debió haber tomado tiempo para escucharla y simpatizar con el dolor que estaba experimentando; en cambio, de un salto la puso ante su pecado.[4] Casi inmediatamente ella lo vio como un enemigo u oponente más que como un aliado. Y tan pronto vio a su consejero de esta manera, ya todos sus consejos tenían poca significación para ella. No importa cuán verdaderas y apropiadas a su situación pudieran ser sus palabras, ella las hubiera rechazado.

Proverbios 27.6, dice: «*Fieles son las heridas del que ama*» y «el ungüento y el perfume alegran el corazón, y el cordial consejo del *amigo*, al hombre» (v. 9, énfasis agregado). Somos más receptivos al consejo de alguien que sabemos está con y por nosotros. Ellos pueden hablarnos con franqueza acerca de nuestros defectos y, aunque nos molestemos temporalmente, pronto entenderemos que sólo han estado tratando de ayudarnos porque tienen interés en nosotros. En cambio, si alguien a quien sentimos como un extraño o enemigo viene a criticarnos, nuestra tendencia es ponernos a la defensiva y sospechar de sus motivaciones.

En consejería, como en cualquier otra relación, debemos recordar que el grado de *nuestro impacto o influencia sobre la vida de las personas está generalmente en relación con cómo nos perciben*. Es por esto que el involucramiento es tan importante en el proceso de consejería. Usualmente resulta efectivo sólo cuando se ha establecido un nivel aceptable de identificación.[5]

Con esto en mente, permítasenos considerar tres modos en que podemos desarrollar involucramiento o identificación con los aconsejados. La relación que facilite la consejería debe ser edificada sobre la base de *la compasión, el respeto y la sinceridad.*

---

4. El pecado de Clara en tal situación era de máxima importancia y necesitaba ser tratado en el proceso de aconsejarla. Pero, por encarar las cosas en la forma que lo hizo, el consejero dejó en Clara la impresión de que él no consideraba como muy serio el pecado de su esposo; con esto inmediatamente creó una pared entre consejero y aconsejada a causa de la preocupación de ella con las acciones hirientes de su esposo.

5. Por supuesto, el consejero no puede hacer que el aconsejado lo vea como un amigo o aliado. Algunas personas con quienes trabajamos pueden estar tan predispuestas en nuestra contra que nada que hagamos revertirá esa actitud. Todo lo que podemos hacer en este caso es mostrarnos como personas que merecen su confianza y respeto.

INVOLUCRAMIENTO A TRAVÉS DE LA COMPASIÓN

La identificación se establece cuando la persona sabe que sinceramente nos interesamos por ella.

Dos ejemplos notables de identificación.

Jesús. Sin lugar a dudas, el más grande consejero de todos los tiempos ha sido nuestro Señor Jesucristo. Isaías 9.6 nos dice: «Y se llamará su nombre Admirable, Consejero» y que sobre Él reposaría «espíritu de sabiduría y de inteligencia, espíritu de consejo y de poder» (11.2). Una de las claves del éxito de Jesús como consejero fue su intensa compasión por hombres y mujeres, la que salta a la vista a través de los relatos de su vida y su ministerio. El libro de Mateo 9.36 nos dice que «Al ver las multitudes, tuvo compasión de ellas; porque estaban desamparadas y dispersas como ovejas que no tienen pastor». Jesús sufría al ver las multitudes necesitadas. Sentía y tenía cuidado por ellas. Todos sus intentos de ayudar a resolver sus necesidades estaban impregnados de su compasión (Mt 9.35, 37-38). Lejos de ser un consejero tipo mecánico de autos, de corazón frío, que encara los problemas y trata a la gente como números estadísticos, Jesús era motivado por la compasión por los demás.

Marcos 3.1-5 dice que cuando Jesús vio en la sinagoga a un hombre con la mano seca, miró a los fariseos con enojo y tristeza por la dureza de sus corazones. Mostró compasión por el hombre sanándole de su mal.

Un joven rico vino un día a Jesús buscando vida eterna, pero se volvió sin ella porque estaba muy apegado a sus riquezas. Marcos 10.21 dice que Jesús, «mirándole, le amó». Aun cuando tuvo que decir a alguien algo que no le gustaba, Jesús lo hizo con compasión.

Un día caminaba con sus discípulos cuando, de pronto, se encontró con un cortejo fúnebre (Lc 7.11-15). Había muerto el único hijo de una viuda y Jesús se detuvo para consolarla: «Y cuando el Señor la vio, se compadeció de ella y le dijo: No llores». Luego resucitó a su hijo.

La compasión arrancó a Jesús lágrimas de dolor y tristeza. Lucas 19.41 registra que lloró sobre Jerusalén cuando predijo el próximo juicio que Dios traería sobre ella. En Jn 11.33-35, cuando vio el intenso dolor de María por la muerte de Lázaro, «se estremeció en espíritu y se conmovió[...] y lloró». María, y cuantos otros con quienes Jesús tuvo contacto durante su ministerio, supieron cuánto interés tenía Él por ellos. Esta fue una de las cualidades que hizo de Él un Consejero Admirable. No se dedicó a observar los problemas y dispensar trivialidades, ejemplificó la compasión que todo consejero necesita.

Pablo. Otro consejero compasivo fue el apóstol Pablo. Muchos creen que sólo fue un decidido defensor de la fe y un teólogo brillante pero no entienden que fue un hombre compasivo que se preocupaba profundamente por la gente. En Hechos 20.31 recuerda a los ancianos de Efeso: «Por tanto, velad, acordándoos que por tres años, de noche y de día, no he cesado de amonestar con lágrimas a cada uno». El vocablo griego «amonestar» puede también ser traducido como «aconsejar» y con más frecuencia significa «corregir o advertir». Aun cuando tenía que reprenderles por su pecado, sus lágrimas mostraban su corazón auténticamente cuidadoso y amante.

El amor de Pablo por sus compatriotas judíos se muestra asimismo en Romanos 9.1-3. Allí dice: «Verdad digo en Cristo, no miento, y mi conciencia me da testimonio en el Espíritu Santo, que tengo gran tristeza y dolor en mi corazón. Porque deseara yo mismo ser anatema, separado de Cristo, por amor a mis hermanos, los que son mis parientes según la carne». ¡Pablo estaba dispuesto a ser quemado en el infierno si con ello salvara a otros judíos! Seguramente usted y yo tenemos un largo camino que recorrer antes que podamos mostrar semejante clase de compasión.

En 2 Corintios 2.4, Pablo hace referencia a una carta de fuerte amonestación que había tenido que enviar antes a la iglesia: «Porque por la mucha tribulación y angustia del corazón os escribí con muchas lágrimas, no para que fueseis contristados, sino para que supieseis cuán grande es el amor que os tengo». Más adelante, luego de hablar de «la diaria preocupación» que se agolpaba sobre él por las iglesias, dice: «¿Quién enferma y yo no enfermo? ¿A quién se hace tropezar y yo no me indigno?» (2 Co 11.28-29). Pablo se identificaba a tal punto con los problemas y debilidades de sus «aconsejados» que parecía que él mismo los sufría.

La iglesia en Tesalónica recibió una especialmente conmovedora expresión del amor de Pablo por ella: «Antes fuimos tiernos entre vosotros, como la nodriza que cuida con ternura a sus propios hijos. Tan grande es nuestro afecto por vosotros, que hubiéramos querido entregaros no sólo el evangelio de Dios, sino también nuestras propias vidas; porque habéis llegado a sernos muy queridos» (1 Ts 2.7-8).

Pablo se preocupaba por la gente y ésta lo sabía. Su corazón fue «ensanchado» por ella (2 Co 6.11). Esta es la razón por la que pudo ser tan estricto en señalarles sus defectos sin alienarlos. Si hemos de ser consejeros eficientes, debemos tener esta misma clase de compasión.

Cómo desarrollar una genuina compasión.

Tal vez usted se está preguntando si tiene la clase de compasión que tuvieron Jesús y Pablo o cómo hacer para desarrollarla. Gracias al Señor, la Biblia no se reduce simplemente a darnos esos ejemplos, sino que nos dice cómo emularlos. Las siguientes sugerencias acerca de cómo desarrollar compasión por otros son tomadas de las Escrituras:

Piense cómo se sentiría si estuviera usted en el lugar del aconsejado. Muchos pasajes referidos a la compasión de Jesús, dicen primero que Él «vio» a la gente o que «miró sobre ella». Por ejemplo, Mateo 9.36, dice: «Y al *ver* las multitudes, tuvo compasión de ellas» (énfasis agregado). Y el relato del dolor de la viuda declara: «Y cuando el Señor la *vio*, tuvo compasión de ella» (Lc 7.13).[6] Estos versículos indican que Jesús miró atentamente a otros que experimentaban dificultades; se colocaba en su lugar y procuraba sentir lo que ellos sentían. Su compasión surgía de su simpatía. Hebreos 4.15 nos dice que actualmente «tenemos en los cielos a alguien que puede compadecerse de nuestras debilidades».

Volvamos al caso de Clara. Ella concluyó rápidamente que su consejero no simpatizaba con ella. Todo lo que sintió de parte de él fue condenación. Él debió escuchar sus quejas y preocupaciones antes de tratar de entender sus sentimientos. Antes de responder, debió preguntarse a sí mismo: «¿Cómo me caería a mí si viniera a casa para encontrarme con una esposa que se ha gastado todo nuestro dinero en alcohol? ¿Cómo me sentiría con una esposa que me insulta, me araña y me arroja cosas? ¿Qué tal sería tener una esposa a la que no le importara lo que pienso ni lo que digo? ¿Cómo me caería llegar a casa y encontrar a mi esposa en mi cama con otro? ¿Cómo me sentiría? ¿Qué emociones experimentaría?»

Es aquí donde el proceso de consejería debe comenzar. Y aunque el problema del pecado debe ser considerado y resuelto, en muchos casos la consejería será estéril hasta que el consejero no demuestre al aconsejado la compasión de Cristo mediante una identificación con sus luchas.

Piense en el aconsejado como un miembro de su familia. Pablo, en 1 Timoteo 5.1-2, dice: «No reprendas al anciano, sino exhórtale como a padre; a los más jóvenes, como a hermanos; a las ancianas, como a madres; a las jovencitas, como a hermanas, con toda pureza. Cuando aconsejo, deliberadamente procuro pensar cómo trataría a uno de mis familiares más cercanos. Me pregunto, ¿cómo les hablaría? ¿Cómo actuaría si el que está sentado al otro lado del escritorio fuera mi padre, mi madre, mi hermano o hermana? En realidad, nuestros aconsejados *son* nuestros hermanos y hermanas espirituales y nuestro Padre celestial demanda que los tratemos como tales.

Piense en su propia pecaminosidad. Gálatas 6.1 instruye y recomienda a los consejeros: «Hermanos, si alguno fuere sorprendido en alguna falta, vosotros que sois espirituales, restauradle con espíritu de mansedumbre, *considerándose a ti mismo, no sea que tu también seas tentado*» (énfasis añadido). Cuando advertimos pecado en la vida del aconsejado, siempre debemos recordar que no somos inmunes y que podemos caer tan

---

6. Cf. Mt 14.14; Lc 10.33; Lc 15.20.

fácilmente como cualquier otro. Nadie ha hecho algo que nosotros no podríamos hacer si no fuera por la gracia de Dios. Si mantenemos esto en mente, evitaremos autojustificarnos o condescender con aquellos que han caído en pecado. En cambio les alcanzaremos usando compasión como hizo Jesús con la mujer adúltera (Jn 8.1-11).

Piense en maneras prácticas de mostrar compasión. En realidad, la compasión no es tanto una emoción como un acto de la voluntad. Aun cuando no tengamos ganas de mostrarnos amables con alguien, podemos, sin embargo, ser amables (cf. Lc 6.27-28). Con frecuencia, los sentimientos de amor por otros pueden seguir a una decisión de actuar de una manera que les agrade y los beneficie. Use las siguientes preguntas para determinar si usted está demostrando o no una auténtica compasión hacia sus aconsejados:

¿Les ha dicho que usted se preocupa por ellos? (Flp 1.8).

¿Ha orado con ellos y por ellos? (Col 4.12-13).

¿Se ha regocijado y entristecido con ellos? (Ro 12.15)

¿Ha tratado con ellos con gentileza y ternura? (Mt 12.20).

¿Ha usado la delicadeza con ellos? (Pr 15.23).

¿Ha tenido gracia al hablar con ellos? (Co 4.6).

¿Ha seguido amándolos y aceptándolos aunque hayan rechazado su consejo? (Mc 10.21).

¿Los ha defendido de aquellos que los maltratan y acusan? (Mt 12.1-7).

¿Los ha perdonado por cualquier cosa incorrecta que le han hecho? (Mt 18.21-22).

¿Ha estado dispuesto a suplir cualquier necesidad física si fuera necesario? (1 Jn 3.17).

INVOLUCRAMIENTO A TRAVÉS DEL RESPETO

La gente no sólo necesita saber que nos preocupamos por ella sino que las respetamos. El diccionario Webster define el respeto como una «deferente consideración» y «considerar a otros como dignos de honor». La Biblia encomia esta cualidad repetidas veces. Romanos 12.10 dice: «en cuanto a honra, prefiriéndoos los unos a los otros»; Filipenses 2.3 manda: «antes bien con humildad, estimando cada uno a los demás como superiores a él mismo»; y 1 Pedro 2.17: «Honrad a todos».

Volviendo una vez más al ejemplo de Clara, el consejero le falló miserablemente en este aspecto. Su conversación con ella sólo trasmitió falta de respeto, lo que, sin duda, fue la razón principal en la ruptura de la relación.

En los casos en que el aconsejado muestre poco respeto por el consejero, puede ser porque éste ha tenido igual actitud para con él. Este es un caso de cosechar lo que el consejero sembró. Así, pues, cuando aquellos que estamos tratando de ayudar no busquen guía en nosotros (como pensamos que deberían obrar), lo primero que debemos preguntarnos es: «¿Los habré honrado como Dios me manda?»[7]

Cómo mostrar respeto a un aconsejado

Hay varios medios de mostrar un respeto que ayude a establecer involucramiento con el asonsejado:

Use una adecuada comunicación verbal. Podemos mostrar respeto tanto en la forma que hablamos a nuestros aconsejados como en la que hablamos de ellos. En 2 Timoteo 2.24-25, Pablo dice: «Porque el siervo del Señor no debe ser contencioso, sino amable para con todos, apto para enseñar, sufrido; que con mansedumbre corrija a los que se oponen, por si quizá Dios les conceda que se arrepientan para conocer la verdad». Las Escrituras nunca aprueban palabras rudas o hirientes aun cuando uno esté hablando la verdad (cf. Ef 4.15). Proverbios 16.21, dice: «La dulzura de labios aumenta el saber» y «Panal de miel son los dichos suaves; suavidad al alma y medicina para los huesos» (v. 24). Por tanto, en la comunicación verbal es importante mostrar respeto al aconsejado.

Use una adecuada comunicación no verbal. Mostrar respeto abarca lo que decimos con nuestras bocas y lo que hacemos con el resto del cuerpo. Levítico 19.32, dice: «Delante de las canas te levantarás y honrarás el rostro del anciano». En el Antiguo Testamento, la etiqueta requería que un joven se pusiera de pie cuando una persona mayor entraba a la habitación. Esta era una manera silenciosa de decir: «Yo lo honro a usted; lo respeto». Tal comunicación silenciosa es tan importante para Dios hoy como lo fue entonces porque revela lo que pensamos del prójimo.

La siguiente lista nos ayudará a recordar algunos medios no verbales de mostrar respeto por un aconsejado:

a) Mire al aconsejado de manera que muestre que le está prestando toda su atención.

---

7. Por supuesto, no todo aconsejado responderá con el respeto debido aun cuando hayamos hecho cuanto podamos por mostrarle nuestro respeto. En algunos casos podemos estar tratando con personas que no tienen respeto por nadie. Pero aún así debemos ejemplificar un piadoso respeto por ellos y confiar que Dios usará nuestro ejemplo para convencerles de su propio orgullo.

b) No se ponga tenso. Relaje sus brazos, manos y hombros como si estuviera diciendo: «Estoy aquí para oír cualquier cosa que desee comunicarme. Usted tiene libre acceso a mí».

c) Inclínese ligeramente hacia adelante. Esto muestra interés en lo que la persona le está diciendo.

d) Mantenga un volumen y tono de voz que no resulte irritante ni difícil de oír. Siempre deje que su voz denote ternura y compasión más que enojo o irritación.

e) Contacto visual. Mire a la persona, especialmente cuando está hablando. No le clave la vista de manera que se sienta incómoda, pero muestre interés en lo que está diciendo por prestarle el máximo de atención.

f) Postura relativa. Coordine todos los movimientos de su cuerpo, cabeza y faciales de un modo que promuevan la comodidad del aconsejado. No esté tieso ni duro como un robot pero tampoco tan relajado que la persona crea que está a punto de dormirse.[8]

En todas estas formas de comunicación no verbal, mantenga un equilibrio de modo que el aconsejado no lo sienta ni rígido ni indiferente, pues cualquiera de estos sentimientos puede levantar entre ambos una pared que interferirá en el proceso de aconsejarlo.

Tome seriamente los problemas del aconsejado. Jamás minimice los problemas que le presenten sus aconsejados. Usted puede pensar: «Esto es tan trivial; ¿por qué están haciéndose un mundo de esto?» Pero, aunque para usted el asunto parezca trivial, puede ser extremadamente importante para ellos, pues de lo contrario no vendrían a tratarlo con usted. Cuando usted tome sus problemas seriamente, estará comunicando respeto. En cambio, si los toma livianamente, alienará a los aconsejados desde el principio y les quitará toda esperanza de recibir ayuda de su parte.

Confíe en sus aconsejados. 1 Corintios 13.7 dice que «el amor todo lo cree». Aplicado a la consejería, significa que, mientras los hechos no prueben lo contrario, deberíamos creer lo que los aconsejados nos digan. Deberíamos creer también que han buscado consejo porque desean agradar más a Dios. Una presuntiva sospecha es una actitud mundana, no cristiana (Flp 2.3).

Note lo que un libro de texto dice acerca del terapeuta gestáltico Fritz Perls:

---

8. Adaptado de *Gerard Egan The Skilled Helper: Model Skills and Methods for Effective Helping* [El ayudador competente: habilidades y métodos de ayuda eficaz], de Brooks/Cole, Monterey, 1986, pp. 76-77.

Perls[...] expresa su escepticismo acerca de quienes buscan terapia e indica que no muchas personas desean realmente dedicarse a la dura tarea que involucra el cambio. Como él señala: «Cualquiera que va a un terapeuta siempre tiene algo escondido en la manga. Podría decir que, tal vez un noventa por ciento, no van a un terapeuta para ser curados, sino para ser más adecuados en su neurosis. Si tienen sed de poder, desean obtener mayor poder[...] si les encanta ridiculizar, desean perfeccionarse más para hacerlo mejor, etc».[9]

Como creyentes no podemos tomar la consejería con una actitud tan cínica. Aunque a veces la gente viene a nosotros con una actitud no sincera, no podemos permitirnos pensar que son insinceros si no tenemos una buena razón.

Exprese confianza en el aconsejado. La iglesia de Corinto tenía más problemas que cualquier otra a la que Pablo haya escrito; sin embargo, les dice: «Me gozo de que en todo tengo confianza en vosotros» (2 Co 7.16). No importa cuántas debilidades tengan nuestros aconsejados, si son creyentes debemos mostrar la actitud de que confiamos en que responderán bien a nuestro consejo y crecerán a través de él.

La Escritura dice que «Dios es el que en vosotros produce así el querer como el hacer, por su buena voluntad» (Flp 2.13) y Jesús dijo: «Mis ovejas oyen mi voz[...] y me siguen» (Jn 10.27). De modo que debemos tener una actitud de confianza en que los creyentes responderán positivamente a las directivas de nuestro Señor. Y deberíamos comunicar tal confianza a nuestros aconsejados. Pablo mantuvo esta práctica con la gente. Aconsejó a los creyentes acerca de los serios problemas en sus circunstancias y en sus vidas; con una única excepción (la epístola a los Gálatas), su enseñanza, reprobación, corrección y admonición fueron acompañadas con expresiones de confianza y respeto.

Acepte las sugerencias de los aconsejados. Podemos mostrar respeto por nuestros aconsejados al pedirles que evalúen las sesiones y sugieran medios de mejorarlas. Podemos decirles: «Dios nos ha puesto juntos y Él no sólo desea usarme a mí en su vida sino también usarlo a usted en la mía». Esto también significa que debemos recibir cualquier sugerencia negativa sin ponernos a la defensiva ni irritarnos. Podemos ver el criticismo o las quejas como una oportunidad para modelar las respuestas piadosas que deseamos que nuestros aconsejados desarrollen en sus vidas.

Mantener confidencia. Un medio final de mostrar respeto a nuestros aconsejados es guardar su reputación tanto como sea posible sin desobedecer

---

9. Gerald Corey, *Theory and Practice of Counseling and Psycotherapy* [Teoría y Práctica de la consejería y la sicoterapia], Brooks/Cole, Monterey, 1977, p. 179.

a Dios. Lamentablemente, la confidencialidad no es siempre posible (o deseable) a la luz de los mandatos de Jesús. En Mateo 18.16-17, Él dice que si un hermano ha pecado y ha demostrado no estar dispuesto a oír un reproche privado, «toma aun contigo a uno o dos, para que en boca de dos o tres testigos conste toda palabra. Si no los oyere a ellos, dilo a la iglesia». Jay Adams agregó estos comentarios a tales versículos:

> La implicación de este requerimiento bíblico de buscar ayuda adicional a fin de amonestar a un ofensor es que los creyentes nunca deben prometer confidencia absoluta a ninguna persona. Frecuentemente la práctica de cristianos que creen en la Biblia es dar seguridades de absoluta confidencia, sin darse cuenta que están siguiendo una política que se originó en la Edad Media y es antibíblica...
>
> ¿Es correcto, entonces, rechazar toda garantía de confidencialidad en forma absoluta? No, la confidencialidad es asumida en la extensión gradual de la esfera que concierne a otras personas establecida en Mateo 18.15ss. Cuando usted lee las palabras del Señor en tal pasaje, recibe la impresión de que sólo como último recurso, cuando todo lo demás ha fallado, es que más personas deben ser llamadas a intervenir. Parece que lo ideal es mantener el asunto tan privadamente como sea posible...
>
> ¿Qué debemos decir entonces cuando alguien nos pide mantener un problema en confidencialidad? Debemos contestar: «Con gusto mantendré la confidencialidad en la forma que la Biblia me instruye. Esto significa, por supuesto, que nunca daré parte a otros en este asunto a menos que Dios me lo requiera». En otras palabras, no debemos prometer *absoluta* confidencialidad, sino más bien una confidencialidad acorde con los requerimientos bíblicos.[10]

La confidencialidad bíblica es esencial para edificar una relación de confianza entre consejero y aconsejado.

IDENTIFICACIÓN A TRAVÉS DE LA SINCERIDAD

El tipo de relación que deseamos establecer con nuestros aconsejados sólo puede existir cuando ellos saben que somos genuinos y sinceros. Pablo describe su ministerio como «no andando con astucia[...] sino por la manifestación de la verdad, recomendándonos a toda conciencia humana

---

10. Jay Adams, *Handbook of Church Discipline* [Manual de disciplina en la Iglesia], Zondervan, Grand Rapids, 1986, pp. 30-32. Véase también *The Limits of Confidentiality in Counseling* [Los límites de la confidencialidad en consejería], de George Scipione, Journal of Pastoral Practice [Periódico de práctica pastoral] 7, N° 2.

delante de Dios» (2 Co 4. 2). El expositor Philip E. Hughes escribió acerca de este versículo «Lejos de ser movido por astucia, interés propio o engaño, el ministerio de Pablo manifestaba la verdad mostrada y proclamada abiertamente (cf. 3.12s), de tal manera que nadie podría poner en tela de juicio la autenticidad y sinceridad de sus motivos».[11]

En nuestra consejería debemos ser como Pablo; sin programas ocultos ni motivos disfrazados, sino revelando claramente la verdad acerca de quienes somos (y aun lo que pensamos) a quienes procuramos ayudar.[12] Sólo entonces serán capaces de confiar en nosotros a lo largo del proceso.

¿Cómo podemos ser sinceros y honestos en nuestra consejería? La Escritura indica los siguientes métodos:

Sea sincero acerca de sus cualidades. Es fácil para los consejeros desfigurar sus credenciales a los aconsejados en un intento de ganar respeto y confianza. Pero aunque este motivo puede ser legítimo, el medio no lo es. Aun Pablo, el gran consejero, que tenía todo derecho a exhibir por todas partes su título de apóstol, con frecuencia se refería a sí mismo como «siervo de Jesucristo» (Ro 1.1; Flp 1.1; Tit 1.1; etc.). Deberíamos seguir su humilde ejemplo y presentarnos a nuestros aconsejados en una actitud similar. Ciertamente nunca debemos exagerar o de alguna manera engañarlos acerca de nuestras calificaciones. ¡Una relación de confianza será sumamente difícil si llegan a descubrir que le hemos mentido!

Sea sincero en cuanto a sus propias debilidades. Ser receptivo acerca de los problemas y luchas personales es para los consejeros un medio efectivo de demostrar sinceridad a los aconsejados. Pablo dijo a los Corintios: «Cuando fui a vosotros[...] no fui con excelencia de palabras o de sabiduría[...] y estuve entre vosotros con debilidad, y mucho temor y temblor» (1 Co 2.1-3). No se presentó a sí mismo como alguien que siempre tenía todas las virtudes reunidas. Fue sincero acerca de sus debilidades y temores. Cuando escribió de nuevo a los corintios, les dijo que, durante un tiempo de aflicción, él y Timoteo habían sido «abrumados sobremanera más allá de nuestras fuerzas, de tal modo que aun perdimos la esperanza de conservar la vida» (2 Co 1.8).

---

11. Philip E. Hughes, *The Second Epistle to the Corinthians* [La segunda epístola a los Corintios] en *The New International Commentary on the New Testament* [Nuevo Comentario Internacional del Nuevo Testamento], ed. G. D. Fee, Eerdmans, Grand Rapids, 1962, p. 124.

12. Esto no quiere decir, por supuesto, que debemos poner al corriente a nuestros aconsejados de todo cuanto nos concierna o revelar cuanto pensamos en cualquier momento. Sin embargo, una disposición a expresarle nuestros pensamientos y experiencias es un buen indicador de la pureza de nuestras actitudes para con ellos, para con nosotros mismos y para con Dios. Una reticencia a ser sinceros y transparentes, aun cuando sería oportuno y valioso, puede indicar orgullo o temor al hombre.

Este fue el hombre que, en 1 Corintios 10.13, dijo que Dios nunca permitiría que seamos tentados más allá de lo que podemos soportar. Sin embargo, admitió que hubo un tiempo cuando se vio bajo una carga tan grande que pensó que no podría soportarla. Esta es una de las razones por las cuales Pablo fue tan gran consejero: Fue capaz de proclamar la verdad firmemente sin dejar a la gente con la impresión de que era perfecto o incapaz de hablar de sus propias fallas (cf. Ro 7.14-25).

Por supuesto debemos tener cuidado de que nuestra apertura no resulte inadecuada en naturaleza y duración (no deseamos que nuestros aconsejados piensen que estamos más necesitados de consejería que ellos); no deberíamos invertir el tiempo desordenadamente hablando de nuestros propios problemas cuando los aconsejados han venido a recibir ayuda para los de ellos. Pero una apertura apropiada muestra una sinceridad que ayuda a establecer identificación. No importa lo que hagamos, nunca debemos pretender ser algo que no somos.

Sea sincero acerca de sus metas y su programa. Hablando en términos generales, es conveniente y oportuno hacer conocer a nuestros aconsejados, desde el comienzo, lo que estamos tratando de hacer y cómo pensamos hacerlo. Necesitamos ser sinceros en cuanto a nuestros métodos y patrones en consejería. Debemos dejar en claro que Dios y su Palabra son nuestras fuentes de autoridad. Debemos hacerles saber que ejercemos la consejería de esta manera porque estamos convencidos de que el modo divino de describir los problemas, identificar sus causas y proveer su solución es superior a cualquier otro.

A veces, hay quienes vienen a mí deseando que sus problemas sean rotulados, interpretados y solucionados sicológicamente. Mi frecuente respuesta a estos requerimientos es más o menos: «Deseo servirle y ayudarle, estoy totalmente convencido de que el mejor modo de hacerlo es hacerlo a la manera de Dios. Estoy resueltamente comprometido con las Escrituras como única autoridad porque creo que Dios sabe mucho mejor que nadie cuáles son nuestros problemas, por qué los tenemos y qué debemos hacer con ellos. Como cristiano convencido de que el modo de Dios de entender y tratar problemas no admite paralelos y porque deseo brindarle la mejor ayuda disponible, mi método se basará en las Escrituras. Si usted prefiere algo diferente, tendrá que recurrir a otro consejero. Por amor al Señor y a usted, no puedo aconsejarlo de ninguna otra manera». A través de los años, cuando he respondido a la gente en esta forma, la mayoría han apreciado mi sinceridad y han quedado para ser ayudados. Desde el comienzo mismo los aconsejados saben que seré sincero con ellos y esto fortalece nuestra relación.

Jamás debemos ser como muchos terapeutas no cristianos que ocultan sus intenciones y están jugando con la gente en su procura de que cambien. Jay Haley es uno de ellos:

Una tercera táctica, [en el método de consejería de Haley] es animar a una conducta usual. En este caso, la resistencia al consejo sólo puede resultar en un cambio. Por ejemplo, pedir a una dama dominante que se haga cargo de la familia, con frecuencia destaca su interacción y resulta en su deseado retroceso. Lo importante en el método de Haley es lo referente al control. Si el terapeuta anima a una mujer dominante a tomar el liderazgo, ella ya no dominará sino que seguirá sus instrucciones... Como el maestro Zen, el terapeuta induce el cambio en el cliente mediante el uso de una paradoja.[13]

Cualquier tipo de sicología revertida como esta, es inaceptable para el consejero bíblico porque sólo crea barreras a la deseada identificación con el aconsejado.

Sea sincero acerca de sus limitaciones como consejero. Cuando cometamos errores o no sepamos cómo proceder en un caso determinado, debemos admitirlo. Pablo dijo a los gálatas que estaba «perplejo» acerca de ellos (Gl 4.20; 2 Co 4.8) y en 2 Co 12.20 dice: «Temo que cuando vaya otra vez a vosotros mi Dios me humille delante vuestro». ¡Esto es ser sincero! Pablo sabía y admitió su falibilidad como ministro, reconocimiento que revelaba su sinceridad y movía a la gente a confiar en él.

¿Qué papel juega establecer una buena relación con el aconsejado en el proceso de consejería? Las Escrituras subrayan su importancia mediante la exhortación y el ejemplo y lo que enseñan, lo ilustra la experiencia en el aconsejar. Aquí, por ejemplo, tenemos una evaluación, hecha por una aconsejada, de algunos factores que consideraba más valiosos en su experiencia con la consejería:

> Para mí, el contenido de la consejería en sí fue, en muchas maneras, secundario. Con frecuencia fue la personalidad del consejero la que colocó el fundamento acerca de si podía o no confiar, aceptar y hacer lo que se proponía durante el proceso.
>
> Para mí fue un paso muy grande estar bajo la tutela de un hombre. Mi relación, tanto con hombres como con mujeres, había sido tan mala que ya no confiaba en nadie, aunque había sido peor con los hombres que con las mujeres. Un consejero debe ser digno de confianza. No entendí algunas de las cosas más difíciles en mi vida hasta mucho tiempo después de haber conocido a mi consejero. Mucho de eso fue simplemente porque necesitaba saber que, no importa lo que ocurra, puedo confiar en él. Había tenido muchas experiencias con personas que no me creían cuando les comentaba ciertas cosas que venían

---

13. Vincent D. Foley, *An Introduction to Family Therapy* [Introducción a la Terapia de Familia], Grune & Stratton, Nueva York, 1974, pp. 84-85.

ocurriendo en mi vida. Temía que todos, o la mayoría, fueran iguales y, por tanto, no podía confiar fácilmente en alguien. Necesité tiempo y ver que este consejero creía y confiaba en mí. No quiero decir que él no tuviera el derecho a cuestionar la validez de mi situación (y en efecto lo hizo) sino simplemente que necesitaba ver que sería aceptada, creída y depositaria de confianza.

En una ocasión abandoné la consejería y volví a deslizarme por el resbaladero; sin embargo, fue paciente conmigo. Simpatizó con mis heridas y, aun en medio de mis fallas, sentí su respeto que me ayudó a retomar la escalera ascendente. La credibilidad de mi consejero fue construida con sus esfuerzos por levantarme a todo lo largo del proceso; continuó amándome pese a que yo no había amado y había tratado de huir.

Había tenido un consejero que parecía sacar las respuestas de la manga. A veces respondía demasiado rápido y daba la impresión de tener un método envasado. Quedé con la impresión de que no percibía la dificultad existente ni el tiempo necesario para reedificar. En cambio mi nuevo consejero parecía mucho más sensible a mis propias heridas y, aunque no titubeaba en confrontarme con duras verdades, lo hacía de una manera que yo sabía, sin lugar a dudas, que me amaba y que se preocupaba por mí y por mi crecimiento en Cristo.

Otro elemento que necesité y busqué era saber si era o no aceptada. Aunque las cosas parecían ir de mal en peor, ¿aún me aceptaba? Esto no quería decir que pasara por alto cualquier cosa que yo había hecho o hacía. Tampoco significaba que nunca me hubiera amonestado, reprobado o llamado al arrepentimiento, pero sí que lo había hecho de un modo tan amante y con tanta gracia que estaba segura de tener en él a un amigo y no un enemigo. Esto significó también que mi consejero me apoyó cuando fue posible; supo encomiarme y cumplimentarme, tanto como desafiarme.

Como podemos ver por esta carta, quienes vienen en procura de consejo están frecuentemente escudriñando al consejero para ver si es alguien en quien se pueda confiar. Sólo si éste demuestra serlo, podrá establecerse una relación útil que hará del proceso una experiencia de mutuo beneficio.

Aunque a veces Dios escoge medios y personas inesperadas para llevar adelante sus propósitos, la Biblia enfatiza (y la carta de la aconsejada ilustra) que Dios usualmente cambia vidas en una situación donde existe una relación de interés y confianza entre el ayudador y la persona que necesita ayuda. Como consejeros bíblicos, debemos hacer cuanto podamos por envolver el contenido de nuestra consejería en un papel de compasión, respeto y sinceridad.

11

Infundir esperanza en el aconsejado

Wayne A. Mack

Un cambio bíblico no puede tener lugar en una persona si no hay esperanza, especialmente en las situaciones difíciles que debemos encarar como consejeros. Personas que han sufrido experiencias traumáticas como divorcio, la muerte de un ser querido o la pérdida del trabajo, necesitan esperanza. Personas que han soportado un mismo problema por largo tiempo, necesitan esperanza. Personas que sinceramente han tratado de solucionar sus problemas y han fracasado, necesitan esperanza. Personas que han complicado sus problemas iniciales con recetas no bíblicas, necesitan esperanza. Personas cuyos problemas han sido erróneamente descritos, necesitan esperanza y personas cuyas esperanzas se han disipado repetidamente, necesitan esperanza. Si deseamos ayudarles, debemos estar seguros de que inspiración y esperanza son elementos operantes en nuestro aconsejar.

EL ÉNFASIS BÍBLICO SOBRE LA ESPERANZA

No se puede subestimar el papel que juega la esperanza en el proceso de santificación. Considere lo que dice la Escritura acerca de sus muchas contribuciones en ese proceso:

La esperanza produce un gozo que permanece aun en medio de las pruebas más difíciles (Pr 10.28; Ro 5.2-3; 12.12; 1 Ts 4.13).

La esperanza produce perseverancia (Ro 8.24-25).

La esperanza produce confianza (2 Co 3.12; Flp 1.20).

La esperanza produce ministerio efectivo (2 Co 4.8-18).

La esperanza produce mayor fe y amor (Col 1.4-5).

La esperanza produce consistencia (1 Ts 1.3).

La esperanza produce creciente energía y entusiasmo (1 Ti 4.10).

La esperanza produce estabilidad (Heb 6.19).

La esperanza produce una más íntima comunión con Dios (Heb 7. 19).

La esperanza produce pureza personal (1 Jn 3.3).

Siendo que la Biblia hace tanto énfasis en el papel que la esperanza desempeña en el crecimiento espiritual, por lo tanto nuestra practica de aconsejar debe reflejar un marcado énfasis en la esperanza también.

CONTRASTE ENTRE LA VERDADERA Y LA FALSA ESPERANZA

La mayoría de los consejeros, tanto cristianos como no cristianos, entienden que las personas con problemas necesitan esperanza. Lamentablemente, sin embargo, la que muchos consejeros infunden es una falsa esperanza que descansa sobre un fundamento no bíblico que inevitablemente se derrumbará (Pr 10.28; 11.7). Es importante entender la diferencia entre esta falsa esperanza y la verdadera esperanza que describe la Biblia.

Características de la falsa esperanza.

La falsa esperanza se basa en ideas humanas tocantes a lo que es placentero y deseable. Muchas personas piensan que sus problemas desaparecerán si tan sólo logran lo que desean y a veces los consejeros las animan a tal error al prometer o insinuar que sus deseos serán satisfechos. Este es un serio error porque Dios nunca nos promete que obtendremos cuanto deseamos, como tampoco nos dice que obtenerlo nos hará felices. Con frecuencia, lo que deseamos *no* es lo mejor para nosotros y el método de «nómbrelo y reclámelo» sólo viene a complicar aún más nuestros problemas. Cuando cierta dama vino por consejo acerca de graves dificultades económicas, su consejero descubrió que sus problemas eran resultantes de esta manera de pensar. Había visitado una agencia de automóviles, caminó alrededor de un auto Lincoln Town Car siete veces; extendió sus manos hacia él y lo «reclamó» al Señor. Por supuesto, Dios no proveyó el dinero para pagarlo y ahora estaba en un serio problema financiero.

Es un ejemplo extremo, pero mucha gente se adhiere a este tipo de falsas esperanzas. Piensan: «Si pudiera casarme, mis problemas se solucionarían» o «Si pudiera obtener un mejor trabajo, viviría mucho mejor». Lamentablemente, los objetos de sus deseos son materiales antes que espirituales y temporales más que celestiales. En razón de que Jesús no prometió exención de tribulaciones en este mundo (Jn 16.33; cf. Stg 1.2-4), quedan desilusionados cuando no logran lo que querían.

La falsa esperanza se basa en una negación de la realidad. Una vez aconsejé a un joven que deseaba ser músico. Algunos de sus amigos lo animaban a perseguir este propósito porque no querían herirlo. Pero en realidad no tenía el más mínimo talento musical. Como consejero necesité encaminarlo en otra dirección antes que perpetuar una falsa esperanza en él.

También recuerdo a una joven cuyo esposo la había abandonado. Amigos bien intencionados le decían continuamente que estaban seguros de que iba a volver. Cuando me preguntó acerca de esto durante la sesión de consejo, tuve que decirle repetidas veces: «Yo no sé. Lo que sé es que Dios puede utilizar esto para hacer de usted una persona más útil para Él y, si esto sucede, usted se habrá beneficiado de esta situación. Ojalá pudiera asegurarle que su esposo va a volver, pero no puedo».

Una vez me dijo: «Todos mis amigos me dicen que mi esposo va a volver pero cada vez que vengo aquí, en lugar de animarme, usted me desalienta». Le pregunté por qué seguía viniendo a mí por consejos y me contestó: «Porque sé que me dirá la verdad». En lo íntimo de su corazón sabía que sus amigos estaban torciendo la realidad en un esfuerzo por animarla, pero esto no proveía verdadero aliento.

La falsa esperanza se basa en pensamientos místicos o de magia. A veces los creyentes colocan sus esperanzas en fantasías que carecen de asidero bíblico. Por ejemplo, el método de algunas personas para la devoción diaria es: «Un versículo por día deja al diablo fuera de la vía». Leen su Biblia cada mañana como un rito mágico para mantener fuera los problemas. Si un día faltan a su devoción, pasarán todo el tiempo en temor.

Por supuesto, lo ideal sería comenzar el día con Dios teniendo devociones por la mañana, pero recordemos que en ello no hay un poder místico. En realidad, la lectura de la Biblia, incluso su memorización, sólo beneficia cuando entendemos y aplicamos las Escrituras a nuestras vidas. Sólo la persona que «escudriña» y es un «efectivo hacedor» de la Palabra, será bendecida en lo que hace (Stg 1.25).

La falsa esperanza se funda en un concepto extrabíblico de la oración. Una de las preguntas en las hojas de datos personales que usamos en la consejería,[1] es: «¿Qué ha hecho usted acerca de su problema?» A veces

---

1. Veáse la muestra del formulario para Datos Personales, p. 407

la gente escribe que ha orado y nada más. Luego cuando hablamos, expresan su creencia de que orar es todo lo que Dios requiere. Un hombre que tenía un problema permanente con pecado sexual, estaba enojado con Dios porque no le había quitado el problema en respuesta a sus oraciones.

Este puede ser llamado el «método del zaguero» para la espiritualidad, le pasamos la pelota a Dios (en la oración) y esperamos que Él corra y haga el gol sin ayuda de nuestra parte. Pero tal método sólo crea falsas esperanzas porque Dios nunca prometió que podremos alcanzar la meta sin un esfuerzo intensivo (1 Ti 4.7b). Necesitamos sus fuerzas para el éxito (Jn 15.5), pero la oración por sí sola muy pocas veces solucionará nuestros problemas.

En Mateo 6.11, el Señor dijo que deberíamos orar: «El pan nuestro de cada día, dánoslo hoy». Pero en 2 Tesalonicenses 3.10, Pablo dice: «Si alguno no quiere trabajar, que tampoco coma». Estos mandamientos no son contradictorios porque, aunque oramos por lo necesario para vivir, no debemos esperar que nos caiga del cielo. Necesitamos trabajar con las fuerzas y la salud que Dios nos da. De otra manera, aun la esperanza que ponemos en la oración puede ser falsa si creemos que ésta, por sí sola, tendrá cuidado de todo.

La falsa esperanza se basa en una incorrecta interpretación de las Escrituras. Muchos creyentes padecen los errores de «eiségesis», es decir, la práctica de poner un significado personal a un texto en lugar de sacar el verdadero significado que le da el autor (exégesis). Otra manera de describir esta costumbre es «bibliomancia»; es decir, buscar guía y esperanza en versículos de la Biblia señalados al azar y asignarles significado sin considerar su contexto.[2] Este método lleva a una errónea comprensión de lo que la Biblia enseña o a una desilusión cuando las supuestas promesas no se hacen realidad.

Una mujer que había entrado en un asunto extramarital vino a mí por consejo y hallé que una de las causas conducentes a su pecado fue una falsa esperanza basada en una errónea interpretación de las Escrituras. Varios años antes, su padre había amenazado con dejar a su madre y ella había hallado refugio de sus temores leyendo Mateo 18.19: «Si dos de vosotros se pusieren de acuerdo en la tierra acerca de cualquier cosa que pidieren, les será hecho por mi Padre que está en los cielos». Esta señora halló una

---

2. Dos ejemplos clásicos de esto son las personas que abren la Biblia y leen el primer versículo sobre el cual caiga la vista o aquellos que abren la Biblia en cualquier parte y con los ojos cerrados, colocan su índice en alguna parte. Piensan que el versículo que tocaron es el que Dios quiere que lean para ese día o es el que Dios utiliza para hablarles. Las personas que hacen esto, a veces deben repetirlo varias veces porque su dedo cayó en un versículo totalmente inapropiado como, por ejemplo: «Un gomer es la décima parte de un efa» (Éx 16.36).

amiga cristiana que estaba de acuerdo con ella en que su padre debería permanecer en el hogar y oraron esperando que Dios obraría. Sus esperanzas fueron disipadas porque de todos modos su padre se fue. Para la mente de la mujer, Dios había fallado a su Palabra y esto dañó gravemente su fe. En su corazón fueron creciendo dudas y amargura hasta que, finalmente, rompió sus votos matrimoniales y se involucró con otro hombre.

Desafortunadamente, su esperanza se basaba en una errónea interpretación de la Escritura. Mateo 18.19 es parte de un pasaje que trata de la disciplina en la iglesia (vv. 15-20) y no tiene aplicación directa a la oración.[3] Dios nunca había prometido a esa señora mantener a sus padres juntos simplemente porque con su amiga se pusieran de acuerdo en oración. Mostrarle que su esperanza había sido falsa y que Dios no había faltado a su Palabra, fue un paso muy importante para volverla a la santidad.

Como consejeros, debemos desalentar las falsas esperanzas de la gente y, cuando lo hagamos, debemos saber que esto más bien provocará desagrado. Aunque la verdadera esperanza se mantiene firme aun cuando alguien trate de desalentarla, quienes alientan una falsa esperanza tienden a indisponerse cuando son llamados a la realidad. Un ejemplo de este fenómeno lo tenemos en la historia del profeta Miqueas en 2 Crónicas 18. Había profetizado contra la esperanza del rey Acab de conquistar a los arameos (esperanza que había sido alentada por cuatrocientos pretendidos profetas) y por ello fue puesto en prisión (vv. 16-19, 26). Miqueas sufrió sólo porque había tenido el coraje y la preocupación de encarar la falsa esperanza del rey.

Los hechos mostraron que el profeta era verdadero, pues los israelitas sufrieron la derrota y Acab murió en la batalla. Debemos, pues, abstenernos de infundir falsas esperanzas como una especie de aliento temporal y, por el contrario, estar dispuestos a examinar y confrontar las bases de las falsas esperanzas en nuestros aconsejados. No debemos permitirles construir esperanzas, sobre fundamentos no bíblicos, que se derrumbarán cuando lleguen las tormentas (cf. Lc 6. 47-49).

Características de la verdadera esperanza.

Habiendo visto algunas características de la falsa esperanza, podemos contrastarlas con lo que la Biblia dice acerca de la verdadera esperanza.

La verdadera esperanza es una expectación de algún bien basada en la Biblia. En otras palabras, es una esperanza bíblica, una expectación que se basa en las promesas de Dios. Romanos 4.18 nos dice acerca de

---

3. Para una consideración del significado de este versículo en su contexto, véase *Matthew 16-23* [Mateo 16-23] de John MacArthur, Moody, Chicago, 1988; o William Hendriksen *The Gospel of Matthew* [Evangelio de San Mateo], Baker, Grand Rapids, 1973.

Abraham: «Él creyó en esperanza contra esperanza, para llegar a ser padre de muchas gentes, conforme a lo que se le había dicho: Así será tu descendencia». Su esperanza se cimentaba sobre las promesas que Dios le había dado (cf. 2 P. 1.4).

Notemos asimismo que la suya era una esperanza *cargada de fe*, no una mera especulación. Hoy usamos con frecuencia la palabra *esperanza* para referirnos a algo que puede o no suceder. Decimos: «Tengo la esperanza de que mi amigo venga a visitarme mañana». Pero el significado bíblico de la palabra *esperanza* es diferente: Es más bien como: «Sé que mi amigo viene mañana y tengo apuro por verlo». Es por esto que decimos que la verdadera esperanza es una *expectación*. Está basada en las promesas del Dios Altísimo y no hay ninguna duda de que será cumplida. Consideremos la siguiente definición de la esperanza bíblica dada por *The New International Dictionary of New Testament Theology* [Nuevo Diccionario Internacional de la Teología del Nuevo Testamento]:

> La esperanza de fe[...] es una expectación personal concreta. Pese al «no todavía» de la realización de nuestra salvación, la esperanza mira confiadamente hacia adelante, aunque no sin tensión. Sin embargo, Dios, en quien esperamos, no es como nosotros los humanos. Ya que Él sabe, promete y hace que suceda lo que el futuro tiene para su pueblo, la esperanza provee seguridad sin paralelo en el reino de la revelación. Pese a cuanto ocurra en el presente en contradicción con la promesa, quien tiene esperanza confía que Dios, por amor a sus fieles, no frustrará esa esperanza que Él alentó a través de su Palabra (Is 8.17; Miq 7.7; Sal 42.5).[4]

La verdadera esperanza es el resultado de una verdadera salvación. En la Escritura, la esperanza está siempre unida al nuevo nacimiento que opera el Espíritu Santo y a la fe personal en Cristo. Consideremos estos versículos:

> Bendito el Dios y Padre de nuestro Señor Jesucristo, que según su grande misericordia nos hizo renacer para una esperanza viva» (1 P 1. 3).
>
> Habiendo oído de vuestra fe en Cristo Jesús, y del amor que tenéis a todos los santos, a causa de la esperanza que os está guardada en los cielos, de la cual ya habéis oído por la palabra verdadera del evangelio (Col 1.4-5).
>
> De la cual fui hecho ministro, según la administración de Dios que me fue dada para con vosotros, para que anuncie cumplidamente la

---

4. Colin Bown, *The New International Dictionary of New Testament Theology* [Nuevo diccionario internacional de teología del Nuevo Testamento], Zondervan, Grand Rapids, 1976, p. 240.

palabra de Dios, el misterio que había estado oculto por los siglos y edades, pero que ahora ha sido manifestado a sus santos... que es Cristo en vosotros, la esperanza de gloria (Col 1.25-27).

Pablo, apóstol de Jesucristo por mandato de Dios nuestro Salvador y de nuestro Señor Jesucristo nuestra esperanza (1 Ti 1.1).

Estos dos últimos pasajes dicen claramente que Cristo es nuestra esperanza. Su persona es la suma y sustancia de ella. ¿Cómo, pues, podrá alguien tener verdadera esperanza si no ama y confía en Cristo Jesús? Esto es sencillamente imposible y, como consejeros, debemos recordar que no podemos reafirmar las esperanzas de nadie que no haya nacido de nuevo por el Espíritu de Dios.

La verdadera esperanza es global en su enfoque. Por global queremos significar que la verdadera esperanza no enfoca meramente una *parte* (una vida individual) sino el *total* (el plan de Dios para el universo). Tal esperanza halla estímulo en lo eternal tanto como en lo temporal y tanto en lo intangible como en lo tangible. En lugar de estar relacionada sólo con lo que pasa en nuestra vida, la verdadera esperanza está también en relación con lo que sucede en la vida de otros y si Dios recibe gloria o no en los hechos que ocurren.

Pablo fue un ejemplo excelente de alguien cuya esperanza es universal en su enfoque. Lea cuidadosamente los siguientes versículos y considere lo que revelan acerca de su actitud:

Quiero que sepáis, hermanos, que las cosas que me han sucedido, han redundado más bien para el progreso del evangelio, de tal manera que mis prisiones se han hecho patentes en Cristo en todo el pretorio, y a todos los demás. Y la mayoría de los hermanos, cobrando ánimo en el Señor con mis prisiones, se atreven mucho más a hablar la palabra sin temor (Flp 1.12-14).

Por que sé que por vuestra oración y la suministración del Espíritu de Jesucristo, esto resultará en mi liberación, conforme a mi anhelo y esperanza de que en nada seré avergonzado; antes bien, con toda confianza, como siempre, ahora será magnificado Cristo en mi cuerpo, o por vida o por muerte (Flp 1.19-20).

Y aunque sea derramado en libación sobre el sacrificio y servicio de vuestra fe, me gozo y regocijo con todos vosotros (Flp 2.17).

Acuérdate de Jesucristo, del linaje de David, resucitado de los muertos conforme a mi evangelio, en el cual sufro penalidades, hasta prisiones a modo de malhechor; mas la palabra de Dios no está presa. Por tanto, todo lo soporto por amor de los escogidos, para que ellos también obtengan la salvación que es en Cristo Jesús con gloria eterna (2 Ti 2.8-10).

La esperanza de Pablo no descansa simplemente en lo que le ha sucedido personalmente. Él se veía a sí mismo como parte de un enorme y glorioso movimiento de Dios, a través del cual la gente fue traída a Cristo y la Iglesia estaba siendo edificada. Había puesto su esperanza en los propósitos del Reino de Dios en este mundo. Por tanto, si los planes de Dios para el futuro involucraban sufrimientos en su vida, todo estaba bien para él. Su esperanza no decayó cuando debió soportar prisiones, calumnias y aun la muerte, porque estaba más preocupado por la gloria de Dios que por su comodidad personal. Lo que le sucediera era de escasa importancia comparado con el cuadro general.[5]

José y Job son dos ilustraciones del Antiguo Testamento del aspecto global de la verdadera esperanza. La esperanza de José permaneció inalterable aun cuando fue vendido como esclavo, cuando la mujer de Potifar mintió acerca de Él y en consecuencia fue echado en prisión; la razón de su confianza está dada en su famosa declaración de Génesis 50.20, cuando dijo a sus hermanos que le habían traicionado: «Vosotros pensasteis mal contra mí, mas Dios lo encaminó a bien, para hacer lo que vemos hoy, para mantener en vida a mucho pueblo». En cuanto a Job, aunque perdió cuanto tenía y nunca supo el gran propósito que Dios tenía al permitir sus padecimientos, dijo: «He aquí, aunque Él me matare, en Él esperaré» (Job 13.15) y «Yo sé que mi redentor vive, y al fin se levantará sobre el polvo» (Job 19.25).

La copa del creyente en este mundo nunca está mediovacía, sino siempre mediollena. Los cristianos nunca están en una situación de «no ganador», sino en una de «no perdedor» porque, aunque no podamos entender todas las razones de lo que nos suceda, podemos saber que Dios está cumpliendo un plan general que, finalmente, lo glorificará a Él y nos beneficiará a nosotros.[6] «Por Jehová son ordenados los pasos del hombre» (Sal 37.23). «Y sabemos que a los que aman a Dios, todas las cosas les ayudan a bien, esto es, a los que conforme a su propósito son llamados» (Ro 8.28); y «Él hace todas las cosas según el designio de su voluntad» (Ef 1.11). La verdadera esperanza se enfoca en los gloriosos planes de Dios, que dice: «Mi consejo permanecerá y haré lo que quiero» (Is 46.10). Por

---

5. La actitud de Pablo es especialmente significativa a la luz de la parte integral que jugó en la fundación de la Iglesia. Hubiera sido fácil para él centrar su atención en evitar prisiones o la muerte con la idea de que Dios lo había llamado al apostolado y, por tanto, lo necesitaba para completar el plan divino. Pero aun Pablo era prescindible y lo sabía. Como él, nunca deberíamos comprometer la verdad porque pensamos que somos demasiado importantes como para sufrir las consecuencias de sostenerla.

6. Esto incluye aun los intentos y acciones más perversas de los humanos. Véase Hechos 2.22-23 donde Pedro dice que la crucifixión de Cristo fue preordenada por Dios; aunque ésta fue el más vil y pecaminoso acto en la historia del mundo, sin embargo trajo más bendición que ningún otro hecho jamás consumado.

tanto, esta esperanza nunca se diluye; ni aun a través de circunstancias desagradables.

La verdadera esperanza es realista. Romanos 8.28 dice que todas las cosas ayudan a bien, pero no que todas las cosas *son* buenas. Aun cuando la verdadera esperanza aguarda que algún bien resulte de las pruebas, no procura negar la realidad del pecado ni el sufrimiento y dolor que esas pruebas pueden causar.[7] La verdadera esperanza no evita el dolor y ni las lágrimas, ni descansa sobre una percepción ilegítima de las capacidades personales. Notemos que, según Romanos 4.19, Abraham «no se debilitó en la fe al considerar que estaba ya como muerto (siendo de casi cien años) o la esterilidad de la matriz de Sara». Luego, los versículos 20-21 dicen: «Tampoco dudó, por incredulidad, de la promesa de Dios, sino que se fortaleció en fe, dando gloria a Dios, plenamente convencido de que era también poderoso para hacer todo lo que había prometido». La esperanza de Abraham no se basaba en una visión no realista de sus capacidades ni las de Sara, sino más bien en la capacidad de Dios para hacer lo que era humanamente imposible. Además, la verdadera esperanza para nosotros no surge de negar ni torcer la realidad, sino por considerar ésta correctamente y basar nuestra esperanza en el poder de Dios.

La verdadera esperanza debe ser renovada diariamente. Dios no inyecta en las personas una sobredosis de esperanza para que le dure por años. Nuestra esperanza está en relación con la obra gradual de santificación que Dios viene haciendo en nuestras vidas; por tanto, no puede ser nutrida a menos que esa obra divina continúe cada día. En 2 Corintios 4.16, Pablo dice que no perdió la esperanza en razón de que, «aunque este nuestro hombre exterior se va desgastando, el interior, no obstante, se renueva de día en día». Pablo sólo podía vivir en esperanza viendo el trabajo de renovación que Dios hacía cada día en su vida. De igual manera debemos mantener una relación firme con Dios para que nuestra esperanza permanezca.

La verdadera esperanza es inseparable de un estudio diligente y correcto de la Palabra de Dios. El Salmo 119.49, dice: «Acuérdate de la palabra dada a tu siervo, en la cual me has hecho esperar» y el Salmo 130.5: «Esperé yo a Jehová, esperó mi alma; en su palabra he esperado». Las Escrituras son el medio por el cual Dios infunde esperanza. ¿Recordamos

---

7. La Ciencia Cristiana y el movimiento de Palabra de Fe niegan en esencia la realidad de las malas circunstancias (como enfermedades). Para más información sobre la Ciencia Cristiana, véase Watlter Martin, *The Kingdom of the Cults* [EL Reino de los Cultos], Bethany, Minneapolis, 1985). Para más información sobre los errores de Palabra de Fe, véase D.R. Mac Connel, *A Different Gospel* [Un Evangelio Diferente], Hendrickson, Peabody, MA, 1988; y *Charismatic Chaos* [Caos carismático], John F. MacArthur, Zondervan, Grand Rapids, 1992.

la experiencia de los dos discípulos en el camino a Emaús, en Lucas 24? Caminaban desanimados considerando la muerte de Cristo y cómo sus esperanzas habían sido destrozadas por ella. Pero Jesús, después de su resurrección, sin ser reconocido, caminó con ellos y «les explicaba las Escrituras»; más tarde dijeron: «¿No ardía nuestro corazón en nosotros cuando nos hablaba en el camino?» (Lc 24.32).

Su tristeza fue quitada y su esperanza renovada por un incrementado entendimiento de la Palabra de Dios. Lo mismo ocurre hoy con los creyentes que, fielmente, leen y estudian la Biblia; sin ese diligente ejercicio no puede haber verdadera esperanza.

La verdadera esperanza es una cuestión de voluntad. La esperanza es una elección, tanto como lo es la desesperanza. Podemos elegir tener o no tener esperanza. 1 Pedro 1.13, dice: «esperad por completo en la gracia que se os traerá cuando Jesucristo sea manifestado». Este es un mandato de Dios; por tanto, debemos tener la habilidad, con ayuda del Espíritu Santo, de elegir y hacer lo que dice. Dios no nos da mandamientos imposibles de cumplir, contrariamente a la implicación hecha en el siguiente artículo publicado recientemente. Éste proclama que la idea de falta de esperanza fue una importante contribución de la sicología a la iglesia y luego dice:

> Hay una implicación en todos los escritos [de nuestros críticos] de que la gente es capaz de elegir lo que es correcto», dice [el sicólogo] Henry Cloud. «Hay una negación total del hecho de que somos vendidos a esclavitud». Los sicoterapeutas permanentemente acusan a la iglesia evangélica por fallar en entender la falta de esperanza de la gente. Ellos sugieren que los evangélicos, especialmente los de trasfondo fundamentalista, han deificado el poder de la voluntad, como si una persona que se está hundiendo pudiera subir a la superficie tirando de los cordones de sus zapatos.[8]

Esto es una caricatura de lo que creen los consejeros bíblicos; porque elegir a través del poder del Espíritu Santo, dista mucho de ser igual que pretender levantarse a sí mismo tirando de los cordones de sus zapatos (cf. Jn 15.5). De igual manera, tal énfasis en la falta de esperanza sólo puede producir una esclavizante *desesperación*. ¿Qué esperanza tendremos si somos incapaces de escoger lo correcto?[9] Contrariamente a las pretensiones de dicho artículo, la Biblia nos dice que somos capaces de elegir lo

---

8. Tim Stafford, *The Therapeutic Revolution* [La revolución terapéutica], «Christianity Today», 37, N° 6, 1993, pp. 24-32.

9. Las implicaciones prácticas de la cita son aterradoras. Esto implica que una persona con problemas *debe* tener la ayuda de otra (además de Dios) para elegir lo que es correcto

correcto (1 Co 10.13; Flp 2.12; 4.13), lo cual también apela a nuestra responsabilidad de esperar.

A veces necesitamos colocar nuestra esperanza en Dios y su Palabra volver a sus recursos y enfocar nuestras mentes en sus promesas. Es mejor ver nuestras circunstancias desde una perspectiva llena de esperanzas que desde una de desesperanza.

La verdadera esperanza se basa en conocimiento. Romanos 5.2-3, dice: «y nos gloriamos en la esperanza de la gloria de Dios. Y no sólo esto, sino que también nos gloriamos en las tribulaciones, sabiendo que la tribulación produce paciencia». Stg 1.2-3, dice: «Hermanos míos, tened por sumo gozo cuando os halléis en diversas pruebas, sabiendo que la prueba de vuestra fe produce paciencia». Pablo y Santiago nos dicen que la verdadera esperanza se basa en lo que sabemos; no en *cómo sentimos*. Si ese fuera el caso, nunca tendríamos esperanza durante una prueba dolorosa. Cuanto más verdades podamos entender de la Palabra de Dios, más esperanzados viviremos aun en las peores circunstancias. Pero si ponemos nuestras esperanzas en sentimientos, estos serán sacudidos.

CÓMO INSPIRAR ESPERANZA

Ahora que hemos aprendido a distinguir entre la verdadera y la falsa esperanza, permítasenos considerar cómo podemos ayudar a infundir verdadera esperanza en quienes aconsejamos.

Ayudar a la gente a crecer en su relación con Cristo.

En razón de que Jesucristo mismo es nuestra esperanza (1 Ti 1.1), una íntima comunión con Él es esencial a la esperanza verdadera. Por tanto, debemos hacer cuanto podamos por asegurar que nuestro aconsejado tenga esta comunión. En algunos casos, esto puede requerir evangelización. A los inconversos reconocidos debe decírseles que no habrá verdadera esperanza para ellos mientras no hayan nacido de nuevo por el poder del Espíritu Santo (Jn. 3.3, 36).[10] Algunas veces, aún creyentes profesantes deben ser enseñados acerca de la salvación antes de que puedan tener esperanza.

Si tuviéramos duda en cuanto a que nuestro aconsejado goza o no de una verdadera comunión con Cristo, debemos formular las preguntas

---

y, asimismo, que la única persona que puede ayudarla es alguien que posee conocimientos que superan a los revelados en las Escrituras. Los consejeros que persuaden a la gente de tal desamparo sólo tendrán éxito en hacerla dependiente de su consejo.

10. Para más información sobre este tema, véase «Qué hacer cuando usted aconseje a un inconverso», Jay Adams, *A Theology of Christian Couseling* [Teología para Consejería Cristiana] Zondervan, Grand Rapids, 1979, pp. 309-326.

necesarias y ayudarlo sobre esta necesidad primordial. Uno de estos casos podría ser el de alguien que parece tener una relación *histórica* más que *personal* con Dios. Cuando les preguntamos si son cristianos, frecuentemente dicen: «Sí; acepté a Cristo como mi Salvador cuando tenía cuatro años» o «Sí; creo que Jesús murió en la cruz por mí». Sin embargo, nada dicen respecto a una comunión actual y vital con el Señor. Nada dicen tampoco acerca de cómo están obedeciéndole cada día ni cuánto adelantan en su acercamiento a Él.[11]

Otra situación en que los cristianos profesantes tal vez necesiten ser confrontados acerca de su salvación es cuando las pruebas que están soportando comienzan a destruir su fe. Quienes carecen de una verdadera comunión con Cristo pueden andar bien hasta que llegan las presiones. Entonces se revelan la debilidad de su fe y la vanidad de su profesión (Lc 6.46-49).[12]

Debemos no sólo ayudar a la gente a iniciar una auténtica relación con Cristo, sino proveer esperanza a los verdaderos creyentes ayudándoles a fortalecer su comunión con Él. Muchos carecen de esperanza simplemente porque les falta madurez en su interacción con Cristo y con su Palabra.

Una ilustración de esto es una dama que, hace algún tiempo, vino a mí por consejo. Estaba teniendo problemas con un temor intenso, debilitante e irracional. Oía voces y veía cosas que le hicieron pensar que Satanás y los demonios la estaban perturbando. Paralizada por este temor, no deseaba salir de su casa, ir a la iglesia ni participar en otras actividades normales. Sólo podía dormir en la noche si se ponía cierto abrigo de cuero y un sombrero vinílico. Su esposo, que la acompañó a su sesión de consejería, no había experimentado ninguno de esos fenómenos.

---

11. Para una excelente exposición de la naturaleza y verdadera fe así como el peligro de una falsa profesión, léase John Mac Arthur *The Gospel Acording to Jesus* [El Evangelio según Jesús], Zondervan, Grand Rapids, 1988 y *Faith Works: The Golpel According to the Apostles* [La fe que obra: El Evangelio según los Apóstoles], Word, Dallas, 1993.

12. Esto no quiere decir que si la fe de una persona falla durante una prueba, automáticamente podemos concluir que no es un verdadero creyente. Proverbios 24.10 dice: «Si fueres flojo en el día de trabajo, tu fuerza será reducida». Puede haber varias razones para el límite en las fuerzas de alguien. Puede ser que la persona tiene verdadera fe, pero ha permitido que se debilite (como los discípulos en ciertos momentos en los evangelios). En una ocasión Jesús les habló de su «pequeña fe». Algunas veces la debilidad en la fe puede deberse a la juventud del individuo o puede ser que la persona ha sido negligente en la disciplinas espirituales que fortalecen la fe (Ro 10.17; 2 P 1.5-9; Ef 3.16-19; Heb 3.12,13; 10.24-25). El debilitamiento de la fe también ocurre cuando la persona quita sus ojos del Señor y se permite llegar a ser un cristiano apagado (Dn 11.32; Heb 12.2; Ap 2.1-7). En ciertos casos una persona es débil porque no tiene verdadera fe y, por tanto, carece de poder para mantenerse firme en tiempos difíciles. Ya que una fe débil puede ser sintomática de varias cosas, los consejeros bíblicos deben procurar descubrirlas y proporcionar la ayuda del caso.

Sus problemas me hicieron pensar en Daniel 11.32: «... El pueblo que conoce a su Dios se esforzará y actuará». Este versículo nos dice que una íntima comunión con Dios nos dará fuerza y nos liberará del temor (cf. 1 Jn 4.18) y esto puso en mi mente un interrogante acerca de su comunión con Dios. Así que pedí a la señora y a su esposo que leyeran porciones del Evangelio de Marcos todos los días, como un deber para hacer en casa, y escribieran lo que aprendían de Jesús como persona. Les dije también: «No quisiera que sólo se limiten a registrar los hechos históricos, sino que se identifiquen con el material y permitan que Jesús se revele a sí mismo a ustedes a través de la lectura». Esto fue lo que el esposo escribió acerca de Marcos 2:

> El versículo que más me habló en este capítulo fue el 17. Los sanos no tienen necesidad de médico, sino los enfermos. No he venido a llamar a justos, sino a pecadores. Isaías 53.6 dice que todos nosotros nos descarriamos como ovejas, cada cual se apartó por su camino; mas Jehová cargó en Él el pecado de todos nosotros. Para mí hay una reafirmación de perdón. Yo soy un pecador. Todos lo somos. Cristo vino por todos nosotros, no a causa de nuestra justicia, sino por causa de nuestros pecados. Si yo fuera justo, no necesitaría de Cristo; pero no lo soy; soy simplemente un pecador. Aquí se muestra el aspecto más revelador del inmenso amor de Dios. Es como si Él dijera: Sé que eres pecador, pero te amo a tal punto que una parte de mi ser, mi Hijo, vivirá dentro de ti. El morirá por ti. Tan grande es mi poder que lo levantaré de la muerte. Cree en Mí y, al creer en Él, tendrás vida eterna. Si Dios me ama de este modo pese a mi pecado, ¿cómo puedo dudar? ¿Cómo no habría yo de gozar de los frutos de una vida que Él me ha dado para que pruebe? La paz interior que Él da, las flores en primavera, los verdes prados, el sol y la lluvia; la vida en Cristo es realmente fantástica. Señor, ayúdame a expresar este don a otros.

Este párrafo muestra que este hombre tenía una relación real y personal con Cristo. Ahora considere las notas de su esposa sobre este mismo pasaje:

> En Capernaum, Jesús perdonó a un paralítico. Cuando sus pecados fueron perdonados, Jesús le dijo que tomara su lecho y se fuera a su casa, lo cual hizo, y los escribas quedaron maravillados. Después que Jesús habló a una enorme multitud, fue a la casa de Leví. Allí Jesús comió y bebió con los cobradores de impuestos y los escribas se preguntaban por qué lo haría. Él respondió que aquellos que estaban enfermos necesitaban médico y que Él había venido para que los pecadores pudieran arrepentirse. Creo que Jesús sintió que la gente, en casa de Leví, lo necesitaba. Otro nombre para Leví es Mateo y llegó a ser uno

de los discípulos de Jesús. Juan y los fariseos deseaban saber por qué los discípulos no ayunaban como ellos. Se les dijo que el ayuno judío era una práctica o ritual y que los discípulos no ayunaban porque sentían que esto les iba a quitar el gozo de su fe. Pero Él dijo que habría un tiempo cuando los discípulos tendrían que ayunar.

A juzgar por esas notas, se me hizo claro que necesitaba fortalecer su relación con Cristo, por cuanto, para ella, el Señor parecía ser más un personaje histórico que un amigo. Así, por varias semanas me concentré en ayudarla a conocerlo mejor. A medida que iba conociendo al Señor de un modo más profundo y completo y desarrollando una relación con Él, fui observando cambios asombrosos en ella. Sus temores fueron desapareciendo y se afirmaba su confianza. Donde hubo miedo, ahora había esperanza porque había llegado a conocer al único que puede infundirla.

Enseñar a la gente a pensar bíblicamente.

Tanto la falsa esperanza como la pérdida de ella surgen de ignorar o malentender las verdades de Dios. Si entendiéramos las Escrituras perfectamente y todos nuestros pensamientos estuvieran alineados con ellas, nunca sufriríamos ninguno de estos males. Por tanto, si deseamos que nuestros aconsejados tengan esperanza, debemos ayudarles a pensar bíblicamente sobre varios aspectos de sus vidas.

Pensar bíblicamente acerca de la situación específica. Una vez aconsejé a un hombre que estaba desesperado porque no podía dormir en la noche. Durante el proceso, observamos varios pasajes de las Escrituras relacionados con el sueño.[13] Como muchas otras personas, desconocía lo que la Biblia habla acerca de este problema y pude discernir que su esperanza crecía a medida que los estudiábamos. Mejor que un mero citar pasajes indefinidos de aplicación general, debemos mostrar a la gente que la Palabra de Dios habla específicamente acerca de su problema. Saber que Dios nos da instrucciones específicas para nuestra situación personal es una fuente inagotable de esperanza.

Pensar bíblicamente acerca del carácter de Dios. Podemos infundir esperanza en nuestros aconsejados al ampliar o corregir sus conceptos de Dios. La gente, con frecuencia, pierde su esperanza simplemente porque tiene conceptos erróneos acerca de Dios. Puede verle como un disciplinador cruel y, por tanto, perder sus esperanzas de agradarle entre tanto que vienen luchando con su pecado. En el otro extremo, hay quienes piensan en Dios como «un buen tipo» que pasa todo por alto y pierden su esperanza porque permiten que el pecado corra sin freno en sus vidas. Cualesquiera sean los errores que alguien pueda tener en su concepto de

---

13. Sal 3.1-6; 4.1-8; 127.2; Pr 3.13-16; 19;23; Ec 5.12.

Dios, se beneficiará y cobrará esperanza si aprende a pensar bíblicamente acerca de Él.

Pensar bíblicamente acerca de las posibilidades buenas. A veces la gente pierde su esperanza porque sólo ve el lado negativo de sus circunstancias y no reconoce las posibilidades buenas que existen en cada situación. Sólo ve los problemas y el dolor y no lo que Dios desea cumplir a través de la dificultad. Debemos ayudarles a comprender que, cuando Dios nos saca de nuestra acostumbrada comodidad, lo hace con vistas a nuestro crecimiento y desarrollo. Santiago 1.2 dice: «Hermanos míos, tened por sumo gozo cuando os halléis en diversas pruebas». ¿Cómo puede Santiago tener las pruebas como motivo de gozo? ¿Acaso sería masoquista? En absoluto; lo dice porque podemos saber que «la prueba de nuestra fe produce paciencia» (vv. 3-4). Como escribió Jerry Bridges:

> Pablo y Santiago nos dicen que deberíamos gozarnos en nuestras pruebas por los beneficios resultantes. No es la adversidad en sí lo que se considera causa de gozo. Es más bien la espera de los resultados, el desarrollo de nuestro carácter, lo que debería ser causa de gozo en la adversidad. Dios no nos dice que nos alegremos porque perdimos el trabajo ni porque un ser amado ha sido víctima de un cáncer o porque un niño ha nacido con un defecto incurable. Nos dice que nos regocijemos porque creemos que el Señor está en control de tales circunstancias y está obrando a través de ellas para nuestro bien definitivo.[14]

Cuando una persona entiende y cree que aun la nube más oscura tiene un borde plateado, esto le inspira una gran esperanza que la sostendrá a través de cualquier adversidad.

Pensar bíblicamente acerca de los recursos divinos. Podemos infundir esperanza en la gente al ayudarla a entender y apropiarse de los recursos que Dios le ha provisto. Hay quienes pierden la esperanza porque piensan que no tienen habilidad para manejar lo que están confrontando. Pero la Palabra de Dios dice que «en todas estas cosas somos más que vencedores por medio de aquel que nos amó» (Ro 8.37) y «poderoso es Dios para hacer que en vosotros abunde toda gracia, a fin de que, teniendo siempre en todas las cosas todo lo suficiente, abundéis para toda buena obra» (2 Co 9.8). En la medida que los creyentes comprendan que pueden hacer todo a través de Cristo, quien los fortalece (Flp 4.13), tendrán una bendita confianza ante cualquier lucha.[15]

---

14. Jerry Bridges, *Trusting God: Even When Life Hurts* [Confiar en Dios: Aun cuando la vida duela], NavPress, Colorado Springs, 1988, p. 175.

15. Para una excelente exposición de nuestros recursos espirituales, véase John F. MacArthur *Our Sufficiency in Christ* [Nuestra Suficiencia en Cristo], Word, Dallas, 1991.

Pensar bíblicamente acerca de la naturaleza y causa del problema.
Durante los años en que estuve involucrado en consejería, encontré muchas personas que habían perdido sus esperanzas porque habían adoptado un diagnóstico sicológico antibíblico de su problema. En algunos casos eso ocurrió porque alguien les había dado el diagnóstico. En otros, porque habían leído algo o visto un programa de televisión u oído un programa radial o por haber tomado un curso de sicología, pensaron que estaban sufriendo un problema sicológico. No entendieron que, lo que llamamos diagnóstico, es sólo una identificación descriptiva que alguien ha decidido utilizar como rótulo para cierta clase de conducta o experiencia que se observa en los seres humanos. Pero aunque la palabra o frase descriptiva parece inteligente y significativa, no define la causa ni la naturaleza del problema.

Esto resulta claro cuando comparamos cómo son diagnosticadas las enfermedades y cómo los problemas sicológicos. En la ciencia médica, si un paciente acusa ciertos síntomas, el médico puede inferir cierta enfermedad. Pero antes de dar un diagnóstico definitivo, se llevan a cabo varios exámenes científicos, tales como análisis, radiografías, etc., a fin de confirmarlo o modificarlo. Luego, en base a la evidencia científica, el médico puede decir si el paciente padece o no esa enfermedad. Tal diagnóstico no se basa sólo en síntomas sino en una evidencia o prueba demostrable acerca de la causa y la naturaleza del problema.

Contrariamente a lo que muchas personas parecen pensar, no es este el caso con la sicología secular. En ella, se supone que, cuando una persona tiene ciertos sentimientos, se comporta y piensa de cierta manera o muestra algunos síntomas durante determinado período, padece cierto problema sicológico, aunque la causa del problema no ha sido probada y, en la mayoría de los casos, no puede serlo por métodos científicos. Sin una evidencia demostrable, derivada de hechos elocuentes acerca de la causa o naturaleza de los problemas de una persona, se deduce que ciertos síntomas indican un específico mal sicológico. Estas conclusiones no probadas (y en la mayoría de los casos, improbables) son luego ofrecidas y con frecuencia aceptadas como un diagnóstico indisputable e incuestionable.

Desafortunadamente, cuando las personas creen que la naturaleza de su problema es sicológico más que espiritual, pueden ocurrir varias cosas: 1) En su intento de resolver sus dificultades, pasan por alto a Cristo y la Biblia y recurren primordialmente (a veces exclusivamente) a los remedios farmacéuticos o a las ideas y conceptos seculares de la sicología. 2) Comienzan a pensar en Cristo como un sicólogo cósmico cuyo propósito principal es arreglar los problemas sicológicos de ellos, ayudarles a edificar su autoestima, liberarlos de la codependencia o satisfacer las necesidades de su ego. 3) Pierden la esperanza y caen en la desesperación porque muchos de estos rótulos sicológicos llevan la idea de fijeza (esto es lo que soy y no puede ser cambiado). 4) Caen en el desaliento porque esos rótulos antibíblicos encubierta o abiertamente animan a las personas a pensar que la solución principal de sus dificultades es humanística en su naturaleza, deben lograrla por sí mismas (pueden y deben hacerlo por sí mismas) o, de lo contrario, otros, preferiblemente expertos, deben hacerlo por ellas.

Así, mucha gente trata de cambiar, confiando en sus propios esfuerzos o en la ayuda de otros, y fracasan. Llegan a la conclusión que ni ellos ni ningún otro ser humano puede proveer el poder para quebrar la esclavitud de sus modos pecaminosos de pensar, sentir y actuar, y habilitarlos para pensar, sentir y vivir en forma diferente. Cuando la naturaleza de los problemas es vista como primordialmente sicológica, hallamos personas cuyas esperanzas se han disipado; dudan que un cambio podrá producirse alguna vez.

En cambio, la esperanza florece cuando las personas comienzan a comprender que sus problemas son básicamente espirituales: que de alguna manera son consecuencia del pecado. En verdad, reconocer que los problemas personales o interpersonales están relacionados con el pecado[16] es realmente un paso significativo, ya que entonces tendrán abundancia de esperanza. ¿Por qué? Porque la razón principal por la que Cristo vino al mundo fue liberarnos de la paga y del poder dominante del pecado (y, asimismo, de la presencia y la posibilidad de pecar). El claro mensaje de la Biblia es este: 1)Jesús es «el Cordero de Dios que quita el pecado del mundo» (Jn 1.29); 2) «Palabra fiel y digna de ser recibida por todos: que Cristo Jesús vino al mundo para salvar a los pecadores» (1 Ti 1.15); 3) «Llamarás su nombre Jesús porque Él salvará a su pueblo de sus pecados» (Mt 1.21); 4) «Quien se dio a sí mismo por nosotros para redimirnos de

---

16. No sólo pecado activo, sino reactivo; por ejemplo, respuestas antibíblicas a las manifestaciones, expresiones o resultados del pecado en nuestro mundo; no necesaria ni primordialmente acciones pecaminosas, sino deseos, actitudes, pensamientos, conceptos e ideas antibíblicas (Pr 4.23; Stg 1.13-16); no necesariamente pecados presuntuosos o deliberados, sino también pecados de ignorancia o secretos (Sal 19.12-14; Lc 12.46, 47; 1 Ti 1.13); no meramente pecados de comisión, sino también de omisión (1 Jn 3.4; Ro 3.23); no simplemente pecados de conducta, sino de motivaciones o de idolatría, donde el objetivo primario de la vida está en halagar y servir al ego o a otras personas, donde el interés principal, la confianza y los deseos de la vida son algo o alguien más que Dios; donde, como dice Romanos 1.25: «honrando y dando culto a las criaturas antes que al Creador» (Heb 4.12; Ro 18-32; 1 Co 10.1-13; Jer 17.5-10 y Ez 14.1-9). El pecado puede ser definido como cualquier pensamiento, acción, reacción, respuesta, actitud, deseo dominante, motivo, elección, sentimiento o hábito establecido contrario a la voluntad moral de Dios revelada en la Biblia, conocida o no por la persona y deliberada y conscientemente o no elegida o cometida como un modo habitual de respuesta. (Véase también Ro 7.21-25; 14.23; Sal 51.5; 58.3; Ef 2.1-3; 4.17-22; Mc 7.21-23; Gl 5.19-21; Stg 4.17; Heb 4.12,13; Éx 20.1-17; Mt 5.17—7.28).

toda iniquidad y purificar para sí un pueblo propio, celoso de buenas obras» (Tit 2.14).

Las buenas nuevas de la Biblia no son que Cristo Jesús vino al mundo para ser un sicólogo cósmico, para curar nuestras enfermedades sicológicas, sino que vino al mundo para proveernos liberación de la pena y poder dominante del pecado (Ro 6.1-23). Estas son las buenas noticias: que hay esperanza de liberación completa de la condenación del pecado y una liberación sustancial de la presencia del pecado y sus consecuencias.

Esta perspectiva bíblica de nuestro problema básico brinda esperanza completa y absoluta a las personas que están luchando con patrones antibíblicos de pensamientos, deseos, sentimientos y vida. ¡Esta perspectiva es liberadora y animadora; es bíblica y verdadera! Ella dice a la gente que, aunque sus problemas personales o interpersonales son serios, hay esperanza de un cambio porque Cristo vino al mundo para liberarnos de la corrupción y la condenación, de la culpa y la contaminación y de la paga y el dominio del pecado en nuestras vidas. Afirma que en Cristo Jesús tenemos todos los recursos que necesitamos para huir de la corrupción del mundo y vivir píamente vidas fructíferas, caracterizadas por excelencia moral, conocimiento, dominio propio, perseverancia, bondad fraternal y amor cristiano (2 P 1.3-8).

Pensar bíblicamente acerca de lo que dicen. El lenguaje es un instrumento que Dios ha escogido para comunicarse con nosotros. Las palabras son importantes para Él. Si practicamos la consejería bíblica, debemos ayudar a nuestros aconsejados a pensar y hablar bíblicamente acerca de sus problemas. Para hacerlo, necesitamos usar palabras bíblicas, más que términos sicológicos, para describir los problemas. Los términos de la sicología tienden a dirigir los pensamientos del aconsejado lejos de Cristo y de su Palabra, mientras que el uso de términos bíblicos tales como pecado, temor, enojo, preocupación, confianza, codicia, amargura, avaricia, envidia y celos, dirigen los pensamientos hacia las Escrituras.

El consejero debe estar asimismo consciente del uso de términos no bíblicos, por parte del aconsejado, para describir sus dificultades. Aquí tenemos tres ejemplos de términos que tienden a destruir la esperanza de un aconsejado:

i. **«No puedo».** Estas dos palabras casi siempre significan una de estas tres cosas: «No quiero», «No entiendo mis recursos en Cristo» o «No sé cómo hacer lo que la Biblia me dice que haga». Cuando alguien repetidamente dice «no puedo», el consejero debe explorar concretamente lo que la persona quiere significar y luego seguir con la adecuada respuesta bíblica.

Por ejemplo, si «no puedo» significa una abierta rebelión contra Dios, el aconsejado debe entender y reconocer su rebelión. El consejero deberá utilizar estrategias motivacionales adecuadas para ayudarlo a optar por su obediencia a Cristo. Si el aconsejado es creyente y el «no puedo» significa que se siente incapaz de obedecer las directivas bíblicas, el consejero deberá recordarle los recursos que tiene disponibles en Cristo y explicarle cómo usarlos. Más aún, si el «no puedo» de un creyente indica la carencia de conocimiento práctico de cómo obrar o de sus habilidades para poner en práctica las directivas bíblicas, el consejero deberá ayudarle a lograrlo.

2. **«Mi esposa me pone furioso».** Esta es una declaración falsa y sin esperanza. Es falsa porque la esposa no es causa del enojo pecaminoso, el esposo elige el enojo en respuesta a las acciones de ella. Tal declaración implica que el esposo es víctima de las acciones de su esposa y que no puede ayudarse a sí mismo. De acuerdo con la Biblia, esto es falso. El esposo debe entender y creer que, si es creyente, con la ayuda de Dios podrá aprender a responder correctamente a pesar de las provocaciones de su esposa.

3. **«He tratado de todas maneras, pero todo es inútil».** Cuando la gente cree que ha agotado todos los medios sin resultados, la consecuencia inevitable es un sentimiento de desesperanza. En este caso debemos procurar ver si, en efecto, la persona ha probado todos los medios y sugerirle algo que en realidad no haya tratado. Es probable que quien dice que ha probado todo, en realidad sólo haya hecho lo que le era conveniente. Puede ser también que tenga convicciones o expectativas no bíblicas acerca de los resultados si hace las cosas como Dios ordena. También puede ocurrir que tenga una idea irreal y no bíblica acerca del tiempo; tal vez esté buscando un «arreglo fácil y rápido» y esperando resultados inmediatos. O quizás ha estado haciendo lo correcto pero por razones erróneas: no porque era correcto ni porque Dios lo deseaba, sino porque quería verse libre del apuro y la dificultad.

Cuando oímos a los aconsejados hacer ese tipo de afirmaciones, debemos ayudarles a discernir las razones que yacen detrás de su lenguaje no bíblico e infundirles esperanza corrigiendo sus conceptos erróneos.

Proveer ejemplos piadosos a los aconsejados.

Otro medio que puede inspirar a nuestros aconsejados es demostrarles esperanza a través de nuestras propias vidas o las de otros.

Nuestro propio ejemplo de esperanza. Muchos que buscan consejo necesitan ver la esperanza ejemplificada antes de experimentarla ellos; y ¿qué mejor persona para mostrarle ese ejemplo que el mismo consejero?

La actitud de esperanza bíblicamente basada del consejero inspirará lo mismo en el aconsejado. Debemos mostrarles desde el principio que, aun cuando su situación sea extremadamente difícil, creemos que Dios «es poderoso para hacer todas las cosas mucho más abundantemente de lo que pedimos o entendemos» y que «Para los hombres esto es imposible, mas para Dios todo es posible» (Ef 3.20; Mt 19.26). Debemos elogiar a la gente por su voluntad de procurar consejo, ser liberales en un encomio sincero y animarles con las palabras de Pablo: «Estando persuadido de esto, que el que comenzó en vosotros la buena obra, la perfeccionará hasta el día de Jesucristo» (Flp 1.6).

El ejemplo de esperanza en otros. Podemos brindar esperanza a la gente al mostrarles cómo otras personas enfrentaron situaciones similares y las trataron con éxito. Necesitan saber que no son los únicos ni los primeros que experimentan ese tipo de pruebas (1 Co 10.13). Pueden serles de ayuda leer ejemplos específicos en las Escrituras de cristianos que debieron soportar iguales o peores circunstancias o hablar con otros que las experimentaron. Dios puede usar la esperanza que ellos ven en las vidas de otros que han sufrido, para fortalecer sus propias esperanzas.

Romanos 15.4 explica cómo Dios provoca una actitud de plena esperanza: «Porque las cosas que se escribieron antes, para nuestra enseñanza se escribieron, a fin de que, por la paciencia y la consolación de las Escrituras, tengamos esperanza».

Las personas a quienes Pablo estaba escribiendo, ciertamente estaban experimentado circunstancias difíciles. Pablo les pedía corregir su enfoque y reorientar sus patrones de pensamiento y conducta basados en siglos de enseñanza y tradiciones. Era una forma costosa de negarse a sí mismo. Con buena razón Pablo admitió que algunas de estas personas estaban desanimadas. Sabía que ellas nunca tendrían el deseo o habilidad de hacer los cambios necesarios si no tenían esperanza. Así que escribió ese versículo para dársela.

Note cuidadosamente las tres cosas que este versículo nos dice acerca de cómo se genera la esperanza. Primero, nos recuerda que la Escritura debe siempre jugar un papel central en el desarrollo de la esperanza. «Las cosas que se escribieron antes» se refiere, por supuesto, a lo que fue escrito en las Escrituras. La esperanza viene a través de las Escrituras. Segundo, este versículo indica que las Escrituras promueven perseverancia y animan a una actitud de esperanza mediante el ejemplo de otros que confrontaron circunstancias similares y las superaron. El versículo tres lleva la atención hacia el ejemplo de Cristo. La esperanza se desarrolla cuando comprendemos que otros, aun Jesús, el Hijo de Dios, experimentó serias dificultades, se negó a sí mismo y respondió en la forma que Dios le pidió que respondiera. Tercero, el texto sugiere que las Escrituras generan esperanza removiendo el elemento de sorpresa de lo que está sucediendo. Vale decir que, si bien las cosas pueden estar fuera de *nuestro* control, *no* están fuera del control de Dios. En realidad, lo que nos ocurre, es exactamente lo que Dios nos dijo que ocurriría. Cuando tenemos un adecuado entendimiento a través de las Escrituras, comenzamos a comprender que las cosas están ocurriendo justamente como ellas anticiparon. Esto genera esperanza porque nos ayuda a comprender que Dios está en control, que las cosas no ocurren por accidente, que lo que pasa tiene significado y propósito y que Dios está presente para apoyarnos y sustentarnos en medio de nuestras dificultades.

Sí, la esperanza es un poderoso aliciente en el cambio. Con esperanza, la gente es movida a lograr cosas positivas, pero sin ella, divaga y fracasa. Señálelo y nótelo bien: Cuando la gente no acusa cambios a través de nuestros esfuerzos en aconsejarla, tal vez se deba a que no tiene una esperanza sólidamente basada en la Biblia. Jamás debemos subestimar la importancia de la esperanza en el proceso de consejería. Porque aunque reconocemos que Dios es el supremo proveedor de esperanza a través de su Hijo, su Espíritu y su Palabra, a la vez entendemos que también utiliza a hombres y mujeres para inspirar y animar a los desesperanzados a encontrar esperanza en Él.

12

Cómo llevar un inventario del aconsejado: recolección de datos

Wayne A. Mack

Cuando Elí vio a Ana mover sus labios sin articular palabras, supuso que estaba ebria y la condenó sin siquiera haber sentido su aliento. En efecto, el problema de Ana era muy diferente al que el sacerdote había pensado, estaba orando por un niño. Job sufrió un malentendido similar. Sus consejeros, que no le hicieron preguntas ni reunieron información, creían conocer su problema desde el principio mismo. Aunque Job procuró corregir sus errores con verdades pertinentes, ellos se aferraron tercamente a sus teorías. No podían interpretar el problema de Job con exactitud por falta de información al respecto y, por tal razón, sus consejos sólo empeoraron la situación y agravaron los sufrimientos.

Debemos ser muy cuidadosos de no caer en el mismo error en nuestra consejería. Si intentamos interpretar los problemas de la gente antes de reunir los datos adecuados, sólo vamos a agravar sus dificultades en lugar de aliviarlas. Santiago 1.19 dice: «Todo hombre sea pronto para oír, tardo para hablar» y en ninguna parte este mandato puede ser más importante que en consejería.

En Proverbios 18.15, leemos: «El corazón del entendido adquiere sabiduría; y el oído de los sabios busca la ciencia». El sabio busca y adquiere conocimiento, no suposiciones, especulaciones ni imaginaciones. Y el conocimiento tiene que ver con hechos. El versículo sugiere que, en posesión de esas verdades, se requiera el uso de nuestra mente (para planificar) y nuestros oídos (para escuchar). Una consejería bíblica eficiente debe incluir un método organizado de obtener información que requiere tiempo suficiente para oír al aconsejado. Es de particular importancia, en las etapas iniciales de la consejería, animar al aconsejado a que sea quien hable durante buena parte del tiempo.[1]

Aquí tenemos un caso de consejería que ilustra la importancia de tener los datos del aconsejado:

> Violeta tiene ahora 54 años. Es creyente, vive con su hijo y su esposo y, por muchos años, se ha quejado de depresión. Hace muy poco o nada, sin embargo sigue asistiendo a la iglesia regularmente. Pero cada semana vuelve a casa más disgustada y se deprime más que antes.
>
> En la primera sesión reconoció cierta amargura y resentimiento que conectó vagamente con su asistencia a la iglesia. Dice sentirse sola, soñar despierta y el «Inventario de su datos personales» insinúa cierto problema no revelado: «y hay cierta dificultad que sólo podría contársela a Dios». Cuando uno intenta averiguar sobre este asunto, encuentra una actitud defensiva, reticencia de hablar, evasión y molestia.[2]

A veces los aconsejados revelan rápidamente mucho de lo que usted necesita saber. En realidad, el gran desafío con ellos puede ser convencerles que deben escuchar. Pero la mayoría son como Violeta. Ocultan cosas y el consejero no puede ayudarles con efectividad sin tratar esa dificultad «que sólo podría contársela a Dios». Para ser eficiente, el consejero debe reunir información que le permita entender adecuadamente a la persona y sus problemas. Con personas como Violeta, eso puede ser más fácil decir que hacer. Pueden sentirse avergonzadas por su problema y son reticentes a hablarlo con algún otro. Pueden también temer que el consejero las menosprecie, ridiculice o traicione su confidencia. Tal vez todo esto les ha ocurrido antes y temen que pueda repetirse si hablan demasiado. Como la ciudad de Jerusalén, esta gente han construido una pared a su alrededor. Pero ¿recuerda usted las doce puertas de la ciudad? Las paredes que la gente construye alrededor de sus vidas tienen también puertas y es tarea del consejero hallar un medio de entrar a la «ciudad» a través de ellas. Si

---

1. Los pastores, en particular, pueden hallar difícil escuchar a sus aconsejados. Con dones de enseñanza y acostumbrado a hablar desde el púlpito, un pastor tiene tendencia a tomar sólo él la palabra en el proceso de consejería. Debe estar consciente de la gran diferencia que hay entre predicar y aconsejar para no usar el mismo método.

2. Libro de casos del consejero cristiano. CLIE, Usado con permiso.

venimos a una y la hallamos cerrada debemos probar con otra hasta hallar un acceso a los pensamientos reales, esperanzas y temores del aconsejado.[3]

CLASES DE DATOS A REUNIR

¿Qué información necesitamos para estar en condiciones de ayudar a las personas con sus problemas? Necesitamos datos, por lo menos, referidos a seis áreas: físicos, recursos, emociones, acciones, conceptos e históricos.

Datos físicos

Los problemas físicos pueden contribuir a y provenir de problemas espirituales. El éxito de nuestro consejo a veces dependerá de haber entendido adecuadamente un aspecto particular de la salud de alguien. En 2 Corintios 4.16, Pablo implica que, cuando «nuestro hombre exterior se va desgastando», nuestro hombre interior tiende a desanimarse. Hay una estrecha conexión entre los dos; el hombre interior puede afectar al exterior o viceversa. Debemos, pues, estar advertidos de cualquier problema físico de nuestros aconsejados si deseamos solucionar los problemas internos que están encarando.

En los párrafos que siguen vamos a considerar cinco aspectos de nuestra vida física que pueden influir nuestra salud espiritual:

I. **Sueño.** Los patrones irregulares de sueño pueden ser causados por problemas espirituales (tales como ansiedad, pereza o culpa) o pueden contribuir a problemas espirituales. El Dr. Bob Smith escribe lo siguiente acerca de la pérdida del sueño:

> De los estudios llevados a cabo sobre el sueño, hemos aprendido que, el promedio de las personas necesitan de siete a ocho horas de sueño cada noche. En la mayoría de los casos, aquellos que requieren mayor número de horas deben ser examinados sobre la posibilidad de que sufran de depresión.
>
> «Los científicos aún no entienden totalmente qué hay detrás de nuestros requerimientos básicos de sueño, pero es mucho lo que han dejado en claro: El sueño es una de las necesidades básicas del hombre y sacrificarlo es un considerable peligro para nuestros cuerpos y mentes.

---

3. Este proceso casi siempre tiene que ver con el desarrollo de una relación facilitante que tratamos en el capítulo 10. Los aconsejados con una pared alrededor de ellos desean saber que pueden confiar en el consejero antes de contarles las preocupaciones que constituyen el eje de sus problemas.

»Pocos de nosotros consideraríamos seriamente vivir mucho tiempo sin alimentos, aunque el hambre no es tan seria como una pérdida prolongada del sueño. Un hombre puede vivir sin alimento por más de tres semanas. Pero prívelo del sueño por ese tiempo y se desintegrará y llegará a ser un sicótico.

»El hombre de hoy que vive continuamente en movimiento y corriendo de un lado a otro, es como el adicto a los juegos de azar que pierde hasta su camisa y sigue jugando con dinero prestado. Los norteamericanos que no duermen, sintiendo el airado mordisco de la fatiga y la erosión de su bienestar, comienzan a vivir en rojo usando el "estímulo" que ofrecen las drogas bien publicitadas que impelen el cuerpo y mente hacia adelante con energías que en realidad no poseen».

Todo el tiempo, sin embargo, está al acecho un día de dar cuentas, «cuando los síntomas no podrán ser disimulados por más tiempo: fatiga agonizante, irritabilidad, lapsus en la atención, aislamiento, enajenación, conducta errática y aun debilitamiento en los patrones de ética».[4]

Es por esto que debemos averiguar cuánto tiempo duerme nuestro aconsejado; podemos hallar que algunos de sus problemas comienzan a ceder en cuanto se decide a practicar un hábito regular de sueño.

2. **Dieta.** El dicho antiguo: «Usted es lo que come» es, en parte, cierto. Debemos estar al tanto de lo que comen nuestros aconsejados porque un desequilibrio en la nutrición puede afectar la conducta. Por ejemplo, estimulantes como el azúcar y la cafeína pueden afectar a la gente de un modo importante.[5] Si usted está tratando con una persona nerviosa e hiperactiva todo el tiempo, deberá averiguar qué cantidad de estimulantes está consumiendo. Otros individuos padecen reacciones alérgicas a ciertos alimentos, etc. En síntesis, no debemos ignorar el factor dieta.

3. **Ejercicio.** En consejería puede ser necesario considerar la cantidad de actividad física en que está involucrada la gente. Eclesiastés 5.12, dice:

---

4. Dr. Robert Smith, «Sueño», en *The Journal of Pastoral Practice* 4, N° 2, 1980, pp. 36-43, citando al Dr. Julius Segal, «Peligrosa Pérdida de Sueño», en *Family Practiced News* 2, N° 17, 1972.

5. El siguiente es un párrafo transcrito de un artículo que escribió el Dr. Arnold Fox, titulado «Cafeína: Inesperada causa de fatiga»: «Dicho simplemente, la cafeína no es sino una cruel mentira que usted se hace a sí mismo. Usted toma cafeína para darse un refuercito de energía. Usted se da ese refuercito pero se está atrayendo fatiga, ansiedad y depresión. La fatiga, seguida muy de cerca por la ansiedad y la depresión, es la queja más común que los médicos oímos de nuestros pacientes. Aunque hay muchas causas de fatiga, una de las más comunes y frecuentemente dominantes es el «cafeinismo»; es decir, el consumo de cafeína (*Let's live*, [Vivamos] abril 1982, pp.19-20). Para más información sobre otros efectos del consumo de cafeína, véase Bob Smith, «Caffeine», *The Journal of Pastoral Practice 1*, N° 1, 1977, pp. 95-96.

«Dulce es el sueño del trabajador» y ese versículo fue escrito cuando la mayoría de la gente se ganaba el pan con el sudor de su frente. Hoy, en nuestra cultura, la demanda de trabajo físico es menos común; la mayoría de nuestras ocupaciones requieren más el uso del intelecto que del cuerpo. Así que para muchos de nosotros, el ejercicio necesario para mantenernos sanos debe ser planeado en nuestro tiempo libre y, para nuestro perjuicio, esto puede con frecuencia ser pasado por alto.

La falta de ejercicio puede provocar o acentuar la ansiedad. Las diarias tensiones que debemos encarar hacen que nuestros cuerpos produzcan químicos (como adrenalina) que proveen energía y aun contraen nuestros músculos. La actividad física es uno de los medios que Dios ha dispuesto para liberar esas tensiones diarias; sin esa actividad, el cuerpo y nuestro temperamento pueden ser afectados negativamente. Reunir información tocante al nivel de actividad, cuánto ejercicio hace el aconsejado, puede ser un factor preponderante al aconsejar a personas que vienen luchando con la ansiedad u otras emociones no provenientes de Dios. Con frecuencia he hallado que asignarles como deber el ejercicio regular, les ayuda a relajarse de un modo importante.[6]

4. Enfermedad. Las enfermedades pueden a veces ser causadas por el pecado personal (Sal 32.3-4; 38.3; Pr 14.30; 1 Co 11.30).[7] Pero la enfermedad que no es causada por pecado personal puede ser un factor importante en las luchas y tentaciones que deben encarar nuestros aconsejados. Por ejemplo, infecciones virales, hepatitis, mononucleosis, diabetes e hipertiroidismo están todas relacionadas con la depresión. En muchos casos en que los cristianos sufren algunos de estos males, sus síntomas de depresión pueden ser simplemente una consecuencia de la debilidad y las molestias causadas por ellos. Por tanto, no debemos necesariamente suponer que la depresión es consecuencia directa de pecado personal. Ella puede ser aliviada o eliminada simplemente con un diagnóstico correcto y el consiguiente tratamiento médico.

5. Medicación. Muchas medicinas, recetadas o no, pueden tener efectos secundarios perjudiciales en diferentes grados. Estas drogas pueden contribuir a mantener los problemas, especialmente si el individuo no está advertido de la posibilidad de esos efectos laterales. Algunos casos

---

6. Sin embargo, cuando usted aconseje ejercicios, sugiera que no sean competitivos, pues de otra manera pueden complicar su tensión en lugar de liberarse. Algunas personas son tan competitivas que no podrían participar en deportes sin la obsesión de ganar. Es importante estar al tanto de las tendencias del individuo en esta área a fin de elaborar un plan de ejercicios que resulten de ayuda.

7. Para algunas exposiciones útiles sobre esta verdad, véase S.I. McMillen *None of These Diseases* [Ninguna de estas enfermedades], Revell, Old Tappan, N.J, 1973; Smith, «Caffeine» 79-92 y Capacitado para Orientar, de Jay Adams, Portavoz, capítulo 7.

de depresión no grave, por ejemplo, pueden ser resueltos simplemente por averiguar qué medicamentos ha estado usando la persona y si ella podría haber causado efectos secundarios que han contribuido a la depresión. El consejero debe aprender a reunir los datos pertinentes y buscar posibles conexiones entre problemas y medicamentos.[8]

Una herramienta útil para este proceso es el *The Physician's Desk Reference* [Libro de referencias para el escritorio del médico]. Esta obra, disponible en librerías y consultorios médicos, contiene una lista de todas las medicinas en el mercado y describe las dinámicas fisiológicas de la droga, indicaciones para su uso, posibles reacciones adversas, efectos laterales potencialmente peligrosos y otros síntomas secundarios que puede causar.[9] Aunque, como consejeros bíblicos, no es nuestra tarea prescribir o prohibir drogas, nos colocamos en mejor posición para tratar ciertos problemas si conocemos qué medicina está tomando el aconsejado.[10]

Recursos

Una segunda área de datos tiene que ver con los recursos que el aconsejado tiene a su disposición. ¿Con qué recursos cuenta esa persona que puedan ayudar en el proceso de consejería y qué falta de recursos pueden estorbarlo?

Los recursos más importantes son, por supuesto, los espirituales; por tanto, lo primero que debemos averiguar es si el aconsejado los posee. En otras palabras, ¿es creyente? Si no lo es, carece de los recursos espirituales conque se pueda trabajar.[11] Por tanto, es importante, desde el comienzo del proceso, hacer preguntas respecto a su condición espiritual. En algunos casos, cuando profesa ser creyente, puede ser necesario indagar mejor a fin de determinar la autenticidad de su profesión.[12] Cuando estemos seguros

---

8. Si el consejero sospecha que esto no será suficiente para confirmarlo por sí mismo, deberá aconsejar a la persona que consulte a un médico acerca de esa posible conexión.

9. Los médicos reciben cada año un nuevo volumen que publican las compañías farmacéuticas y frecuentemente ceden el libro del año anterior al consejero que lo solicite.

10. Para más lectura sobre este asunto, véase Bob Smith, «The Use of Drugs in Counseling» [El uso de drogas en consejería], *The Biblical Counselor*, mayo 1992 pp. 1,4.

11. Romanos 8.7-8 dice: «Por cuanto la mente carnal es enemistad contra Dios; porque no se sujeta a la ley de Dios ni tampoco puede; y los que viven según la carne, no pueden agradar a Dios», y 1 Corintios 2.14: «Pero el hombre natural [nuevamente, alguien que no es salvo] no percibe las cosas que son del Espíritu de Dios, porque para él son locura y no las puede entender, porque se han de discernir espiritualmente».

12. No es nuestra misión juzgar el estado espiritual de quienes profesan conocer a Cristo (1 Co 4.5; Stg 4.11-12); debemos, pues, tratarlos como creyentes a menos que sigan a una herejía doctrinal, en cuyo caso son culpables de una continua conducta flagrante e

de que un aconsejado es nacido de nuevo, debemos establecer cuánto ha avanzado en su crecimiento espiritual, porque si tiene buena madurez espiritual le será más fácil aprovechar los recursos disponibles en Cristo que a un creyente nuevo.

Los consejeros necesitan también reunir información acerca de otras clases de recursos que pueden afectar la dimensión espiritual: intelectuales, educacionales, prácticos y sociales.[13] Cualquiera o todas estas pueden ser una pieza en el rompecabezas de los problemas de un individuo.

Emociones

Las emociones son como los detectores de humo.

Una noche estaba descansando en casa mientras mis hijos trataban de cocinar algo. Aparentemente, parte del aceite se volcó por uno de los lados de la sartén y tomó fuego, incendiando los quemadores de la cocina y enviando llamas al aire. La alarma del detector de humo hizo oír su estridencia, por lo que corrí y alcancé a arrojar una frazada sobre la cocina que sofocó las llamas antes que hicieran mayor daño.

Las emociones son como ese detector de humo: ellas no son el problema principal, pero advierten sobre él. Imagínese si hubiera silenciado el detector con un martillo y me hubiera vuelto a descansar a mi silla, la casa entera hubiera quedado reducida a cenizas. Tuve que tener en cuenta la fuente del problema: el fuego. De la misma manera, algunas personas (y lamentablemente algunos consejeros), procuran eliminar emociones negativas como depresión, ansiedad, temores o furor por atacar las emociones en sí a través de medicación o terapia de la conducta. Pero fallan en detectar y eliminar el «fuego» en la cocina de su vida, los problemas subyacentes que perturban sus emociones.

El detector de humo análogamente ilustra otra verdad acerca de las emociones: Jamás deben ser ignoradas. ¿Qué hubiera ocurrido si mi reacción al timbre de alarma hubiera sido ponerme tapones en los oídos? ¡Hubiera perdido más que mi casa! De la misma manera los consejeros deben reconocer el significado de las emociones. Dios nos las ha dado

---

impía (2 Jn 9-11) o estén puestos bajo disciplina por la iglesia (Mt 18.17). Pero si sus respuestas y conducta nos llevan a cuestionar la validez de su profesión, ciertamente podemos y debemos inducirles a examinar su condición espiritual (2 Co 13.5). Algunos materiales útiles en este proceso son la serie de casetes de John MacArthur, *Examine Yourself* [Examínese a sí mismo] *Grace to you* [Gracia para usted] y el capítulo 5 de su libro *Saved Without a Doubt* [Salvo sin una duda] Victor Books, Wheaton, 1992.

13. Los recursos sociales son particularmente importantes porque puede haber personas en el ambiente del aconsejado (tales como la iglesia o la familia) que pueden considerarse para ayudar en los problemas. Muchos consejeros pierden estas oportunidades simplemente porque fallan en reunir la información necesaria.

como indicadores exteriores de lo que está ocurriendo en nuestros corazones y esto está indisolublemente unido a los problemas que encaramos.

Mediante el poder del Espíritu Santo, los cristianos son capaces de controlar sus emociones y hacer lo que Dios desea, no importa cómo se sientan (1 Co 10.13). Por otro lado, las emociones tienen poder suficiente para dificultar más el hacer lo correcto. Considere, por ejemplo, el primer homicidio en Génesis 4.1-8. Es muy probable que nunca hubiera ocurrido si Caín no hubiera llegado a «enojarse en gran manera» (v. 5). Su enojo fue resultado de su orgullo pecaminoso y podría haber sido eliminado mediante arrepentimiento, pero sin él, ese enojo alimentó los ímpetus para uno de los crímenes más nefandos. Por eso debemos hacer preguntas para determinar cuán sensible es el aconsejado a los efectos de esas emociones en su vida.

Acciones

Una cuarta área a tener en cuenta cuando se solicita información es la de las acciones. Debemos considerar lo que nuestros aconsejados hacen o dejan de hacer.[14] La Biblia establece una estrecha conexión entre nuestras acciones y otros aspectos de nuestras vidas. Las acciones tienen un profundo efecto sobre nuestra salud espiritual, emocional y física. Consideremos otra vez a Caín, quien no sólo sintió ira sino que estuvo deprimido. Dios le dijo: «¿Por qué ha decaído tu semblante? Si bien hicieres, ¿no serás enaltecido? Y si no hicieres bien, el pecado está a la puerta» (vv. 6-7). Caín pecó por haber ofrecido al Señor un sacrificio inadecuado (v. 3) y el resto del capítulo indica una correlación directa entre esa acción y cada parte de su vida. Una acción desobediente afectó su relación con Dios, desencadenó varias emociones negativas y lo llevó a una acción aún más pecaminosa contra su hermano.

Una y otra vez la Biblia destaca la importancia de nuestras acciones:

- «Bienaventurado el varón que no anduvo en consejo de malos, ni estuvo en camino de pecadores, ni en silla de escarnecedores se ha sentado; sino que en la ley de Jehová está su delicia, y en su ley medita de día y de noche. Será como árbol plantado junto a corrientes de aguas, que da su fruto a su tiempo, y su hoja no cae; y todo lo que hace prosperará» (Sal. 1.1-3).

- «Quién es el hombre que desea vida, que desea muchos días para ver el bien? Guarda tu lengua del mal, y tus labios de hablar engaño» (Sal 34.12-14).

---

14. La Biblia habla de pecados no sólo de comisión, sino también de omisión. A Dios le interesa que ejerzamos una influencia positiva sobre aquellos que están a nuestro alrededor a través de buenas acciones (Mt 5.13-16; Ef 4.22-32 Stg 4.17).

- «¿Por qué me llamáis Señor, Señor, y no hacéis lo que yo digo? Todo aquel que viene a mí y oye mis palabras y las hace, os indicaré a quien es semejante. Semejante es al hombre que al edificar una casa, cavó y ahondó y puso el fundamento sobre la roca; y cuando vino una inundación, el río dio con ímpetu contra aquella casa, pero no la pudo mover, porque estaba fundada sobre la roca. Mas el que oyó y no hizo, semejante es al hombre que edificó su casa sobre tierra, sin fundamento; contra la cual el río dio con ímpetu, y luego cayó y fue grande la ruina de aquella casa» (Lc 6.46-49).

- «Bienaventurados los que oyen la Palabra de Dios y la guardan» (Lc 11.28).

- Mas el que mira atentamente en la perfecta ley, la de la libertad, y persevera en ella, no siendo oidor olvidadizo, sino hacedor de la obra, éste será bienaventurado en lo que hace» (Stg 1.25).

Los mandamientos de Dios no son meras demandas, son invitaciones, invitaciones a una plenitud de vida. No son simples obligaciones, son oportunidades. No son meros preceptos, son promesas. Dios dijo: «He aquí pongo delante de vosotros camino de vida y camino de muerte» (Jer 21.8; cf. Dt 30.15,19). El camino de vida requiere obediencia a los mandatos de su Palabra y el camino de muerte es asegurado al desobedecerlos. Los consejeros que toman con seriedad los mandamientos de Dios, deben entender la relación entre la obediencia a Él y todos los aspectos de la vida y reunir información respecto a las acciones de los aconsejados a fin de ver si están en concordancia con la Palabra de Dios.

Conceptos

Debemos reunir también información en cuanto a los conceptos de los aconsejados. *Conceptos* se refiere a lo que Hebreos 4.12 describe como «los pensamientos e intenciones del corazón». Esto incluye las convicciones personales, actitudes, expectativas, deseos y valores. Incluye también aquello en lo que o en quien la gente confía, teme, escucha o depende de; a qué o a quién sirven en esta vida (Mt 6. 24); qué o quienes son sus dioses funcionales y qué o quién controla e inspira sus acciones. Tan importantes como son las acciones y las emociones, en un sentido son secundarias al área conceptual de la vida; porque lo que pensamos y deseamos (nuestros pensamientos e intenciones), determinan, en última instancia, cómo actuamos y sentimos.

Seguidamente insertamos varios pasajes que refuerzan esta verdad:

Marcos 7.18-23. Luego de enumerar varios pecados de acción, tales como «adulterio, fornicaciones, homicidios, hurtos, avaricias, maldades, etc. (vv. 21-22), Jesús dice: «Todas estas maldades, de dentro salen y contaminan al hombre». Su intención fue enseñar a los judíos que el pecado es un problema interno, algo que actúa mucho más profundamente que la conducta que se ve en la superficie. Es un problema que anida en el corazón. Y la palabra *corazón* en las Escrituras, es frecuentemente alternada con *mente* (Gn 6.15; Heb 4.12). Ambas se refieren a nuestra personalidad interior que determina cómo actuaremos. Si se espera un cambio perdurable, debe tenerse en cuenta esta dimensión de la vida.

Romanos 12.1-2. En este pasaje Pablo indica a los romanos cómo deben responder a las verdades doctrinales que les enseñó en los capítulos 1 al 11. Esto sirve como un buen resumen del proceso total de crecimiento espiritual que caracteriza la vida cristiana: Allí el apóstol les dice: «Transformaos por medio de la renovación de vuestro entendimiento, para que comprobéis cuál sea la buena voluntad de Dios, agradable y perfecta». Si deseamos ver y ayudar en la transformación de vidas, debemos comprender qué está pasando en la mente de las personas y centrarnos en ello.

Gálatas 5.16-21. Los versículos 19 al 21 de este pasaje detallan algunas de las acciones y emociones más comunes llamadas «obras de la carne». Acciones y reacciones impías tales como inmoralidad, contiendas, enemistades, disputas, disensiones, borracheras, orgías y otras cosas parecidas a éstas son incluidas en este catálogo extenso, pero no exhaustivo, de pecados de la conducta y de las emociones. El versículo 16, que se refiere a «los deseos de la carne», nos introduce, más allá de la conducta exterior, a un nivel más profundo y nos coloca en otro importante puesto de observación para entender a la gente y sus problemas. Entender a la gente no sólo requiere una comprensión de sus hechos, sino que debe involucrar un entendimiento de los *deseos* que los motivan. Según Pablo, los *deseos* impíos son el motor que mueve los *hechos* impíos. Las acciones y sentimientos impíos de la gente están relacionados con y enraizados en sus pensamientos y deseos impíos e idólatras.

Efesios 4.22-24. Este es otro bien conocido pasaje que resume el proceso de crecimiento espiritual. En el versículo 22, Pablo dice «despojaos del viejo hombre» y, en el 24, «y vestíos del nuevo». Pero la clave en este proceso de cambio está en el versículo 23: «Y renovaos en el espíritu de vuestra mente». No podemos eliminar prácticas antibíblicas y cultivar las bíblicas mientras nuestras mentes no sean renovadas.[15]

Pocas verdades son tan esenciales a la consejería bíblica. Muchos consejeros no logran entender por qué sólo ven cambios temporales en la

---

15. Segunda de Corintios 10.4-5 contiene otra referencia a nuestras mentes que, con frecuencia, se pasa por alto. Aquí Pablo habla acerca de la intensa batalla en que estamos involucrados y luego dice que luchamos «llevando cautivo todo pensamiento a la obediencia a Cristo». En Santiago 4.1-6, describiendo el origen de las maldades, el escritor dice que está en nuestras «pasiones que combaten en nuestros miembros» (v. 1), en nuestras codicias (v. 2), en nuestra idolatría o adulterio espiritual (v. 4) y en nuestro orgullo (v. 6).

vida de sus aconsejados, quienes, observan con frustración, a corto plazo vuelven a los mismos pecados. En la mayoría de los casos se debe a que sus mentes o corazones no han sido renovados por la acción del Espíritu. Sólo experimentaron un cambio a nivel de conducta exterior merced a la influencia de alguien que los manipuló mediante tretas sicológicas o los presionó semana tras semana para que se conformaran a cierta práctica. Pero cuando esa presión externa desaparece, sus mentes no renovadas rápidamente vuelven a maquinar los pecados que sus cuerpos están más que dispuestos a repetir.

Si deseamos practicar verdadera consejería bíblica, debemos tratar de obtener tanta información como podamos acerca de los pensamientos y deseos de nuestros aconsejados, de modo que estemos en posición de ayudarles a corregir sus conceptos erróneos y a tener «la mente de Cristo» en relación con sus problemas (cf. 1 Co 2.16).

Datos históricos

Asegurarnos un buen acopio de información histórica acerca de nuestros aconsejados y sus problemas es otra parte valiosa en la formación del inventario. Los datos históricos se refieren al contexto del presente y pasado en la vida de las personas: sus circunstancias externas, las influencias o presiones que han experimentado o están experimentando, cómo han pecado contra ellas, sus frustraciones y dificultades, sus fracasos, tentaciones, bendiciones temporales, éxitos, comodidades, posición, etc.[16]

Algunos consejeros, obsesionados con el pasado, creen que todo, en el presente de la persona, tiene conexión con él. Como resultado, tienden a transferir la responsabilidad del aconsejado a aquellos que lo maltrataron hace mucho tiempo. Pero esta es una tendencia peligrosa que debe evitarse.[17] Aunque no podemos permitirnos ignorar el pasado, porque lo que ocurrió en él afecta a nuestros aconsejados, especialmente si involucra patrones de pecado o algo les ha provisto de una excusa para culpar a otros de sus problemas.[18]

---

16. Los aspectos que deben determinarse incluyen origen de la familia, historia matrimonial, otras relaciones significativas, problemas en la escuela o el hogar y posible abuso físico o sexual. Debemos animar al aconsejado a que exprese cualquier experiencia de su pasado, especialmente las que juzgue importantes.

17. Para más lectura respecto a errores sobre el pasado, véase *Toward A Confession of Faith on the Past* [Hacia una confesión de fe sobre el pasado], de John Bettler y *Handding The Rest Biblically* [Tratando el pasado bíblicamente], de Steve Viars; ambos en *The Biblical Counselor* [El consejero bíblico], julio de 1993, pp. 1-4.

18. Algunos pasajes que se refieren a los efectos del pasado sobre nuestro presente son: Gn 25.27-28; 26.1-5; 2 Cr 22.1-4; Pr 5.22-23; 22.6; Jer 13.23; Ef 6.4; Co 3.21; 2 Ti 1.5; 3.15 y 1 P 1.18.

Una vez hablé con un muchacho que no podía llevarse bien con su patrón, aunque no había razones aparentes ni visibles para ello. Sólo cuando comencé a preguntarle acerca de su experiencia previa en el trabajo obtuve algún indicio sobre el problema. Cuando le pregunté acerca de cada uno de los trabajos que había tenido y qué concepto tenía de sus patrones anteriores, los calificó a todos en términos negativos. Luego le pregunté acerca de las relaciones que había mantenido con su padre y descubrí que había tenido prolongados problemas con él. Esto me mostró que, esencialmente, no había aprendido cómo responder a la autoridad, percepción que proveyó dirección para las preguntas y consejos adecuados.

En este caso, el pecado en su vida pasada fue el que contribuyó principalmente a su problema presente; pero hay otras instancias en que el pecado ajeno en el pasado puede contribuir a los problemas de la persona. Cuando la gente ha sido abusada, maltratada o descuidada, casi siempre culpa al autor de los abusos por sus problemas y por responder negativamente a quienquiera que les haga recordar a esa persona. El consejero bíblico no debe encarar tales situaciones ignorando lo que ocurrió en el pasado; debe escuchar atentamente la historia, identificarse con el sufrimiento que ha experimentado y luego, con cariño y paciencia, tratar con sus reacciones pecaminosas, corregir su enfoque y colocarlo en sus recursos en Cristo y el modo que tiene el Señor de tratar con su pasado.[19]

Además de registrar un inventario de la historia de la vida de sus aconsejados, el consejero debe reunir los datos del presente. Lo que está ocurriendo en el presente es tan importante como lo que ocurrió en su pasado. Los consejeros bíblicos jamás deben apoyarse en las circunstancias actuales o pasadas de sus propias vidas o las de otros para justificar un mal comportamiento. La Palabra de Dios es precisa en este sentido.[20] Sin embargo, dar un correcto, adecuado y sensible consejo bíblico, requerirá cierta comprensión del contexto en que vive y responde la gente. Debemos comprender cómo han pecado contra la persona y también su respuesta pecaminosa.[21]

---

19. Deberíamos estar dispuestos a escuchar la historia de quienes aconsejamos; si no por otras razones, por lo importante que es para ellos. Si nos parece que su pasado es irrelevante y no mostramos interés acerca de él, será extremadamente difícil establecer la buena relación necesaria entre consejero y aconsejado (véase cap. 10).

20. cf. Nm 11-23; Dt 24.16; Pr 6.30-31; Lc 6.27-38; Ro 12.17-21; 14.10-12; Gl 6.5; Stg 1.2-5 y 1 P 1-5.

21. cf. Gn 3.1-4; 4.1-14; 12.10-20; 14.14-23; 22.1-14; 26.1-7; 1 R 19.1-28; Sal 3.1-2; 73.1-28; Pr 1.10-19; 13.20; 22.24-25; 30.7-9; 1 Co 15-33; 16.10; 2 Co 1.8-9; Gl 2.11-12; 1 Ti 2.1-2; 2 Ti 2.16-18; Heb 10.24-25; Ap 2.2, 3,9,13, 15, 19-20, 24; 3.8-9, 15-17.

El consejo que se da sin contar con la información sobre el contexto de la vida puede ser irrelevante, inadecuado, clínico, estéril y aun dañino. Sin las verdades presentes e históricas pertinentes, los consejeros bíblicos pueden incurrir en los mismos errores de los consejeros de Job y agravar los sufrimientos de sus aconsejados. Para usar las palabras de Job, pueden ser culpables de atormentar, insultar, quebrantar e injuriar a la gente, la misma a quien están procurando ayudar (cf. Job 19.1-3). En su intento de hacer bien, pueden estar haciendo mal (cf. Ro 14.16).

Para evitar tales errores, los consejeros bíblicos deben observar qué se viene haciendo a la persona, qué está pasando alrededor de ella, como así mismo qué está haciendo la persona, sus sentimientos y deseos; deben recibir y procesar información acerca de su matrimonio y sus situaciones familiares, condiciones de vida, relaciones, participación en la iglesia, su ocupación o, si va a la escuela, su situación en ella, finanzas y cualquier tipo de presiones, problemas, causas de regocijo o éxito; es decir, todo lo que sea relevante en su vida.

CÓMO REUNIR DATOS

Hemos hablado de la importancia de reunir datos y cómo esto es significativo en el proceso de brindar una eficiente consejería bíblica. Los métodos primarios que expondremos son: 1) Utilización de formularios para el inventario de datos. 2) Hacer buenas preguntas y 3) Observar la información periférica.

Uso de formularios de datos personales

En el apéndice de este libro proveemos una muestra de un formulario de datos personales (FDDP). Este formulario puede ser una herramienta muy útil en las etapas iniciales de la consejería, por las siguientes razones:

1. Requerir que los aconsejados llenen un FDDP señala una preocupación del consejero por obtener información completa.

2. El formulario provee un acceso permanente a la información básica que el consejero podría olvidar o descuidar de tener en cuenta durante las sesiones.

3. La información ayuda al consejero a prepararse para las sesiones. Con frecuencia señala la dirección inicial que el consejero debe tomar.

4. Llenar el formulario ayuda a los aconsejados a pensar acerca de los asuntos que se tratarán.

5. Conversar sobre la información del formulario puede proveer, en la sesión, una entrada natural y apropiada a la sesión de consejería.

Aun cuando el consejero esté trabajando con alguien familiar, es conveniente el uso del FDDP. Invariablemente, el formulario provee información nueva y significativa.

Hacer preguntas adecuadas

Además de utilizar el FDDP, la cantidad de datos que reúna el consejero dependerá en gran medida de la cantidad y calidad de las preguntas que haga. Aunque la preocupación y la compasión por el aconsejado determinarán la cantidad de preguntas, las siguientes pautas pueden ayudar a desarrollar preguntas valiosas.

I. **Las preguntas adecuadas son hechas con gracia y prudencia.** Si las preguntas no son hechas de la manera correcta, los esfuerzos del consejero por reunir datos resultarán vanos. La Biblia dice: «Sea vuestra palabra siempre con gracia, sazonada con sal» (Col 4.6). Nuestras preguntas deben ser hechas de modo que tranquilicen al aconsejado y no lo pongan a la defensiva. Ante todo debemos hacerle saber que necesitamos hacerle ciertas preguntas a fin de reunir la información que nos permita ayudarle.

Otro modo sabio de hacerlas es utilizando el método de avanzar y retroceder. Es decir, cuando el consejero percibe que su aconsejado se muestra aprehensivo o incómodo con cierta línea de preguntas, debe dejar momentáneamente esa área de exploración e incursionar en otra. Tal vez más tarde, en esa u otra sesión, puede volver sobre el tema.

2. **Las preguntas adecuadas son relevantes.** Todas las preguntas deben tener relación con el aspecto que el consejero está procurando tratar. Nunca deben servir meramente para satisfacer su curiosidad. Como las viudas jóvenes mencionadas en 1 Timoteo 5.13, los consejeros a veces pueden resultar «chismosos y entrometidos» cuando quieren inmiscuirse en terreno que realmente no necesitan conocer. Las preguntas sin importancia pueden desviar la conversación hacia senderos secundarios e irrelevantes y distraernos del asunto real que debemos considerar. Así que mantenga a los aconsejados centrados en el tema, sin divagar, y a fin de ahorrar tiempo precioso, hagamos preguntas que sean relevantes en relación a sus problemas.[22]

3. **Las preguntas adecuadas producen hechos.** El siguiente caso ilustra el tipo de preguntas que *no* proveen información de valor:

> Bruce y Maggie aparecen con su hija Karen. El pastor se sorprende porque esperaba sólo a los padres. Se inicia la conversación.

---

22. Una excepción a esta regla puede darse cuando el consejero percibe que la conversación se está haciendo demasiado pesada y desea aligerarla haciendo que el aconsejado cambie momentáneamente el tema.

Consejero: (Encogiéndose de hombros). «¿Por qué estás aquí, Karen?»

Maggie: «Le pedí que viniera. No puedo ponerme de acuerdo con ella y esto está destrozando nuestro hogar».

Consejero: «¿Ves algún problema entre tú y tú mamá?».

Karen: «Huuum, sí».

Consejero: «¿Dirías que hay animosidad entre tú y tú mamá?»

Karen: (dudando, luego) «¡Mucha!»

Consejero: «¿Por qué existe este problema con mamá?»

Karen: «No sé».

Consejero: «¿Tienes este problema con alguien más?»

Karen: «No».

Consejero: «Karen, tú sabes que debes honrar a tu mamá, es pecado no hacerlo. ¿Ves esto como un pecado?»

Karen: «Sí».

Consejero: «¿Por qué no hiciste lo necesario para arreglar esta situación?»

Karen: «No sé cómo».[23]

En esta situación, el consejero reunió muy poca información a través de la conversación porque no supo hacer preguntas que produjesen hechos.

En primer lugar, hizo varias preguntas que comenzaron con un *por qué*. En su lugar, debió centrar su esfuerzo en averiguar *qué*. Generalmente, las preguntas *qué* rinden más información que los *por qué*, pues éstos sólo reciben la respuesta que Karen dio dos veces: «No sé». Los consejeros verán mucho mejores resultados cuando reúnen información haciendo preguntas tales como: ¿Cuál es su problema?, ¿Qué está pasando?, ¿Qué quiere decir?, ¿Qué ha hecho acerca de esto?, ¿Qué ha sido de ayuda?, ¿Qué fue lo que lo empeoró?, ¿Qué piensa acerca de esto?

Otras preguntas útiles comienzan con la palabra *cómo*: ¿Cómo se siente?, ¿Cómo actuó usted?, ¿Cómo reaccionó usted?; ¿Cómo trató de solucionarlo?, ¿Cómo podría yo ser de ayuda?[24]

Otro problema en las preguntas que el consejero hizo a Karen fue que el resto de ellas fueron cerradas; es decir, que podían ser respondidas con un sí o un no.[25] Más bien debió hacer más preguntas abiertas, de modo que

---

23. Adams, *Libro de cursos del consejero cristiano*, CLIE, España.

24. Un estudio de las preguntas que Jesús hizo en los evangelios, revela que preguntó mucho más frecuentemente *Qué* que *por qué*. Por ejemplo en Marcos 8—10, hizo veinte preguntas, diecisiete de las cuales eran *Qué*.

25. Este tipo de preguntas puede ser útil en ciertas circunstancias, como cuando usted desea obtener un compromiso de un aconsejado, cuando desea aclarar lo que usted cree que quiso decir o cuando éste está poniéndose incómodo (porque las preguntas cerradas son casi siempre menos amenazadoras que las abiertas).

el aconsejado no pudiera responder con un simple sí o no y en cambio hubiera podido aportar mayor información. Las que siguen son algunos ejemplos de esos dos tipos de preguntas:

Cerrada: ¿Desea casarse?

Abierta: ¿Qué piensa acerca del matrimonio?

Cerrada: ¿Ama usted a su esposo?

Abierta: ¿Cómo describiría su actitud hacia su esposo?

Cerrada: ¿Está satisfecho con su trabajo?

Abierta: ¿Qué le agrada y qué le desagrada en su trabajo?

Cerrada: ¿Se lleva bien con sus padres?

Abierta: ¿Qué clase de relaciones mantiene con sus padres?

Debemos estar conscientes del tipo de preguntas que hacemos en consejería; debemos elegirlas cuidadosamente a fin de que obtengan el mayor cúmulo de información posible. Seguidamente tenemos algunos ejemplos de preguntas útiles a hacer en cada una de las seis categorías de información:

Físicas

Hablando en general, ¿cómo describiría su estado físico presente y pasado?

¿Dígame algo acerca de sus patrones de sueño?

¿Qué es lo que hace en su trabajo?

Si usted pudiera cambiar cuatro cosas en su trabajo, ¿cuáles cambiaría?

Describa lo que hace en un día común de su vida

Recursos

Dígame quiénes son las personas más importantes en su vida y por qué lo son.

Hábleme de las relaciones que le proporcionan el mayor gozo, la mayor tristeza y dolor en el corazón

Cuando usted tiene un problema, ¿qué hace generalmente?

¿Podría decirme con qué personas se siente cómodo expresándoles sus pensamientos y sentimientos íntimos?

Hablemos acerca de su relación con Dios: cómo comenzó, cómo ha venido desarrollándola, cuán importante es para usted, qué lugar ocupa en el panorama de su vida o dentro de lo que le está ocurriendo actualmente y si está haciendo algo por fortalecer esa relación.

Describa lo que su iglesia significa para usted.

Cuando ha tenido problemas en el pasado, ¿qué fue lo que más lo ayudó a resolverlos?

¿Cuáles son algunos de sus mayores recursos y fuerzas; sus deficiencias y debilidades más grandes?

¿Cuáles son sus hábitos en la lectura de la Biblia y la oración?

Emociones

¿Cuáles son las emociones que experimenta con frecuencia?

¿Cómo lo ven otros a usted emocionalmente?

Si usted pudiera cambiar cualquiera de sus emociones, ¿cuál le agradaría cambiar?

Déme algunos ejemplos de las veces en que estuvo extremadamente enojado, feliz o triste.

¿Cómo se siente en cuanto a lo que está ocurriendo en su vida actualmente?

Si yo tuviera una grabación de lo que acaba de decir y se lo hiciera oír, ¿qué emociones percibiría?

Acciones

Si usted mirara hacia atrás en su vida, ¿cuáles serían algunas de las cosas que ha hecho de valor?

¿Cuáles serían algunas de las cosas que hubiera deseado no haber hecho?

Si usted mirara a su vida en este momento, ¿cuáles serían algunas de las cosas que hizo y considera correctas y cuáles erróneas?

Hábleme de algunas de las formas en que se ve creciendo como creyente.

Hábleme de algunas de las cosas que podría mejorar como creyente; en su relación con Cristo; como un testimonio para Cristo.

Dígame si ha hecho algo por ayudar a otros; si ha sido tropiezo para otros.

Cuando recuerda los Diez Mandamientos, ¿con cuáles ha tenido los mayores problemas?

Conceptos

¿Cuál es su problema más agudo actualmente?*[26]

---

26. Las preguntas seguidas de un asterisco, son adaptadas de las notas de clases de David Powlison.

¿Tiene idea acerca de cómo este problema llegó a ser tan serio?*

¿Qué piensa de la manera en que ha venido tratando este problema?*

¿Qué le dice todo esto acerca de usted mismo?*

¿Tiene alguna idea de por qué le resulta tan difícil tratar con las críticas?*

Si tuviera un grabador y pudiera registrar sus pensamientos en este momento, ¿que oiría yo?*

¿Qué pasa en su mente cuando le doy alguna sugerencia acerca de cómo tratar un problema?*

¿Qué es lo que usted quiere/quería, deseaba, buscaba, tenía como meta, procuraba o esperaba?*

¿Cuáles son sus metas, expectaciones o intenciones?*

¿En qué busca seguridad, propósito, felicidad, realización, gozo y consuelo?*

¿Qué es lo que más teme? ¿Qué es lo que tiende a evitar?*

¿Qué lo haría feliz?

¿Qué es lo que saca a la luz lo peor o lo mejor en usted?*

¿Qué o quién lo gobierna o controla a usted en las cosas más escabrosas de la vida? ¿A qué o a quién presta oídos?*

¿En qué o en quién pone usted su confianza? ¿Qué lo mueve? ¿En qué o en quién tiene cifrada su esperanza?*

¿Qué hace cuando se siente presionado o en tensión? ¿En qué encuentra alivio? ¿Cuál es su escape?*

Históricas

¿Cuándo comenzó a experimentar este problema?

Dígame qué estaba pasando en su vida cuando...

Hábleme de su relación con el Señor a lo largo de los años; los puntos más elevados y los más bajos.

Mirando a su vida pasada, ¿cuáles son las experiencias más felices o más tristes que jamás haya tenido?

Hábleme acerca de las influencias más positivas y las más negativas en su vida.

Hábleme acerca de su matrimonio, su familia, su iglesia, su trabajo, etc.

Si pudiera cambiar algo acerca de las circunstancias de su vida, ¿qué cambiaría?

¿Cuáles son las cosas que le brindan más placer en su vida? ¿Más dolor o tristeza?

¿Qué presiones externas está experimentando en este momento?

APRENDER A DISCERNIR INFORMACIÓN SECUNDARIA

Los consejeros pueden también aprender acerca de sus aconsejados mediante información *secundaria*; es decir, información que se comunica por medios no verbales. Esto incluye la conducta no verbal y la comunicación paralingüística.

I. **Conducta no verbal.** Génesis 3.8 dice que «el hombre y su mujer se escondieron de la presencia de Jehová Dios entre los árboles del huerto». Adán y Eva nunca habían huido antes de la presencia de Dios y esta acción reveló algo importante acerca de lo que estaban sintiendo. Ellos no dijeron una sola palabra que nos permitiera saber que estaban experimentando la culpa y el temor del pecado. Asimismo, en consejería podemos aprender mucho de las acciones de nuestros consejeros durante las sesiones.

Algunas veces las expresiones de su rostro revelan claramente enojo, dolor u otras emociones. Otras veces mueven su silla más cerca del escritorio o más lejos que cuando entraron a la habitación. Unas veces una pareja mueve sus sillas para alejarse algo uno del otro. Otras ocasiones las familias se ubican a sí mismas de un modo que revela quién está en buenas relaciones y quién no; o cuál de los hijos es favorecido por los padres. El aconsejado en cierto momento frota los brazos de su silla o mira al piso cuando el consejero menciona algo en particular. Algunos aconsejados llegarán tarde a las sesiones siempre. Todos estos gestos y acciones silenciosas, (y muchas otras) hablan con una elocuencia que puede proveer información valiosa para el esfuerzo de ayudar al cambio del aconsejado.

2. **Comunicación paralingüística.** Este tipo de información secundaria tiene relación con el modo de hablar de nuestros consejeros. No con lo que dicen, sino *cómo* lo dicen. Su tono de voz ¿trasunta esperanza o desesperanza? ¿Comunica ansiedad o paz? ¿Enojo o perdón? ¿Amor u odio? ¿Interés o indiferencia? O sus voces nos dan una imagen de rudeza, desconsideración, prepotencia o dejan otras impresiones negativas que pueden estar contribuyendo a sus dificultades personales. La comunicación paralingüística incluye también las cosas de las cuales el aconsejado está dispuesto a hablar y aquellas que rehuye. A veces los temas que evitan son justamente el meollo o fuente de sus problemas.

Ambos tipos de datos secundarios son dignos de tener en cuenta según cómo los aconsejados se relacionan con su consejero, pues, probablemente ellos tratan a otros en la misma forma que tratan al consejero y otros probablemente los perciben de la misma manera que el consejero los percibe. Nunca debemos subestimar este tipo de observación, pues puede proveer tantos detalles como lo que dice el aconsejado.[27]

---

27. Los datos secundarios pueden proveer también material para preguntas: «Cuando yo le hice tal pregunta, usted pareció enojarse. Podría explicarme qué le molestó acerca de

Conclusión

Algunos otros medios de reunir información en forma efectiva incluyen el asignar deberes para hacer en casa, especialmente designados para este propósito,[28] hablar con otros que tienen relación con el aconsejado y tomar notas precisas para vigilar el desarrollo del proceso.[29]

La importancia de adquirir habilidad para reunir información muy difícilmente puede ser sobreestimada. En gran medida todos los otros elementos en el proceso de la consejería bíblica dependen de esto. La manera en que construimos una identificación con nuestros aconsejados e inspiramos esperanza en ellos, será determinada y dirigida por lo que aprendamos acerca de ellos y sus problemas.

Entender y aconsejar gente bíblicamente es un desafío y una loable responsabilidad. Pero el descuido o la negligencia en reunir información pueden minar el proceso completo. Es por eso que los consejeros bíblicos debemos desarrollar nuestra capacidad en este empeño. Debemos procurar cuidadosamente, y con mucha oración, perfeccionar nuestras habilidades para la formación de inventarios, como si toda nuestra eficiencia como consejeros dependiera de esto y porque desde un punto de vista humano, efectivamente depende de esto.

---

la pregunta». «Usted parece enojado conmigo hoy. ¿Hice o dije algo que lo molestó?» «Usted parece un poco preocupado. ¿Qué está pensando?» En muchos casos, las preguntas que inspiran la información secundaria abren el camino a una información clave.

28. Para contar con ejemplos de cómo reunir datos mediante el deber en casa, véase *Wayne A. Mack, A Homework Manual for Biblical Living* [Manual de deberes en casa para vivir bíblicamente], 2 vol. Presbyterian and Reformed, Phillipsburg, 1979; del mismo autor, *Your Family God's Way* [Los caminos de Dios para su familia] Presbyterian and Reformed, 1991 y del mismo autor *Preparing for Marriage God's Way* [Preparándose para casarse a la manera de Dios] Hensley, Tulsa, OK, 1987.

29. Sugiero que esto se haga durante las sesiones de un modo limitado: escribir frases importantes, declaraciones o ideas para sesiones futuras, reflexiones y desarrollo. Después que ha terminado la sesión, el consejero puede desear tomarse unos minutos para reflexionar, evaluar y registrar cualquier material de valor. Este puede ser incluso un buen momento para trazar un plan tentativo acerca de qué hacer en la próxima sesión.

13

Interpretar los datos del aconsejado

Wayne A. Mack

En el último capítulo tratamos el proceso de reunir datos. Ahora veremos la forma de utilizarlos. No importa cuánta información podamos obtener acerca de nuestros aconsejados, ella carecerá de valor a menos que la utilicemos para arribar a conclusiones acerca de lo que está pasando en sus vidas. Debemos no sólo interpretar esos datos nosotros mismos, sino también ayudar a los aconsejados a reinterpretarlos, puesto que tal vez hayan sacado conclusiones erróneas acerca de sus situaciones.

El proceso de consejería bíblica que trataremos en los capítulos siguientes depende de una correcta interpretación de los problemas del aconsejado. Si ella es errónea, la instrucción, la inducción y la implementación lo serán también. Una correcta interpretación del significado de los datos reunidos provee la estrategia para el proceso completo de consejería.

LA DEFINICIÓN DE INTERPRETACIÓN DE DATOS

¿Qué queremos decir cuando hablamos de interpretar datos? Este proceso contiene dos elementos básicos: Analizar o conceptuar los datos con precisión y explicárselos al aconsejado. En otras palabras, un aspecto de la interpretación incluye lo que está pasando en nuestras mentes como consejeros. Debemos analizar la información reunida, durante la fase de inventario, de manera que podamos entenderla desde un punto de vista bíblico. Tenemos que decidir también lo que deberíamos hacer con los problemas a la luz de las Escrituras. La segunda faceta de interpretación encierra lo que decimos a nuestros aconsejados tocante a sus problemas. Nuestro concepto de la situación no estará completo hasta que la interpretemos *para ellos*. Debemos explicarles nuestro análisis y concepciones de una manera tal que entiendan las verdaderas causas de la dificultad desde una perspectiva bíblica. En muchos casos no se progresa en la consejería simplemente porque el consejero no ha identificado el problema correctamente o no lo ha explicado de manera adecuada de forma que el aconsejado apruebe la interpretación y siga el consejo. En tal situación, existen dos interpretaciones diferentes del problema: la del consejero y la del aconsejado, las cuales se oponen entre sí.

Cuando, pues, tratamos la interpretación de datos, debemos considerar no sólo lo que pensamos como consejeros en cuanto a los problemas, sino también cómo deberíamos comunicar esas conclusiones al aconsejado.

EL PROCESO DE INTERPRETAR LA INFORMACIÓN

El consejero bíblico puede alcanzar mejor la meta de un análisis exacto y una explicación clara teniendo en cuenta los siguientes cuatro pasos: 1) Reunir datos adecuados. 2) Interpretarlos. 3) En base a esa interpretación, trazar un plan de trabajo. 4) Examinar la validez de nuestra interpretación.

A medida que expliquemos estos pasos en este capítulo, tal vez usted piense: «¡Este proceso me va a tomar una enorme cantidad de tiempo y esfuerzo!» Sí, esto tomará mucho tiempo y esfuerzo porque la gente es complicada y un método simple de ayudarla casi siempre termina en fracaso. No somos como Jesús, que conocía de inmediato los pensamientos de la gente cuando caminó por este mundo. Ciertamente no podemos echar una mirada a alguien y decir en el acto lo que necesita. En la mayoría de los casos, ni siquiera somos capaces de hablar una vez con una persona y decirle lo que necesita. El proceso de interpretar puede ser extenso y aunque, con experiencia, un consejero sea capaz de formular conclusiones en menos tiempo, nunca debemos arribar a un punto en el que no estemos dispuestos a pensar larga y detenidamente acerca de los problemas de cada persona.

Antes de comenzar a considerar los pasos en el proceso de interpretar, tenga en cuenta el siguiente caso de estudio, que servirá como ilustración en el resto de este capítulo:

«Ciertos sentimientos de inferioridad me tienen enfermo físicamente y, por lo general, impotente como persona», dice Gus. «He tratado de hacer lo que usted me dijo pero, sencillamente, no puedo». En una sesión previa usted le pidió a Gus que procure el perdón de su padre por varias ofensas que reconoció haberle causado. Gus está ahora en su cuarta sesión y el único deber que se le ha dado para las dos últimas semanas aún está incompleto. «Su "no puedo" en realidad significa "no quiero", ¿no es así?», pregunta usted. «No, yo simplemente no puedo hacer nada», responde él. «No soy desertor ni nada por el estilo, pero no puedo hacer eso. Lo desearía; sé que debería hacerlo y si tuviera más fuerza de voluntad, sería capaz de hacerlo».[1]

Primero, considere este caso desde la perspectiva de Gustavo. ¿Cómo interpreta él su problema? Cree que carece de la habilidad para completar el deber asignado y de cualquier otra cosa para superar sus problemas. Se ve a sí mismo como una víctima que no puede aceptar responsabilidad por sus acciones. Mencionó «sentimientos de inferioridad» y falta de «fuerza de voluntad» como impedimentos para hacer lo que debía.

Podemos ver que lo que el consejero de Gus necesita es interpretar el problema bíblicamente y comunicarle esa interpretación. En la exposición de este proceso en las páginas que siguen, proveeremos algunas sugerencias para interpretar la situación de Gus de un modo que le ayude a él y glorifique a Dios.

Recolección de datos adecuados

El primer paso en el proceso de interpretación es asegurarnos de que hemos reunido datos suficientes. Apliquemos a la situación de Gus cada una de las categorías que hemos tratado en el capítulo 12.

Físicos. ¿Qué quiere significar Gus cuando dice que está físicamente enfermo? ¿Cuándo comenzó esta enfermedad? ¿Cuánto tiempo duerme? ¿Ha visto a un médico por si padece algún mal orgánico? Qué quiere significar con la palabra *impotente*?[2]

Recursos. ¿Es Gus creyente? ¿Ha sido enseñado con las Escrituras acerca de su suficiencia en Cristo? ¿Qué clase de relación ha mantenido con otros miembros de su familia?[3] ¿Tiene amigos creyentes que puedan animarle y ayudarle? ¿Son sus amigos parte del problema o de la solución?

---

1. Jay Adams, *Libro de casos del Consejero Cristiano*, Grand Rapids, Zondervan, 1974, p.162.

2. Tal vez Gus se está evaluando erróneamente a la luz de lo que otras personas pueden hacer físicamente, en lugar de reconocer que ellas tienen una constitución diferente. Tal vez piense que es incapaz de ser útil o exitoso porque carece de la fuerza física que otros tienen.

3. La participación de ellos puede ser de gran utilidad y aun crucial para el restablecimiento de las relaciones de Gus con su padre.

¿Carece Gus de habilidades sociales? ¿Estará comparando sus habilidades con las de otros y pensando así que es inferior? ¿Hasta dónde está involucrado en la iglesia? ¿Tiene un pastor o pastores capaces y que estén dispuestos a ayudarle?

Emociones. ¿Es Gus excitable o indiferente? ¿Anida amargura, resentimiento o rencor? ¿Es miedoso? ¿Está enojado con su padre o le tiene miedo? ¿Está molesto por sus problemas? ¿Qué quiere decir con «sentimientos de inferioridad»? ¿Entiende el propósito bíblico y el papel de las emociones? ¿Qué papel juegan las emociones y los sentimientos en la vida de Gus; en la toma de sus decisiones, en lo que hace o deja de hacer y en cómo se ve e interpreta a sí mismo y sus situaciones? ¿Qué confianza deposita en la corrección y la validez de sus sentimientos?

Acciones. ¿Ha intentado Gus hacer algo que el consejero o, más importante, Dios le está pidiendo que haga? Si lo hizo, ¿qué ocurrió? ¿Qué otras cosas ha dejado de hacer o no está haciendo debido a su falta de «fuerza de voluntad»? ¿Qué le hubiera gustado hacer si tuviera mayor «fuerza de voluntad»? Él dice que «no es un desertor». ¿Cuáles son algunas de las cosas conque ha estado atascado o en las que ha perseverado hasta completarlas? ¿En qué áreas no está viviendo bíblicamente o fallando en cumplir sus responsabilidades bíblicas? ¿En qué áreas de su vida está haciendo logros?[4]

Conceptos. ¿Cómo define qué significa *fuerza de voluntad*? ¿Qué cree que debería hacer para obtener más de ella? ¿Qué cree ser indispensable para que alguien tenga éxito? ¿Cuál es su punto de vista sobre la naturaleza de la vida cristiana? ¿Cuáles son sus expectativas? ¿A quién está buscando agradar y servir? ¿Cómo cree que Dios describiría su problema? ¿Estaría Dios de acuerdo en que los sentimientos de inferioridad lo han hecho impotente y por lo general enfermo como persona?[5] ¿Qué cree Gus que satisfaría a Dios? ¿Entiende lo que la Biblia tiene por verdadero éxito? ¿Cuáles son sus dioses funcionales en este punto de su vida? ¿A qué voces está prestando oído? ¿Cuáles son sus ambiciones? ¿Cuáles son sus deseos dominantes? ¿A quién está adorando? ¿De quién dependen sus recursos para vivir la vida cristiana y para hacer lo que Dios desea que haga?

Historia. ¿Por cuánto tiempo ha tenido Gus esos «sentimientos de inferioridad»? ¿Hay algún acontecimiento en su vida conectado con ellos?

---

4. Si Gus ha alcanzado algunos logros en su vida y especialmente si está llevando a cabo exitosamente responsabilidades en otras áreas, podemos rechazar su afirmación de que le falta «fuerza de voluntad». Sobre sus logros pasados y esfuerzos del presente podemos desafiarle y animarle.

5. La razón para cuestionar a Gus acerca de lo que cree que Dios diría es animarle sutilmente a pensar a través de sus presuposiciones más bien que arrollarlo con la verdad (cf. Ef 4.15). Necesitaríamos animar a Gus a pensar en sí mismo y ayudarle a arribar a la conclusión de que ve las cosas de un modo diferente al que Dios las ve.

¿Hay algún hecho en particular a través del cual está viendo su vida entera? ¿De qué manera ha afectado su sentida falta de voluntad a su vida a lo largo de los años? El problema con su padre, ¿se debe a una serie de cosas que han ocurrido? ¿Cuándo han tenido lugar tales cosas? ¿Cuál es su historia laboral? ¿Hay alguna imagen de autoridad con la cual Gus ha tenido problemas en su trabajo o en la escuela? Cuando se le requirió hacer cosas difíciles en el pasado, ¿cómo respondió? ¿Qué salidas ha usado antes para eludir responsabilidades?

Interpretar los datos

Este segundo paso es el aspecto más dificultoso en el proceso de interpretación porque exige pensar en el significado y en las implicaciones del inventario de datos. Después de hacer numerosas preguntas al aconsejado, le toca al consejero contestar algunas. Las siguientes son de gran ayuda en esta parte del proceso de interpretación:

¿Qué categoría bíblica describe mejor a la persona que estoy aconsejando? Debemos evitar los peligros de estereotipar o generalizar cuando evaluamos a la gente, pero debemos admitir que la Biblia habla de varias categorías dentro de las cuales la gente puede ser ubicada de una manera u otra.

¿Es esta persona creyente o inconversa? Toda persona cabe dentro de una de estas dos categorías y, como hemos expuesto en el capítulo 12,[6] los salvos cuentan con recursos de los cuales carece el inconverso. Por tanto, debemos considerar qué sugieren los datos acerca de si el aconsejado es o no un verdadero creyente. ¿Qué sugieren acerca de su relación con Cristo? ¿Es ésta genuina y creciente? ¿Emplea la persona tiempo con el Señor en oración y estudio riguroso de la Biblia? ¿Hay alguna indicación de que su relación con el Señor es meramente histórica; es decir que, para su seguridad, el individuo se adhiere a una decisión del pasado pero sin mostrar evidencias de la obra de Dios en su vida corriente? ¿Son sus convicciones personales o prestadas de los padres o amigos? Su método para las próximas fases de la consejería, especialmente instrucción e inducción, dependerán en gran medida de su interpretación en esta área.

¿Es esta persona espiritualmente madura o inmadura? Una segunda manera de evaluar a nuestros aconsejados es establecer si son espiritualmente maduros o inmaduros. Hebreos 5.11-14 menciona estas dos categorías:

«Acerca de esto tenemos mucho que decir, y difícil de explicar, por cuanto os habéis hecho tardos para oír. Porque debiendo ser ya maestros, después de tanto tiempo, tenéis necesidad de que se os vuelva a

---

6. Véase p.236

enseñar cuáles son los primeros rudimentos de las palabras de Dios; y habéis llegado a ser tales que tenéis necesidad de leche, y no de alimento sólido. Y todo aquel que participa de la leche es inexperto en la palabra de justicia, porque es niño. Pero el alimento sólido es para los que han alcanzado madurez, para los que por el uso tienen los sentidos ejercitados en el discernimiento del bien y del mal».

Este pasaje enseña que la madurez espiritual es algo más que lo que algunos conocen, es lo que ponen en práctica. El creyente maduro es capaz de discernir entre el bien y el mal porque ha practicado una vida espiritual consecuente. Por el otro lado, los creyentes inmaduros son descritos como que fueron enseñados en muchas verdades pero no las han puesto lo suficientemente en práctica. Según esa definición, aun personas que han sido salvas por muchos años pueden ser inmaduras. Sus mentes pueden estar repletas con verdades e información escritural; tal vez sean capaces de recitar versículos y credos para adelante y para atrás; pueden incluso ser hábiles en discutir teología, pero son inmaduros porque no han vivido tales verdades.

Evaluar si su aconsejado es maduro o inmaduro, determinará en alguna medida la profundidad de la enseñanza que usted puede darle: Si ésta debería consistir en «alimento sólido» o meramente «leche».[7] Esto también le ayudará a estimar cuánto debería dedicarse a la instrucción, porque si la persona con quien está tratando es un creyente maduro, necesitará principalmente ánimo y sostén. Los creyentes maduros con problemas, frecuentemente saben qué debería hacerse; la consejería en este caso se reduce a una cuestión de ayudarles a hacer lo que ya saben que es correcto. En cambio, los faltos de madurez requieren una instrucción extensa antes de estar en condiciones de dar los pasos necesarios para resolver sus problemas.

¿Es esta persona desordenada, pusilánime o débil? En 1 Tesalonicenses 5.14, Pablo provee un tercer modo de evaluar al aconsejado. Menciona tres clases de personas y la manera general que deberíamos adoptar para tratar con cada una de ellas: «También os rogamos, hermanos, que amonestéis a los que andan desordenadamente, que alentéis a los de poco ánimo, que sostengáis a los débiles, que seáis pacientes para con todos» (Reina Valera, Versión 1909).

El primer tipo de persona mencionada es la que anda desordenadamente. En el original (*ataktos*) esto significa estar fuera del paso, ser desafiante y rebelde. Se refiere a personas irrespetuosas, caprichosas y tercas. Obviamente, sus hechos son opuestos a lo que Dios quiere que

---

7. cf. 1 Co 3.1-2; Heb 5.12-14.

hagan. Pablo habla de «amonestar» a tales personas (es decir, advertirlas). El apóstol dice también en Tito 3.10: «al hombre que cause divisiones, después de una y otra amonestación, deséchalo». Si tales personas no responden a nuestras advertencias y simplemente desean discutir, no debemos malgastar nuestro tiempo procurando aconsejarles. Proverbios 26.4 dice: «Nunca respondas al necio de acuerdo con su necedad, para que no seas tú también como él»[8]. No debemos permitir a tales personas influenciarnos de manera negativa al conducirnos a argumentos inútiles o discusión sin provecho. Por lo tanto, simplemente debemos advertirles que la senda que han escogido sólo puede llevarles al juicio de Dios y que estamos disponibles para ayudarles cuando estén receptivos al consejo.

La segunda clase de personas mencionadas en este pasaje son «los de poco ánimo». La palabra griego *oligopsuchos* significa «dotados de alma pequeña» o cuya alma se ha «encogido». Se han desanimado, cansado o abatido. Sus problemas no provienen de rebelión ni obstinación, sino de un sentimiento de derrota o falta de ambición. En lugar de amonestarlos, advertirlos o usar cualquier otra forma de confrontación, debemos animarlos.

Creo muy significativo el hecho de que Pablo no habla de amonestar a los de poco ánimo; este estado no es necesariamente pecado; la persona puede llegar a esa condición a raíz de pruebas difíciles o frustraciones que le han provocado una lucha con el desaliento. Gus tal vez estaba en esa situación y ante tal posibilidad, su consejero debió pensar muy bien antes de reprenderlo sin haber interpretado adecuadamente su problema. A veces temo que los consejeros bíblicos son demasiado rápidos para calificar el desaliento como un pecado e instan a arrepentirse a personas que más bien necesitan toda nuestra compasión y aliento. El tercer grupo de personas mencionadas en 1 Tesalonicenses 5.14 son los «débiles». La palabra griega traducida cómo «débil» (*asthenes*) significa «sin fuerza» y es más frecuentemente usada con referencia a los físicamente limitados. También se usa en un sentido general para describir a quienes, de alguna manera, son deficientes[9] Su deficiencia puede ser falta de educación, oportunidades, finanzas o, tal vez, un problema físico. Estas personas a veces encuentran muy difícil hacer lo correcto a raíz de su «debilidad». De acuerdo con Pablo, ellas requieren más que aliento: necesitan que alguien se ponga a su lado y les ayude a hacer lo que deben.

El verbo griego traducido como «ayudar» (*antechomai*) puede también ser traducido como «apoyar» o «sostener» (cf. Mt 6.24). Algunas personas

---

8. Otros pasajes en Proverbios que hablan del necio son: 9.7; 13.20; 14.7; 17.10, 12; 22.10; 23.9; 26.3-5,12 y 27.22.

9. Pablo usa el término para referirse a aquellos que son considerados deficientes en 1 Cor. 1.27: «lo débil del mundo escogió Dios, para avergonzar a lo fuerte».

jamás han tenido a nadie que las apoye y se comprometa con ellas. Están acostumbradas a ser criticadas, rechazadas y dejadas solas en su momento de necesidad. Jamás han oído a alguien decirles: «Me comprometo contigo; voy a ser tu amigo en las buenas y en las malas y no te voy a abandonar». Necesitan sentir que alguien les ama con sinceridad y está dispuesto a apoyarles sin importarle sus deficiencias.

¿**Qué lenguaje bíblico describe mejor los problemas que esta persona está experimentando?** La Biblia no sólo contiene diferentes clases de personas, sino que también rotula diferentes clases de conducta. Por tanto debemos identificar los términos que utiliza para describir cada problema que encaramos en consejería. Esto nos ayudará a hallar el concepto escritural que necesitamos acerca de las causas del problema y su solución y a pensar en la terminología bíblica a través del proceso. Pregúntese: «¿Qué palabras, caracterización o categoría podría tomar de la Biblia para describir los varios problemas que está experimentando esta persona?»

Por ejemplo, en el caso de Gus, lo que parece es que su problema tiene que ver con «confianza en la carne» (cf. Flp 3.3). Él cree que la solución radica en tener más «fuerza de voluntad». Pero la Biblia dice: «Todo lo puedo *en Cristo que me fortalece*» (Flp 4.13, énfasis agregado) y Pablo dice en 2 Corintios 12.9-11 que el poder de Dios se perfecciona en nuestra debilidad. La Biblia enseña que sólo estaremos en posición de experimentar el poder del Señor cuando reconozcamos nuestra debilidad porque es sólo entonces cuando abandonamos nuestras esperanzas en nuestros propios recursos y descansamos enteramente en Dios. Nuestra confianza jamás debería estar en nuestras fuerzas sino en las suyas. De este modo, Gus está poniendo erróneamente su confianza en la carne y necesita aprender a colocarla en Dios.

¿**Qué discernimiento provee la Biblia acerca de la causa inmediata de tales problemas?** Ella señala directamente a las razones que yacen detrás de lo que hace la gente. Cuando estamos tratando con un problema específico en consejería, debemos averiguar si las Escrituras nos dan alguna pista acerca de su causa. Puede contener ejemplos de personas que han estado en situaciones parecidas y experimentado problemas similares o puede haber también referencias directas a la conducta y sus causas. Aquí damos ejemplos de ambas situaciones para considerar.

- **Conflicto**
  Santiago 4.1-2 enseña que los conflictos provienen del egoísmo. La gente queda insatisfecha y airada porque no obtiene lo que codicia. Ve a los demás como meras ayudas u obstáculos para el cumplimiento de sus deseos; de este modo los utiliza para obtener lo que quiere.

- **Inestabilidad**
  De acuerdo con Santiago 1.8, la inestabilidad se debe a «doblez de ánimo». Esta expresión describe a alguien que no se ha sometido realmente al señorío de Cristo. Está tratando de «servir a dos señores» en el sentido de que, declara seguir a Cristo pero algo diferente está teniendo prioridad sobre el Señor (cf. Mt 6.24). Este enfoque dividido resulta en una vida inestable.

- **Mentira**
  En Génesis 18.1-15, Abraham mintió porque estaba dominado por el miedo y muchos aconsejados que luchan con la mentira tienen la misma raíz en su problema. Están controlados por el temor a ser dañados, rechazados, a fracasar, a perder el respeto de la gente, etc. Decir meramente a esas personas que deben dejar de mentir sería un modo superficial e ineficiente de tratar con su problema. En tal caso, debemos determinar cuál es el temor que les domina antes de procurar la solución.

- **Confusión**
  Si estamos trabajando con un aconsejado que parece confuso o desorganizado, una de las posibilidades es que esté cometiendo pecado de ambiciones celosas o egoístas. Santiago 3.16 dice que donde existen esos pecados, «allí hay *perturbación* y toda obra perversa» (énfasis agregado). Tratar con la confusión o falta de organización del aconsejado no sería suficiente; tal vez tengamos que ahondar y descubrir cosas que anida en su corazón antes de poder ayudarle.

- **Temor**
  Primera Juan 4.18 dice: «En el amor no hay temor, sino que el perfecto amor echa fuera el temor». Cuando la gente lucha con temores desordenados, éstos pueden provenir de una pérdida del concepto del amor de Dios o (más frecuentemente) han perdido el amor por otros. El temor es a veces causado por egoísmo. Lo experimentamos cuando nos ocupamos de nosotros mismos más que en servir al Señor y en ministrar a otros. Desaparece cuando nos interesamos más por el bien de otros que en lo que nos está ocurriendo.[10]

- **Inseguridad**
  Cuando una persona muestra una conducta que puede ser calificada de inseguridad (y aun paranoia) con frecuencia tendemos a pensar que se debe a que ha sido maltratada o porque carece de confianza en

---

10. Proverbios 1.33 revela también algo acerca del temor (e inestabilidad e inseguridad); dice que tales cosas son con frecuencia resultado de no oír u obedecer la Palabra de Dios.

sí misma.[11] Pero Proverbios 28.1 provee una perspectiva interesante de tal comportamiento: «Huye el impío sin que nadie lo persiga; mas el justo está confiado como un león». Alguien que exhibe inseguridad lo hace simplemente porque ha estado involucrado en pecado y está sintiendo su culpa por él. Quienes, por ejemplo, practican el engaño, con frecuencia se mostrarán extremadamente cautos en su hablar: ya que están cuidándose de no contradecir alguna mentira dicha antes. En cambio, quienes hablan siempre la verdad, se muestran confiados y seguros al hablar con otros porque no tienen que preocuparse de ser descubiertos.

• Conducta extraña

Las Escrituras contienen numerosos ejemplos de conducta extraña que nos dan luz acerca de por qué algunas personas actúan en cierta forma. Por ejemplo, en 1 Samuel 21.10-15, David deliberadamente fingió locura para engañar a otros. Algunos hacen lo mismo hoy por idénticas razones. No quieren ser responsabilizados por sus hechos y saben que si actúan de una manera extraña, otros esperarán mucho menos de ellos. Tal vez han descubierto que, cuando se comportan de esa manera, son objeto de mayor cuidado y complacidos por otros. (En mi experiencia como consejero he tenido muchas personas que mostraban una conducta extraña y más tarde me dijeron que lo habían hecho intencionalmente para llamar la atención. En algunos casos, han practicado esta conducta tan frecuentemente que se transformó en el patrón habitual que es básicamente una imprevista y automática acción refleja que ha llegado a ser un estilo de vida).[12]

Otro ejemplo bíblico de conducta desordenada es el rey Nabucodonosor de Babilonia, que se transformó en un lunático y actuó más como un animal que como un hombre (Dn 4.28-33); esto fue parte del juicio que Dios trajo sobre él como castigo de su orgullo.[13] Debemos notar que la solución para esta conducta desordenada fue un arrepentimiento dado divinamente (vv. 34 en adelante).

---

11. *Paranoia*, palabra griega hallada en 2 Pedro 2.16, es traducida como «demencia» o «necedad». Es una combinación de dos palabras griegas: una significa «estar al lado de» y la otra se refiere a la mente. De modo que, literalmente, alguien que experimenta paranoia es una persona que está «al lado de su mente» o «fuera de su mente». Tal persona no ve las cosas real, racional y exactamente, y no está en contacto con la realidad. Como resultado, el individuo puede experimentar crisis de pánico o ilusiones y actuar de una manera desconcertante.

12. cf. Pr 5.22; Jer 13.23; 22.21 y Ef 4.22.

13. Otro ejemplo de conducta extraña resultante del pecado y el juicio de Dios, se halla en Deuteronomio 28.28-29.

- **Preocupación o ansiedad**
  Cuando encontramos personas que se quejan de que tienen mucho que hacer y les es imposible hacer frente a todo, podemos acordarnos de Marta en Lucas 10.38-42 y preguntar si su situación será similar. Marta interpretaba su problema como exceso de tareas, pero Jesús le señaló que radicaba en una errónea selección de prioridades. Tendría que haber estado adorándole en lugar de preocuparse tanto por las cosas temporales y juzgar a su hermana.

- **Juzgar a otros**
  Tercera Juan 9-10 menciona a un hombre extremadamente crítico y cismático llamado Diótrefes. Y en esos versos el apóstol nos habla de la causa esencial de esa conducta, diciéndonos que «ama el primado» o la preeminencia. Antes que poner fin a su creación de facciones en la iglesia, primero debía tratarse con su orgullo.

Como puede verse en estos ejemplos, la Biblia provee abundante orientación acerca de por qué la gente actúa en ciertas formas. El consejero bíblico debe estar decidido a escudriñarla en forma permanente en busca de ayuda para interpretar los problemas de sus aconsejados.

¿Qué sugieren los datos respecto a la interconexión entre los diferentes problemas? Cuando tratamos varios problemas simultáneos en un caso determinado, debemos formularnos preguntas como: «¿Qué vino primero, el huevo o la gallina?» Suponga que está aconsejando a alguien que experimenta ansiedad y, a la vez, tiene dificultades para dormir. ¿Es la ansiedad el origen de la pérdida del sueño o es el insomnio el que provoca la ansiedad? Es sabido que cuando perdemos el sueño resulta mucho más difícil encarar nuestros problemas que cuando estamos bien descansados. Cuando estamos cansados, nuestros problemas parecen gigantes. En cambio, la falta de controlar bíblicamente la tensión puede también causar insomnio. ¿Es una la raíz y el otro el fruto? ¿Es una la causa y el otro la consecuencia? Estas preguntas son importantes para determinar la estructura y el énfasis de nuestra consejería.

Necesitamos también establecer si hay determinados patrones corriendo a lo largo de cierto caso particular. ¿Hay una falta de dominio propio, una respuesta inapropiada a la autoridad o algún otro problema determinado que ocurre repetidamente en la vida de la persona? Puede ser que un común denominador se esté transformando en la clave que desentrañe todo otro aspecto de la situación.

¿Qué impedimentos para un cambio bíblico hay en la vida del aconsejado? Primero, debemos averiguar si entiende claramente qué significa el cambio bíblico. He hallado que muchas personas realmente no entienden cómo se producen los cambios desde una perspectiva bíblica.

Esperan que Dios los tome (casi siempre en respuesta a la oración) y sobrenaturalmente quite sus problemas o elimine sus deseos de obrar mal. Por desgracia, no entienden lo que la Biblia tiene que decir en cuanto al papel de la autodisciplina en la santificación y necesitan saberlo antes que un verdadero cambio pueda ocurrir.[14]

El cambio bíblico puede ser también obstaculizado cuando el carro es puesto delante del caballo. En el caso de Gus, fue incapaz de pedir perdón a su padre, a instancias del consejero, probablemente porque abrigaba amargura contra su progenitor. Si este aspecto interno no es tratado, tal vez nunca esté en condiciones de restablecer su relación.

He aquí algunas otras preguntas que pueden ayudar a descubrir qué obstáculos deben ser removidos en las vidas de los aconsejados:

¿Indican los datos por qué no han sido capaces de resolver las dificultades por sí mismos?

¿Cómo ven ellos el problema? ¿Cuál es su comprensión del problema?

¿Han fallado en cambiar debido a que no lo desean o porque no saben cómo?

¿Qué factores en su ambiente pueden estar exacerbando el problema?[15]

¿Qué ideas erróneas están contribuyendo a los problemas?

¿Qué recompensa están recibiendo por su conducta? En otras palabras, ¿perciben que los resultados de su conducta son beneficiosos de alguna manera o hay otros que de algún modo los están animando?

¿Qué indican los datos acerca de las expectativas y deseos de la persona para el proceso de consejería? Debemos averiguar por qué la persona está viniendo a nosotros por consejo. Algunas veces un esposo no desea estar presente, pero la esposa ha lanzado un ultimátum. O tal vez su pastor ha insistido, pero ellos están resueltos a no cambiar sólo para demostrar que el pastor estaba equivocado. Necesitamos saber también si nuestros aconsejados buscan un arreglo rápido o esperan un largo proceso

---

14. Para una excelente exposición sobre el papel de la disciplina personal en el proceso de crecimiento espiritual, véase John MacArthur *A Balance of Faith and Effort* [Un balance entre fe y esfuerzo], en *Our Sufficiency in Christ* [Nuestra suficiencia en Cristo], Word Publishing, Dallas, 1991.

15. Por ejemplo, Proverbios 22.24-25 dice: «No te entremetas con el iracundo, ni te acompañes con el hombre de enojos, no sea que aprendas sus maneras, y tomes lazo para tu alma». Usted puede encontrar el aconsejado luchando con la ira que le rodea con la gente enojada. Un cambio en su medio y de sus compañías puede ser parte importante de la solución.

con numerosas entrevistas. ¿Han venido en procura de lograr un cambio o simplemente están buscando simpatía?

¿Qué indican los datos acerca de cualesquiera posibles factores físicos u orgánicos.[16] Es importante saber si nuestros entrevistados han visto a un médico y, en caso afirmativo, a qué conclusiones arribó. En algunos casos la gente tiene problemas médicos genuinos (como mal funcionamiento de la tiroides, diabetes o un tumor) que afectan de manera negativa sus patrones mentales y su conducta. En este caso el consejero debe trabajar con el médico para corregir el problema físico y aconsejar a la persona acerca de la respuesta bíblica respecto a las enfermedades y padecimientos.

De igual manera el consejero puede encontrar personas que piensan que su problema es de orden físico aunque no tengan pruebas para ello. Van a uno o más médicos y tienen múltiples exámenes sin que aparezca ninguna causa orgánica documentable de su problema. Aunque la posibilidad de un origen orgánico puede subsistir, es muy probable que el origen del problema no sea fisiológico. Aun cuando un profesional haya diagnosticado un problema médico, no debemos necesariamente darlo por sentado, puesto que algunos diagnósticos se basan en la recolección de síntomas que aporta el paciente, síntomas que pueden ser resultado de pensar y actuar erróneamente antes que evidencias de un mal orgánico. Por ejemplo, he debido aconsejar a individuos cuyos problemas tenían sus raíces en pecados personales pero, a causa de la culpa de ese pecado, estaban experimentando síntomas tales como dolores, padecimientos e incluso alucinaciones.[17]

¿Qué indican los datos acerca del motivo para desear el cambio? Si una esposa desea cambiar simplemente para que su esposo cambie y haga más fácil su vida, tiene un motivo erróneo. Si alguien desea cambiar sólo para obtener la aprobación y aceptación de otros, su motivación es errónea. Un cambio definitivo no se producirá a menos que el motivo del aconsejado sea agradar y glorificar a Dios (cf. 2 Co 5.9; 1 Co 10.31).

¿Experimenté alguna vez una situación o problema similar? Como consejero, debería preguntarse a sí mismo de qué manera su propia experiencia podría ayudar a interpretar lo que está pasando en cada uno de sus casos. Recordar cómo se sintió entonces puede ayudarle a comprender a

---

16. Véase H. R. Lewis y M. E. Lewis, *Psychosomatics* [Sicosomáticos], Viking, New York, 1972.

17. Los medicamentos pueden llegar a ser muy engañosos en esta área. Aunque la medicación parezca estar ayudando a alguien, esto no significa necesariamente que el problema es orgánico. La medicación puede aliviar algunos de los síntomas pero no va a la raíz del problema. Por tanto, el hecho de que las drogas estén ayudando, no prueba necesariamente que el problema es orgánico.

sus aconsejados; considerar objetivamente las dinámicas de sus experiencias puede proveer una idea acerca de la causa de sus problemas. Puede preguntarse: «Cuando estuve en igual situación, ¿qué fui tentado a hacer? ¿Cómo fui tentado a responder? ¿Qué fui tentado a pensar? ¿Cómo me sentí o cómo fui tentado a sentirme? ¿Qué quería, deseaba, anhelaba o demandaba en una situación como esa? ¿Qué intentaría como posible vía de escape? ¿A qué o a quién iría? ¿Sobre qué o quién dependería por ayuda?

¿He aconsejado a alguien previamente con un problema similar? A veces una experiencia anterior puede ayudar a interpretar un nuevo caso. Sin embargo, debemos ser muy cautos al usar la propia experiencia o la de otros para juzgar la naturaleza de los problemas de un aconsejado. Dos casos que parecen similares pueden ser muy diferentes. Siendo que la Escritura indica que ninguno de nosotros puede entender totalmente lo que otro está experimentando (cf. Pr 14.13,19), debemos ser muy cuidadosos al suponer que en dos problemas similares yacen las mismas causas. Sin embargo, teniendo en cuenta que ella también nos dice «no os ha sobrevenido ninguna tentación que no sea humana» (1 Co 10.13), sería necio ignorar la posibilidad de que tengan algo en común.

Formular un plan de trabajo para la interpretación

Luego de haber examinado los datos haciéndonos preguntas pertinentes acerca de ellos, el tercer paso en el proceso de interpretación es utilizar nuestras respuestas en un intento de arribar a las conclusiones del caso. Deben ser conclusiones tentativas puesto que aún no están confirmadas; sin embargo, es importante desarrollarlas. El proceso de aconsejar puede prolongarse indefinidamente a menos que, en algún momento, comencemos a identificar los posibles problemas y sus soluciones.

Determinar posibles razones para el problema. A la luz de los datos que ha analizado y su conocimiento de las Escrituras, identifique las posibles explicaciones a los problemas de su aconsejado. En el caso de Gus, por ejemplo, hay varias posibilidades: tal vez Gus no entiende lo que es el cambio bíblico y espera que Dios lo tome y lo revista con el deseo y el poder de obedecer; quizás es demasiado orgulloso para reconocer su pecado y pedir perdón a su padre; tal vez teme una situación embarazosa o un rechazo y está más preocupado por sus propios sentimientos que por el bien de su padre.

El consejero de Gus debería pesar cada una de estas posibilidades (y otras) y decidir la dirección de la consejería, particularmente la instrucción sobre la base de qué posibilidad encaja mejor con los datos. Luego debería examinar la validez de esa interpretación pero, antes de dar ese paso, hay algo más que debemos considerar si abrigamos alguna esperanza de formular una interpretación útil.

Considerar el corazón del aconsejado. En su estudio de las preguntas y sus respuestas, el consejero debe pensar en un propósito primario,
identificar qué está pasando en el corazón del aconsejado. De acuerdo con
la Palabra de Dios, una conducta pecaminosa es simplemente la manifestación externa de problemas que se anidan en el corazón. Un vistazo a
algunas de las enseñanzas de las Escrituras nos mostrará cuán importante
es el corazón.

- «Cercano está el Señor a los quebrantados de corazón; y salva a los
  contritos de espíritu» (Sal 34.18).

- «Crea en mí, oh Dios, un corazón limpio, y renueva un espíritu
  recto dentro de mí[...] Los sacrificios de Dios son el espíritu
  quebrantado; al corazón contrito y humillado no despreciarás tú,
  oh Dios» (Sal 51.10,17).

- «En mi corazón he guardado tus dichos para no pecar contra ti»
  (Sal 119.11).

- «Sobre toda cosa guardada, guarda tu corazón, porque de él mana
  la vida» (Pr 4.23).

- «Como en el agua el rostro corresponde al rostro, así el corazón del
  hombre al del hombre» (Pr 27.19).[18]

- «Engañoso es el corazón más que todas las cosas, y perverso; ¿quién
  lo conocerá? Yo Jehová, que escudriño la mente; que pruebo el
  corazón, para dar a cada uno según su camino, según el fruto de sus
  obras» (Jer 17.9-10).

- «Porque de dentro, del corazón de los hombres, salen los malos
  pensamientos, los adulterios, las fornicaciones, los homicidios, los
  hurtos, las avaricias, las maldades, el engaño, la lascivia, la envidia,
  la maledicencia, la soberbia, la insensatez. Todas estas maldades de
  dentro salen, y contaminan al hombre» (Mc 7.21-23).[19]

Dos pasajes adicionales, uno en el Antiguo Testamento y otro en el
Nuevo, merecen comentario especial por lo que revelan respecto a la
importancia del corazón.

---

18. Hay setenta y dos referencias al corazón en el libro de Proverbios.

19. Otros pasajes que destacan la importancia vital del corazón, son los siguientes:
Gn 6.5; 8.21; Dt 5.29; 6.5; 10.12; 11.13; 26.16; 30.6; 1 S 16.7; 2 Cr 19.3; 30.19; Esd 7.10;
Sal 27.3; 28.3; 76.5; 101.4; 140.2; Pr 3.1-6; 6.14; 6.18; 6.25; 7.24; 11.20; 12.2; 15.13-15;
16.23; 20.9; 21.2; Mt 5.8; 9.4; 12.33; 23.26; Lc 16.15; Hch 5.3; 16.14; Ro 1.21,24; 2.5; 8.7;
10.9-10; Ef 3.17; 4.17; Heb 3.8-15; 8.10; 10.16,22 y Stg 3.8.

En Ezequiel 13 y 14 Dios habla con vehemencia a los ancianos de Israel acerca de un juicio que traería sobre ellos. Les advirtió que el juicio vendría, en parte, por causa de su mala conducta pero, principalmente, por lo que estaba ocurriendo en sus corazones. Cuatro veces en el capítulo cuatro el Señor se refiere al hecho de que habían «puesto ídolos en su corazón» (vv. 3, 4, 5, 7). Esas gentes proclamaban su devoción a Jehová pero, en sus corazones estaban adorando, sirviendo, temiendo y dependiendo de otros dioses. Lo mismo ocurre con nosotros cuando actuamos de manera no bíblica. El problema esencial no es nuestra conducta; nuestros corazones han abandonado la adoración, el servicio, el temor y la dependencia del verdadero Dios.

En 1 Corintios 10.6-7, Pablo trae a colación el juicio que cayó sobre los israelitas en tiempos pasados y dice que «estas cosas sucedieron como ejemplo para nosotros, para que no *codiciemos* cosas malas como ellos *codiciaron*» (énfasis agregado). Luego exhorta: «Ni seáis idólatras, como algunos de ellos». Siguiendo esas declaraciones acerca de los deseos e idolatría, Pablo describe el comportamiento pecaminoso del pueblo: su inmoralidad y su descontento. No creo que sea un accidente que Pablo se refiera a sus codicias idólatras antes de hablar de su actividad pecaminosa. Sabía que el problema de los israelitas no era meramente de conducta; era un problema de corazón que se manifestaba en su exterior a través de la conducta.[20]

Como los consejeros bíblicos reconocen el lugar preeminente del corazón en el proceso de entender y ayudar a las personas, estarán principalmente preocupados acerca de qué es lo que ellas están pensando, adorando, confiando y procurando complacer.[21] Deben procurar identificar los deseos y codicias que se han entronizado como ídolos en la vida del

---

20. Cuando Moisés relató el incidente al que Pablo se refería (Nm 11), también enfocó el corazón del pueblo. Los versículos 4 y 34 mencionan deseos codiciosos como fuente de su pecado.

21. Primera de Juan 2.14-16 provee una dirección clara y útil a los consejeros bíblicos para interpretar las motivaciones de los aconsejados. Este pasaje identifica las tres áreas primarias de idolatría en el corazón: los deseos de la carne (deseos desordenados y dominantes de placeres sensuales, por ocio y comodidad y gratificación de lo físico; cf. Gn 3.6; 19.33,35; Ec 10.16-17; Lc 21.34; Pr 23.29-35; 23.20,21; 21.17; Nm 11.1-34; Ro 13.11-14); los deseos de los ojos (codicia y avaricia, un deseo dominante de beneficio o cosas materiales: cf. Pr 28.22,23; Jos 7; 1 R 21; Ec 4.8; 5.9-11; Dt 15.19; 1 S 25.11; 1 Ti 6.9,10; Co 3.5; Mt 6.18-34) y la vanagloria de la vida (deseo desordenado de grandeza en sí y para sí mismo, ser aceptado y aprobado, tener poder y estar en control, ser reconocido y respetado y ser considerado como exitoso, Ro 12.3; Jer 45.5,6; Is 10.7-11; 37.12,13; Sal 10.3,4; Pr 25.27; 29.25; 3 Jn 9,10; Jue 9.1-21; Mt 23.5;6.1-6; 21.15; Am 6.1-6; Hch 12.23; Lc 18.11; Pr 27.2; 30.13; Dn 4.20-27; 1 S 25.36; Pr 13.10; 16.5; 28.25; Gn 3.16). A veces

aconsejado. En muchos casos, identificar y eliminar esos dioses funcionales resultará un factor importante en la promoción de un cambio bíblico que honre a Dios.[22]

Examine la validez de su interpretación.

Este cuarto y último paso en el proceso de interpretación es necesario porque nuestras conclusiones iniciales sólo fueron tentativas. Debemos siempre recordar que somos humanos falibles y caídos y, por tanto, expuestos a fallar en nuestra interpretación. Aun cuando tengamos una relativa confianza de que contamos con una comprensión informada bíblicamente de la naturaleza y las causas de los problemas de alguien, nuestras conclusiones deben ser, de todos modos, examinadas y convalidadas. Los siguientes pasos pueden ayudar al consejero a dar validez interpretativa a sus conclusiones.

1. Revise sus notas y sus observaciones a fin de confirmar si la información adquirida provee suficientes hechos sobre los cuales basar sus conclusiones. Medite sobre los datos reunidos en espíritu de oración para estar seguro de que usted no está leyendo en ellos sus propias opiniones o suposiciones. No se apresure, deje que los hechos lo conduzcan en sus interpretaciones (cf. Pr 18.2,13,15).

2. Considere la posibilidad de que haya otras maneras de entender o interpretar lo que está pasando en la vida de la persona. Pregúntese: ¿Podría haber otras alternativas? ¿Me está faltando algo? ¿Hay alguna otra explicación?

3. Solicite información adicional, el conocimiento de mayor información puede conducir a una perspectiva diferente. Siga reuniendo datos durante las sesiones. Haga que sus aconsejados escriban un diario (Por ejemplo, que anoten la descripción de cierta conducta que se repita durante la semana). Analice cuidadosamente esos escritos procurando establecer algún patrón, tema u otra información que pudiera convalidar o invalidar su interpretación. Procure datos adicionales de otras personas que pudieran estar al tanto de los problemas.

---

es de provecho determinar si un aconsejado es o no presa de los deseos de la carne, la codicia de los ojos o la vanagloria de la vida. Para una exposición provechosa sobre esas áreas de pecado, véase J. Cotton, *An Exposition of 1 John* [Una exposición de 1 Juan], Sovereign Grace Publishers, Evansville, pp. 190-205.

22. Para un excelente tratado sobre los deseos idólatras, véase *Puritan Resources for Biblical Counseling* [Recursos puritanos para Consejería Bíblica], The Journal of Pastoral Practice 9, Nº 3, 1988, pp. 11-41.

Invítelas a una sesión, invítelas a llenar formularios de inventario especiales, llámelas por teléfono o visítelas.[23]

4. Sin mencionar nombres ni identificar detalles (normalmente), hable sobre el caso con otros consejeros bíblicos experimentados y pídales sus puntos de vista y sus sugerencias. ¿Qué fallas ven ellos en su interpretación? ¿Piensan que usted está pasando algo por alto? ¿Están de acuerdo conque los hechos apoyan sus conclusiones?

5. En forma cariñosa, amable y con prudencia explique su interpretación al aconsejado y pídale que aporte algo que pudiera confirmar, invalidar o proveer una alternativa a su interpretación. Mi práctica es presentar mis conclusiones tentativas cuidadosamente y con oración al aconsejado, junto con una explicación de los hechos que las sustentan, basándome en mi discernimiento a través de la consejería y los pensamientos bíblicos. Algunas veces hallo esto con mis aconsejados en forma directa y luego les pido su respuesta a mi interpretación. Otras veces les presento los hechos, subrayando temas y patrones así como las verdades o ejemplos bíblicos que pueden aplicarse y les pregunto qué creen que esas verdades pueden indicar acerca de la naturaleza y las causas de sus problemas. Decido cuál de esas tácticas emplear en base a mis observaciones acerca de las condiciones espirituales, emocionales y físicas de los aconsejados, sus personalidades, su manera de aprender y la fuerza o debilidad de mi relación con ellos.

Cuando examine la validez de su interpretación en esas formas, puede descubrir que no pasa el examen, pero no se desanime. Usted ha eliminado una posibilidad y está más cerca de una conclusión correcta. Sin embargo, debe revisar los datos y tal vez invertir tiempo para determinar dónde su interpretación se desvió. Quizás en este punto necesite reunir más información.

Si su examen resulta positivo pero su aconsejado está en desacuerdo, entonces su trabajo será proveer una amable instrucción de modo que la persona pueda aprender a pensar bíblicamente acerca de la situación. (Ya hablaremos extensamente sobre instrucción bíblica en el próximo capítulo.)

CONCLUSIÓN

Interpretar la información provista por el aconsejado es una ciencia y un arte a la vez. Es una ciencia por que trata con verdades, verdades de

---

23. Informe siempre al aconsejado que usted está haciendo esto. En la mayoría de los casos es prudente pedirle autorización para hacerlo.

las Escrituras y verdades acerca de los aconsejados y su mundo; esto requiere mucha búsqueda, investigación y análisis. En este capítulo hemos provisto numerosas sugerencias para lograr este aspecto científico de la interpretación.

Pero debemos comprender que interpretar es también un arte. Nadie puede llegar a ser un buen artista sólo por poseer aptitudes ni aun por aprender las técnicas para su desarrollo. Uno llegará a ser un buen artista practicando lo que ha aprendido. De la misma manera ocurre en la disciplina de la Consejería Bíblica. Llegar a ser un consejero efectivo incluye no sólo la posesión de dones espirituales y el conocimiento de la ciencia de interpretar información, sino una continua práctica de esos principios hasta que lleguen a formar parte de nuestra naturaleza. Después de haber estudiado la información en este capítulo, deseará ponerla siempre en práctica en procura de entender las Escrituras y a las personas que Dios desea que usted ayude. Así es como llegará a estar altamente dotado tanto en la ciencia como en el arte de interpretar bíblicamente los datos dados por el aconsejado.

14

Instrucción mediante la consejería bíblica

Wayne A. Mack

Hay dos ideas erróneas que prevalecen acerca de la instrucción en consejería. Una es que la consejería sólo consiste en instrucción; vale decir, si alguien tiene un problema particular, todo lo que necesitamos hacer es buscar los versículos de la Biblia aplicables al caso, y darle a la persona un sermón sobre el tema. Tenemos esperanza de haber desvirtuado esa idea lo suficientemente en los capítulos previos, cuando mostramos la importancia de otros aspectos del proceso de aconsejar, tales como el involucramiento y la formación de un inventario.

Una segunda idea errónea es que la consejería contiene poca o ninguna instrucción. Quienes la sostienen creen que la gente conoce las respuestas a sus problemas y que los consejeros simplemente se reducen a hacer preguntas, escuchar y proveer, de alguna manera, apoyo para ellos. En otras palabras, creen que, si edificamos una relación sólida con nuestros aconsejados, estos hallarán sus propias soluciones y eliminarán sus problemas sin necesidad de que les digamos lo que deben hacer.

Pero este modo de aconsejar es antibíblico, porque las Escrituras dejan bien en claro que la instrucción juega un papel imprescindible en el crecimiento espiritual de cada cristiano y en el proceso de resolver problemas.[1] Por tanto, si deseamos ayudar a cambiar a la gente, debemos ser

---

1. cf. Pr 6.23; Mt 22.29; Ef 4.11-12; 1 Tes 4.13; 1 Ti 4.6,11,16; 2 Ti 2.16-18 y Tit 1.10-11.

hábiles en la instrucción, a través de nuestra consejería bíblica, y asignarle una parte importante en el proceso.

LA NATURALEZA DE LA INSTRUCCIÓN EN LA CONSEJERÍA

Puesto que la instrucción es parte vital en la consejería bíblica, debemos saber qué clase de instrucción es necesaria. A fin de agradar a Dios y ser de ayuda a nuestros aconsejados, ella debe satisfacer tres requerimientos básicos: 1) Debe estar basada en la Biblia. 2) Debe ser bíblicamente exacta. 3) Debe ser bíblicamente adecuada.

La instrucción debe estar basada en la Biblia

Cuando decimos que nuestra instrucción debe estar basada en la Biblia, queremos significar que toda la información que impartimos a nuestros aconsejados para ayudarles a cambiar, debe proceder de las Escrituras. Debe basarse sólo en la Biblia y nunca en meras ideas u observaciones humanas. ¿Por qué? Porque la Biblia es una fuente de verdad práctica, comprensiva, digna de confianza y absolutamente adecuada, en tanto que el conocimiento humano es incapaz de encarar en forma efectiva los problemas que confrontamos en la vida.

La Biblia es práctica. La Biblia no es simplemente un tratado que expone temas doctrinales esotéricos; ella es «lámpara a nuestros pies y lumbrera a nuestro camino» (Sal 119.105). Nos ha sido dada para enseñarnos cómo vivir cada día de un modo que agrade a Dios y para ayudarnos a resolver nuestros problemas. Como dijo Henry Ward Beecher: «La Biblia es la carta de navegación de Dios para guiar nuestro barco, guardarnos de que vayamos a parar al fondo del mar, mostrarnos el puerto y cómo arribar a él sin dar contra rocas o barreras».[2]

La Biblia abarca todos los temas. Las Escrituras deben ser la suma y sustancia de nuestra instrucción en consejería, porque tratan con *todos* los aspectos de la vida que necesitamos entender. La Segunda Epístola de Pedro 1.3 dice: «Como todas las cosas que pertenecen a la vida y a la piedad nos han sido dadas por su divino poder, mediante el conocimiento de aquel que nos llamó por su gloria y excelencia». El conocimiento que Pedro menciona es limitado a las realidades descritas en las Escrituras, de modo que está diciendo que, *todo* lo que necesitamos saber para vivir con éxito, se halla en las páginas de la Palabra de Dios.[3] Algunas personas reaccionan

---

2. Citado en F.S. Mead, *The Encyclopedia of Religious Quotations* [Enciclopedia de citas religiosas], Revell, Westwood, N.J, 1965, p. 24.

3. Segunda de Timoteo 3.16-17 enseña la misma verdad cuando dice que la Escritura es útil para hacer que estemos adecuadamente «preparados *para* toda buena obra».

con incredulidad a esa declaración, pero es lo que la Biblia dice. Segunda de Pedro 1.3 es verdad o no lo es; y si no es verdad, entonces la Biblia entera puede ser cuestionada.

Pero sabemos que 2 Pedro 1.3 es verdad. La Escritura contiene toda la información necesaria para la «vida y la piedad» y un estudio en profundidad de su contenido será recompensado con un discernimiento claro, aun de las experiencias humanas más complicadas. Con demasiada frecuencia, todo lo que ocurre en consejería, es que el consejero presume que la Escritura no tiene referencia al problema particular del aconsejado, por lo cual, abandona prematuramente la Palabra y busca aportes de ideas humanas. Si tales consejeros actuaran creyendo que 2 Pedro 1.3 es verdad, verían los problemas más complejos como un desafío a ahondar su entendimiento de la teología y crecer en su conocimiento de cómo aplicarla a situaciones específicas.

He invertido mi vida procurando ayudar a la gente y jamás encontré un caso en el cual una aplicación de los principios escriturales no hayan sido relevantes, suficientes y superiores a cualquier cosa que el mundo pudiera ofrecernos. Esto en modo alguno significa que todo se reduzca a un simple lanzar versículos a nuestros aconsejados sobre el escritorio, pero sí que la única meta de nuestra instrucción debe ser comunicar verdades *bíblicas* relacionadas con sus problemas. La verdad de 2 Pedro 1.3 ciertamente indica que cualquier teoría o investigación sicológica secular es innecesaria (en el mejor de los casos) en el proceso de ayudar a la gente a cambiar espiritualmente (tanto como lo podrían ser puntos de vista extraídos de religiones paganas).

La Biblia es digna de confianza. Una tercera razón por la que nuestra instrucción debería estar basada sólo en la Biblia es que es el único libro que trata con problemas prácticos de la vida en una manera absolutamente fidedigna y merecedora de confianza. Cuando instruimos a nuestros aconsejados en base a la Biblia podemos saber, sin lugar a dudas que, si es aplicada, cambiará sus vidas de manera positiva. Ninguna otra fuente de información y discernimiento puede inspirar semejante grado de confianza.

Considere lo que dice el salmista acerca del libro de texto del consejero bíblico:

- «Los juicios de Jehová son verdad, todos justos» (Sal 19.9).

- «Para siempre, oh Jehová, permanece tu palabra en los cielos» (Sal 119.89).

- «Estimé rectos todos tus mandamientos sobre todas las cosas» (Sal 119.128).

- «La suma de tu palabra es verdad, y eterno es todo juicio de tu justicia» (Sal 119.160).

Jesús se hizo eco del salmista cuando dijo: «Tu Palabra es verdad» (Jn 17.17). Estos y otros versículos nos enseñan que todo lo que dice la Biblia es verdad. Pero también brindan una epistemología bíblica que arroja sospecha sobre cualquier pretensión acerca de la naturaleza humana o verdad espiritual no enseñada por la Escritura.[4] De acuerdo con esa epistemología, nosotros, como humanos, no podemos descubrir la verdad absoluta fuera de la revelación especial de Dios.[5] Una observación hecha o una opinión desarrollada sin referencia a la Palabra de Dios puede ser verdad, pero no podemos estar seguros de que lo es porque somos criaturas falibles y caídas. Consideremos este concepto un poco más extensamente.

1. *El hombre es finito.* Una de las razones por la que no podemos conocer absolutamente todo, fuera de la revelación de Dios, es que somos seres finitos. Nuestro conocimiento es necesariamente limitado porque está limitado por lo que podemos observar y lo que podemos comprender. Y a menos que tengamos un conocimiento total, nada podemos dar por seguro acerca de los asuntos de la vida y su significado (en nuestro propio concepto) porque siempre podremos descubrir algo nuevo que estará en desacuerdo con lo que sabemos.

Esta idea es bien ilustrada por la historia familiar de los cuatro ciegos que caminaban juntos y fueron a dar contra un elefante. Uno de ellos palpó una pata y concluyó que era el tronco de un árbol. El segundo tocó la trompa y quedó convencido de que era una manguera para incendios. El tercero dio con la cola y creyó que era una soga y el cuarto golpeó contra uno de los flancos y decidió que era una pared. Todos chocaron contra un mismo objeto pero, debido a sus limitaciones para observar, cada uno pensó algo diferente. En forma parecida podemos arribar a conclusiones tan erradas como esas cuando dependemos de nuestras propias observaciones y discernimiento sin recurrir a la Palabra de Dios, porque, como aquellos ciegos, sólo comprendemos parte del todo. Dios, en cambio, es infinito en su conocimiento y comprensión. Como Isaías 40.14 pregunta retóricamente: «¿A quién pidió consejo para ser avisado? ¿Quién le enseñó

---

4. Epistemología es el área de la filosofía comúnmente llamada «Ciencia del conocimiento» que procura contestar la pregunta «¿Cómo sabemos?» o «¿Qué podemos saber?».

5. R.Pratt, escribe: «todo lo que puede ser apropiadamente llamado verdad, no sólo la así llamada verdad religiosa, reside primero en Dios y los hombres conocen la verdad cuando vienen a la revelación de Dios de sí mismo como fuente de verdad, porque es Dios quien enseña el conocimiento a los hombres (Sal 94.10)[...] Esta dependencia de Dios de parte del hombre en el área del conocimiento no significa que los hombres no tengan la verdadera habilidad para pensar o razonar ni que están "programados" por Dios de la misma manera que las computadoras "saben". Los hombres son capaces de pensar, aunque el verdadero conocimiento depende y deriva del conocimiento de Dios, tal como ha sido revelado a los hombres». *Todo pensamiento cautivo*, Presbyterian and Reformed Publishing 1979, p. 17.

el camino del juicio, o le enseñó conocimiento o le mostró la senda de la prudencia?» No hay limitaciones a la sabiduría de Dios. Él dice: «Porque yo soy Dios, y no hay otro Dios y nada hay semejante a mí, que anuncio lo por venir desde el principio, y desde la antigüedad lo que aún no era hecho» (Is 46.9-10).

Dios conoce el fin desde el principio; Él conoce el pasado, el presente y el futuro. Nos conoce perfectamente, parte por parte, como también cada parte de nuestro mundo y le ha agradado revelarnos su verdad a través de su Palabra. Esta es la razón por la cual debemos instruir a nuestros aconsejados recurriendo a ese todo suficiente depósito de verdad, y jamás abandonarlo por preferir las ideas seriamente limitadas del hombre.[6]

2. *El hombre es un ser caído.* Otra razón por la cual no podemos saber cada cosa en forma absoluta, fuera de la revelación divina, es porque somos criaturas caídas. La Biblia nos enseña que nuestras mentes han sido afectadas por el pecado hasta el punto que, aun cuando observemos algo con exactitud, no estamos exentos de interpretarlo de manera errónea. Nuestras mentes pecaminosas tienden a distorsionar la verdad y la única posibilidad de pensar de forma correcta es permitir al Espíritu Santo que renueve nuestras mentes (Ro 1.18-32; 12.2 y Ef 4.23). Esto sólo puede lograrse al aprender a mirar a través del lente de las Escrituras.

A causa de nuestra finitud y condición de caídos, somos incapaces de obtener la verdad a menos que Dios nos la revele. Fuera de la Palabra de Dios, carecemos de reglas a las cuales atenernos para evaluar si algo es verdadero o falso. Así, aunque podemos confiar que cualquier cosa que hablemos con nuestros aconsejados de la Palabra de Dios es verdad, debemos tener un saludable escepticismo acerca de toda teoría o punto de vista que no proceda de ella.[7] Si no es enseñado por la Palabra de Dios, puede ser un error.

La Biblia es adecuada. Nuestra instrucción en consejería debe basarse sólo en la Biblia porque «Toda la Escritura es inspirada por Dios y útil para enseñar, para redargüir, para corregir, para instruir en justicia, a fin de que el hombre de Dios sea perfecto, enteramente preparado para toda buena obra» (2 Ti 3.16-17). Estos versículos dicen claramente que la Palabra de Dios posee cuanto necesitamos para hacernos idóneos o *completos* (otra traducción de la palabra griega). No necesitamos ni podemos ser algo más que completos. Como J.C. Ryle escribió:

---

6. Para mayor información sobre asuntos epistemológicos, véase el capítulo cuatro de esta obra.

7. Esto en verdad se aplica a cualquier escrito de un inconverso, por ejemplo: el de un sicólogo, porque pese a que un incrédulo haga una observación básica acerca del mundo o reitere una idea enseñada por las Escrituras, aún hay allí un dejo de peligro de falsedad en lo que dice.

El hombre que tiene la Biblia y el Espíritu Santo en su corazón, tiene absolutamente todo lo necesario para hacerle espiritualmente sabio[...] Tiene la fuente de la verdad abierta delante de sí, y ¿qué más puede desear? ¡Sí! Aunque estuviera encerrado, solo, en una prisión o abandonado en una isla desierta[...] si tiene la Biblia, posee la guía infalible y no necesita otra.[8]

Si creemos esas palabras inspiradas, jamás nos veremos tentados a pensar que necesitamos estudiar teorías humanas, aparte de las Escrituras, para estar en condiciones de proveer instrucción valiosa a nuestros aconsejados. En su lugar, nos aferraremos a la única guía infalible para esa tarea: la Biblia. Ella es práctica, abarca todos los temas, es digna de confianza y suficiente.[9] Establézcase como meta estudiarla celosamente, meditarla en profundidad, comunicarla con exactitud. Y nunca la menosprecie asumiendo que no habla a un caso particular; nunca la deje por «cisternas rotas que no contienen agua» (Jeremías 2.13). Si somos fieles a la Palabra de Dios, Él nos será fiel revistiendo de poder nuestro ministerio y produciendo fruto en las vidas de nuestros aconsejados.

La instrucción debe ser bíblicamente exacta

Nuestra instrucción no sólo debe estar basada bíblicamente, sino que debe ser también bíblicamente exacta. Si no cuidamos de entender la Palabra de Dios con exactitud, podemos terminar dando instrucción parecida a la bíblica pero sin serlo, en realidad. En 2 Timoteo 2.15, Pablo nos dice: «Procura con diligencia presentarte a Dios aprobado, como obrero que no tiene de qué avergonzarse, que traza bien la palabra de verdad». El versículo implica que podemos manejar la Palabra de Dios de manera inexacta o erróneamente y, para evitar esta trampa, debemos ser «diligentes». Interpretar correctamente e instruir a otros en las Escrituras demanda un trabajo arduo.[10]

He aquí algunas sugerencias que nos ayudarán a guardarnos de utilizar erróneamente las Escrituras y a asegurarnos de que nuestra instrucción es, en verdad, correcta.

---

8. J.C. Ryle, *Practical Religion* [Religión práctica], James Clark, Cambridge, 1959, p. 81.

9. Un libro actual que contiene una exposición muy útil de estos atributos de las Escrituras es *The Sufficiency of Scripture* [La suficiencia de las Escrituras], de Noel Weeks, *Banner of Truth*, Carlisle, PA 1988. Véase también *Our Sufficiency in Christ* [Nuestra suficiencia en Cristo], de John MacArthur, Word, Dallas, 1991.

10. Otros dos versículos que destacan el peligro de usar las Escrituras de manera errónea en nuestro ministerio a otros son: 1 Timoteo 1.8 donde Pablo dice: «La ley es buena si uno la usa legítimamente» y Marcos 7.13 donde Jesús habla de aquellos que invalidan la Palabra de Dios con sus tradiciones.

Conozca el significado de las palabras bíblicas. Algunas palabras en la Biblia no son de uso común o lenguaje corriente en nuestros días, y otras que lo son, tienen un significado diferente al que registran en ella. Debemos tener cuidado de no leer una palabra determinada dentro de un texto, según nuestro entendimiento, y dar por sentado que eso es lo que la Biblia quiere decir.

Por ejemplo, la palabra *esperanza*, en nuestro lenguaje corriente, tiene un significado muy distinto al de la palabra bíblica. Cuando tenemos ciertos planes y las nubes amenazan con soltar agua, decimos: «Espero que hoy no llueva». Nuestro uso de la palabra «esperanza» implica mucha incertidumbre. Pero no es así en la Escritura. En ella el término habla de la anticipación confiada de un acontecimiento que ciertamente *ocurrirá.*[11]

Dos palabras bíblicas que escasamente usamos en nuestra conversación son *justificar* y *justificación.* No podría recordar la última vez que oí a alguien usarlas fuera de una exposición teológica. Mucha gente, por tanto, no tiene idea de su significado. Si han oído la palabra *justificar,* fue probablemente en el sentido de alguien tratando de «justificarse a sí mismo» (significando que estaba dando una excusa) y esto no es lo que la Escritura expresa cuando habla de justificación.

Santificación, arrepentimiento, propiciación, regeneración, mansedumbre e incluso sabiduría, son todos ejemplos de importantes palabras bíblicas no utilizadas comúnmente y, por tanto, casi siempre mal entendidas. Un consejero bíblico efectivo debe ser capaz de explicarlas para ayudar a su aconsejado a entender lo que realmente significan en la Escritura. Un buen diccionario bíblico o el *Vine's Expository Dictionary of New Testament Words* [Diccionario Expositivo de Palabras del Nuevo Testamento de Vine] son un material útil para este propósito. El segundo de los libros citados, y su compañero para el Antiguo Testamento, proveen el significado original de las palabras tanto en griego y como en hebreo.[12]

Determine el significado de un versículo (o pasaje) dentro de su contexto. Instruir a alguien con versículos sacados de su contexto puede ser tan dañino como añadir a las Escrituras. Aunque la idea que el consejero esté tratando de comunicar sea verdad, las técnicas inadecuadas de interpretación pueden establecer un mal ejemplo para los aconsejados.

---

11. Para una exposición más amplia sobre este concepto véase el capítulo 11.

12. Otras dos herramientas que serían valiosas son *Word Pictures in the New Testament* [Palabras Ilustrativas en el Nuevo Testamento], 6 volúmenes, Broadman, Nashville, 1939, de A. T. Robertson y *The New International Dictionary of New Testament Theology* [Nuevo Diccionario Internacional de Teología del Nuevo Testamento], 3 vol., ed. Colin Brown Zondervan, Grand Rapids, 1975.

Proverbios 23.7 es ejemplo de un versículo que con frecuencia es sacado de su contexto con propósitos de aconsejar.[13] La versión Reina-Valera dice, revisión de l960: «Porque cual es su pensamiento en su corazón, tal es él». Comúnmente se interpreta como que nuestros pensamientos determinan quiénes somos y que llegaremos a ser cualquier cosa que pensemos. De modo que muchos libros cristianos (aun muchos sobre consejería) destacan la importancia de nuestros pensamientos haciendo referencia a este versículo.

Es verdad que los pensamientos son importantes y que influencian de un modo decisivo nuestro carácter, pero eso no es lo que Proverbios 23.7 está diciendo. Vea el versículo en su contexto: «No comas pan con el avaro, ni codicies sus manjares, *porque cual es su pensamiento en su corazón, tal es él*. Come y bebe, te dirá; mas su corazón no está contigo. Vomitarás la parte que comiste y perderás tus suaves palabras» (Pr 23.6-8, énfasis agregado). La idea útil para aconsejar en ese versículo es totalmente diferente a la que uno por lo general percibe. Ella revela que no siempre las acciones de una persona reflejan sus pensamientos. La gente puede pensar de un modo y comportarse de otro con propósitos de engaño o manipulación. Por tanto, no podemos conocer el verdadero carácter de alguien ateniéndonos simplemente a sus acciones; deberíamos tratar de averiguar lo que piensa.

Si deseo instruir a mis aconsejados en cuanto a la importancia de su actividad mental, los llevo a Romanos 12.2 ó 2 Corintios 10.5, porque estos versículos, en su contexto, hablan del tema. No iría a un versículo como Proverbios 23.7, que no lo hace, porque estoy tan interesado en enseñar un método correcto de interpretación de las Escrituras como en la enseñanza de sus verdades específicas. Y si uso las Escrituras con liviandad, haciéndoles decir lo que yo quiero que digan, estoy enseñando a mis aconsejados un método ilegítimo de interpretación. La Biblia es el libro de Dios y debemos tener cuidado de exponer cada una de sus partes con el significado que Él intentó asignarle. Asimismo, cada texto de las Escrituras tiene un solo significado. Puede tener muchas aplicaciones pero un solo significado. Por tanto, debemos descubrir ese único significado antes de aplicarlo a las vidas de nuestros aconsejados.[14]

---

13. Este es un ejemplo pertinente ya que Proverbios es uno de los pocos libros en la Biblia en el que no debemos preocuparnos por el contexto porque está compuesto mayormente por dichos breves no relacionados entre sí. Pero este ejemplo prueba que aunque estemos citando un proverbio, necesitamos examinar el contexto para ver si lo estamos utilizando correctamente.

14. Cuando nos acercamos a un pasaje, debemos preguntarnos: «¿Qué es lo que el Espíritu Santo está tratando de comunicar a través de este pasaje?» y «¿Qué es lo que desea cumplir con él?» Y antes de enfrascarnos en el estudio de un pasaje en la seguridad de que

Interprete cada pasaje en armonía con el resto de la Escritura. No sólo es importante el contexto inmediato que rodea a una frase o un versículo, sino que el contexto general de la totalidad de la Biblia es también crucial para entender el significado de un pasaje en particular. Las Escrituras nunca se contradicen a sí mismas; por tanto, si hallamos un pasaje que parece no concordar con lo que dicen otros sobre el tema, es seguro que nuestro entendimiento de ese pasaje, en aparente contradicción, es incorrecto.

Por ejemplo, en 1 Corintios 15.29, Pablo habla de aquellos que «son bautizados por los muertos». Basada en este pasaje, la iglesia mormona anima a la gente a bautizarse por los muertos. El problema con esta interpretación (además del hecho de que 1 Corintios 15.29 es un pasaje oscuro y difícil) es que el resto de la Palabra de Dios habla muchísimo acerca del bautismo sin mencionar jamás el bautismo por el prójimo. Además otras consideraciones teológicas eliminan toda posibilidad de que Pablo pudiera estar enseñando esta práctica mormona (cf. Lc 16.26; Heb 9.27).

Otro ejemplo es un esposo que aconsejé cierta vez; pensaba que tenía autoridad absoluta sobre su esposa. Me dijo creer que su esposa estaba obligada a hacer cualquier cosa que él le pidiera, aún cuando fuera algo pecaminoso.

—Quiere decir que si usted le dijera a su esposa que debe balear a alguien, estaría obligada a hacerlo?, —le pregunté.

—Bueno; yo nunca haría eso —respondió— pero sí, si yo se lo dijera, tendría que hacerlo.

—¿En qué se basa para esto? —le pregunté.

—Me baso en Efesios 5, donde dice que las esposas deben estar sujetas en todo a sus maridos —contestó— y en todo significa en todo».

Sin embargo, otros pasajes de las Escrituras aclaran que Pablo no significaba «todo sin excepción» en ese pasaje. «Todo lo que pueda hacer sin pecar contra Dios» es más cercano a su significado. La única autoridad absoluta en la vida de un creyente es el Señor; la autoridad del esposo es secundaria y deriva del Señor mismo. Por tanto, si un esposo pide algo a su esposa que signifique pecar contra Dios, ésta debe responderle como hicieron los apóstoles cuando dijeron a las autoridades judías: «Debemos obedecer a Dios antes que a los hombres» (Hch 5.29).[15]

---

averiguaremos su significado, debemos orar: «Señor, este es tu libro. Tú nos lo has dado. Ayúdame a entender esta parte correctamente. Ayúdame a aprender lo que quieres decir en él».

15. Las autoridades gubernamentales están en igual situación que el esposo. Primera Pedro 2.13 dice: «Por causa del Señor, sometes a toda institución humana, ya sea al rey, como a superior», pero fue el autor de esa epístola el que se plantó contra las autoridades

Si ese esposo hubiera entendido el principio de la Reforma de *analogía scriptura* (la escritura interpreta la Escritura), no hubiera errado tan garrafalmente en su teología sobre aquel asunto. De igual manera, los consejeros deben tener cuidado al instruir a la gente con exactitud comparando cada pasaje con el resto de la revelación de Dios.

La instrucción bíblica debe ser «cristocéntrica» y evangélica en su énfasis. La instrucción en consejería debe estar siempre enfocada en Cristo y en la gloriosa verdad de su evangelio. Carlos Spurgeon acostumbraba decir que cada texto en la Palabra de Dios es como las rutas de Inglaterra: Si usted las sigue lo suficiente, todas lo llevarán a Londres. Y si usted sigue cada texto en las Escrituras lo suficiente, lo llevarán a Cristo. Martín Lutero dijo que la Biblia es la carroza real en la que viaja Jesús y, a la vez, los vestiduras que velan su realeza. Dijo también: «La fe es, donde quiera que se halle, el centro de un círculo. Si alguien se sale de ese centro, no podrá tener el círculo a su alrededor y estará extraviado. El centro es Cristo».[16]

Cristo es la Palabra (Jn 1.1) y el núcleo central de la Palabra. Por tanto, nuestra consejería no es bíblica a menos que exalte a Cristo Jesús. No es suficiente para nosotros abrazar ciertos principios y regulaciones para vivir, porque ello puede ser puro conductismo. Si nuestra consejería es realmente bíblica, la gente no podrá salir de ella diciendo simplemente: «La Biblia es un libro maravilloso», tendrá que decir también: «Qué maravilloso Salvador tenemos». En toda nuestra instrucción debemos esforzarnos por llevar a nuestros aconsejados a Cristo Jesús y en esto tendremos éxito si podemos ayudarles a ver «el Cordero de Dios que quita el pecado del mundo» (Jn 1.29).

Use instrucción orientada a la acción. Nuestra instrucción no será bíblicamente correcta a menos que su propósito sea producir acciones piadosas. No es suficiente proveer mera información o comunicar verdades a nuestros aconsejados. No es nuestra meta animarles a aprender las Escrituras para que puedan esgrimir buenos argumentos teológicos; debemos procurar que la verdad que enseñamos tenga la virtud de cambiar sus vidas y hacerles más parecidos a Cristo.

En Colosenses 1.9 Pablo dice: «No cesamos de orar por vosotros, y de pedir que seáis llenos del conocimiento de su voluntad en toda sabiduría

---

en Hechos 5. Para una más amplia exposición sobre la sumisión requerida a una esposa, véase *Rediscovering Biblical Manhood and Womanhood* [Redescubriendo la masculinidad y femineidad bíblica], ed. John Piper & Wayne Gruden, Crossway Books, Wheaton, 1991 y *Strengthening Your Marriage* [Fortaleciendo su matrimonio], Wayne A. Mack, Presbyterian and Reforme, Harmony, PA, 1977.

16. De *Luther's Works* [Las obras de Lutero], vol. 54, Fortress Press, Filadelfia, 1967, p. 45.

e inteligencia espiritual». ¿Por qué les dice que deben estar instruidos en toda la voluntad de Dios? El versículo 10 dice: «Para que andéis como es digno del Señor, agradándole en todo, llevando fruto en toda buena obra». Cuando Jesús dio la Gran Comisión, no dijo que nos redujéramos a dar información acerca de Él a otros, sino «enseñándoles que guarden todas las cosas que os he mandado» (Mt 28.20).

Nuestra meta al instruir debe ser la misma de Jesús y Pablo. Si no mueve a nuestros aconsejados a la acción, no es realmente bíblica. Los consejeros bíblicos harían bien en seguir el consejo que el Dr. Martyn Lloyd-Jones dio a los predicadores:

«Habiendo aislado su doctrina por este medio y, teniéndola bien clara en su propia mente, considere la relevancia de esta en particular para la gente que la va a escuchar. La cuestión de relevancia nunca debe ser olvidada[...] Usted no es un anticuario hablando sobre una historia antigua ni sobre civilizaciones antiguas o algo por el estilo. El predicador [y el consejero] es un hombre que está hablando a gente que vive hoy y está confrontada a los problemas de la vida; por tanto, debe mostrar que su predicación no es un asunto teórico y académico para el interés de personas que vienen a oír como un hobby, en la misma forma que otros se entretienen con palabras cruzadas o algo por el estilo. Usted debe mostrar que su mensaje es de importancia vital para ellos y que deben oírlo poniendo todo su ser, porque realmente les va a ayudar a vivir».[17]

Enfatice tanto las dimensiones positivas como las negativas del cambio bíblico. El cambio bíblico es siempre un proceso de dos factores: Implica tanto «sacarse» como «ponerse» (Ef 4.22-32). Para que nuestra instrucción sea bíblicamente exacta, no sólo debemos decir a la gente lo que no debe hacer, sino también lo que *debe* hacer. Debemos ayudarle a reemplazar sus antiguos hábitos pecaminosos por otros piadosos. En razón de que buena parte de su tarea es tratar con el pecado en la vida de sus aconsejados, los consejeros bíblicos tal vez se ciñan demasiado al aspecto negativo de «sacarse». Mayormente se reducen a decir: «No haga esto» o «Deje de hacer aquello»; lamentablemente, esto deja un vacío porque no se les hace conocer la contraparte positiva: Qué es lo que, en cambio, deben hacer. Por otra parte, podemos actuar en forma igualmente incorrecta si sólo exhortáramos a hacer lo bueno. Con frecuencia puede ser necesario averiguar qué pecados les impide hacer lo correcto antes de poder instruirlos en ese aspecto (cf. Heb 12.1). Debemos, pues, esforzarnos continuamente por equilibrar los aspectos negativos y positivos de la instrucción.

---

17. Dr. Martyn Lloyd-Jones, *Preaching and Preachers* [La predicación y los predicadores], Zondervan, Grand Rapids, 1971.

Distinga entre directivas divinas y sugerencias humanas. Nuestro consejo no será bíblicamente correcto si confundimos los principios de Dios con nuestras propias ideas. Podemos caer fácilmente en esta tentación cuando tratamos de ayudar a la gente. Por ejemplo, algunos pastores han malinterpretado Hebreos 10.25 en un intento sincero de conseguir que la gente concurra a la iglesia con mayor asiduidad. El versículo dice sencillamente que es incorrecto «dejar de reunirnos, como algunos tienen por costumbre», pero lo citan para animar a la gente a estar en la iglesia no sólo el domingo a la mañana, sino también por la tarde, el miércoles por la noche y toda vez que la iglesia se reúna.

Cierto, todo creyente debe estar involucrado en las reuniones de la iglesia y creo que necesitamos concurrir tan frecuentemente como podamos. También creo que en algunos casos de consejería debemos animar a la gente a concurrir a todos los servicios porque esto le ayudará a satisfacer sus necesidades espirituales particulares. Pero no debemos concluir que quien no concurra a todos los servicios no es espiritual y está en desobediencia a Dios. Esto podría ser una idea humana agregada a las Escrituras porque Hebreos 10.25 no dice: «Concurra a cada reunión» sino «no dejando de reunirnos». Podemos cumplir con ese mandamiento sin estar en cada reunión y, en algunos casos, puede ser lo mejor para un individuo no estar en todas. Por ejemplo, una señora cuyo esposo es inconverso, puede hallar que éste objete su concurrencia a la iglesia los domingos por la noche o los miércoles y tal vez sea la voluntad de Dios para ella que esas noches esté en el hogar atendiendo a su esposo (cf. 1 P 3.1-6).

Otro ejemplo de confundir instrucciones divinas con sugerencias humanas puede ser un consejero que cite Efesios 5.16: «Aprovechando bien el tiempo, porque los días son malos» y diga a sus aconsejados que deben programar cada hora de cada semana llenando un bloque con actividades. Esta manera de proceder puede ayudar a alguna persona en particular, pero el consejero no debe requerirla a todos porque implicaría que Dios exige que cada uno se adhiera a un cierto modo de organizar las actividades de la semana. Por el contrario, debe ser cuidadoso en hacer saber que lo del programa es una sugerencia personal y no un imperativo divino. El consejero debe explicar que esa es una posible aplicación de la verdad de Efesios 5.16, pero que el versículo sólo enseña que debemos usar nuestro tiempo con sabiduría.

Debemos hacer la distinción entre la verdad de Dios y las ideas humanas y, asimismo, ser cuidadosos de no introducir una aplicación particular dentro del significado de un texto. Ambos son pasos importantes para asegurar la exactitud bíblica de la instrucción en consejería.

La instrucción debe ser bíblicamente adecuada.

La instrucción en consejería no sólo debe ser bíblicamente basada y bíblicamente correcta, sino que debe ser adecuada para cada aconsejado en particular, tanto en contenido como en método.

El contenido de la instrucción debe ser apropiado. He visto a algunos consejeros preparar de antemano lo que van a decir a sus aconsejados y luego darles instrucción sin confirmar si lo que presentan tiene relevancia para las necesidades de ellos. Esta es una pérdida de tiempo porque, aunque el consejo pudo haber sido bíblico y exacto, no fue certero, de modo que no contribuirá al proceso de cambio en ese caso particular. A fin de evitar este error, debemos estar al tanto de los aspectos que hacen a la situación de cada aconsejado a fin de confeccionar la instrucción que se ajuste a sus necesidades.

Primero, nuestra instrucción debe ser apropiada a las preocupaciones inmediatas de los aconsejados. Aunque sintamos que necesitan una cierta instrucción (que, inclusive pueden desconocer y no han pedido), es mejor instruirlos inicialmente acerca de los asuntos que han puesto de relieve y luego construir un puente hacia los temas cruciales que creemos deben ser considerados. Se debe comenzar donde ellos están y luego llevarles hacia donde deberían estar.

Debemos considerar también las condiciones emocionales de nuestros aconsejados. Necesitamos determinar qué instrucción pueden ellos manejar emocionalmente en determinado punto de la consejería. Por ejemplo, alguien que esté enojado, por lo general no está preparado para aceptar un fuerte reproche ni para responder a este de manera adecuada. (Esto fue así en el caso de Clara en el capítulo 10). En tales casos, debemos tratar de conducir a la persona a un estado de estabilidad emocional antes de confrontarla más directamente.

La instrucción bíblica adecuada también tiene en cuenta la *madurez espiritual* del aconsejado. Hebreos 5.12-14 deja en claro que algunos creyentes son inmaduros y sólo pueden asimilar «leche» espiritual, pero otros más maduros están en condiciones de recibir «comida sólida». Y justamente como un buen maestro no puede llevar a un alumno, que está aprendiendo a contar, al paso gigantesco de hacer cálculos, no podemos esperar que alguien acostumbrado al alimento para bebés pueda comer, con beneficio, un trozo de carne asada. A quienes no están espiritualmente maduros, debemos conducirles gradual y suavemente hacia verdades más profundas.

Por último, a fin de que nuestra instrucción resulte apropiada, debemos tener en cuenta la *receptividad al consejo* de nuestros aconsejados. Jesús dijo: «No deis lo santo a los perros, ni echéis vuestras perlas delante de los cerdos, no sea que las pisoteen, y se vuelvan y os despedacen» (Mt 7.6). Puede haber ocasiones en que esté presentando la verdad a su aconsejado y usted perciba que la resiste. En este punto es prudente abandonar esa línea particular de instrucción antes que golpearlo en la cabeza con ella o terminar en un debate infructuoso (véase Tit 3.9-10). Si usted conversa con él otro tema por un momento, tal vez Dios abra su corazón sobre lo que se trató antes y pueda volver al asunto en esa sesión o en otra.

El método de instrucción debe ser apropiado. La instrucción debe encajar en la situación de la consejería, particularmente, en la forma de comunicarla. Jesús, el gran Maestro y Consejero, usó muchos métodos diferentes de instrucción (cf. Mt 5.1-2; 16.13-20; 21.19-21), como hicieron también los apóstoles (cf. Lc 1.3-4; Hch 20.31). El consejero bíblico tiene muchos métodos de comunicación disponibles, coherentes con el modelo bíblico de esos grandes maestros. Algunas de las instrucciones serán dadas en la sesión de consejería y otras pueden ser hechas fuera, en varios tipos de deberes para hacer en casa.[18]

La siguiente lista ofrece varias maneras de comunicar la verdad de las Escrituras a nuestros aconsejados:

Instrucción:	El consejero da instrucciones, tomadas de las Escrituras, acerca de un asunto particular en la sesión.
Observación:	Los aconsejados observan al consejero o a otra persona que es un buen ejemplo en las áreas en que ellos están luchando.
Experiencia:	Los aconsejados aprenden haciendo.[19]
Investigación:	Los aconsejados completan los estudios asignados sobre tópicos que tengan relación con sus problemas.
Discusión:	Los aconsejados hablan abiertamente acerca del problema con el consejero y otras personas capacitadas.
Preguntas:	El consejero utiliza el método socrático de llevar a los aconsejados a una conclusión a través de sus propias respuestas.
Lecturas asignadas:	Los aconsejados leen libros asignados u oyen casetes y escriben lo que han aprendido (Esto puede hacerse durante la sesión o como deber en casa).

---

18. Véase capítulo 12, nota al pie N° 26.

19. Este es un método de instrucción tan importante que no es opcional. Las Escrituras enseñan que verdaderamente no podemos aprender sin hacer (cf. Santiago 1.22-25); por tanto nunca será suficiente para nosotros trasmitir simple información a nuestros aconsejados. Debemos darles oportunidad (en las sesiones o mediante deberes en casa), de poner en práctica los conocimientos adquiridos.

Evaluación:	Los aconsejados evalúan y determinan una declaración, idea o práctica.
Autorrevelación:	El consejero relata experiencias personales útiles para los problemas de los aconsejados.
Ilustración:	El consejero usa ejemplos para ayudar a los aconsejados a entender una verdad o instarles a pensar más detenidamente sobre ella.
Representar papel:	El consejero representa instancias de interacción entre los presentes para demostrar ejemplos de comunicación efectiva y las consecuencias de una comunicación deficiente.
Entrevistas:	Los aconsejados son animados a hacer preguntas a personas capacitadas en un área en particular o que hayan superado una situación parecida.

Es importante utilizar una amplia gama de métodos de instrucción porque la gente aprende de maneras muy variadas; algunos aprenden mejor de un modo que de otro. Por ejemplo, algunos oyendo casetes que leyendo un libro; otros, mucho más a través de la observación que de cualquiera de las otras maneras. Va por cuenta del consejero tratar de identificar el o los métodos que parezcan de mayor provecho para cada aconsejado.[20]

Cómo desarrollar un conocimiento de las Escrituras

La Biblia es un depósito repleto de medicinas de Dios; allí se encuentra el remedio justo para cada problema espiritual que tengamos que encarar en la vida. Pero de la manera que ninguna medicina, por sí sola, podría curar todos nuestros males físicos, ningún pasaje de la Palabra de Dios tiene en sí la virtud de curar todos nuestros problemas espirituales. Un buen médico o farmacéutico debe saber qué medicina aplicar a cada enfermedad; de igual manera, el consejero bíblico deberá saber qué porciones de la Palabra de Dios son aplicables a cada problema de su aconsejado. Por tanto, a fin de ser efectivo, un consejero bíblico debe tener un amplio conocimiento de las Escrituras.

---

20. Los siguientes versículos serán útiles para un estudio más exhaustivo de los métodos bíblicos de instrucción: Pr 15.1,4; 16.21,24; Hch 20.31; Gl 6.1;1 Ts 4.9-10; 1 Ti 3.3; 4.6; 5.1-2; 6.2, 13; 2 Ti 1.6; 2.16-17; 23-24; 4.1; Tit 2.6-9,15; 3.1.

Si bien hay diversos medios por los que un consejero puede alcanzar un profundo conocimiento de las Escrituras, aún mientras está desarrollando su ministerio, sugerimos estos tres: 1) Desarrollar una lista de temas que sean relevantes a la tarea de aconsejar. 2) Producir una Biblia de estudio personalizada con referencias en cadena y 3) Aprovechar oportunidades para una mejor capacitación.

Desarrollar una lista de temas relevantes a la tarea de aconsejar.

A lo largo de los años he ido acumulando un tesoro de valiosa información en un simple libro de notas. Comencé este trabajo escribiendo el título de problemas específicos, o asuntos que deseaba entender, como encabezamiento en hojas en blanco de papel de notas. A medida que iba encontrándome con nuevos problemas en la consejería, agregaba más páginas al libro de notas. Luego, a medida que leía y estudiaba la Palabra de Dios o documentaba otras enseñanzas o aprendía algo que era de aplicación a uno o más de esos problemas, escribía la referencia bíblica y notas útiles en la página apropiada. Después de muchos años de venir haciendo esta compilación, tengo ahora por lo menos una página de información bíblica acerca de casi todos los problemas que he hallado en consejería. Esta lista de temas de trabajo ha probado ser tanto un gran estímulo para el aprendizaje como un recurso valioso para la instrucción.[21]

Producir una Biblia de estudio personalizada con referencias en cadena.

Cuando complete un estudio sobre un determinado tópico de las Escrituras, haga una lista prioritaria de los versículos apropiados comenzando con aquel al cual usted desea referirse en primer lugar cuando tenga que tratar con ese asunto. Busque ese versículo en su Biblia y, en el margen próximo a él, escriba la referencia del versículo número 2 y siga en la misma forma con los sucesivos. Con este sistema podrá recorrer los pasajes pertinentes sobre un asunto determinado toda vez que lo necesite.

Suponga, por ejemplo, que está tratando de ayudar a alguien que está teniendo problemas con el sueño y desea instruirlo inicialmente mostrándole lo que la Escritura dice acerca del sueño. Si usted ha creado una cadena de referencias sobre ese tema, puede abrir su Biblia en el primer versículo acerca del sueño (será útil tener un índice de «primeros versículos», tal vez como páginas iniciales en ella). Después de leer tal versículo y hablar sobre

---

21. Es de gran valor acumular ideas, de una manera similar, para la asignación de deberes en casa. Escriba una lista de deberes relacionados con un problema en particular en un cuaderno de notas, siguiendo a la información bíblica sobre ese problema, de modo que esas ideas resulten fácilmente accesibles durante la sesión de consejería.

él, puede ir al segundo (anotado en el margen cercano al primero) y hacer lo mismo con este pasaje. Usando este sistema de cadena de referencias puede elaborar su camino, a través de versículos estratégicos de la Biblia, sobre el tema del sueño.

Utilice recursos para una mejor capacitación

Su conocimiento de la Escritura y cómo usarlo en consejería puede ampliarse al aprender de otros. Hay recursos valiosos que incluyen organizaciones que apoyan la consejería bíblica, tales como The Master's College and Seminary National Association of Nouthetic Counselors, y la Christian Counseling and Educational Foundation.[22] Estas organizaciones ofrecen seminarios de preparación y conferencias anuales; además la NANC y CCEF publican periódicos relacionados con la consejería bíblica.[23]

Otro recurso valioso son los libros que tratan sobre consejería bíblica. Averigüe en las librerías locales acerca de comentarios, teologías sistemáticas y otras obras de referencia. Casetes y videos proveen también información provechosa para el consejero e incluso algunos pueden servir como deberes para los aconsejados.[24]

CONCLUSIÓN

Permítaseme expresar dos sugerencias finales concernientes a la instrucción en consejería. Primero, el consejero bíblico debe estar interesado, en extremo, en dar instrucción sobre asuntos bíblicos que él no ha estudiado. Si no sabemos algo, nunca actuemos como si lo supiéramos. Lo que debemos decir en esa instancia es: «No estoy seguro de lo que la Biblia enseña acerca de esto, pero lo voy a estudiar y la próxima semana le diré lo que descubra». No se sienta turbado porque no esté seguro de algún asunto en particular. Busque ayuda en libros o en algún colega y aproveche la oportunidad para aprender y crecer en ese aspecto.

---

22. La dirección de la NANC es: 5526 SR 26 East, Lafayette, Indiana 47905, U.S.A. Dos direcciones de la CCEF, en la costa Este, son: 2299 Brodhead Road, Bethlehem, Pennsylvania 18017, U.S.A. y 1803 East Willow Grove Avenue, Laverock, Pennsylvania 19118, U.S.A. Hay también una dirección de la CCEF en la costa Oeste: 3495 College Avenue, San Diego, California 92115, U.S.A.

23. La NANC publica *The Biblical Counselor* mensualmente y la CCEF, *The Journal of Biblical Counseling* (conocido antes como *The Journal of Pastoral Practice*) trimestralmente.

24. Véase capítulo 20 de esta obra para una lista más completa de recursos para el desarrollo del consejero, como asimismo recursos para aconsejados.

La segunda sugerencia es que el consejero debe practicar consejería en equipo cuando le sea posible. Por supuesto esto no es siempre posible debido a la falta de consejeros y la prevalencia de problemas pero es ciertamente una buena idea. Uno de mis ex estudiantes escribió la siguiente nota después que me había sentado con él en una sesión de consejería. Pienso que expresa muy bien el beneficio de la consejería en equipo.

Hallé de gran ayuda el hecho de que usted interactuó con nosotros hacia el final de la sesión. En principio, esto me mostró cómo trata usted con esta clase de situaciones y, además, ayudó al aconsejado a entender el concepto mucho más claramente después que usted, por su parte, se lo había explicado. Esto me hizo pensar acerca de la consejería en equipo. Creo que en muchos casos difíciles ella podría ser de gran ayuda. Pienso que, como observador, un tercero ve cosas que, con frecuencia, se le pasan por alto al que está enfrascado en la consejería. Pienso que a veces, por estar tan concentrado en la conversación con mi interlocutor, se me escapan muchos datos. Creo que una de las partes más difíciles en consejería es actuar bien con el aconsejado en el momento y aún ser capaz de visualizar lo que va ocurriendo en el proceso en su totalidad.

Si usted puede integrar un equipo con otro consejero o conducir un programa de preparación en el cual los estudiantes sean capaces de participar en las sesiones, hallará que los aportes de una segunda persona pueden ser lo más valioso en el proceso de instrucción. Debemos desafiarnos a nosotros mismos a comunicar verdades bíblicas en forma clara y coherente y, sobre todo, nunca olvidar que la meta de nuestra instrucción: «Es el amor nacido de corazón limpio, y de buena conciencia, y de fe no fingida» (1 Ti 1.5).

15

Consejería bíblica e inducción

Wayne A. Mack

Los cambios no se producen por accidente sino por elección. Muchas personas hablan de sus deseos de resolver sus problemas y de un cambio para mejorar pero sólo algunas están dispuestas a asumir el compromiso necesario para lograrlo. Proverbios 14.23 dice: «En toda labor hay fruto; mas las vanas palabras de los labios empobrecen». La consejería bíblica debe llevar a la gente, más allá del plano verbal, a la acción y una parte esencial de tal proceso es la *inducción*.

Definir la inducción.

En consejería bíblica, el término inducción significa motivar a los aconsejados para que tomen decisiones bíblicas que conduzcan al cambio. Esta motivación incluye el siguiente proceso:

1. *Ayudar a los aconsejados a aceptar la responsabilidad personal por sus deseos y motivaciones, pensamientos, actitudes, palabras y acciones.* Deben dejar de culpar a las circunstancias u otras personas por sus problemas; deben comprender que, a través de los recursos disponibles en Cristo, pueden cambiar.

2. *Llevar a los aconsejados a la convicción de que el cambio bíblico demanda una decisión personal.* La persona jamás cambiará si no se propone cambiar. En realidad, la razón por la que la gente fracasa en su deseo de cambiar, cuando Dios ha provisto los recursos para ello, con frecuencia radica en

que deciden permanecer en estado de fracaso. Cuando dicen «No puedo», en realidad quieren decir: «No quiero».

3. *Promover preocupación tanto por los pecados del corazón como por los de la conducta.* Un cambio piadoso y bíblico en la conducta debe comenzar siempre con un cambio en el corazón. Dios nos insta a rendir nuestros corazones y no simplemente nuestras vestiduras; a purificar nuestros corazones tanto como lavar nuestras manos y buscar y honrarle a Él con nuestro corazón y no sólo con nuestros labios. Desea nuestro arrepentimiento de los pecados íntimos (pensamientos, actitudes, deseos, motivaciones, intenciones) y no sólo lamentar acciones o reacciones antibíblicas. Nada menos que un arrepentimiento y un cambio de corazón genuino y duradero es lo que agradará a Dios.[1]

4. *Obtener un compromiso de los aconsejados de desechar sus deseos, pensamientos y acciones que impidan el cambio bíblico y reemplazarlos con los que lo promuevan.* En gran medida, la consejería resultará exitosa sólo cuando se logra este objetivo.

Todo lo expuesto en estos últimos cinco capítulos halla su culminación en la meta de animar a nuestros aconsejados a asumir el compromiso de adoptar pensamientos y conducta bíblica en cada área de su vida. En consejería podemos ser muy fieles en implementar todos los principios descritos previamente pero la inducción aún demuestra ser difícil. Tenemos muchas esperanzas de que este capítulo sirva como guía para el consejero bíblico que busca superar tales dificultades y logre un compromiso piadoso de parte del aconsejado.

Definir el compromiso

¿Cuál es el compromiso bíblico que estamos procurando de parte de nuestros aconsejados? Tal compromiso deberá incluir, al menos, los seis factores que detallamos a continuación:

1. *Reconocer la responsabilidad personal por los pensamientos y las acciones.* Los aconsejados serán incapaces de cambiar mientras persistan en excusarse, culpar a otros y en discutir o defender su conducta pecaminosa. Debemos ayudarles a comprender este concepto independientemente de las circunstancias. Si son creyentes, pueden responder de manera bíblica mediante el poder del Espíritu Santo.

2. *Optar por mirar a las circunstancias del pasado y el presente desde un punto de vista bíblico.* Los sentimientos y la sabiduría humana con frecuencia impiden ver las cosas en la forma que Dios quiere que se vean. La

---

1. cf. Jl 2.13; Stg 4.8; Sal 139.13; 51.17; Ez 14. 1-9; Jer 3.10; 4.4; 29.13; Mt 5.8; 15.8,9; Hch 8.21; Ro 2.5,29; 2 Ti 1.5; Heb 4.12.

gente debe interpretar sus circunstancias a través del lente de las Escrituras y no de sus propias opiniones y emociones.

3. *Comprometerse a eliminar cualquier cosa que estorbe el cambio bíblico.* Romanos 13.14 dice: «Vestíos del Señor Jesucristo, y no proveáis para los deseos de la carne». Si un aconsejado tiene problemas de lascivia, debe comprometerse a destruir cualquier material provocativo, dejar de ver programas de televisión o películas con contenido sexual y evitar lugares que puedan provocar tentación. El aconsejado debe estar dispuesto a remover cualquier obstáculo al cambio bíblico.

4. *Debe esforzarse por alcanzar la meta.* El cambio no ocurre automáticamente en una noche; es un trabajo duro. No habrá progreso si el aconsejado no está dispuesto a poner todo su empeño en el cambio.

5. *Perseverar en obediencia.* Algunas personas están listas para abandonar si no ven progresos sustanciales en dos o tres semanas. Por tanto, se les debe recordar la verdad de Heb 10.36: «Porque os es necesaria la paciencia para que, habiendo hecho la voluntad de Dios, obtengáis lo prometido». El cambio demanda tiempo; por tanto, el aconsejado debe saber que el consejero lo entrevistará, por lo menos, durante seis o siete semanas antes de evaluar su progreso.

6. *Confiar en Dios por fortaleza y recursos para el cambio.* En Filipenses 2.12-13, Pablo dice: «Ocupaos en vuestra salvación con temor y temblor, porque Dios es el que en vosotros produce así el querer como el hacer, por su buena voluntad». Esto es cierto; quien desee tener un cambio bíblico en su vida debe trabajar y hacerlo confiando que Cristo proveerá la fuerza y los recursos necesarios para producirlo. Sin Él, vivir la vida cristiana y experimentar cambios piadosos no es difícil sino imposible. Pero cuando quitamos la vista de nosotros y confiamos en Él, nos capacita para hacer lo imposible. Nos capacita para despojarnos del viejo hombre, corrompido por sus deseos engañosos, y para colocarnos el nuevo, vivificado en verdadera justicia y santidad. Cuando los aconsejados se comprometen a obedecer a Cristo en forma total, pueden confiar en que el poder de Dios cumplirá su tarea de efectuar el cambio en sus vidas.[2]

No siempre es suficiente en consejería una simple explicación de la esencia de un compromiso bíblico. Si el consejero tiene razones para dudar que una persona haya entendido bien el significado del compromiso y su dedicación a él, puede ser de provecho invitarla a que escriba su compromiso. Luego, si es necesario, ayudarla a modificarlo, ajustándolo al criterio

---

2. Flp 4.13; Jn 15.1-16; 2 Co 9.8; Jud 24-25; Heb 12.1-4; Ef 4.22-24; Col 3.1-14; Mt 19.26; 2 Co 7.1; 3.18.

bíblico. El consejero puede también utilizar ese escrito como una herramienta de valor si el aconsejado comienza a vacilar. Puede servir para recordarle lo que prometió al Señor.

CÓMO MOTIVAR A LOS ACONSEJADOS HACIA EL COMPROMISO

Los consejeros bíblicos deben hacer uso de cualquier medio legítimo para motivar a sus aconsejados a que hagan un compromiso decisivo de obedecer al Señor. Las Escrituras proveen muchas ideas acerca de cómo podemos hacerlo de un modo que agrade al Señor.

Dos métodos de motivación

Método centrado en el hombre. La gente puede ser motivada a través de sus puntos de control; es decir, las cosas que le son más importantes. Puede ser inducida a actuar de cierta manera cuando cree que esas acciones le darán satisfacción en ciertas áreas estratégicas. Esta es la razón por la que los publicistas invierten largo tiempo y grandes sumas de dinero estudiando puntos de control: desean determinar qué es lo que compele a la gente a comprar. No es de sorprender que los avisos estén diseñados para convencer al consumidor de que el producto satisfará sus deseos. ¿Por qué se usa mujeres casi desnudas para anunciar cualquier cosa; desde cerveza hasta automóviles? Porque la realización sexual es un punto de control para mucha gente. Los productos y las mujeres seductoras básicamente no tienen relación entre sí, pero éstas apelan a un punto de control y así aumentan las ventas.

El deseo de dinero es otro punto de control para mucha gente. Por ejemplo, la publicidad de Toyota apeló a ese deseo preguntando: ¿Qué va a hacer con todo el dinero que ahorre?» La compañía vendió miles de automóviles llevando la mente de los compradores al ahorro de dinero en lugar de apuntar a las virtudes del auto en sí.

Otras personas desean aceptación o aprobación. Por eso los avisos hacen promesas como: «"¡Si usted se cepilla con esta pasta dental, las chicas vendrán a golpear a su puerta!" o "**advertencia**": Este perfume hará que los muchachos se apiñen a su alrededor».

¿Cuál es el efecto de este tipo de motivación centrada en el hombre? Aunque con frecuencia induce a la acción deseada, el énfasis estará sobre la satisfacción personal. Por tanto, anima a la gente a poner como meta primaria sus propios deseos, lo visible, lo tangible y las cosas terrenales, las que cree le traerá satisfacción. Los consejeros bíblicos nunca deben motivar a la gente de un modo que anime este tipo de idolatría (cf. 1 Jn 2.15-17). La motivación centrada en el hombre puede inducir a una conducta particular, pero los motivos que subyacen a esa acción serán pecaminosos y, por tanto, impedirán que esa conducta sea aceptable ante Dios.

Un método enfocado en Dios. Los consejeros bíblicos deben utilizar un método centrado en Dios para motivar a la gente. Romanos 11.36 dice: «Porque de Él, y por Él, y para Él son todas las cosas. A Él sea la gloria por los siglos. Amén». Un cambio auténtico tiene lugar cuando la gente elige, primordialmente, dar gloria a Dios antes que buscar la satisfacción de sus propias necesidades. El enfoque de la motivación centrada en Dios apunta a lo espiritual más que a lo material, a lo invisible más que a lo visible y a lo eternal más que a lo temporal (Mt 6.33; 2 Co 4.18; Col 3.1).

El método de motivación de Pablo

Muchas Escrituras nos enseñan cómo aplicar los principios bíblicos de inducción, pero ninguno en forma tan clara y completa como Romanos 6.1-14.[3] La meta de Pablo en este pasaje es provocar un compromiso de cambio en sus lectores (vv. 1-2). Nos será muy útil observar cómo el apóstol persigue esa meta.

I. **Pablo motivó a sus lectores mediante declaraciones indicativas de su posición en Cristo.**[4] En los versículos 3 al 10, enseña que los creyentes están libres para cambiar a través de su identificación con el Señor Jesucristo. Dice que hemos sido unidos a Él en su muerte, sepultura y resurrección; por tanto, hemos «muerto al pecado» y resucitado para «vivir con Él». Estar muertos al pecado significa que el pecado ya no reina en nuestras vidas; el poder dominante del pecado ha sido roto. El versículo 7 dice: «Porque el que ha muerto, ha sido *justificado* del pecado». Vivir con Cristo se refiere al nuevo poder que está disponible en una nueva vida en Cristo. Mediante este poder el creyente es capaz de vencer cualquier tentación o pecado de la carne (cf. Ro 8. 37).[5]

Pablo entendía que, a fin de cambiar, los creyentes deben ser conscientes de su posición en Cristo y de los recursos que disponen a través de Él. La tendencia es vernos como víctimas abandonadas bajo el poderoso control del pecado. Pero como consejeros bíblicos, podemos decir a los

---

3. cf. 2 Cr 20.13; Sal 57.7; Mt 25.24-28; Lc 15.11-18; 1 Co 6.19-20; Gl 5.1; Ef 4.1-3; 1 P 4.1-2.

4. *Indicativo* es la declaración de las verdades o hechos, y es opuesto a *imperativo* (mandatos) o *interrogativo* (preguntas).

5. John Murray escribe: «El tiempo futuro, "Viviremos" no se refiere exclusivamente al estado venidero de resurrección sino, como hallamos arriba (cf. v. 5), apunta a la certeza de nuestra participación en la vida resurrecta de Cristo aquí y ahora; esta es la vida de unión espiritual y mística». *The New International Commentary on the New Testament-Romans* [El nuevo comentario internacional del Nuevo Testamento: Romanos]. ed. G.D. Fee, Eerdmans, Grand Rapids, 1990, p. 223.

creyentes, con la autoridad de la Palabra de Dios, que están en capacidad de superar cualquier patrón de pensamiento o conducta pecaminosa. Pero esta capacidad sólo proviene del Espíritu Santo (Gl 5.16), como resultado de nuestra unión con Cristo. Es sólo sobre esta base que podemos instar a la gente a hacer un compromiso de obediencia a Dios en sus pensamientos y acciones, como hace Pablo en Romanos 6.11-14.

2. **Pablo motivó a sus lectores, a través de mandamientos, a que vivieran su posición en Cristo.** El versículo 11 dice: «Consideraos muertos al pecado, pero vivos para Dios en Cristo Jesús, Señor nuestro». Aunque no nos sintamos muertos al pecado, Dios nos dice que hemos muerto al pecado y debemos aceptar esto por la fe. La palabra griega «considerar» es un término de contabilidad que significa «registrar algo como hecho». Pablo manda a sus lectores a pensar correctamente respecto de sí mismos y de sus acciones a la luz de la verdad que les había enseñado respecto a su unión con Cristo. Luego va más allá de los pensamientos y apela a un compromiso tocante a sus acciones. «No reine, pues, el pecado en vuestro cuerpo mortal, de modo que lo obedezcáis en sus concupiscencias; ni tampoco presentéis vuestros miembros al pecado como instrumentos de iniquidad, sino presentaos vosotros mismos a Dios como vivos de entre los muertos, y vuestros miembros a Dios como instrumentos de justicia» (Romanos 6.12-13).

Como dice John MacArthur:

> La palabra clave es *«presentar»* (v. 13) que obviamente tiene que ver con la voluntad. Debido a las verdades incomprensibles acerca de su relación con Dios, que el creyente conoce y siente en lo íntimo de su corazón, es capaz de ejercer, en el poder de Dios, un control exitoso sobre el pecado, evitando que este reine en su cuerpo mortal.
>
> En esta vida terrenal, el pecado será siempre una fuerza poderosa con la cual tendrá que enfrentarse el creyente. Pero ya no es maestro ni señor, de modo que puede y debe ser resistido. Pablo representa el pecado como un destronado pero aún poderoso monarca decidido a reinar en la vida del creyente como antes de su salvación. La admonición del apóstol a los creyentes es, pues, que no deben permitir que el pecado reine porque ya no tiene derecho a hacerlo. Carece de poder para controlar a un creyente a menos que éste opte por obedecer a sus concupiscencias.[6]

Pablo concluye su llamado al compromiso, en el versículo 14, al reiterar la posición del creyente en Cristo: «Porque el pecado no se

---

6. John MacArthur, en *The Mac Arthur New Testament Commentary: Romans* [El comentario del Nuevo Testamento MacArthur: Romanos 1-8], Moody, Chicago, 1991, pp. 336-337.

enseñoreará de vosotros; pues no estáis bajo la ley sino bajo la gracia». El apóstol nunca permitía a sus lectores olvidar que sólo por la gracia de Dios podían mantener su compromiso con Él.

Motivación divina para Moisés

Los capítulos 3 y 4 de Éxodo contienen otro ejemplo de inducción bíblica enfocada en Dios. En este pasaje, Dios convenció a Moisés a comprometerse con algo que no deseaba hacer: Liderar al pueblo de Dios fuera de Egipto. ¿Cómo lo motivó? Notemos que Dios no puso su enfoque en los puntos de control de Moisés —deseos carnales u orgullo pecaminoso— sino, más bien, sobre sí mismo y su propia gloria.

Uno de los medios divinos de motivar a Moisés fue a través de sus *promesas* (cf. 3.8,12,17-18). Cuando la gente entiende el carácter de Dios —su fidelidad, honestidad y absoluta santidad— descubre que sus promesas son torres fuertes en las que puede refugiarse. He visto a Dios usar sus promesas en las vidas de personas como un aliciente cuando todos los otros esfuerzos parecían fútiles. Debemos explicar las promesas de Dios y aplicarlas de una manera práctica y relevante.

Dios motivó también a Moisés dándole *metas concretas y alcanzables* (cf. 4.15-17). Dijo a Moisés exactamente lo que quería que cumpliera; no lo abrumó con metas inalcanzables. Con frecuencia los aconsejados no están motivados simplemente porque los objetivos que se les presentan son confusos e infunden temor. No están seguros de lo que se les pide que hagan ni de poder hacerlo.

Dios también dio a Moisés *instrucciones específicas* acerca de cómo lograr esas metas (cf. 3.14-22). La consejería no servirá de mucho si la gente desconoce cómo lograr nuestros desafíos.

Moisés fue motivado cuando Dios le mostró *evidencias de poder divino* (cf. 4.1-8). Cuando Moisés arrojó su vara a tierra, Dios la convirtió en una serpiente. Cuando Moisés la tomó de la cola, se transformó nuevamente en una vara. Luego Dios dijo a Moisés que pusiera su mano en su seno; cuando la retiró, estaba leprosa como la nieve. A veces los consejeros deben recordar a la gente el enorme poder de Dios. Una visión de ese tremendo poder, tomada de las Escrituras o experiencia personal es, a veces, cuanto necesitamos para mover a un aconsejado a la acción.

Dios, además, motivó a Moisés *al corregir su enfoque* (cf. 4.10-12). Moisés apeló a su falta de idoneidad como excusa para eludir lo que había sido llamado a hacer, pero Dios le hizo dejar de poner sus ojos en su falta de idoneidad y colocarlos en la suficiencia divina. Aseguró a Moisés esa suficiencia para superar cualquier deficiencia humana. Cuando Moisés dijo que era tardo en el habla y torpe de lengua, Dios respondió que Él era quien había dado la boca al hombre y podía darle poder.

Moisés fue asimismo motivado por una *descripción del carácter y el plan de Dios* (cf. 3.5-18). Dios no sólo recordó a Moisés quién era, sino que le aseguró su divina presencia y su ayuda; además, proveyó a *alguien que ayudaría* en su tarea. Envió a Aarón para que hablara por Moisés (4.14-16). Después de los repetidos esfuerzos divinos, dirigidos a motivar a Moisés, éste respondió en obediencia y se comprometió a liderar el éxodo de Egipto. Los consejeros bíblicos pueden también hacer uso de principios efectivos de motivación emulando, si es necesario, la persistencia de Dios en aplicarlos.[7]

Otros principios bíblicos de motivación

Insertamos seguidamente numerosos principios de motivación tomados de las Escrituras. Animamos a los consejeros a que los utilicen en su tarea de ayudar a otros a hacer compromisos escriturales.

a. Dé a conocer su percepción de lo que está ocurriendo en la situación (Gl 2.11-14; Col 2.9; 1 Jn 1.7).

b. Provea información bíblica encaminada a eliminar razones específicas para la resistencia (Mt 28.18-20).

c. Recuerde al aconsejado quién es Dios (Pr 8.13; Is 6.1-8; Heb 11. 24-26).

d. Ayude al aconsejado a reflexionar sobre quién es él en Cristo (Sal 90.3-6; 100.3; Is 2.22; 40.12-17; Jer 10.23).

e. Hable acerca del amor y la gracia de Cristo (2 Co 5.14; 8.7-9; 1 Jn 3.1-4; 4.9-11).

f. Exponga la grandeza de nuestros recursos en Cristo (Ro 8.34; 2 Co 9.8; 10.4-5; Ef 1.3; Flp 2.1).

g. Comunique las promesas de Dios (Is 41.10; Mt 6.33; 28.20; Heb 13. 5,6; 2 P 1.3,4).

h. Confirme los resultados de la obediencia (Sal 1.1-3; 37.5-6; Pr 3.5-6; Lc 11.28; Jn 13.17; Gl 6.7-8; Ef 6.1-3; 1 Ti 4.7; Stg 1.25).

i. Dé instrucciones específicas acerca de lo que el aconsejado debe hacer y cómo hacerlo (Mt 5.21-26; Flp 4.6-9).

---

7. Otra valiosa ilustración de motivación bíblica se encuentra en Hebreos. La audiencia de ese libro incluye gente que piensa entrar en la vida cristiana y aquellos que están casi listos para abandonarla. Por tanto, el autor está tratando de persuadirlos a que se comprometan o a que perseveren en tal compromiso. A lo largo del libro el autor invita al lector diciendo: «temamos, procuremos, retengamos, acerquémonos, vamos», etc. (4.1,11,14,16; 6.1; 10.22,23,24; 12.1,28; 13.13,15). Cada uno de estos versículos provee información adicional acerca de los principios bíblicos de motivación.

j. Muestre lo razonable de la obediencia (Is 1.18; Ro 12.1).

k. Desafíe y exhorte al aconsejado a optar por la obediencia (Ro 6. 11-13,19,20; 1 Ti 5.21; 6.13,14,17).

l. Enseñe a los aconsejados acerca de los benevolentes deseos y preocupación de Dios por ellos (Sal 100.4-5; 136; Jer 29.11; Ro 8.28; Ef 2.4).

m. Señale las consecuencias de la desobediencia (Pr 5.22-23; 6.32-33; 7.22-23; 13.15; 16.5,18; 29.1; Gl 6.7-8).

n. Exprese asombro ante la resistencia (Is 1.2-9; Gl 1.6; 3.1).

o. Recuerde al aconsejado el interés por obedecer que mostró al principio (2 Co 9.1-2; Gl 3.1 ss; Flp 1.4-7; 2.12).

p. Muestre cómo Dios es afectado por la desobediencia (Sal 66.18; Ef 4.30).

q. Exprese interés personal y amor por el aconsejado (Flp 1.3-8; 2. 17; 4.1; 1 Ts 2.8,19; 3.1).

r. Compare las acciones inadecuados con las de los inconversos (Lc 6.27 ss; 1 Co 5.1; Ef 4.17).

s. Provea información acerca de verdaderos valores y prioridades (Pr 15.16-17).

t. Demuestre cómo la resistencia puede afectar a otros (Pr 15.25, 27; 19.13; 27.11; 1 Co 5.6,7).

u. Advierta acerca de la disciplina del Padre (Heb 12.4-14; 1 Co 11.27,28).

v. Explique la enseñanza bíblica acerca de la disciplina en la iglesia (Mt 18.15-17; 2 Ts 3.10 ss; Tit 3.9-11; 1 Co 5.1-13).

w. Lleve la atención al día cuando el aconsejado deberá comparecer ante la presencia de Dios (Ro 13.11-14; 14.10,12; Heb 9.26; 1 Jn 2. 18; Mt 16.26).

CÓMO TRATAR CON LA RESISTENCIA AL COMPROMISO

La importancia del cambio que experimente un aconsejado estará en proporción directa con el nivel de compromiso que asuma. Si el consejero detecta el problema con precisión y provee adecuada instrucción bíblica, pero ve muy poco o ningún progreso, esto con frecuencia indica que hay resistencia al compromiso. En este caso el consejero debe estar preparado para detectar y superar esa resistencia.

Reconocer la resistencia

En el proceso de consejería hallamos dos clases de resistencia: abierta y encubierta. El joven rico sirve como ejemplo de resistencia abierta. En

Marcos 10.17-26, Jesús le indicó que hiciera algo pero simplemente no estaba dispuesto a hacerlo. A veces he animado a una persona a comprometerse con su matrimonio y lo ha rechazado. Otros se han mostrado abiertamente opuestos a perdonar a alguien. Este tipo de resistencia abierta es dolorosamente obvia.

El tipo de resistencia más frecuente, sin embargo, es la encubierta, en la que el aconsejado da un asentimiento exterior al compromiso pero no está dispuesto a cumplirlo. La historia que Jesús contó en Mateo 21.28-30 ilustra esta clase de resistencia.

> «Pero, ¿qué os parece? Un hombre tenía dos hijos, y acercándose al primero, le dijo: Hijo, ve hoy a trabajar en mi viña. Respondiendo él, dijo: No quiero; pero después, arrepentido, fue. Y acercándose al otro, le dijo de la misma manera; y respondiendo él, dijo: Sí señor, voy. Y no fue. ¿Cuál de los dos hizo la voluntad de su padre?»

Los discípulos contestaron: «el primero» y Jesús les dijo que era correcto. El segundo hijo, lamentablemente, tipifica a muchos aconsejados. Al inicio parecen entusiasmados con la idea de resolver sus problemas bíblicamente, pero luego demuestran estar resistiendo el compromiso necesario para el cambio. Los siguientes síntomas de resistencia encubierta ayudarán al consejero a detectar cuándo un aconsejado no está dispuesto a hacer un compromiso.

Ausentismo. Una persona que con frecuencia cancela las entrevistas, especialmente por razones cuestionables, puede estar eludiendo una confrontación. Si esto es algo que se repite, el aconsejado puede no estar dispuesto a cambiar. Demoras crónicas pueden también ser un signo de que está evitando asuntos pertinentes.

Ausencia de los deberes en la casa. Un segundo síntoma de resistencia encubierta es el incumplimiento de los deberes asignados para hacer en casa. Un hábito de deberes incompletos o desprolijos puede indicar que el aconsejado prefiere más hablar que trabajar.

Distanciamiento. En ciertas instancias, el aconsejado mantiene una distancia mayor que la normal; cuando le preguntamos acerca de su vida, no está dispuesto a dar una información muy detallada. Esta reticencia puede indicar falta de deseos de cambiar. Lamentablemente, el consejero nada puede hacer cuando el aconsejado lo deja fuera de su vida.

Amenazas. Algunos aconsejados hacen amenazas. De modo velado, están dando a entender: «Si usted no tiene cuidado, no volveré a las sesiones». A veces incluso pueden hacer amenazas físicas. Una vez un hombre me dijo: «Ni qué decir lo que puedo hacer si llego a enojarme». Cuando me dijo, de todos modos, algunas cosas, fue obvio que me estaba advirtiendo que debía tener cuidado al tratar con él.

Intimidación. Algunos aconsejados pueden asumir una actitud de antagonismo, otros se retiran o aun otros se echan a llorar cuando el consejero trata algún asunto particular. En tales instancias puede probarse dejar de lado esas áreas, puesto que puede resultar difícil confrontar las emociones o la conducta del aconsejado.[8] De todos modos, es necesario descubrir la razón de la sensibilidad y, por tanto, el consejero no debe intimidarse ni despistarse y abandonar por reacciones emocionales.

Manipulación. Un aconsejado puede intentar, de muchas maneras, manipular al consejero. Puede llorar o tratar de apabullarlo. Cualquiera sea la táctica utilizada, es un intento de desviar la conversación. Si el consejero es susceptible a este tipo de manipulación, las sesiones pueden transformarse en un juego de niños que las harán infructuosas. Historias diseñadas sólo para promover simpatía, argumentos fútiles y repetidas descripciones de hechos triviales son otros medios por los cuales el aconsejado puede tratar de manipular al consejero y eludir asuntos punzantes. Esto es extremadamente dañino porque, al maniobrar eludiendo la respuesta bíblica a sus problemas, no hace más que multiplicar sus dolores. Es importante para el consejero bíblico identificar y eliminar la manipulación porque, en la medida en que ella domine la sesión, el consejero será incapaz de considerar los asuntos fundamentales para la concreción del cambio.

Cuando reconozcamos alguno de estos síntomas de resistencia, podemos señalarlo al aconsejado y pedirle que, a la luz de los compromisos verbales que ha hecho o los deseos de cambiar que ha expresado, explique el porqué de ella. Esperanzadamente, comprenderán cuánto han obstaculizado la obra del Espíritu Santo y su resistencia al compromiso terminará.

Reconocer las razones de la resistencia

A fin de superar la resistencia, debemos entender sus causas y tratar los asuntos fundamentales del problema. Seguidamente damos algunas posibles causas de resistencia.

Un corazón no regenerado. En Hechos 7.51, Esteban dijo a sus acusadores: «¡Duros de cerviz, e incircuncisos de corazón y de oídos! Vosotros resistís siempre al Espíritu Santo». La gente a quien se dirigía era inconversa y, por tanto, no podían ser movidas a un cambio bíblico. Como 1 Corintios 2.14 dice: «El hombre natural no percibe las cosas que son del Espíritu de Dios, porque para él son locura, y no las puede entender, porque se han de discernir espiritualmente». A fin de inducir a

---

8. Quienes exhiben tal conducta, probablemente han usado esta técnica muchas veces en el pasado y han hallado que resulta cuando no les queda otra alternativa que ser sinceros y admitir su pecado pero desean eludirla.

un compromiso a gente no regenerada, el consejero debe llegar a ser un evangelista, porque tales personas necesitan primeramente entregar sus vidas al señorío de Cristo.

Fracasos repetidos. Si un aconsejado ha tratado varias veces de resolver un mismo problema, el consejero estará ante un caso de grave desaliento. La clave para superar el desaliento es la provisión de esperanza bíblica.[9] El consejero deberá convencer a la persona de que la consejería bíblica tiene algo mejor que ofrecerle que todos los consejos que haya podido recibir antes.

Miedo. Muchas veces el aconsejado se resiste al compromiso porque tiene miedo. Una vez trabajé con una dama cuyo esposo había cometido adulterio recientemente y había hecho lo mismo hacía once años. Por cuanto había reconocido su pecado y pedido perdón después de la primera vez, la señora hallaba difícil creer en la sinceridad del nuevo reconocimiento de pecado y promesa de fidelidad. Ahora quería una garantía de que no volvería a hacerlo. Tenía miedo de volver a la misma situación que había experimentado antes. Su problema real era el temor y necesitaba ayuda de las Escrituras para superarlo.

Orgullo. Los aconsejados pueden hallar difícil pedir perdón a aquellos contra quienes han pecado; un acto que requiere gran humildad. Esta dificultad se agrava cuando los otros han pecado también contra los aconsejados. Asimismo, quienes necesitan hacer una confesión pública, pueden hallar que el orgullo trata de sustraerlos de su compromiso.

Ignorancia. Ideas antibíblicas acerca de la vida cristiana pueden ser otra razón para resistir. Por ejemplo, algunos creen en la completa pasividad de la vida cristiana. Suponen que todo lo que tienen que hacer es desentenderse del problema y dejárselo a Dios. Una vez leí en un folleto acerca de una dama que afirmaba que cuando Satanás golpeó a su puerta, mandó a Jesús a que atendiera el llamado. Tal concepto desplaza toda responsabilidad personal y, en esencia, hace responsable a Jesús de toda falla humana. Pablo escribe en Filipenses 4.13: «Todo lo puedo en Cristo que me fortalece». En ese versículo es evidente el equilibrio en la vida cristiana; el creyente no puede tener victoria fuera del poder de Cristo y tampoco la victoria vendrá sin esfuerzo. En efecto, Pablo enseña que la victoria es resultado de esfuerzo sostenido, pero esfuerzo ejercido sólo en las fuerzas que Cristo provee a través del Espíritu Santo.[10]

Otra gente se desvía por no haber entendido la relación entre obediencia y sentimientos. Sostienen que obediencia sin sentimientos es

---

9. Para más detalles veáse capítulo 11.

10. Para una valiosa exposición de este tema, véase el capítulo: «Equilibrio entre la fe y esfuerzo» en *Our Sufficiency in Christ* [Nuestra suficiencia en Cristo], John MacArthur, Word, Dallas, 1991.

legalismo. Por supuesto, procurar obtener o mantener la salvación mediante obras humanas es legalismo, pero la obediencia movida por el amor a Jesús, su muerte expiatoria y su gracia perdonadora es simplemente obediencia evangélica. Obedecer al Señor con independencia de nuestros sentimientos implica reconocer que él es más importante que éstos. Debemos recordar que los sentimientos son el vagón de cola que sigue a la locomotora de la obediencia. Si deseamos, pensamos y hacemos lo correcto sin importarnos cómo nos sentimos, nuestras emociones se alinearán como resultado de nuestra decisión de obedecer.

Aunque algunos pudieran objetar que tal obediencia es hipócrita, no lo es, porque hipocresía es obediencia fingida y no obediencia sin sentimientos. Jesús condenó la hipocresía de los fariseos porque procuraban la alabanza de la gente en lugar de la de Dios (cf. Mt 6.1-6; 16-18). Los hipócritas tienen motivos espurios detrás de sus acciones. En contraste, obedecer a Dios a pesar de nuestros sentimientos, conlleva motivos virtuosos.[11]

Incredulidad. Las personas que dudan de la suficiencia y poder de la Palabra de Dios para efectuar cambio en sus vidas están, en realidad, dudando de Dios. Pueden no estar dispuestas a asumir un compromiso porque no están convencidas de que Dios es capaz de hacer lo que dijo que haría. Tal incredulidad, si no es confrontada y tratada, hará que vuelvan sus espaldas a lo que constituye su única esperanza de cambiar.

Amargura. La amargura y el resentimiento pueden también provocar resistencia. Algunos ven la amargura como medio de vengarse de otros. Por tanto, se niegan a hablar con ellos, pedirles perdón o dar otros pasos hacia una reconciliación. Sin embargo, mientras no estén dispuestos a aceptar los propósitos providenciales de Dios por lo que sucedió (Ro 8.28) y listos a perdonar a quienes les ofendieron (Sal 86.5), el proceso de cambio bíblico será impedido.

Compromisos impropios. Los aconsejados pueden resistir el compromiso a obedecer la Palabra de Dios porque están embarcados en prácticas pecaminosas y carnales y no están dispuestos a romper con ellas. Como dijo Jesús: «Ninguno puede servir a dos señores; porque, o aborrecerá al uno y amará al otro, o estimará al uno y menospreciará al otro». Carlos Spurgeon dijo acerca de este versículo: «Este es, con frecuencia, malentendido. Algunos lo leen: "Ninguno puede servir a *dos* señores". Sí, se puede. Podemos servir a tres o a cuatro. La forma de leer este versículo es: "Ninguno puede servir a dos *señores*". Se puede servir a dos, pero ambos no pueden ser nuestro señor».[12]

---

11. Por ejemplo, considere a Cristo en el jardín de Getsemaní (Mt 26.36-44). En ese momento ciertamente no tenía ganas de obedecer a Dios y arrostrar las agonías de la cruz (vv. 37-38) pero, pese a sus sentimientos, oró: «No se haga mi voluntad, sino la tuya».

12. Tom Carter, en *Spurgeon at his best* [Lo mejor de Spurgeon], Baker, Grand Rapids, 1988, p. 263.

Otras razones para resistir el compromiso puede incluir desviar la culpa, excusarse, o no tomar seriamente el pecado. Como consejeros bíblicos debemos determinar las causas de la resistencia y tratar con ellas antes que podamos esperar un firme compromiso bíblico de parte de nuestros aconsejados.

MOTIVACIÓN MEDIANTE LA DISCIPLINA DE LA IGLESIA

¿Qué haremos si hemos aplicado todos los principios expuestos antes y aún somos incapaces de inducir a un aconsejado a cambiar? Contamos con un método más de motivación bíblica para personas que continúan resistiéndose al cambio por un largo período y han mostrado no estar dispuestos a asumir los compromisos exigidos por las Escrituras. Mateo 18.15-18 enseña ese método dándonos pautas para una disciplina formal en la iglesia:

> «Si tu hermano peca contra ti, ve y repréndelo estando tú y él solos; si te oyere, has ganado a tu hermano. Mas si no te oyere, toma aún contigo a otros dos, para que en boca de dos o tres testigos conste toda palabra. Si no los oyere a ellos, dilo a la iglesia; y si no oyere a la iglesia, tenle por gentil y publicano. De cierto os digo que todo lo que atéis en la tierra, será atado en el cielo; y todo lo que desatéis en la tierra, será desatado en el cielo».

El consejero bíblico puede inicialmente llegar a estar envuelto en el primero o segundo paso de ese proceso.[13] Pero si se sigue estos pasos y resultan inútiles para obtener el cambio, entonces el consejero tendrá en cuenta que el restante mandato de Jesús debe ser también obedecido.

Cuando un aconsejado persiste en pecar luego de repetidas advertencias, Jesús dice: «Dilo a la iglesia».[14] Llegado a este punto, el individuo debe ser reprendido públicamente, como afirman 2 Tesalonicenses 3,14 y 1 Timoteo 5.20. El cuerpo de la iglesia local debe ser exhortado a suspender

---

13. Esta es la razón para la mayoría de la consejería de matrimonios. Muchas parejas tratan, sin éxito, de arreglar sus problemas de por sí y luego necesitan hallar ayuda fuera de su relación. No deberían estar preocupados ni avergonzados de expresar sus problemas a un consejero piadoso porque, haciéndolo así, estarán cumpliendo el mandato que Jesús dio en Mateo 18.16.

14. Esta es una razón importante por la cual conviene hacer la consejería bíblica como parte del ministerio de la iglesia local (o al menos en colaboración con ella). Sin esa conexión, la consejería, en cierta medida, pierde la autoridad que sólo reside en el liderazgo de la iglesia (Mt 18.18; Heb 13.17). Véase capítulo 17 de este libro para una exposición sobre el papel de la iglesia en la consejería.

la comunión de tal persona y llamarla al arrepentimiento. Hablando acerca del que peca, Pablo dice: «Mas no lo tengáis por enemigo, sino amonestadle como a hermano». El fin de la disciplina no es castigar sino promover la restauración y la reconciliación; por tanto, en algunos casos es absolutamente necesaria la disciplina en la iglesia para que eso suceda. El pastor puritano, Richard Baxter, escribió:

> En los casos de ofensas públicas y aun en los de naturaleza más privada, cuando el ofensor permanece sin arrepentirse, debe ser reprendido delante de todos e invitado a arrepentirse. El hecho de que hayamos pensado tan poco en practicarlo, no hace de este el menor de nuestros deberes. No sólo fue ordenado por Cristo decirlo a la iglesia, sino por Pablo «reprenderlo delante de todos»; esto fue practicado constantemente por la Iglesia hasta que el egoísmo y la formalidad la tornaron remisa en este y otros deberes. No hay lugar a dudas de que es nuestro deber, y tampoco debemos dudar de que hemos sido infieles en su cumplimiento. Muchos de nosotros, que nos avergonzaríamos de haber dejado de predicar u orar la mitad de lo que hemos dejado de cumplir con aquel deber, hemos considerado muy poco lo que estamos haciendo mientras, por tanto tiempo, vivimos en un descuido consciente de esta obligación y de otros aspectos de la disciplina. Poco pensamos en cómo hemos atraído sobre nuestras cabezas la culpa de maldecir, emborracharse, fornicar y otros crímenes, por descuidar el uso de los medios que Dios ha señalado para su cura.[15]

El paso final del proceso de la disciplina de la iglesia es tratar como inconversos a los individuos que persistan en la resistencia, puesto que esto evidencia una falta de sumisión al señorío de Cristo. Aunque no podemos juzgar sus corazones podemos juzgarlos por sus frutos. Y la iglesia debe actuar en tal juicio a fin de preservar la pureza del Cuerpo de Cristo (véase 1 Co 5 y 6). Este paso final no ocurre en una noche; el proceso puede tomar meses en ser cumplido en forma completa y correcta. Pero si fallan los intentos repetidos de asegurar un compromiso piadoso, no queda otra opción que la de colocar a la persona culpable fuera de la iglesia. Aun en este punto del proceso, la meta debe ser el arrepentimiento y la restauración (1 Co 5.5; 1 Ti 1.20). Esta «entrega a Satanás» (es decir, quitar al pecador de la comunión y protección de la iglesia y colocarlo en el reino de Satanás) es simplemente la mejor manera de ayudar a alguien que persista en rechazar el consejo y resistirse a un compromiso bíblico. Richard Baxter también escribió:

---

15. Richard Baxter, *The Reformed Pastor* [El pastor reformado], Carlisle, PA, 1989, p. 105.

Mucha prudencia, confieso, debe usarse en tales procedimientos; de lo contrario, haremos más daño que bien; pero tal prudencia cristiana debe ser como un deber ordenado y encaminado a su meta, y no una prudencia carnal que enerve y excluya a la persona. Al cumplir este deber, deberíamos actuar en humildad, aún cuando estemos actuando más agudamente, y hacer que esto no parezca originado en una voluntad enfermiza, tampoco en una disposición de señorío ni venganza por ningún daño, sino como un deber necesario que no podríamos rechazar a conciencia.[16]

Algunos podrían ver el proceso que Jesús enseñó en Mateo 18 como cruel y escaso de amor, pero en realidad es un acto de bondad. Dios bendice a quienes obedecen su Palabra (Stg 1.25), por tanto, debemos utilizar cualquier medio que Él haya provisto para ayudar a la gente a experimentar tal bendición. Y la disciplina en la iglesia es uno de los métodos divinos para inducirla al cambio.

La meta de la consejería bíblica es ayudar a los aconsejados a llegar a ser cada vez más semejantes a Cristo; un proceso que necesariamente implica compromiso. Cada aconsejado debe *decidir* dar pasos definitivos para «andar como Él anduvo» (1 Jn 2.6). Algunos de ellos dirán que desean cambiar y crecer, pero tal vez no están seguros de que desean hacer el compromiso consiguiente. Tales personas están en un cruce de rutas muy importante y, a través de la gracia de Dios y los principios bíblicos expuestos en este capítulo, debemos tratar de persuadirlos a seguir al Señor.

---

16. *Ibid*, p. 106.

16

Implementación de la instrucción bíblica

Wayne A. Mack

Un elemento clave final en el procedimiento de consejería es la implementación: el proceso de actualizar la instrucción bíblica a fin de hacerla permanente en la vida de los aconsejados. La consejería bíblica procura promover la santidad o un *cambio bíblico* como estilo de vida. Intenta promover la implementación e integración de principios bíblicos en la vida de la gente, de modo que lleguen a ser *sólidamente cristocéntricos y semejantes a Cristo en todas las áreas de la vida, incluyendo sus deseos, pensamientos, actitudes, sentimientos y conducta.*

Este proceso de implementación encierra tres componentes principales: 1) El consejero planea estrategias específicas a fin de ayudar al aconsejado a actuar bajo directivas bíblicas pertinentes (debe no sólo clarificar lo que tiene que hacer sino también cómo hacerlo). 2) El aconsejado practica esas estrategias en todas las vaivenes de la vida. 3) El aconsejado persevera en la aplicación de principios bíblicos hasta que su manera de pensar, sentir y vivir sea regida por patrones piadosos incorporados a su vida y se integre a la vida de la iglesia.

ESTRATEGIAS DE IMPLEMENTACIÓN, SU PLANIFICACIÓN

Romanos 12:17 dice: «Procurad lo bueno delante de todos los hombres». La palabra griega traducida como «procurad», literalmente significa «planear antes de tiempo». De modo que el versículo habla de planear por adelantado una conducta correcta. Esto es necesario para hacer de la instrucción bíblica algo relevante y aplicable.

Despojarse del viejo hombre

El primer aspecto en nuestros planes es identificar y eliminar los factores que obstaculizan el cambio bíblico. Romanos 13.14 dice: «No proveáis para los deseos de la carne». Las cosas que provocan los deseos carnales deben ser identificadas y eliminadas. Esto puede exigir que los aconsejados corten todo vínculo indeseable con otras personas. Pablo nos advierte: «No erréis; las malas conversaciones corrompen las buenas costumbres» (1 Co 15.33).

El libro de Proverbios también advierte reiteradamente sobre los peligros de las malas compañías:

- El que anda con sabios, sabio será; mas el que se junta con necios será quebrantado (Pr 13.20).

- El que anda en chismes descubre el secreto; no te entremetas, pues, con el suelto de lengua (Pr 20.19).

- No te entremetas con el iracundo, ni te acompañes con el hombre de enojos, no sea que aprendas sus maneras y pongas lazo para tu alma (Pr 22.24-25).

- No estés con los bebedores de vino y los comedores de carne; porque el bebedor y el comilón empobrecerán, y el sueño hará vestir vestidos rotos (Pr 23.20-21).

De acuerdo con estos versículos, la persona que anda con malvados, con frecuencia termina siendo como ellos. Los consejeros bíblicos, por tanto, deben recomendar la ruptura de toda relación con personas que puedan motivar al mal, cuando sea bíblicamente legítimo hacerlo. Esto no significa que alguien deba divorciarse porque su cónyuge es impío, pero puede aplicarse a compañeros de habitación o de trabajo, o amigos que pueden estar influenciando en forma negativa. A veces puede ser necesario mudarse o cambiar de trabajo a fin de «no proveer para los deseos de la carne».

El aconsejado necesita también evitar lugares que sólo pueden brindarle una fuente de tentación. Por ejemplo, una joven que estaba luchando con lesbianismo, descubrió que tenía problemas de tentación cuando entraba a probarse las prendas en las tiendas de ropa. Le pedí que llevara un registro de los lugares donde más se sentía tentada y luego la animé a evitarlos hasta que estuviera lo suficientemente segura como para superar la tentación. De igual manera, alguien que está luchando con la homosexualidad puede sentirse tentado si concurre a un gimnasio o a lugares por el estilo. Debe evitarlos hasta que esté bastante fuerte como para rehuir la tentación.

El aconsejado no sólo debe evitar personas y lugares que pueden conducirlo a la tentación sino también toda práctica que pueda contribuir a su problema. Todo lo que incite al pecado, ya sean pensamientos, imaginaciones, ver ciertas películas o programas de televisión u oír cierto tipo de música, debe ser eliminado. Quienes se muestren remisos en hacerlo es porque tal vez no deseen sinceramente cambiar. Dios hace bien claro en su Palabra que, con frecuencia, es necesario tomar medidas drásticas para eliminar el pecado de nuestras vidas. La admonición de Jesús ilustra gráficamente que Dios espera que los creyentes tomen bien en serio el problema de la tentación:

> Por tanto, si tu ojo derecho te es ocasión de caer, sácalo, y échalo de ti; pues mejor te es que se pierda uno de tus miembros, y no que todo tu cuerpo sea echado al infierno. Y si tu mano derecha te es ocasión de caer, córtala y échala de ti; pues mejor te es que se pierda alguno de tus miembros, y no que todo tu cuerpo sea echado al infierno (Mt 5.29-30).

El gran predicador, Dr. Martyn Lloyd-Jones explica este pasaje claramente y hace eco de la necesidad de remover todo obstáculo al cambio bíblico:

> Nuestro Señor estaba ansioso por enseñar de una vez por todas la naturaleza real y horrible del pecado, el peligro terrible en que nos envuelve y la importancia de tratar con él y desecharlo definitivamente. Por tanto, en forma deliberada puso las cosas en su lugar. Habló de dos cosas valiosas: el ojo y la mano, y mencionó en particular el ojo derecho y la mano derecha. ¿Por qué? Por aquel entonces, la gente creía que el ojo y la mano derecha eran más importantes que la izquierda. No es difícil entender por qué tenían tal creencia. Todos conocemos la importancia de la mano derecha y la relativa igual importancia del ojo derecho. Nuestro Señor se apropió de esa creencia popular y lo que dice, en efecto, es: «Si lo más precioso que tienes, en un sentido, es causa de que peques, libérate de ello». El pecado en la vida es tan importante como eso. Y su importancia puede ser expuesta de esa manera[...] Jesús estaba diciendo que, no importa cuán valiosa pueda ser para ti o en sí misma una cosa, si va a ser una trampa que cause tu ruina, deséchala, aléjala de ti. Esa es su manera de destacar la importancia de la santidad y el terrible peligro a que estamos expuestos como resultado de pecar. *Nunca debemos alimentar la carne.* «No hagamos provisión para la carne», dice Pablo, «para satisfacer sus concupiscencias». Dentro de ti

hay un fuego; jamás pongas gasolina cerca porque, si lo haces, estallará en llamas y te meterá en problemas[...] Debemos evitar cualquier cosa que tienda a empañar o estorbar nuestra santidad. «Abstengámonos de toda apariencia del mal», que significa: «guardémonos de toda especie de mal». No interesa qué forma tenga. Cualquier cosa que yo sepa que me daña, cualquier cosa que surja, que me perturbe y que me haga perder mi línea de conducta, no importa lo que sea, debo evitarla. Debo mantener mi cuerpo bajo control, «mortificar nuestros miembros»; es lo que esto significa y debemos ser estrictamente sinceros con nosotros mismos.[1]

Para evitar tentaciones, el aconsejado debe borrar cualquier fuente de malos pensamientos. Una joven que vino a mí por ayuda para su depresión había estado en una relación con un hombre casado. Descubrí que todavía conservaba cartas, fotos y regalos de éste. Asimismo tenía una lista de las músicas que habían disfrutado juntos. A fin de destruir todo recuerdo de su pecado, eliminó aquellas cartas, fotos y obsequios, y dejó de escuchar esas canciones. Esos pasos eran imprescindibles para ayudarla a quitarse los malos deseos de tener una relación ilegítima (el factor más importante en su depresión) y revestirse de un estilo de vida temeroso de Dios.[2]

De igual manera, luego de haber sido puesta ante la verdad de Romanos 13.14, la joven que había estado en lesbianismo, escribió una carta a su ex amante. En ella confesó su parte en esa relación pecaminosa. Admitiendo que había fracasado en amarla como Dios hubiera esperado que lo hiciera, le pedía perdón. Desde que su vida ahora estaba comprometida en obedecer a Cristo, dejaba en claro que esa relación estaba terminada. Para reforzar este punto en su ex amante (que seguía importunándola), le advertía que tomaría acciones legales si continuaba procurando la relación.[3] Finalmente, le pedía que considerara su conducta y se volviera, arrepentida, a Dios. Al escribir esa carta la joven quemó los puentes que la conectaban con su pecado pasado y eliminó de su vida esa fuente de tentación.[4]

---

1. Dr. Martyn Lloyd-Jones, *Studies in the Sermon of the Mount* [Estudios sobre el Sermón del Monte], Eerdmans, Grand Rapids, 1959, I: 243, 249-250.

2. Muchas veces la gente lucha con sentimientos de culpa por pecados que han cometido hace mucho tiempo porque reconocen que no han experimentado el cambio interior que Dios desea. Han abandonado la acción pecaminosa pero el corazón la añora de vez en cuando. Aún no han aprendido a ver esto, como lo hace Dios, con una santa aversión.

3. Romanos 13.1-4.

4. Hch 19.17-19.

Revestirse con el nuevo hombre

El proceso de planeamiento debe incluir no sólo eliminar el pecado sino también incorporar pensamientos y conducta piadosa. Romanos 13.14 no sólo dice: «Y no proveáis para los deseos de la carne», sino también «vestíos del Señor Jesucristo». En verdad, esto último es un requisito para lo anterior. De manera, pues, que los consejeros bíblicos deben ayudar a sus aconsejados a desarrollar un plan específico para revestirse con el Señor Jesús. Ese plan debe incluir, por lo menos, los siguientes elementos.

Involucrarse en la iglesia local. Siendo que la iglesia es descrita como el cuerpo de Cristo, revestirse del Señor Jesús significa participar en una iglesia local (Col 1.18,24). Debemos exhortar a nuestros aconsejados a estar vitalmente, no casualmente, involucrados en una iglesia donde Cristo pueda suplir sus necesidades de un modo especial.[5]

Buenas amistades. Mientras que las asociaciones incorrectas conducen al pecado, las correctas estimulan la piedad. Pablo dijo a Timoteo: «Sigue la justicia, la fe, el amor y la paz, con los que, de corazón limpio, invocan a Dios» (2 Ti 2.22). Las virtudes piadosas mencionadas por Pablo son estimuladas por la compañía de otros que también las están procurando. Los creyentes debemos: «Estimularnos al amor y las buenas obras» (Heb 10.24). La manera de ser sabio, según Proverbios 13.20, es caminar con sabios. Los aconsejados necesitan desarrollar relaciones con otros creyentes, maduros en la fe, porque llegaremos a ser como aquellos con quienes nos relacionamos.

Devocionales significativos. Puesto que Jesús es revelado en las Escrituras, es imposible revestirnos de Él si no estudiamos la Palabra de Dios.[6] Esto requiere algo más que una lectura mecánica o académica de la Biblia. Tal vez necesitemos enseñar a nuestro aconsejado a estudiarla en forma provechosa y cómo orar en forma efectiva. Quizás incluya también guiarle en la memorización y la meditación. Como alguien oportunamente destacó: «O el pecado lo mantendrá a usted lejos de la Palabra de Dios o la Palabra de Dios lo mantendrá a usted lejos del pecado».

Rendir cuentas. Algunas veces durante la consejería y muchas veces después de terminada, es de ayuda para los aconsejados establecer una relación con alguien a quien le informen semana a semana cómo les va. Este puede ser un aspecto importante en el proceso de implementación e

---

5. Hch 2.41-47; Heb 13.17. Para mayor información sobre el papel de la iglesia en consejería, véase el capítulo 17.

6. Jn 5.39; Lc 24.44-48; Heb 10.7. Para sugerencias valiosas y planes para hacer devocionales significativos, véase Wayne A. Mack, *Homework Manual for Biblical Living* [Deberes para una vida bíblica], Presbyterian and Reformed, Phillipsburg, 1979, I. 63-71.

integración.[7] La seguridad de que alguien más está al tanto de las cosas conque estamos batallando y hará preguntas pertinentes puede proveer fuerza para resistir la tentación y hacer lo correcto. En mi experiencia como consejero, he hallado personas que, al rechazar el «rendir cuentas», casi nunca tenían éxito en la implementación e integración de un cambio bíblico.

Alimentación, descanso, sueño y ejercicio apropiados. Aunque parezcan mundanos asuntos tales, como la alimentación y el sueño, son importantes en los planes de nuestros aconsejados. Es mucho más fácil resistir al mal cuando no estamos cansados o enfermos. Como sugiere 1 Timoteo 4.8, la disciplina corporal es importante. Debemos comer y beber para la gloria de Dios, lo cual implica que un comer y beber inadecuado o descuidado lo deshonra.[8] El descanso y el sueño adecuados son también la voluntad de Dios para nosotros. «Dulce es el sueño del trabajador»; «A su amado dará Dios el sueño»; «Hijo mío, no se aparten estas cosas de tus ojos (las enseñanzas y mandamientos divinos) no las pierdas de vista[...] entonces[...] te acostarás, y tu sueño será grato».[9] En ciertas ocasiones Jesús se negó a sí mismo sueño y comida con fines especiales, pero no hay indicación de que haya establecido esto como regla general. Más bien todas las indicaciones señalan que Él reconoció la importancia de atender las necesidades físicas, dadas por Dios, de un sueño y alimento adecuados. Cuando animamos a la gente a «revestirse del Señor Jesús», debemos ayudarles a ser responsables en la alimentación, el ejercicio, el descanso y el sueño. La gente que es descuidada en sus necesidades físicas, no sólo está desobedeciendo a Dios, sino que también está colocándose innecesariamente en un lugar de tentación.

Servir a otros. Jesús enseñó que, cuando servimos a otros creyentes, le servimos a Él (cf. Mt 25.40) y que un servicio desinteresado es la clave de las relaciones personales (Mt 20.20-28). Nuestro Señor Jesucristo, que vino a servir, no para ser servido, nos exhorta a seguir su ejemplo.[10] Sobre todo, nos dice que Él ha dado dones espirituales (habilidades concedidas divinamente para ministrar a la Iglesia) a su pueblo y que ellos son para ser utilizados en beneficio de otros creyentes.[11] Colocarnos al Señor Jesús,

---

7. Heb 3.13-14; Ro 12.10,16; 15.14; 1 Co 12.25; Gl 5.13; 6.2; 1 Ts 4.18; 5.11; 5.14.

8. 1 Co 10.31.

9. Ec 5.12; Sal 127.3; Pr 3.21-24; Sal 4.8; Lc 6.12; Mt 4.1-4; 11.19; Mc 4.38.

10. Mc 10.45; Jn 13.13-17.

11. Ef 4.10-16; Ro 12.3-8; 1 P 4.10-11; 1 Co 12.1-7. Para más información respecto a los dones espirituales y la forma en que deben ser usados, véase el capítulo 18 de este libro. Véase también *A Homework Manual* [Manual de Deberes], de Wayne A. Mack, pp. 161-163; 93-99; 183-199.

por tanto, incluye seguir su ejemplo de ser siervo de otras personas; implica aceptar la enseñanza de la Biblia en cuanto a los dones espirituales y descubrir, desarrollar y utilizar esos dones al servicio de otros. Por tanto, el aspecto de la implementación o la integración de nuestra consejería debe incluir una conversación sobre los dones espirituales de cada aconsejado y un plan práctico para utilizarlos en la Iglesia.

Un uso sabio del tiempo. Efesios 5.16 nos manda a aprovechar bien el tiempo porque los días son malos. En otras palabras, nuestro tiempo es valioso y puede ser desperdiciado o utilizado sabiamente; puede ser utilizado en propósitos constructivos o destructivos, en cosas malas o en cosas santas. Puede ser invertido en una forma que honre a Dios o lo deshonre. En maneras que levante vidas o que las derribe. Muchas personas tienen una actitud descuidada respecto del tiempo, pero nunca fue así con el Señor Jesús. Pudo decir acerca del empleo de su tiempo, como de todas las otras cosas de su vida: «Yo las cosas que a él agrada hago siempre».[12] Estar en el Señor Jesús significa que seguiremos su ejemplo en el uso constructivo del tiempo. Debemos ayudar al aconsejado a desarrollar un programa del tiempo, no sólo porque así ellos lo tendrán para las cosas importantes, sino también porque así no lo tendrán para propósitos pecaminosos.[13]

Todas estas sugerencias pueden ser adaptadas a situaciones particulares y aplicadas eficazmente en consejería. Por ejemplo, un consejero podría pedir a una esposa que escriba medios específicos por los cuales podría mostrar respeto y amor por su esposo. Para llevar adelante el plan, ella tendría que informar cada semana al consejero sobre lo que hizo y cuáles fueron los resultados. Sin un plan, ella no podría hacer tales cosas o no se daría cuenta de sus efectos sobre las relaciones y la bendición que podrían traer.

Prepararse para la tentación

Planificar incluye también la decisión de cómo vamos a tratar con la tentación antes que sobrevenga. Proverbios 22.3, dice: «El avisado ve el mal y se esconde». La tentación es más fácil de vencer si hemos decidido por adelantado cómo vamos a reaccionar.

Una señora, cuyo esposo era abusivo y de temperamento violento, vino a verme por consejo. En nuestra sesión de planeamiento le pedí que pensara a través de qué situaciones de tentación creía que tendría que pasar y que planeara una respuesta bíblica para cada una. Hizo una lista de unas

---

12. Jn 2.4; 7.6,8,30; 8.20,29; 12.23; 17.3,4.

13. Para un estudio valioso sobre la planificación de un uso santo del tiempo, Véase Wayne A. Mack, *Homework Manual*, 1: 132-143.

doce situaciones en que podría verse metida. Entre ellas, cuando su esposo la dejara en libertad de hacer algo que a él no le agradara (por ejemplo, gastar dinero fuera del presupuesto); cuando él criticara la forma en que ella trataba con los niños; cuando se enojara porque ella había puesto algo fuera de lugar y él no podía hallarlo, y cuando él hiciera comentarios adversos sobre lo que ella había cocinado. Luego le pedí que desarrollara y registrara un plan bíblico acerca de cómo Dios hubiera querido que ella respondiera en cada una de esas situaciones. Este tipo de planeamiento en detalle y por anticipado, puede ayudar a la persona a resistir la tentación con éxito.

Un plan para responder bíblicamente a la tentación podría incluir los siguientes asuntos: 1) Descubrir y reconocer en las etapas iniciales que usted está siendo tentado. 2) Inmediatamente pida ayuda a Dios para resistir.[14] 3) Si es posible, aléjese inmediatamente de la fuente de tentación. 4) Identifique el deseo antibíblico al que hubiera servido de haber cedido a la tentación.[15] 5) Cite y medite sobre la Escritura adecuada. 6) Recuerde la presencia, el poder y las promesas de Dios.[16] 7) Reflexione sobre el propósito de la muerte de Cristo.[17] 8) Mental y verbalmente haga un compromiso de hacer lo correcto. 9) Manténgase activo, con la mente comprometida en algo que agrade a Dios. 10) Llame a un amigo fiel al Señor y pídale ayuda. 11) Repita los aspectos clave de este plan para la tentación hasta que el poder de ésta sea reducido.

La etapa de planeamiento del proceso de implementación debe también incluir previsiones para tratar con fracasos. Desde que el cambio es más un proceso que un acontecimiento, la gente con frecuencia experimenta reveses en sus esfuerzos por llegar a ser más fiel. Esto frecuentemente la toma por sorpresa y, en razón de que ha venido por consejo con expectativas irreales (de que el resultado ha de ser rápido, fácil y continuo), las luchas y los fracasos la llevan al desaliento. Cuando esto ocurre, tiende a pensar que no ha hecho ningún progreso, que la consejería es inútil y que no ha cambiado, no puede cambiar y que jamás lo logrará.

En este punto, es vital para el éxito del proceso elaborar un plan de recuperación (un plan de qué hacer si sobreviene un fracaso). Los aconsejados

---

14. Sal 50.15; 34.4-6 e Is 40.31.

15. 1 Jn 2.15-17. ¿Está siendo la persona tentada por la concupiscencia de la carne: un deseo de placer; la concupiscencia de los ojos: un deseo de posesiones o el orgullo de la vida: un deseo de poder y/o prestigio? Identifique el deseo particular idolátrico al que la persona es tentada a adorar y servir. Véase también el Capítulo 13 de este libro para más detalles sobre este asunto.

16. Gn 39.8-9; Dt 31.6; Sal 55.21; Is 41.10; 43.1-3; 2 Co 9.8; Ef 3.20-21; 1 Co 10.13; Jud 24,25; 2 P 1.3,4.

17. Gl 1.4; 1 P 2.24; Tit 2.11-13; 2 Co 5.14-15).

deben saber que, si bien el fracaso es serio y no es inevitable, no significa todo lo que ellos creen. Puede haber una falla (una derrota o revés temporal) pero ésta no debe ser convertida en fracaso (una derrota total, un regreso completo a los problemas originales, a un completo dominio y a un ceder a los hábitos pecaminosos). El pueblo de Dios puede caer pero, por su gracia y poder, puede y se levantará, habiendo aprendido por la experiencia a seguir adelante y triunfar sobre los patrones pecaminosos de la vida.[18] La recuperación de la falla y el triunfo sobre el pecado que habitaba fuera de control en el corazón es posible si la gente elabora y sigue estrategias bíblicas para manejar esas fallas.

Un plan de recuperación puede incluir los pasos siguientes: 1) Llamar a los deseos, pensamientos, sentimientos y acciones pecaminosas con el nombre que Dios les da, pecado. 2) Asuma completa responsabilidad por el pecado. 3) Confiese su pecado, tanto a Dios como a quien haya sido afectado por él.[19] 4) Pida ayuda a Dios para no volver a hacerlo. 5) Recuérdese a sí mismo lo que Cristo ha hecho y está haciendo por usted. 6) Reflexione sobre los recursos disponibles en Cristo para los creyentes. 7) Medite en las promesas divinas de perdón y liberación del poder del pecado. 8) Evalué con exactitud los cambios que ya han tenido lugar y el progreso logrado. 9) Aprenda de la falla al examinar brevemente lo que ha hecho indebido y lo que debía hacer y no hizo. 10) Haga restitución donde sea necesario. 11) Propóngase dejar el pasado detrás de un modo bíblico y reanudar sus esfuerzos por cambiar de un modo que agrade a Dios.[20]

Planear es el primer paso necesario para la implementación. Al determinar cómo deberán tratar tanto con el éxito como con la falla, nuestros aconsejados incrementarán de un modo notable sus posibilidades de un cambio bíblico.

PRACTICAR EL CAMBIO BÍBLICO

Planificar es un importante primer paso para lograr un cambio bíblico; pero con sólo planificar no se llegará a nada. Para que un plan resulte efectivo, debe ser llevado a la práctica y la clave para hacerlo es entender la importancia de los hábitos.

---

18. Pr 24.16; 15.15,16).

19. Para una exposición útil sobre lo que significa confesar, Véase Ken Sande, *The Peacemaker* [El Pacificador], Baker, Grand Rapids, 1991, cap. 6. En él, Sande menciona siete pasos en la confesión: 1) Considerar a todo el que esté involucrado. 2) Evitar los «si», «pero» o «tal vez». 3) Admisión específica. 4) Pedir disculpas por haber ofendido o herido a otra persona. 5) Aceptar las consecuencias. 6) Cambiar la conducta. 7) Pedir perdón.

20. Flp 3.10-14; Sal 32; 103.12; Is 43.25; 44.22; Miq 7.19; 1 Jn 1.9; Pr 28.13; Ef 1.7.

Los hábitos son maneras de vivir adquiridas. Se forma un hábito cuando se hace una cosa repetidamente hasta que llegue a ser un patrón. Los hábitos pueden ser acciones, actitudes o modos de pensar que se han arraigado hasta llegar a ser una segunda naturaleza en nosotros. Hebreos 5.14, por ejemplo, habla de personas «que por el uso tienen los sentidos ejercitados en el discernimiento del bien y el mal» y 2 Pedro 2.14 dice que los falsos maestros «tienen el corazón habituado a la codicia».

Como el primer versículo indica, los hábitos no son necesariamente malos. En realidad, son un don de Dios porque si no fuera por ellos, tendríamos que vivir repitiendo el aprendizaje de cada cosa. Por ejemplo, aprender a caminar exige un largo proceso pero, una vez aprendido, caminar es algo tan habitual que raramente pensamos en ello. De la misma manera, muy poco tenemos que pensar lo que vamos a hacer al despertar a la mañana. Solamente nos concretamos a cumplir nuestro ritual de salir de la cama, vestirnos y estar listos para el día. Estas cosas se han convertido en hábitos que prácticamente no requieren pensar en ellas. Si tuviéramos que pensar en todos nuestros pasos cada mañana, llegaríamos al medio día sin haber salido del dormitorio.

Debemos recordar también que podemos desechar algunos de tales hábitos y aprender otros. Primera de Corintios 6.9-11 describe a personas cuyas vidas han estado caracterizadas por adulterio, inmoralidad, homosexualidad, hurtos, avaricia, borracheras y estafas. Pablo dice a los corintios: «Y esto érais algunos; mas ya habéis sido lavados, ya habéis sido santificados, ya habéis sido justificados en el nombre del Señor Jesús, y por el Espíritu de nuestro Dios» (v. 11). Esos hábitos pecaminosos habían sido característica de sus vidas como inconversos, pero habían cambiado. Nuestros aconsejados pueden también cambiar sus patrones de pensamiento, actitudes, prácticas o reacciones siempre que estén dispuestos. A través de una práctica consistente se pueden desechar los hábitos antibíblicos y adquirir y fortalecer los hábitos bíblicos.

Pablo escribió: «He aprendido a contentarme cualquiera sea mi situación» (Flp 4.11). El contentamiento no vino a Pablo en forma natural. Antes había escrito que la ley lo había hecho convicto de codicia (Ro 7.7-8), que es una expresión de descontento. Pero este hombre descontento fue luego capaz de proclamar: «He aprendido a estar contento». El contentamiento tampoco nos viene en forma natural: Debe ser aprendido.

Podemos autodisciplinarnos para estar contentos o podemos hacerlo para estar descontentos.

Podemos ayudar a nuestros aconsejados a evitar la frustración y el desaliento al ayudarles a entender que el cambio es un proceso gradual que requiere práctica. Podemos ayudarles también en el proceso de cambio asignándoles deberes, para hacer en casa, que faciliten la práctica; no meramente deberes que enseñen principios, sino que también requieran o alienten la práctica de tales principios.

En la Palabra de Dios, aprender nunca es un mero ejercicio académico; siempre depende de las respuestas prácticas en la vida de una persona. El salmista dijo: «Bueno me es haber sido humillado, para aprender tus estatutos» (Sal 119.71). Él entendía intelectualmente los estatutos divinos, pero los aprendió luego en forma práctica al experimentar la aflicción. El verdadero aprendizaje bíblico siempre se obtiene mediante la obediencia. Por tanto, los consejeros bíblicos deben animar a la gente a practicar principios de vida tomados de la Palabra de Dios.

La siguiente asignación que di a la dama que tenía su esposo abusivo, es un ejemplo de asignación que facilita la práctica. Le pedí que cada mañana viera sus planes como primera tarea. Esto le recordaba sus planes para encarar situaciones específicas. También oraba por unos quince minutos pidiéndole a Dios la ayudara a poner esos planes en acción. Cada mediodía iba a sus planes y a su diario para ver dónde había tenido éxito y dónde había fallado. Pedía a Dios que la perdonara y la ayudara a cambiar en esta área. En la noche revisaba los hechos de la tarde y luego volvía a hacerlo antes de acostarse. Cada día repetía este patrón y registraba cada cosa en su cuaderno de notas para tratarlo en la siguiente sesión de consejería.

La asignación de deberes específicos como este ayudan al aconsejado a poner en práctica las verdades bíblicas que van aprendiendo. Nunca debemos permitir al aconsejado hacer un compromiso meramente verbal o mental de cambiar; en su lugar debemos brindarle la oportunidad de vivir su compromiso y hacer cambios concretos en sus vidas. Haciéndolo durante un tiempo, irán formándose nuevos patrones de hábitos y los anteriores, pecaminosos, comenzarán a desaparecer.[21]

---

21. Véase de Wayne A. Mack, *Homework Manual* tomo 1, para otros ejemplos de asignación de deberes que facilitan la práctica de principios bíblicos. Muchas de esas asignaciones fueron desarrolladas para cumplir los siete elementos clave del proceso de consejería presentados en la tercera parte de este libro. Por ejemplo, diferentes partes del estudio del enojo, en las páginas 1 y 2 serán útiles para cumplir las siete fases o elementos del proceso de consejería. Las páginas 1 al 6 se enfocarán principalmente sobre los elementos 1 al 5 y las páginas 7 a 11 serán más útiles en las fases de inducción e implementación. Las páginas 7 a 9 están relacionadas principalmente con el aspecto del planeamiento de la implementación, mientras las páginas 10 y 11 subrayan la parte práctica. Otra asignación de deberes que anime el aspecto práctico de la fase de implementación en consejería se encuentran en *Homework Manual* [Manual de Deberes], tomo 2, de Mack; *Strengthening Your Marriage* [Reforzando su matrimonio], *Preparing for Marriage* [Prepararse para el matrimonio] y *Your Family God's way* [Los caminos de Dios para su Familia], los tres de Mack.

PERSEVERAR EN EL CAMBIO BÍBLICO

El tercer aspecto de la implementación es la perseverancia. Como dijo el escritor a los hebreos, «os es necesaria la perseverancia» (Heb 10.36), porque el cambio bíblico que sigue a la salvación es un proceso; muy pocas veces es instantáneo. Pablo dice a los corintios: «nosotros todos[...] somos transformados de gloria en gloria» (2 Co 3.18). En otro lugar, el apóstol escribe: «revestido del nuevo, el cual, conforme a la imagen del que lo creó, se va renovando hasta el conocimiento pleno» (Col 3.10). Algunas personas aprenden y cambian más rápidamente que otras pero para todos lleva tiempo aprender nuevos patrones de hábitos. Los consejeros deben estar advertidos de esto a fin de animar a los aconsejados a perseverar en el proceso de cambio.

El cambio bíblico requiere también práctica diaria. De acuerdo con Jesús, debemos negarnos a nosotros mismos, tomar nuestra cruz y seguirle a Él diariamente.[22] La práctica de ayer no servirá para hoy. Cada día es, en un sentido, un nuevo día en nuestra relación con Cristo y en el proceso de ser transformados a su imagen. Recostarse o descansar sobre éxitos y victorias del pasado es un lujo que los creyentes no pueden permitirse.

El puritano Thomas Boston escribió: «El pecado está fijo a nuestras almas por la naturaleza, como con ataduras de hierro y bronce. La gracia de la conversión los suelta en sus raíces, pero debe ser desatado más y más mediante la práctica diaria de la mortificación. "Porque si vivís conforme a la carne, moriréis; mas si por el Espíritu hacéis morir las obras de la carne, viviréis" (Ro 8.13)».[23]

Los atletas pueden estar en óptimo estado físico, pero si dejan de ejercitarse, pronto perderán todos los beneficios de sus prácticas. Lo mismo ocurre en el orden espiritual. Si el aconsejado no persevera en las prácticas santas en forma diaria, pronto estará de nuevo en el punto de partida. Segunda Pedro 2.20-22 advierte que aquellos que vuelven al pecado se van a hallar en una situación peor que cuando comenzaron. Algunas personas comienzan bien y sus acciones hacia una vida limpia proporcionan cierto alivio a sus padecimientos. Pero, con mucha frecuencia, cuando esos dolores que les dieron el impulso inicial desaparecen, dejan de practicar lo que deben. En poco tiempo terminan en el mismo pantano en que estaban al principio. Pero esta vez la cosa es peor porque se sienten sin esperanzas y con la convicción de que los consejos que recibieron y el compromiso que asumieron no funcionaron.

---

22. Lc 9.23.

23. S. MacMillan, ed., Complete Works of the Late Rev. Thomas Boston [Obras Completas del Rev. Thomas Boston], 12 tomos, Richard Owen Roberts, Wheaton, 1980, p. 285.

En muchos de esos casos, el problema no radica en la consejería ni en el compromiso sino en la falta de perseverancia. Es por esta razón que los consejeros bíblicos deben destacar que el cambio requiere una práctica diaria. Pablo se hacía eco de esta verdad cuando, en 1 Corintios 15.31, escribió: «*cada día* muero». Explicando el significado de este versículo, Thomas Boston escribió:

> Debemos habituarnos a contarnos como muertos y estar frecuentemente haciendo un ensayo de morir[...] Pregúntese a sí mismo qué haría si usted estuviera a punto de morir y hágalo. Un creyente debería estar haciendo frecuentemente su testamento. Cuando vaya a su trabajo, hágalo como si fuera la última vez que lo va a hacer en su vida. Cuando despierte en la mañana, actúe como si la próxima vez la sepultura será su cama y cuando se acueste a la noche, hágase la idea de que nunca va a despertar.[24]

Cuando en la vida de un aconsejado se muestra un cambio significativo, por lo general prolongo el intervalo entre sesiones; esto me permite observar su progreso y, a la vez, disminuye en la persona su dependencia del consejero; asimismo promueve su iniciativa y responsabilidad, además le anima a seguir en la implementación. En lugar de tener una entrevista semanal, las establezco cada dos semanas y cuando han andado bien con este lapso, hago una cita, para una observación final, en una fecha cuatro a seis semanas adelante. En esta entrevista repasamos lo que ha ocurrido en su vida, especialmente en relación con los problemas originales y le pido que haga una lista de las formas específicas en que hizo progresos desde que comenzó la consejería.[25] Luego utilizo esa lista como una oportunidad para hacer resaltar la importancia de perseverar y la necesidad de seguir desarrollando patrones sanos en áreas específicas de su vida. Le advierto que si deja de implementar los principios bíblicos que hemos tratado, volverá a lo que fue al principio y tal vez peor.[26] Si resulta evidente que ha estado siguiendo la implementación de los principios y estrategias

---

24. MacMillan, *Complete Works* [Obras Completas], p. 287.

25. Para mí, los propósitos de la consejería han sido logrados y cumplidos cuando observo que han ocurrido las siguientes cosas: 1) El aconsejado sabe cuál fue la causa de sus problemas y la forma bíblica de tratar con éstos. 2) Se siente cómodo con el nuevo patrón de respuesta. 3) Comienza a practicar el nuevo patrón en forma automática. 4) Cuando ha fallado, puede diagnosticar la razón de su falla y hacer planes para corregir el problema. 5) Cuando puede decir específicamente cómo cambió. 6) Ha sido examinado y salió airoso de ese examen. 7) Otros han verificado su cambio. 8) El aconsejado comienza a expresar a otros lo que ha aprendido en el proceso y llega a ser un consejero espontáneo e informal de otros.

26. Mt 12.38-45; 2 P 2.20-22.

bíblicas que tratamos durante el proceso, damos por terminada la consejería formal agradeciendo a Dios por los cambios operados y por la fuerza para perseverar.

CONCLUSIÓN

Establecer una identificación con los aconsejados; inspirarles a alentar una esperanza bíblica; reunir un inventario completo; hacer una confiable interpretación bíblica de los aconsejados y sus problemas; instruirlos en una manera bíblica exacta y adecuada e inducirlos a un compromiso decisivo para una obediencia bíblica; cada una de estas cosas es de dimensión vital en la consejería bíblica. Ellos saben que cada una de estas funciones son medios que conducen a un fin.

¿Y cuál es ese fin? Es la última meta mencionada al principio de este capítulo. Los consejeros bíblicos desean promover un *cambio bíblico como estilo de vida;* desean formar y nutrir la implementación e integración de principios bíblicos en la vida de la gente, de manera que llegue a ser *sólidamente cristocéntrica y semejante a Cristo en todas las áreas, incluyendo deseos, pensamientos, actitudes, sentimientos y conducta.*

En esto consiste la consejería bíblica; su objetivo primordial no es hacer a la gente feliz, exitosa y satisfechas consigo misma; tampoco es eliminar las depresiones emocionales, los sufrimientos y las heridas que la gente experimente. Desde luego, los consejeros bíblicos están interesados en esas cosas y, en realidad, todas esas cosas deseables, y muchas otras, ocurrirán en su sentido más absoluto a través de la consejería bíblica. Sin embargo, no son la preocupación principal de los consejeros; aquellas cosas son los derivados de cumplir el propósito real de la consejería bíblica, que es promover santidad y un estilo de vida bíblico y, por tanto, ayudar a la gente a ser transformada a la imagen de Cristo en todos los aspectos de la vida.

Parte IV

La práctica de
la consejería bíblica

17

Consejería bíblica y la iglesia local

William W. Goode

Casi semanalmente alguien me pregunta cómo comenzar un ministerio de consejería en una iglesia local, una pregunta que, a mi juicio, ilustra cuán vastamente está mal entendida la verdadera naturaleza de la consejería. Por demasiado tiempo la consejería bíblica ha sido considerada como un ministerio opcional en la iglesia. Junto con programas radiales y hogares para madres solteras, ha sido relegada a una montaña creciente de ministerios «frívolos», esos a los cuales esperamos algún día poder prestar atención.

Sin embargo, la consejería bíblica no es una opción, es un punto sobre el cual la Escritura nunca se equivoca. Nuestro Señor mandó a los creyentes a amarse unos a otros; y considerar la consejería como un ministerio opcional es ocultar el amor bíblico en el momento que el creyente más lo necesita, cuando está en problemas. Como Pablo manda a los gálatas, deberíamos estar ocupados en restaurar más que ignorar a tales creyentes.

La mayor amenaza al proceso de discipulado es el creyente a quien alcanzó el pecado. El hombre o la mujer con un patrón permanente de pecado necesita ayuda para cambiar y restablecer un modelo de crecimiento. Pablo se dirige a todos los miembros de la iglesia, no sólo a pastores y ancianos, cuando dice: «También os rogamos, hermanos, que amonestéis a los ociosos, que alentéis a los de poco ánimo, que sostengáis a los débiles, que seáis pacientes para con todos» (1 Ts 5.14). En otra ocasión, el apóstol recuerda a los creyentes en Roma de su responsabilidad de aconsejar y alentarse mutuamente, asegurándoles: «Sois competentes para amonestaros los unos a los otros» (Ro 15.14).

Los creyentes nunca llegarán a parecerse a Cristo si no están ganando la batalla contra el pecado en sus vidas y dándose a sí mismos por las vidas de otros. Además no habrá discipulado si no hay un plan de ayuda a los discípulos inmersos en problemas. Restaurar y sostener, no estar aislados de amar, según puede verse en la vida de nuestro Salvador.

LA CONSEJERÍA: PARTE INTEGRAL DE LA IGLESIA

La consejería nunca debe ser considerada como una hora semanal de magia o un ministerio independiente desarrollado aparte de la iglesia. La predicación, la enseñanza, la evangelización, el discipulado y la consejería son partes integrales que se conjugan para hacer un ministerio bíblico efectivo. La iglesia local es el instrumento que Cristo ha designado para ayudar a los creyentes a crecer a su imagen y semejanza. Es el único organismo que Él ha prometido edificar, sostener y utilizar. La consejería es una parte esencial del ministerio de la iglesia local, pues es la que instruye y ayuda a perfeccionar la imagen de Cristo en los creyentes. Pablo pensaba en esta meta cuando escribió: «A quien anunciamos, amonestando a todo hombre, y enseñando a todo hombre en toda sabiduría, a fin de presentar perfecto en Cristo Jesús a todo hombre» (Col 1.28).

Participación del pastor y los líderes en la consejería

La consejería es responsabilidad de todo creyente y el único terreno adecuado es la iglesia. Estas verdades contienen una fuerte implicación: La participación del pastor y del liderazgo de la congregación es crucial.

En Efesios 4.12-13, el apóstol dice que los pastores, los maestros y la iglesia fueron constituidos por el Señor «a fin de equipar a los santos para la obra del ministerio, para la edificación del cuerpo de Cristo[...] hasta que todos lleguemos[...] a la medida de la estatura de la plenitud de Cristo». Esto incluye un plan para creyentes confundidos por falsas doctrinas o filosofías engañosas. Muchos de los problemas que hallamos en consejería son de carácter doctrinal, originados en un concepto equivocado de Dios, del pecado o del yo. El Señor desea que tales problemas sean resueltos, por lo cual levantó pastores y maestros a fin de equipar a los santos para hacer justamente eso.

En los próximos pocos versículos, es como si Pablo anticipara que algunos dudarían que pudiera confiarse esta tarea a los creyentes. Así describe la maravilla de los dones espirituales que Dios ha provisto, afirmando: «De quien todo el cuerpo, bien concertado y unido entre sí por todas las coyunturas que se ayudan mutuamente, según la actividad propia de cada miembro, recibe su crecimiento para ir edificándose en amor» (Ef 4.16). En otras palabras, todo creyente debería utilizar sus dones, talentos y habilidades para ayudar en las necesidades de otros. Como reitera Colosenses 1.28, los santos están equipados para utilizar sus dones a través de la predicación, la consejería y la enseñanza.

Huelga decir que la participación del pastor debe ser algo más que una aventura de probar una vez a la semana. Pablo recuerda a los ancianos de Éfeso su ministerio, su sacrificio desinteresado así como su amonestación día y noche con lágrimas. Pablo jamás se atrevió a abandonar su responsabilidad encomendada por Dios. Cuando vio a creyentes en problemas, no se ocultó de ellos; por el contrario, los aconsejó día y noche. Jesús dijo que los asalariados huyen cuando viene el lobo, pero el pastor verdadero cuida de las ovejas cuando están en dificultad. Esta es la figura que vemos en Hechos 20.31: Un pastor verdadero involucrado en su ministerio cuando y dondequiera que haga falta.

Aquí, sin embargo, es necesaria una advertencia. Sí, el pastor debe estar involucrado en la consejería, pero en forma equilibrada. Si su participación ha de ser a expensas del estudio y la preparación de su sermón, su predicación indudablemente será afectada, causando más problemas de consejería que fortalecimiento de los santos y el consiguiente proceso de crecimiento.

Además, si el pastor permite que la consejería le quite el tiempo para atender su familia, su salud o sus necesidades espirituales, no sólo no estará preparado para aconsejar cuando llegue el momento, sino que la totalidad de su ministerio sufrirá consecuencias lamentables. La consejería es importante pero sólo resultará efectiva cuando los consejeros ubiquen correctamente sus prioridades espirituales.

LA IGLESIA: INCOMPLETA SIN LA CONSEJERÍA

La consejería y la efectividad del pastor

Cuando un pastor descuida el deber de aconsejar a otros, las consecuencias van a influir en diversos aspectos cruciales de su ministerio. Por ejemplo, su predicación es dramáticamente afectada. Pablo dice que las armas de nuestra milicia no son carnales, sino espirituales, poderosas en Dios para destruir fortalezas de argumentos que se levanten contra Dios. Pero cuando un pastor no está vinculado a su gente, pierde contacto con sus dificultades y el proceso de los pensamientos y los hábitos que les llevan a problemas. De modo que no está preparado para proveer las armas espirituales que la gente necesita para superar esos problemas.

Para ilustrar, imaginemos a un pastor que no aconseja predicando sobre la ebriedad. Algunos que oyen desde sus asientos se embriagan regularmente por muchas razones. Pueden sucumbir a la presión de sus amigos porque prefieren agradar a las personas antes que a Dios o tal vez son incapaces de comunicarse con su cónyuge y así ocultan sus problemas el alcohol. Es posible que rindan culto a sus posesiones o al éxito material de manera que hacen cualquier cosa, incluso beber con sus clientes, a fin de lograr lo que desean. Algunos tal vez beban por sentimientos de culpa o por el mero placer de beber en exceso. Otros beben simplemente por una grave falta de responsabilidad. Todas estas son razones para beber, un pastor que no aconseja ciertamente las va a desconocer, pero si está involucrado en consejería, va a detectarlas en su congregación. A menos que lo concerniente al pecado sea tratado seria y adecuadamente, la predicación desde el púlpito va a ser una solución superficial. Jesús dijo que lo que contamina al hombre no es lo que entra por la boca, sino lo que sale del corazón. Eso es lo que conduce al pecado y eso es con lo que se debe tratar (Mt 15. 17).

El apóstol Pablo invertía una gran cantidad de tiempo aconsejando a la gente. Cuando escribía a los creyentes podía hacer una pausa y decir: «Vosotros me diréis». Podía llegar al corazón del asunto porque conocía íntimamente a quienes aconsejaba y era capaz de anticipar sus respuestas. Conocía también la Palabra de Dios y siempre apelaba a ella por respuesta a los problemas de la gente. El apóstol entendía los complicados y confusos pensamientos provocados por el pecado y, por tanto, enseñó principios claros y específicos para la vida cristiana. Ni Jesús ni Pablo consintieron a aquellos a quienes ayudaban. Ellos decían «haz esto» o «No hagas aquello» porque conocían bien a sus aconsejados y veían claramente las paredes de excusas detrás de las que se escondían. Predicaban con el propósito de derribar tales barreras.

El pastor que aconseja, predica no simplemente para informar sino para provocar cambio, en lo cual consiste precisamente el crecimiento y la santificación progresiva. Un pastor fiel a la Palabra debe asirse a la misión de la iglesia para con los creyentes: Facilitar su crecimiento en Cristo. No es tarea del pastor conmover a sus oyentes ni tampoco debería ser su meta estimular emociones e intelecto: su tarea es predicar la Palabra de Dios con el fin de provocar cambio.

El pastor que aconseja anhelará ser utilizado por Dios para predicar y enseñar la Palabra, para mostrar la dignidad de su Santo Hijo y liderar a su pueblo en crecimiento. ¿Por qué? Porque ve las consecuencias que acarrea un corazón endurecido que se opone a tratar con sus problemas bíblicamente: vidas destrozadas, matrimonios arruinados, relaciones agrias y la traba del crecimiento espiritual. Entiende el vínculo indisoluble que existe entre la falta de entendimiento y la falta de aplicación de la Palabra de Dios y el fracaso en la vida cristiana. Con ardiente convicción, el crecimiento y el cambio constituyen el blanco de su predicación.

Una de las razones más lamentables por la que algunos pastores no aconsejan a la gente ayudándoles a desarrollar una santificación progresiva es porque ellos mismos no entienden la doctrina. Tales pastores son fácilmente atrapados por la jerga confusa y sin sentido del cristianismo popular. Animan a la gente a leer la Biblia sólo por el placer de leerla, a orar para que Dios derrame un poder místico que cure todas sus enfermedades o por un avivamiento, todo sin un entendimiento claro de cómo Dios obra en las vidas y cómo cambia los corazones. Lamentablemente, parecen ser más bien parte del problema que de la solución.

Es por ello que el pastor que desee aconsejar bíblicamente debe estar saturado con las verdades de la santificación progresiva y convencido de la suficiencia de las Escrituras. Debe comprender que, cuando la usa correctamente, la Palabra de Dios puede identificar los procesos de pensamientos y hábitos pecaminosos y cambiarlos por otros bíblicos. Si no está aconsejando sólo con la Palabra de Dios, con frecuencia no va a saber diferenciar entre una revelación especial y las teorías u opiniones humanas o la información general.

Consejería y evangelización

La consejería bíblica puede también beneficiar a la iglesia local en la evangelización. Aunque muchos instrumentos para la evangelización son efectivos y dignos de atención, es importante notar que el modelo escritural siempre comienza por considerar los desafíos, pecados o pruebas que una persona está encarando. De manera que el consejero bíblico que se atiene a las Escrituras no simplemente ministrará la Palabra sino que procurará escuchar y hacer preguntas y luego presentará el evangelio de Jesucristo.

Por muchos años este método de consejería ha resultado altamente efectivo para la evangelización en nuestra iglesia. Tenemos muchas excelentes parejas cuyos matrimonios habían estado en quiebra o habían estado viviendo juntos antes de su matrimonio. A través de la consejería confiaron en Cristo, resolvieron sus problemas y ahora son discípulos productivos y efectivos. Otros, que llegaron a la iglesia con profundas depresiones y dificultades, no sólo hallaron las respuestas que necesitaban a través de la consejería bíblica, sino que han llegado a ser evangelistas y consejeros efectivos tanto para creyentes como para inconversos.

LA IGLESIA, ESENCIAL EN CONSEJERÍA

Si bien la consejería es esencial en la iglesia local, debemos recordar que ella es sólo una parte. Una hora de consejería a personas heridas, una vez por semana, no es el plan completo de Dios para su crecimiento espiritual; es sólo un fragmento. En el plan global de Dios para el ministerio, la consejería es una parte sincronizada del total.

En verdad, el uso más efectivo de la consejería es cuando forma parte de la iglesia local. Los aconsejados necesitan la ayuda de todos los ministerios de la iglesia: el ministerio del púlpito que les enseñe e incentive al crecimiento y al cambio; el amor de los miembros colectivamente para asistir, animar así como para la interacción y las relaciones, la autoridad del Cuerpo de la iglesia en la disciplina y el ejemplo de los líderes que crecen y cambian. Sobre todo, los aconsejados necesitan el decisivo compromiso de la iglesia a seguir los principios bíblicos en aspectos prácticos como la comunicación, las finanzas y el tratamiento de los problemas. Nada hay tan convincente para un aconsejado como el compromiso de la iglesia a liderar mediante el ejemplo.

CÓMO DESARROLLAR EL MINISTERIO DE CONSEJERÍA BÍBLICA EN LA IGLESIA LOCAL

Antes de hablar sobre los componentes del desarrollo del ministerio de consejería en la iglesia, permítame hacer una declaración un tanto atrevida: Creo que hay sólo dos maneras de comenzar un ministerio de consejería. Una de ellas, lamentablemente el patrón seguido más frecuentemente, es superficial y a la larga lleva a agravar los problemas. Esto incluye un ministerio de consejería que se desarrolla a la ligera donde se da dirección al aconsejado, basada en las Escrituras, en el centro de la consejería; pero esos principios no son modelados en la iglesia que sostiene ese centro. En esta situación, donde la santificación progresiva no es el principio de crecimiento y los líderes de la iglesia no tienen la Biblia como base suficiente de autoridad para las decisiones diarias, el aconsejado quedará confundido.

La otra manera, la alternativa bíblica, es mucho menos complicada. Esta comienza a través de cuidadosos esfuerzos que moldean los líderes de la iglesia: pastores, ancianos, diáconos, maestros, etc., dentro de un patrón de crecimiento que la persona que busca consejo puede seguir; esto requiere un ministerio de la iglesia que se construye en base al concepto bíblico de la santificación progresiva, que produce un modelo centrado en Dios para el cambio y el crecimiento.

Ahora, la pregunta obvia es: «¿Cómo desarrolla uno un programa de consejería bíblica que sea una parte *natural* del ministerio de la iglesia, un programa que se mueva más allá de los remedios superficiales adoptados por el mundo y por tantas iglesias? Hay varios pasos a considerar en el desarrollo de un ministerio de consejería.

Los líderes deben ser dedicados

Si la iglesia tiene como prioridad esencial el crecimiento espiritual y el cambio sostenido y profundo de los creyentes, la vida del pastor deberá ser ejemplo de tal crecimiento y cambio. Si la Palabra no está efectuando cambios en la vida del pastor, este tendrá problemas en enseñarla con convicción e inspiradora confianza en su suficiencia para hacerlo correctamente.

El pastor deberá también desarrollar una relación de mutuo interés y aliento cariñoso con otros líderes de la iglesia. Deberá estar dispuesto a recibir admonición con la misma prontitud y gracia conque la administra. Su convicción de que el hierro aguza al hierro deberá ser mucho más que un mero servicio de labios. Debe aprenderlo y practicarlo rigurosa y abiertamente. Su relación con aquellos que sirven con él debe ser caracterizada por un aliento sincero y, si es necesario, por una firme confrontación.

Si una iglesia ha de crecer espiritualmente, su pastor y sus líderes deben crecer espiritualmente. El grupo de líderes es el modelo que el aconsejado invariablemente observará como un ejemplo de la vida cristiana. Es por esto que un pastor hace bien en seguir las calificaciones de Dios para un consejero cuando selecciona maestros y líderes para la iglesia (véase Ro 15.24). Debe mirar por creyentes que estén creciendo en el conocimiento de las Escrituras y lo estén aplicando coherentemente en sus vidas.

Las elecciones y decisiones que hacen el pastor y los líderes de la iglesia son también críticas para el desarrollo de un ministerio de consejería bíblica. Por ejemplo, si el pastor exhorta a los aconsejados en la congregación a seguir los principios bíblicos, él y el grupo de líderes deben demostrar obediencia a tales principios. Si aconseja a una pareja sobre el uso sabio de sus finanzas, sus decisiones en relación con las finanzas de la iglesia deben ser un modelo de sabia mayordomía. Si enseña a alguien acerca de los principios bíblicos de la comunicación, su comunicación dentro de la iglesia debe ser un ejemplo positivo para tal persona.

Los líderes deben entender y observar la santificación progresiva

La totalidad de la consejería bíblica y el cambio deben ser alcanzados mediante la santificación progresiva: El único plan divino para el crecimiento espiritual. Esta verdad debe ser aclarada en la iglesia a través de una declaración doctrinal articulada y escrita. Como agregado, esta debe ser enseñada en forma clara porque es una verdad que, con mucha frecuencia, es escasamente entendida por los aconsejados. En realidad, a veces esta es la parte mayor de sus problemas. Muchos están confundidos acerca de cómo un creyente puede crecer y realizar un cambio positivo. Desean un crecimiento y desarrollo espiritual a su propia manera, fácil y rápidamente.

Algunos acuden por consejo esperando una solución instantánea desde el cielo, aún cuando Pablo, cuando enseña acerca de crecimiento espiritual, habla no de misteriosas experiencias emocionales sino de trabajo duro. El proceso de crecimiento requiere acción. Por esto Pablo habla de carreras, esfuerzos y luchas. En 1 Co 9.27, dice: «Golpeo mi cuerpo y lo pongo en servidumbre...»; estas no podrían ser las palabras de un hombre que espera que el crecimiento espiritual le caiga del cielo en forma instantánea.

Aun otros, confusos acerca de lo que significa santificación progresiva, se vuelven a una mórbida introspección y, sin quererlo, quitan sus ojos de Cristo. Esto no quiere decir que la persona que se siente confusa acerca de la santificación se ha salido de esa senda deliberadamente. Incontables libros, seminarios y conferencias han pasado junto con consejos casi bíblicos (a veces antibíblicos) que sólo han servido para crear más problemas. Consejos como «Siéntase bien consigo mismo», «Ponga todo sobre Jesús», «Lea la Biblia siete minutos al día» y «Hable a los muertos para sanar sus memorias» han creado un ambiente hostil a las soluciones bíblicas. Es por esto que un ministerio de consejería en la iglesia sólo será bíblico y tendrá éxito si la iglesia abraza los patrones de las Escrituras para el crecimiento y si inculca el mismo compromiso en aquellos que acuden por consejo.

Los líderes deben tener un claro sentido de dirección

Una iglesia, antes de comenzar un ministerio de consejería, debe establecer un claro propósito para este programa. Lloyd Jonas, de *National Association of Nouthetic Counselors* la [Asociación Nacional de Consejeros Noutéticos], destaca que «Al comenzar un ministerio de consejería, no debe haber nadie superior ni más cercano, en la cadena de mando, que no esté completamente entregado a la consejería noutética» (discurso presidencial, en la conferencia de la NANC, 1987).

Todo el grupo de líderes debe estar teológicamente equipado para aconsejar a otros; deben demostrar tanto el deseo como su habilidad para aconsejar y, finalmente, estar dispuestos a invertir el tiempo necesario para preparar a otros consejeros laicos. Cuando se inicia la preparación de consejeros, puede ser de gran utilidad usar el programa de consejería aprobado por la Asociación Nacional de Consejeros Noutéticos. Esto dará la seguridad de que los candidatos de la iglesia están siendo enseñados a aconsejar apropiadamente, tanto por observar la consejería de primera mano, como por examinar diferentes situaciones como casos de estudio.

Los líderes deben aprender.

Todos los consejeros bíblicos deben ser aprendices. Si los consejeros no muestran sed de Dios, un gran aprecio por su Palabra y apetito por conocerla más profundamente, tampoco tendrán un gran interés por continuar su educación en consejería. Deben recordar constantemente que Dios dijo: «Mis pensamientos no son vuestros pensamientos ni vuestros caminos mis caminos» (Is 55.8).

Un firme aferrarse a este concepto moverá al consejero a un mayor estudio y desarrollo. El consejero que se cree ideal para el trabajo y está satisfecho con su comprensión de las verdades de Dios, está demostrando ser, entre toda la gente, el menos indicado para la tarea.

Los consejeros nunca deben olvidar el efecto intelectual del pecado que demanda un permanente alimento proveniente de la Palabra de Dios. Pablo, un talentoso y laborioso fundador de iglesias, nunca se jactó de haber alcanzado una meseta espiritual, sino que continuaba empujando por subir. Con una actitud de temor reverente y un buen método de hermenéutica, el consejero bíblico debe estudiar regularmente la Palabra y desear aprender también de otros que la estudian.

Los líderes deben prepararse dentro de un ministerio bíblico de la iglesia

Los miembros de la iglesia deben ser tan preparados en consejería como en evangelización. ¿En qué contexto debe tener lugar tal preparación? De la respuesta a esta pregunta depende todo el ministerio de consejería. Para el consejero bíblico, el terreno de su preparación debe ser la iglesia local. Si bien una parte de este entrenamiento se desarrolla en clases especiales, la mayoría de la capacitación que recibe proviene de un activo y normal involucramiento en la vida de la iglesia. Si creemos que la Palabra de Dios brinda un cambio genuino, soluciones, sanidad y crecimiento, entonces la preparación del consejero debe enfocarse más sobre las responsabilidades bíblicas del pastorado y menos en una consejería como una actividad al margen o paralela a la iglesia.

En nuestra iglesia, aunque ofrecemos varias clases sobre consejería bíblica, nuestros laicos reciben la mayor parte de su capacitación a través de la adoración, el servicio y la comunión, componentes naturales de la vida de cada miembro dentro del cuerpo. El creyente que ha entendido claramente la importancia del crecimiento espiritual en el proceso de la santificación progresiva, y conoce los recursos celestiales que están a su disposición, ha cubierto una buena parte del camino; no sólo en la realización de ese crecimiento, sino en la tarea de ayudar a otros a lo largo del sendero. El corazón de la consejería bíblica no es la forma, sino la sustancia; es decir, la Palabra de Dios.

El pilar de nuestro programa para diáconos, sus esposas y laicos es un curso de once semanas. Los candidatos se reúnen ocho horas todos los lunes y en el período de tres meses reciben cuarenta horas de conferencia y veintidós observando una sesión de consejería. También requerimos que nuestros entrenados completen cierta cantidad de lecturas asignadas; frecuentemente, entre mil y dos mil páginas. También ocasionalmente ofrecemos cursos breves consistentes en dos sesiones vespertinas de una hora, combinadas con el mismo tiempo de consejería bajo observación.

ALGUNOS «QUÉ HACER» Y «QUÉ NO HACER» PROVECHOSOS

- La iglesia debe tener en claro que su ministerio de consejería se basa en principios de consejería bíblica.

- Para protección legal, sentimos que sería prudente que, a quienes no son miembros, se les haga firmar la siguiente declaración: «Entiendo que el consejo que recibo estará de acuerdo con la interpretación de la Biblia por parte del consejero». Como advertencia, decimos que esta declaración no ha sido probada aún en ninguna corte. Estamos simplemente comprometidos a ser sinceros con nuestros aconsejados acerca de lo que pueden esperar de nuestros consejeros. Además, insistimos que cada miembro del cuerpo de consejería de la iglesia que aconseje a no miembros debe completar con éxito la certificación de la Asociación Nacional de Consejeros Noutéticos.

- La iglesia no debe sacrificar las necesidades de sus miembros por atender la consejería de quienes no pertenecen a ella. El plan de Dios para el cambio no se basa en lo que puede hacerse en una hora por semana. La consejería resulta mucho más efectiva cuando se lleva a cabo dentro del contexto de la totalidad de los ministerios bíblicos de la iglesia. Cuando los consejeros deben elegir entre aconsejar a alguien que pertenece a la iglesia —una iglesia que enseña, anima y se preocupa bíblicamente por sus miembros— y alguien que no pertenece a ella, debe hacer la elección que demuestre la mejor mayordomía en su tiempo y en amor. Inevitablemente habrá necesidad de hacer excepciones pero, un principio básico a recordar, es que los aconsejados necesitan el ministerio completo de la iglesia.

CONCLUSIÓN

Un ministerio de consejería en la iglesia puede tener un efecto profundo y de largo alcance en las vidas de su congregación. En nuestra iglesia, cada pastor aconseja. Como interactúan con las Escrituras en el establecimiento de la consejería, su entendimiento de la Palabra de Dios y su valor práctico se profundizan y esto, a su tiempo, se aplica a sus enseñanzas desde el púlpito. Como resultado, los miembros de nuestra iglesia han aprendido muchos de los principios bíblicos aplicados en consejería. Un ministerio de consejería, basado sobre los claros principios de la Palabra de Dios, ayuda a los creyentes, de una manera práctica y relevante, a estar enteramente preparados para toda buena obra (2 Ti 3.17).

18

Los dones espirituales y la consejería bíblica

John MacArthur

Vivimos en la era de los expertos. El espíritu de autosuficiencia que capacitó a nuestros pioneros ancestrales para establecer las fronteras ha desaparecido de nuestra cultura. Cada vez más la gente pone sus ojos en expertos y profesionales que les ayuden o hagan por ellos lo que antes hacían por sí mismos. El efecto no es siempre positivo.

La paternidad por ejemplo, se basaba sobre una sabiduría de sentido común practicada, sin problemas, de generación en generación. En nuestros días, en cambio, varios gurúes especialistas en la crianza de niños han inundado el mercado con nuevas, y a veces contradictorias, teorías que desbancaron la mayor parte de esa antigua sabiduría que nos fue trasmitida por las generaciones pasadas. Las consecuencias han sido desastrosas para la familia y la sociedad.

Lamentablemente, la iglesia no escapó a esta embestida de la mentalidad experta. Ministerios tales como visitar a los enfermos y la evangelización a los perdidos están a cargo de profesionales pagados. Ahora se considera necesario que nuestros líderes de la iglesia sean aconsejados por especialistas sobre cualquier aspecto; desde demografía, estrategias para el crecimiento de la iglesia, política de administración y hasta cómo preparar el escenario para tener un servicio dominical placentero.

Pero no hay área alguna en la que la veneración de los «expertos» haya tenido un impacto más insidioso que en el de la consejería. Más y más voces de dentro de la iglesia vienen proclamando a tambor batiente la noción de que la consejería es una actividad que será mejor dejar en manos de profesionales capacitados: sicoterapeutas preparados específicamente. El sicólogo O. Hobart Mowrer, aunque no es evangélico, nota la tendencia y pregunta: «¿Ha vendido la religión evangélica los derechos de su primogenitura por un plato de potaje de sicología?».[1] Para nuestra vergüenza, en muchos casos la respuesta es: Sí. Increíblemente, muchas iglesias que proclaman la inerrancia y suficiencia de las Escrituras están, sin embargo, prontas a transferir sus miembros heridos a las manos de sicólogos y siquiatras «expertos»; con frecuencia, aun a consejeros inconversos claramente ciegos a las cosas de Dios (1 Co 2.14).

El salmista que escribió el Salmo 1 nunca hubiera entendido semejante práctica. Señaló la necedad de buscar consejo en recursos mundanos: «Bienaventurado el varón que no anduvo en consejo de malos, ni estuvo en camino de pecadores, ni en silla de escarnecedores se ha sentado» (Sal 1.1). El entendió claramente lo que la iglesia parece haber olvidado: Que la verdadera felicidad proviene, no de seguir las especulaciones fútiles de la sicología humanista, sino de vivir los principios bíblicos. Vea su descripción del individuo bendecido por Dios:

> En la ley de Jehová está su delicia, y en su ley medita de día y de noche. Será como árbol plantado junto a corrientes de aguas, que da su fruto en su tiempo, y su hoja no cae; y todo lo que hace prosperará (Sal 1.2-3).

CONSEJERÍA: UNA FUNCIÓN DE COMUNIÓN

Efesios 4.15-16 da una descripción de la salud espiritual del Cuerpo de Cristo:

> Sino que, siguiendo la verdad en amor, crezcamos en todo en aquel que es la cabeza, esto es, Cristo, de quien todo el cuerpo, bien concertado y unido entre sí por todas las coyunturas que se ayudan mutuamente, según la actividad propia de cada miembro, recibe su crecimiento para ir edificándose en amor.

En la medida que los miembros del cuerpo se ayudan mutuamente, hablando la verdad en amor, la Iglesia es edificada. El fortalecimiento de cada miembro resulta en un crecimiento colectivo hacia la plenitud de la estatura de Cristo. De este modo, el cuerpo entero madura en la medida que los miembros se ministran mutuamente de acuerdo con sus dones.

---

1. Citado por Jay Adams en *Capacitado para orientar*, Editorial Portavoz, 1981.

La consejería es un medio importante a través del cual los miembros del cuerpo se ayudan mutuamente. Cuando el cuerpo está funcionando correctamente, el ocioso es amonestado, los de poco ánimo reciben aliento y se ayuda a los débiles (1 Ts 5.14). La idea de que la consejería pertenece al dominio exclusivo de quienes han sido iniciados en los secretos esotéricos de las teorías de la sicología moderna está en abierta contradicción con el concepto escritural de la vida en el cuerpo (la iglesia). La Biblia presenta la consejería, al igual que todos los otros aspectos del ministerio, como una función de comunión que se desenvuelve con naturalidad cuando el cuerpo está sano. Estudie los pasajes bíblicos relativos a la vida de la iglesia y la comunión, y surgirá esta clara verdad: Se *espera* que los creyentes se aconsejen mutuamente. Todo creyente es mandado a participar en el ministerio de exhortar, amonestar y alentar a otros en el rebaño. Nuestro deber de aconsejar es aun exaltado, no disminuido, cuando vemos a un hermano o hermana batallando con serias dificultades y pecados. Hemos citado algunos de los pasajes clave sobre este tema al comienzo del capítulo 1. Examinemos uno de ellos un poco más de cerca:

> Hermanos, si alguno fuere sorprendido en alguna falta, vosotros que sois espirituales, restauradle con espíritu de mansedumbre, considerándote a ti mismo, no sea que tú también seas tentado. Sobrellevad los unos las cargas de los otros y cumplid así la ley de Cristo. Porque el que se cree ser algo, no siendo nada, a sí mismo se engaña. Así que, cada uno someta a prueba su propia obra, y entonces tendrá motivo de gloriarse sólo respecto de sí mismo, y no en otro; porque cada uno llevará su propia carga. El que es enseñado en la Palabra, haga partícipe de toda cosa buena al que lo instruye (Gl 6.1-6).

En este pasaje, Pablo menciona un proceso de tres pasos para restaurar la salud espiritual del miembro que haya pecado: levantarlo, sostenerlo y edificarlo.

Antes que alguien que haya caído en pecado pueda ser reincorporado a la carrera cristiana, debe ser levantado. Aquellos que han sido atrapados por el pecado necesitan tanto de ayuda como de represión. La consejería, por tanto, implica ayudar a la gente a ponerse espiritualmente de nuevo sobre los pies a través de la confesión y el arrepentimiento. Tal responsabilidad obviamente debe recaer sobre miembros de la congregación y no sobre profesionales contratados y, ciertamente, no sobre consejeros seculares. Sólo otros creyentes, mediante el uso de sus dones espirituales, están capacitados para ayudar a quienes tropiezan. Los espiritualmente fuertes, escribe Pablo, «debemos soportar las flaquezas de los débiles, y no agradarnos a nosotros mismos» (Ro 15.1).

Se supone que quienes son espiritualmente fuertes no sólo deben ayudar a levantar a quien ha caído; deben también ayudarle a sostenerse luego que se haya puesto sobre sus pies. Quienes acaban de confesar y arrepentirse de su pecado están especialmente expuestos a ser nuevamente tentados. Cuando alguien obtiene una victoria espiritual, inmediatamente Satanás lo hará blanco de sus más feroces ataques. «Cargas», en este pasaje, se refiere a la tentación de volver a los mismos pecados de los cuales el creyente acaba de liberarse. No hay carga más agobiante que una tentación persistente y opresiva. Quienes se han librado de las pinzas de un pecado obstinado, frecuentemente necesitan más ánimo, aliento, consejo y, sobre todo, oración.

Finalmente, luego de levantar y sostener a un creyente que ha caído, los espiritualmente fuertes deben procurar edificarlo. El que es «enseñado en la Palabra» y «quien lo instruye» deben compartir mutuamente «toda cosa buena» de la Palabra. Note que el mismo mandamiento es dado al que enseña y al que recibe la enseñanza. De manera que todos los creyentes: líderes, discípulos, débiles y fuertes, son responsables de esparcir todas las buenas cosas de la Palabra. Esta es la esencia de la consejería bíblica.

Si, tal como afirma este pasaje, todos los creyentes son responsables de aconsejarse mutuamente, entonces todos deben poseer dones para hacerlo en alguna medida. Pablo confirma esta verdad en Romanos 15.14: «*Pero estoy seguro de vosotros, hermanos míos, de que vosotros mismos estáis llenos de bondad, llenos de todo conocimiento, de tal manera que podéis amonestaros los unos a los otros*» (énfasis agregado).

EQUIPADOS CON DONES ESPIRITUALES

¿De qué manera están equipados los creyentes para amonestarse y aconsejarse mutuamente? A través de los dones que el Espíritu imparte a cada uno de los miembros del cuerpo. El propósito principal de los dones espirituales es ministrar a la iglesia misma: «Hay diversidad de ministerios, pero el Señor es el mismo, y hay diversidad de operaciones, pero Dios que hace todas las cosas en todos, es el mismo. Pero a cada uno le es dada la manifestación del Espíritu para provecho» (1 Co 12.5-7, énfasis agregado). Casi todos los dones espirituales delineados en el Nuevo Testamento tienen utilidad en el ministerio de consejería.

Es importante que entendamos que los dones espirituales descritos en las Escrituras no son entidades separadas, dadas en igual medida ni moldeadas de acuerdo con un solo patrón. Cada creyente tiene un don distintivo: «Pero *a cada uno* le es dada la manifestación del Espíritu para provecho» (1 Co 12.7). Cada don es totalmente único, diseñado por la gracia de Dios para cada individuo en particular. «Hay diversidad de dones, pero el Espíritu es el mismo» (1 Co 12.4). «Teniendo diferentes dones, según la gracia que nos es dada» (Ro 12.6). Los dones espirituales son dados en una variedad infinita, cada cual con un diseño diferente, como los cristales de nieve. Los dones enumerados en el Nuevo Testamento (como Ro 12 y 1 Co 12), son simplemente categorías. Un don espiritual individual puede comprender varios aspectos de las diversas habilidades que, en estos pasajes, se nombran como dones. En otras palabras, alguien cuyo don principal es la enseñanza, probablemente esté también dotado de cierto grado de sabiduría, discernimiento o misericordia. El don de tal persona es una mezcla singular de habilidades y características que lo capacitan para ministrar de acuerdo con el llamado de Dios.

Examinemos algunas de las clases principales de dones enumerados en las Escrituras.

Profecía

La profecía es generalmente asociada con la predicción del futuro. La palabra griega *prophëteuö*, simplemente significa «hablar hacia» o «proclamar», y se refiere a la proclamación pública de las Escrituras. Por supuesto, en los tiempos bíblicos, la tarea de un profeta incluía la recepción y proclamación de una nueva revelación. Pero el título de *profeta* es asignado actualmente a cualquiera cuyo don es proclamar la verdad con autoridad o predicar. De modo que un profeta, particularmente en la edad presente, es simplemente alguien que proclama las verdades bíblicas y no alguien que recibe revelación directa de Dios. El gran reformador Juan Calvino entendió el don de profecía bajo esa luz. Escribió: «Prefiero, sin embargo, seguir a aquellos que entienden la palabra en un sentido más amplio para significar el don peculiar de revelación, por el cual un hombre realiza el oficio de interpretar con habilidad y destreza en exponer la voluntad de Dios».[2]

El apóstol Pedro dijo lo mismo cuando exhortó con las siguientes palabras a quienes poseían el don de profecía: «Si alguno habla, hable conforme a las palabras de Dios» (1 P 4.11).

Tal vez la declaración más clara acerca de cómo opera el don de profecía sea la de 1 Corintios 14.3-4: «Pero el que profetiza habla a los hombres para edificación, exhortación y consolación[...] el que profetiza edifica a la iglesia». El don de profecía puede ser empleado para edificar a los creyentes, llamarlos a obedecer la Palabra de Dios y alentarlos en tiempos de necesidad: edificarlos, exhortarlos y consolarlos. ¿Qué es todo esto sino aspectos de la consejería bíblica? De modo que el profeta está equipado para aconsejar simplemente por virtud de este don.

---

2. Juan Calvino, *The Epistles of Paul the Apostle to the Romans and to the Thessalonians* [Las Epístolas del Apóstol Pablo a los Romanos y los Tesalonicenses], Eerdmans, Grand Rapids 1960, p. 269.

La importancia del don de profecía puede verse en el énfasis que le da Pablo en 1 Corintios 14. Allí el apóstol lo contrasta con el don de lenguas, demostrando la superioridad del de profecía. Exhorta a los corintios: «Seguid el amor; y procurad los dones espirituales, pero sobre todo que profeticéis». (1 Co 14.1).

En un sentido, el predicador cubre un elemento importante de la tarea del consejero con cada sermón. Hechos 15:32 da un ejemplo del don de profecía en acción. Luego de ser portadores de la carta del Concilio de Jerusalén para la iglesia de Antioquía, «Judas y Silas, como ellos también eran profetas, consolaron y confirmaron a los hermanos con abundancia de palabras». Invirtieron tiempo fortaleciendo a los creyentes al proclamarles las verdades de la Palabra de Dios. Su ministerio de predicación profética tuvo el mismo efecto de un buen consejo.

Una de las exhortaciones finales de Pablo a su protegido Timoteo remarca la importancia de proclamar la Palabra:

> Te encarezco delante de Dios y del Señor Jesucristo, que juzgará a los vivos y a los muertos en su manifestación y en su reino, que prediques la Palabra; que instes a tiempo y fuera de tiempo; *redarguye, reprende, exhorta con toda paciencia y doctrina.* Porque vendrá tiempo cuando no sufrirán la sana doctrina, sino que teniendo comezón de oír, se amontonarán maestros conforme a sus propias concupiscencias, y apartarán de la verdad el oído y se volverán a las fábulas. Pero tú sé sobrio en todo, soporta las aflicciones, haz obra de evangelista, cumple tu ministerio (2 Ti 4.1-5, énfasis agregado).

En otras palabras, los predicadores de la Palabra deben ejercer sus dones exactamente como sabios consejeros: redarguyendo, reprendiendo y exhortando con toda paciencia y doctrina.

Predicar y aconsejar lo que es realmente bíblico será aplicado al corazón por el Espíritu Santo y producirá crecimiento espiritual. Después de todo, la Palabra de Dios es «útil para enseñar, para redargüir, para corregir, para instruir en justicia» (2 Ti 3.16). Un pastor que ejerce fielmente su oficio de profeta está actuando como consejero de toda la congregación. Al equiparla e instruirla, el pastor le facilita el uso de sus dones y le provee de lo que ella necesita para aconsejarse mutuamente en forma efectiva. Una vigorosa predicación bíblica está indisolublemente unida a una efectiva consejería bíblica en la iglesia. El ministerio de consejería comienza en el púlpito y de allí se extiende a todos los niveles del quehacer de la iglesia.

Enseñanza

Estrechamente asociado con la profecía está el don de enseñanza. En realidad, la predicación bíblica debe contener también un fuerte elemento de enseñanza. A diferencia de la predicación, la enseñanza se cumple en todos los niveles de la iglesia, no sólo desde el púlpito. Quienes enseñan en la Escuela Dominical o en estudios bíblicos o discipulan a otros, están ejerciendo el don de enseñanza.

La palabra griega *didaskö* (enseñar) encierra la idea de enseñanza o instrucción sistemática. El don de enseñar es la habilidad de conducir a otros a una más profunda comprensión de las Escrituras.

Lo que caracterizó al ministerio de nuestro Señor fue su énfasis en la enseñanza. Cuando concluyó el Sermón del Monte, «la gente se admiraba de su doctrina; porque les enseñaba como quien tiene autoridad, y no como los escribas» (Mt 7.28-29). Mateo 4.23; 9.35; Marcos 2.13; 6.6; Lucas 13.22; 20.1, junto con otros muchos pasajes, describen el lugar central que la enseñanza ocupaba en el ministerio de Jesús.

Un fuerte énfasis sobre la enseñanza caracterizó también al ministerio de los apóstoles. Hechos 2.42 describe a la iglesia naciente: «perseveraban en la enseñanza de los apóstoles» (cf. 5.42). Hechos 15.35 registra que «Pablo y Bernabé continuaron en Antioquía, enseñando la palabra del Señor y anunciando el evangelio con otros muchos». De Hechos 18.11 aprendemos que Pablo «se detuvo allí un año y seis meses enseñándoles la Palabra de Dios». El apóstol testifica a los ancianos de Éfeso: Nada que fuese útil he rehuido de anunciaros y enseñaros, públicamente y por las casas» (Hch 20.20). En su Epístola a los Colosenses el gran apóstol resume su ministerio en estas palabras: «A quien [Jesucristo] anunciamos, amonestando a todo hombre, y enseñando a todo hombre en toda sabiduría, a fin de presentar perfecto en Cristo Jesús a todo hombre» (Col 1.28).

El don de enseñanza es requisito para ser anciano (1 Ti 3.2; Tit 1.9). No todos los ancianos están llamados a proclamar la Palabra públicamente; sin embargo, todos deben ser capaces de enseñarla sistemáticamente a aquellos a los cuales deben atender. Esta es la cualidad que diferencia a los ancianos de los diáconos. La enseñanza de la Palabra es un modo principal de ejercer su ministerio de apacentar el rebaño (cf. 1 Ti 4.6,11,13,16; 5.17; 2 Ti 2.15,24; Tit 2.1). A través de la enseñanza de la Palabra, los ancianos protegen a la congregación de prácticas y doctrinas erróneas. También enseñan principios para una vida temerosa de Dios.

¿Qué es lo que hace a un maestro efectivo? Primero, el maestro debe vivir consecuentemente con la enseñanza bíblica. Pablo amonestó a Timoteo: «Sé ejemplo de los creyentes en palabra, conducta, amor, espíritu, fe y pureza» (1 Ti 4.12). El devoto puritano Richard Baxter escribió: «Quien habla algo con seriedad, seguramente hará lo que habla».[3]

Segundo, el maestro debe estar «nutrido con las palabras de la fe y la buena doctrina» (1 Ti 4.6). Cuanto más grandes sean las profundidades del

---

3. Richard Baxter *The Reformed Pastor* [El Pastor Reformado], *Banner of Truth*, Edinburgh, 1979, p. 68.

conocimiento doctrinal, más efectiva será la enseñanza. «Quien ha de enseñar a los hombres los misterios que deben conocerse acerca de la salvación, escribió Richard Baxter, no puede ser un bebé en conocimiento».[4] Como Timoteo, el maestro debe procurar «con diligencia, presentarse a Dios aprobado, como obrero que no tiene de qué avergonzarse, que usa bien la palabra de verdad» (2 Ti 2.15).

Tercero, tal conocimiento debe producir humildad y no orgullo. Aquellos cuya enseñanza es caracterizada por una actitud arrogante contradicen con sus vidas las mismas verdades que enseñan. Pablo describe a Timoteo la actitud adecuada de quienes enseñan:

> Porque el siervo de Dios no debe ser contencioso, sino amable para con todos, apto para enseñar, sufrido; que con mansedumbre corrija a los que se oponen, por si quizá Dios les conceda que se arrepientan para conocer la verdad (2 Ti 2.24-25).

Finalmente, un maestro hábil será caracterizado por pureza de corazón y santidad de vida. Las exhortaciones de Pablo a Timoteo: «Ejercítate para la piedad» (1 Ti 4.7) «Sigue la justicia, la piedad, la fe, el amor, la paciencia, la mansedumbre» (1 Ti 6.11) deberían ser guardadas en el corazón por todos los que enseñan la Palabra de Dios.

Nunca podremos destacar suficientemente la importancia de la enseñanza en la consejería. Aconsejar es esencialmente un proceso de enseñar. El buen consejero debe ser alguien capaz de escuchar cuidadosamente y luego aplicar la Palabra de Dios con exactitud a cualquier problema que surja en la sesión. Los aconsejados nunca vivirán principios que desconocen. Enseñar los principios bíblicos es el corazón del proceso de la consejería. Adams escribe: «Una confrontación noutética debe ser una escritural. Confrontación noutética es, en resumen, una comparación con los principios y la ética de las Escrituras».[5] En contraste con la metodología sin dirección y «centrada en el cliente» de Roger, abrazada por muchos hoy, el objetivo de la consejería bíblica es transformar los patrones pecaminosos de pensamientos y vida. Esto se hace mediante el poder de las Escrituras.

> La Biblia es el único patrón inmutable para medir pensamiento, sentimiento y conducta. La Palabra de Dios abunda en guía y dirección para la vida. Por tanto, la metodología de la consejería bíblica descansa sobre la Palabra de Dios más que sobre la sabiduría de hombres[...] Por

---

4. Baxter, *The Reformed Pastor*, p. 68.

5. Adams, *Capacitado para orientar*, op. cit.

tanto, los consejeros bíblicos deberán procurar ayudar a sus aconsejados a vivir en sumisión al amor de Dios, a su Palabra y su poder para capacitarnos a vivir victoriosamente.[6]

Los poseedores, pues, del don de enseñar, están especialmente dotados para este aspecto de la consejería.

Exhortación

Mientras la profecía proclama las verdades bíblicas y la enseñanza las sistematiza, la exhortación demanda una respuesta adecuada a aquellas. Romanos 12.8 menciona la exhortación como uno de los dones del Espíritu. La palabra griega es *paraklēsis*, utilizada en pasajes como Hechos 20.2; 1 Corintios 14.3; 1 Timoteo 4.13 y Hebreos 13.22. Significa «exhortar», «alentar», «aconsejar» o «confrontar». Su relación con el ministerio de aconsejar resulta obvia.

Exhortar es desafiar a hermanos en la fe a actuar en concordancia con la voluntad de Dios. Como ya hemos notado, la consejería bíblica involucra amonestar a quienes andan fuera de orden, animar a los de poco ánimo y ayudar a los débiles (1 Ts 5.14). Mediante el don de exhortación, los consejeros animan a los creyentes que han caído en pecado a sacudírselo de ellos y a vivir en santidad; consuelan a quienes están devastados por las pruebas o el dolor; y fortalecen la fe de los desanimados y los débiles. Quienes poseen el don de exhortación son consejeros invalorables; y son con frecuencia la columna vertebral del ministerio de consejería en una iglesia local.

Sabiduría

El don de sabiduría, mencionado en 1 Corintios 12.8, es la facultad de entender cómo usar las verdades de las Escrituras aplicadas a los aspectos prácticos del diario vivir. *Sofía* (sabiduría) es usada con frecuencia en el Nuevo Testamento para describir la habilidad de discernir y conformarse a la voluntad de Dios (Mt 11.19; 13.54; Stg 1.5; 3.13,17). Como tal, cierto grado de sabiduría es esencial para el consejero bíblico. Obviamente, sería de poco beneficio enseñar a sus aconsejados los principios bíblicos y exhortarles a seguirlos si no les muestra específicamente cómo deben hacerlo. Consejo sabio es lo que el aconsejado necesita (cf. Pr 1.5; 12.15; 19.20) y el don de sabiduría es lo que capacita al consejero para proveerlo.

---

6. Martin y Deidre Bobgan, *How to Counsel from Scripture* [Cómo aconsejar con las Escrituras], Moody, Chicago, 1985, pp. 54-55.

Conocimiento

El conocimiento es fundamental en la predicación, la enseñanza y la consejería. El don de conocimiento es la habilidad dada por Dios para entender los misterios de la Palabra revelada por Él, esas verdades imposibles de comprender si no es por la revelación de Dios (cf. Ro 16.25; Ef 3.3; Col 1.26; 2.2; 4.3). Asimismo abarca la habilidad de explicar tal conocimiento de modo que otros puedan también entenderlo. Este don no es únicamente la mera habilidad de acumular y coleccionar hechos, sino una habilidad espiritual para ver verdades bíblicas y doctrinales de una manera coherente y significativa.

Sin cierto grado de conocimiento espiritual, los consejeros tienen poco que ofrecer, excepto las especulaciones necias y fútiles de la humana sabiduría. El punto de vista de Dios sobre tal consejo debe ser visto en su condena a los consejeros de Job. El don de conocimiento capacita a los consejeros a dar el único consejo sabio, basado en la Palabra de Dios, que ofrece esperanza a sus aconsejados.

Administración

Mencionado en Romanos 12.8 («el que preside») y, en 1 Corintios 12.28, («los que administran»), este es el don de liderar. *Proistëmi*, el término usado en Romanos 12.8, significa «liderar», «dirigir», «estar a cargo» o «atender», mientras que *Kubernësis*, en 1 Corintios 12.28, significa «dirigir o pilotear un barco». El don de liderar o de administración, es la habilidad conferida por el Espíritu para organizar, supervisar o motivar a otros para cumplir una tarea.

Siendo que muchos aconsejados, especialmente quienes sufren depresión, llevan vidas sin estructura, el don de administración es sumamente útil en un consejero. Ayudarles a ordenar sus vidas para que glorifiquen a Dios es un aspecto importante de la consejería bíblica.

Misericordia

Quienes están dotados de este don sienten un amor y una sensibilidad especial por aquellos en miseria; sea pobreza, enfermedades o en pecado declarado. El Señor es el ejemplo supremo de alguien que mostró misericordia. En Lucas 4.18 dijo:

> El Espíritu del Señor está sobre mí, por cuanto me ha ungido para dar buenas nuevas a los pobres; me ha enviado a sanar a los quebrantados de corazón; a pregonar libertad a los cautivos, y vista a los ciegos; a poner en libertad a los oprimidos.

Sin el don espiritual de la misericordia, el consejo es con frecuencia frío y clínico. Muchas personas, que batallan con desórdenes emocionales, que resurgen de algún desastre en su vida o que buscan alivio a su depresión, necesitan poner su carga en alguien que tenga el don de la misericordia. Tales personas con frecuencia están siendo sometidas a sicoanálisis, el cual rápidamente los califica de introvertidos, autoenfocados u obsesivos. Lo que ellos realmente necesitan es que se aligere su carga (cf. Mt. 11.28-29). Hermanos misericordiosos son los que están en mejores condiciones de ayudar a quienes vienen agobiados por sus cargas.

MINISTERIO EN EL CUERPO

Iglesias sanas engendran relaciones que conducen al crecimiento espiritual y la buena salud emocional, porque, como creyentes sirviendo con sus dones mutuamente, mucha de la labor de consejería tiene lugar en interacción que brota naturalmente de la comunión. Como resulta evidente en la breve lista de dones espirituales clave que acabamos de presentar, el propósito expreso de ellos es ayudar a suplir las necesidades que llevan a la mayoría de la gente a buscar consejo.

Todo el ministerio en el cuerpo de Cristo asume así el carácter de consejería. Esta, formal o informalmente, debe tener lugar, en la iglesia local, en todos los niveles del ministerio y de la comunión. Los miembros se ministran mutuamente con sus dones espirituales, amonestándose, alentándose, fortaleciéndose y enseñándose, que son las diversas facetas de la consejería. Cuando estas funciones son removidas de la comunión y relegadas a clínicas remotas, la vida entera del cuerpo se desestabiliza.

Lamentablemente, ante la estampida por introducir la sicología en la iglesia, muchos creyentes con dones valiosos quedan, frecuentemente, desanimados para aconsejar a sus hermanos en la fe de acuerdo con las Escrituras. Como consecuencia, los dones espirituales han caído en un grave estado de descuido. Personas que deberían estar amonestando, corrigiendo, animando y mostrando misericordia, están enviando la gente a terapeutas profesionales. Muchos creyentes han aceptado la noción de que la tolerancia y la deferencia son las únicas actitudes aceptables que podemos mostrar hacia personas en problemas. La consecuencia inevitable es que muchos creyentes han sepultado innecesariamente sus dones espirituales.

Estoy convencido de que un énfasis saludable sobre el ejercicio de los dones espirituales compensaría, en buena medida, la necesidad de una consejería formal. La gente se ayudaría en forma mucho más efectiva como resultado natural de su diaria comunión. Y, si los creyentes con dones espirituales incrementaran su habilidad en el empleo de ellos, una nueva generación de consejeros capacitados se levantaría dentro de la misma iglesia.

Si esto no ocurre, la iglesia está sentenciada. El surgimiento explosivo de clínicas de consejería no está produciendo creyentes más sanos; por el contrario, está produciendo una generación de creyentes decididamente dependientes de la terapia e incapaces de gozar la vida en el cuerpo de Cristo como debería ser. Sicólogos profesionales no pueden sustituir a personas dotadas de dones espirituales. Sobre todo, lo que ofrece el consejo sicológico jamás podrá reemplazar a la sabiduría bíblica ni al poder divino.

Cada creyente recibe sus dones sólo de Dios para ayudar a cubrir las necesidades de sus hermanos en la fe. Si pudiéramos recuperar esta simple verdad y vivirla con entusiasmo en nuestra comunidad, podríamos restaurar la salud del «cuerpo» y, a la vez, cubrir aun las más profundas necesidades de las vidas más perturbadas.

19

La predicación y la consejería bíblica

John MacArthur

El surgimiento de la sicoterapia y el derrumbe de la consejería bíblica en la iglesia tiene su paralelo en la declinación de la predicación bíblica. La epidemia de la sicología comenzó a infectar los púlpitos evangélicos hace varios años y sus efectos sobre la predicación han sido desastrosos.

Los sermones en muchas iglesias no contienen exposición de las Escrituras en lo más mínimo. El contenido bíblico ha sido reemplazado por ilustraciones, historias, alegorías y discursos sicológicos. Temas tales como relaciones humanas, depresión y conducta son tratados con una perspectiva sicológica más que bíblica. Nociones de la sicología como el amor propio y la autoestima han desplazado de los púlpitos los conceptos de arrepentimiento y pecaminosidad de la humanidad.

Algunos predicadores parecen mirar a la sicología con un respeto cercano a la reverencia. Las autoridades que citan no son Escrituras sino eminentes sicólogos y expertos en conducta. La sicología ha tendido un cerco en el púlpito y la predicación bíblica está en seria declinación.

Esto ha desatado una cadena de acontecimientos que sólo perpetúan los problemas que llevan a la gente a la terapia. Por fallar en la provisión de respuestas bíblicas a los problemas de la gente, muchos predicadores están dando la impresión de que las Escrituras nada tienen que ofrecerles para las situaciones que los perturban. Luego, al ofrecerles la sicología como sustituto, han esparcido el concepto erróneo de que las respuestas de la sicología son más confiables, de más ayuda y más sofisticadas que el «mero» consejo bíblico.

La respuesta a tal pensamiento es un renovado énfasis en la suficiencia de las Escrituras, comenzando en el púlpito. Las Escrituras ofrecen ayuda suficiente aun para las más profundas necesidades del corazón. Cuando el predicador confía en esta verdad, el ministerio de consejería inevitablemente reflejará la misma fe en el valor de las Escrituras. Y cuando la Palabra de Dios es predicada con convicción, comienza a enderezar los mismos problemas por los cuales la gente busca consejo. La Palabra de Dios *siempre* cumple sus propósitos: «Así será mi palabra que sale de mi boca; no volverá a mí vacía, sino que hará lo que yo quiero, y será prosperada en aquello para que la envié» (Is 55.11). «Porque la Palabra de Dios es viva y eficaz, y más cortante que toda espada de dos filos; y penetra hasta partir el alma y el espíritu, las coyunturas y los tuétanos, y discierne los pensamientos y las intenciones del corazón» (Heb 4.12).

NUESTRA SUFICIENCIA PROVIENE DE DIOS

Siendo que las Escrituras declaran ser recurso suficiente para satisfacer las necesidades emocionales y espirituales, creo que quienes afirman lo contrario están en un grave error. Puesto que la Palabra de Dios enseña que todos los creyentes poseen amplios recursos para una genuina victoria, ¿no debería ser patente que la sicología moderna no puede ofrecer los beneficios espirituales que falten en la iglesia?

Segunda de Corintios 3.5 resume lo tocante a nuestra suficiencia espiritual: «No que seamos competentes por nosotros mismos para pensar algo como de nosotros mismos, sino que *nuestra competencia proviene de Dios*» (énfasis agregado). La versión bíblica King James declara: «Nuestra suficiencia es de Dios».

Luego, en la misma epístola, extendiéndose sobre la misma gran verdad, Pablo escribe: «Poderoso es Dios para hacer que en vosotros abunde toda gracia, a fin de que, teniendo en todas las cosas todo lo suficiente, abundéis para toda buena obra» (2 Co 9.8). Los «todas» y «todos» de este versículo subrayan su clara comprensibilidad. En otras palabras, nada hay en lo cual no seamos suficientes mediante la provisión de la gracia divina. Si Dios ha de ser glorificado a través de nosotros, Él proveerá los recursos necesarios.

Y Él lo hace. Pedro escribió: «Como *todas las cosas que pertenecen a la vida y a la piedad* nos han sido dadas por su divino poder, mediante el conocimiento de aquel que nos llamó por su gloria y excelencia» (2 P 1.3, énfasis agregado).

Las Escrituras nos advierten con claridad que no miremos más allá de los recursos que Dios ha provisto tan abundantemente. Pablo advirtió a los colosenses: «Mirad que nadie os engañe por medio de filosofías y huecas sutilezas, según las tradiciones de los hombres, conforme a los

rudimentos del mundo, y no según Cristo. Porque en Él habita corporal-
mente toda la plenitud de la deidad, y vosotros estáis completos en Él»
(Col 2.8-10). En otra epístola, agrega: «El que no escatimó ni a su propio
Hijo, ¿cómo no nos dará también con Él todas las cosas?» (Ro 8.32). ¿Qué
más necesita el creyente? Ciertamente no la filosofía hueca y decepcionan-
te de un destituido sistema de conductismo.

Los recursos que pertenecen a todo creyente incluyen muchos ricos
beneficios espirituales: los frutos del Espíritu, la comunión de los hermanos, una esperanza segura y la vida abundante prometida por Jesús (Jn
10.10). Pero todas estas realidades nos son descritas y suplidas por la
Palabra de Dios. Por tanto, la suficiencia de la Biblia misma, es el hecho
sobresaliente al que todo predicador debe aferrarse vigorosamente.

LA PALABRA DE DIOS ES VIVA Y PODEROSA

Jesús oró por sus discípulos «Santifícalos en tu verdad; tu palabra es
verdad» (Jn 17.17). Esta es una declaración tan clara y amplia como
cualquier otra de las Escrituras en el sentido de que la santificación, en su
sentido más cabal, es efectuada por la Palabra de Dios.

Pablo escribió que el Espíritu de Dios nos reveló la verdad de Dios
no con palabras enseñadas por sabiduría humana sino con las que enseña
el Espíritu (1 Co 2.13). Y porque tenemos la Palabra de Dios a través del
Espíritu Santo, podemos juzgar, valorar y evaluar *todas las cosas* (v. 15).
¿Por qué? Porque mediante las Escrituras y el Espíritu, hemos recibido la
mente de Cristo (v. 16).

En Marcos 12.24 Jesús afirmó que conocer las Escrituras es experimentar el poder de Dios. Como señalamos en nuestro subtítulo, la Palabra
de Dios es viva y poderosa. Ella revela las partes más recónditas del alma:
«Y penetra hasta partir el alma y el espíritu, las coyunturas y los tuétanos,
y discierne los pensamientos y las intenciones del corazón» (Heb 4.12). La
Escritura penetra hasta los rincones más profundos del alma, de modo que
todas las cosas: «Están desnudas y abiertas» (v. 13). En otras palabras, la
Biblia puede hacer lo que no puede ninguna sicoterapia: Abrir el alma.

Juan añade: «Pero la unción que vosotros recibisteis de Él permanece
en vosotros, y no tenéis necesidad de que nadie os enseñe; así como la
unción misma os enseña todas las cosas, y es verdadera, y no es mentira,
según ella os ha enseñado, permaneced en Él» (1 Jn 2.27). Esto en modo
alguno significa que no necesitamos de pastores o maestros de la Biblia;
Dios, en su gracia, los puso para edificación de la Iglesia (Ef 4.11-12). El
apóstol Juan estaba refiriéndose a maestros de humana sabiduría. Quienes
tenemos el Espíritu Santo morando en nosotros, tenemos la capacidad de
comprender la verdad eterna (1 Co 2.15-16). Cuando se trata de verdades
espirituales, no necesitamos instrucción humana.

LA LEY DEL SEÑOR ES PERFECTA

Ningún pasaje en todo el Antiguo Testamento trata de la suficiencia bíblica tan sucintamente como el Salmo 19. (El Salmo 119 cubre el tema en mayor profundidad, pero exponerlo en la extensión que lo trata, requeriría más espacio que el que permitirían los límites de este breve capítulo). En el Salmo 19.7-14, tenemos una breve pero poderosa declaración de la absoluta suficiencia de la Palabra de Dios. A mi parecer, este pasaje es categórico en mostrarnos por qué la sicología es incompatible con la consejería bíblica.

El tema del salmo es la revelación de Dios. Los seis primeros versículos se ocupan de la *revelación natural*; es decir, Dios revelándose a sí mismo en la creación (descrita también en Romanos capítulo 1). Los versículos 7 al 9 describen la *revelación especial* o Dios revelado en su Palabra. Son estos versículos los que queremos considerar más cuidadosamente:

La ley de Jehová es perfecta, que convierte [restaura] el alma;

El testimonio de Jehová es fiel, que hace sabio al sencillo.

Los mandamientos de Jehová son rectos, que alegran el corazón.

El precepto de Jehová es puro, que alumbra los ojos.

El temor de Jehová es limpio, que permanece para siempre.

Los juicios de Jehová son verdad, todos justos.

Ante todo, necesitamos señalar la estructura del pasaje.

- Hay seis declaraciones. Cada una contiene tres elementos.

- Hay seis títulos para las Escrituras. Son llamadas *ley* y *testimonio* en v. 7, *preceptos* y *mandamientos* en el versículo 8 *Temor* y *juicios* en el versículo 9. Repetimos que todos estos son títulos para las Escrituras.

- Hay seis características de la Escritura; nuevamente dos en cada versículo: Es *perfecta* y *fiel*; es *recta* y *pura* y es *limpia* y *verdad*.

- Hay seis beneficios de las Escrituras: *convierte el alma, hace sabio al sencillo, alegra el corazón alumbra los ojos, permanece para siempre* y *es toda justa.*

- JEHOVÁ, el nombre del pacto, aparece seis veces. De esta manera, en seis declaraciones tocantes a la Palabra de Dios, otras tantas veces somos recordados que la fuente de revelación especial proviene de Dios.

Estos versículos muestran la amplitud absoluta de la suficiencia bíblica; son los propios testigos de Dios y testifican la capacidad de su Palabra para todas las necesidades espirituales. Al fijar nuestra atención en estas seis declaraciones, podemos notar cuán terminantes son las afirmaciones de Dios acerca de la absoluta suficiencia de su Palabra para satisfacer toda necesidad espiritual.

La ley de Jehová es perfecta, que convierte el alma. El primer título para la Escritura en estos versículos es «ley» o *torah*, una palabra bíblica favorita para la Escritura. Esta palabra identifica las Escrituras como instrucción divina. Se refiere al hecho de que la Escritura es Dios enseñando verdad a la humanidad. Tiene en vista la instrucción divina relativa al credo, carácter y conducta. Presenta la Escritura como un manual completo que exhibe la ley de Dios para nuestras vidas. En otras palabras, la Biblia es la ley del Señor para la vida humana y, como tal, es perfecta. Aquí el salmista coloca la Escritura en contraste con la imperfecta y defectuosa instrucción y razonamiento humanos.

Una vez estuve toda una tarde estudiando la palabra hebrea traducida «perfecta» en mi diccionario y siguiéndola a través de todo el Antiguo Testamento, procurando percibir lo que quería significar. Luego de varias horas, arribé a la conclusión de que lo que esta palabra realmente significa es «perfecto». Habla de perfección en todo el sentido de la palabra; no meramente algo opuesto a lo imperfecto, sino también algo que es perfecto como opuesto a lo incompleto. La palabra puede también ser traducida con exactitud como «comprensivo». Esto habla de algo tan absolutamente completo que abarca todos los aspectos de un asunto. En otras palabras, la Palabra de Dios no adolece de faltas. Es sin defecto, completa, y enteramente suficiente.

La ley de JEHOVÁ —esta instrucción divina absolutamente completa— tiene la virtud de convertir, revivir, restaurar y refrescar el alma. Todas estas son traducciones aptas del verbo hebreo. «Alma» aquí es la palabra hebrea «*nephesh*», un sustantivo familiar a todo estudiante del Antiguo Testamento. «*Nephesh*» es traducido con, por lo menos, veintiuna palabras a lo largo del Antiguo Testamento: «vida», «persona», «yo», «corazón» son algunos ejemplos. Habla del ser interior.

Aquí tenemos entonces el sentido de esta primera declaración del salmista: La Escritura, que es instrucción divina, es tan completa que puede transformar totalmente el ser interior. Esta es una declaración monumental. La Escritura es absolutamente suficiente para la conversión, la transformación, la restauración, para dar nacimiento espiritual y crecimiento hasta la perfección. La declaración es dada sin equívocos y sin dejar lugar a enmiendas.

El testimonio de Jehová es fiel, que hace sabio al sencillo. La palabra «testimonio» en esta frase habla de la Escritura como testigo divino. Es Dios atestiguando de sí mismo, el testimonio personal de Dios acerca de quién es Él. Y es «fiel»; significa que es libre de errores, confiable, firme y veraz. La Escritura es más cierta y segura que cualquier otra cosa. Provee un fundamento que no puede ser removido y sobre el cual alguien puede edificar su vida y confiar su destino eterno sin vacilar. Y esta palabra fiel, este testimonio fiel de Dios acerca de sí mismo, hace sabios a los simples.

La palabra hebrea traducida como «simple» en este versículo tiene una raíz que describe una puerta abierta. Los santos del Antiguo Testamento son vistos como personas de mente sencilla; como que tienen una puerta abierta en su intelecto. ¿Ha oído a alguien decir: «Soy una persona de mente abierta»? Un judío del Antiguo Testamento contestaría: «Ciérrela». En su manera de pensar, un simplón era alguien de mente literalmente abierta; es decir, alguien incapaz de mantener algo dentro o fuera de su mente. El mismo término es usado con frecuencia en Proverbios para identificar al ingenuo, al incapaz de discernir, carente de perspicacia y experiencia y tonto ignorante. De acuerdo con el salmista, pues, la Escritura —fiel, veraz, digna de confianza e inamovible testimonio de Dios acerca de sí mismo— llega a alguien que es un simple y lo hace sabio.

Note cuidadosamente que la sabiduría de que se habla aquí no es conocimiento intelectual de datos archivados en el cerebro. El concepto hebreo de sabiduría tiene más que ver con la forma en que vivimos. En el Antiguo Testamento, la sabiduría es definida como la habilidad de hacer elecciones o decisiones correctas en la vida diaria. Vivir sobre la tierra con un entendimiento celestial. La palabra *sabio* realmente significa «hábil en todos los aspectos de una vida santa». El más grande de los necios es el que conoce la verdad pero no vive de acuerdo con ella.

De este modo, este dúo de palabras significa que la Escritura es tan segura, veraz, inamovible y confiable que toma al de mente simple, cándido, incapaz de discernir e ignorante y hace de él una persona hábil en todos los aspectos de un vivir piadoso. En esto está el poder santificador de la Palabra.

El precepto de Jehová es recto, que alegra el corazón.* Esta tercera declaración acerca de las Escrituras habla de la Palabra de Dios como los

---

* Nota del traductor: La versión castellana de Reina Valera traduce el versículo 8 de la siguiente manera: «Los mandamientos de Jehová son rectos, que alegran el corazón. El precepto de Jehová es puro, que alumbra los ojos». En tanto que la versión del autor, lee así: «Los preceptos de Jehová son rectos, que alegran el corazón; Los mandamientos de Jehová son puros, que alumbran los ojos».

principios divinos. Vale decir que la Palabra de Dios es un conjunto de pautas divinas para la vida. Y estos preceptos, dice el salmista, son *rectos*. La intención del vocablo hebreo aquí es que los preceptos de Dios señalan un sendero recto. No somos dejados a vagar en una niebla de opiniones humanas. Tenemos una Palabra verdadera que establece un camino verdadero que puede ser seguido. ¿Y cuál es la consecuencia de ello? «Alegría del corazón». La vida de gozo genuino viene como resultado de caminar de acuerdo a los principios divinos. Los que caminan en la senda del mundo, fuera de la Palabra, no encuentran gozo. Aquellos que caminan de acuerdo al camino delineado en las Escrituras hallan alegría, gozo completo y satisfactorio.

Por lo tanto, la frase nos dice que la Palabra de Dios establece principios de vida rectos que forman un camino seguro en el cual todos los que lo transitan encuentran plenitud de gozo. Ustedes pueden comenzar a apreciar como estas descripciones de la Biblia encajan, contestando cada necesidad del corazón humano.

El mandamiento del Señor es puro, que alumbra los ojos. La palabra «mandamientos» en esta frase presenta las Escrituras como el mandato divino. Vale decir, la Palabra de Dios tiene autoridad, es obligatoria y no opcional. La Biblia no es un libro de sugerencias de Dios; ella contiene divinos mandatos que no son negociables. Y estas demandas, dice el salmista, son «puras», queriendo decir «claras» simplemente. Los preceptos divinos son lúcidos, fáciles de ver y dan una dirección clara. El punto es que la Escritura ilumina nuestros ojos en las cosas oscuras de la vida.

Los creyentes nuevos que han vivido muchos años en tinieblas entenderán la importancia de esta frase. Usted quizás habrá notado que dondequiera que haya creyentes nuevos hablando del cambio operado en sus vidas, frecuentemente destacan esta verdad. Cuando una persona nace de nuevo, muchas cosas que antes parecían oscuras ahora se ven con claridad. Esto es porque la Palabra de Dios ilumina los ojos del entendimiento. Las cosas confusas de la vida resultan comprensibles.

Así la Palabra de Dios es suficiente para la salvación, la transformación total del ser interior, la fuente de capacidad en todos los aspectos de una vida piadosa, la senda del gozo y el recurso para un claro entendimiento de las cosas.

El temor de Jehová es limpio, que permanece para siempre. El sustantivo utilizado aquí es *temor* pero, debido a su paralelismo, sabemos que se refiere a la Escritura. ¿Por qué el salmista habla de la Escritura como temor? Porque la Biblia es un manual sobre adoración. Ella enseña cómo temer a Dios, cómo reverenciarlo. Puesto que el hábito del alma es adorar, necesitamos instrucción acerca de a quién adorar y cómo hacerlo debidamente.

Como manual para la adoración, la Biblia es «limpia», libre de maldad, corrupción y errores. La palabra hebrea es *tahor*, que significa: «sin impurezas, contaminación, suciedad o imperfección». El salmista está diciendo que la Escritura no está manchada por el pecado. Un versículo paralelo es Salmo 12.6: «Las palabras de Jehová son palabras limpias, como plata refinada en horno de tierra, purificada siete veces». No hay impurezas en ella, es sagrada, santa, apartada de pecado.

El punto es que la Palabra de Dios nos conducirá a la pureza. Nunca hallaremos en la Escritura una incorrecta representación de Dios, del hombre, de Satanás, de los ángeles ni los demonios. Nunca hallaremos en ella una declaración equivocada de lo que es correcto o erróneo. Todo en ella es absolutamente limpio y sin contaminación. Aquí hay un recurso perfecto para nosotros.

Notemos que «el temor del Señor» permanece para siempre; es permanente y eternamente relevante. No necesita ser actualizado ni corregido. No necesita ser pulido ni refinado. Cualquier persona que haya vivido en cualquier época de la historia, cultura o clima, hallará la Biblia absolutamente aplicable. Sus mismos principios básicos se aplican por igual a miríadas de diferentes personas y situaciones con el mismo efecto poderoso.

Los juicios de Jehová son verdad, todos justos. La palabra *juicios* ve a las Escrituras como veredictos divinos. Esta frase ve al Señor como el juez de toda la tierra y a las Escrituras como su pronunciamiento desde el estrado divino. Tales juicios, de acuerdo con el salmista, son verdaderos. En este simple adjetivo hay una riqueza de significado muy importante.

¿Dónde iremos para hallar salvación? ¿Dónde iremos para hallar habilidad para vivir la vida diaria? ¿Dónde iremos para hallar gozo desbordante a lo largo de todas las pruebas de la vida? ¿Dónde hallaremos la luz para todas las cosas oscuras de la vida? ¿Dónde hallaremos un recurso permanente e inmutable? ¿Dónde hallaremos la verdad?

Hay una sola respuesta: la Palabra de Dios, la Biblia. En ningún otro lugar podemos hallar aquello que puede transformar totalmente la persona, hacerla sabia, traer gozo, iluminar los ojos, ser permanentemente relevante y producir absoluta justicia.

¿Tiene algo de extraño que el versículo 10 exprese lo que dice? «Deseables son más que el oro, y más que mucho oro afinado; y dulces más que miel y que la que destila del panal». ¿Hay algo tan dulce? ¿Hay algo más precioso? «Tu siervo es además amonestado con ellos; en guardarlos hay grande galardón. ¿Quién podrá entender sus propios errores? Líbrame de los que me son ocultos, preserva también a tu siervo de las soberbias; que no se enseñoreen de mí; entonces seré íntegro y estaré limpio de gran rebelión» (vv. 11-13).

Aquí el salmista resume lo que el Señor nos dice acerca de su Palabra: La Escritura es nuestra mayor posesión; más preciosa que el oro más fino. Ella es el mayor placer; más dulce que la miel. Es la mayor protección; nos preserva del error. Nos ofrece la mayor promesa: Una eterna recompensa. Es la mayor purificadora: Nos guarda del pecado. Y así, la respuesta del salmista en el versículo 14, es predecible: «Sean gratos los dichos de mi boca y la meditación de mi corazón delante de ti, oh Jehová, roca mía y redentor mío.»

El salmista parece pensar en Josué 1.8: «Nunca se apartará de tu boca este libro de la ley, sino que de día y de noche meditarás en él, para que guardes y hagas conforme a todo lo que en él está escrito; porque entonces harás prosperar tu camino y todo te saldrá bien». ¿Qué clase de meditación y de palabras son aceptables? De acuerdo con Josué 1.8, es la Escritura. Es el único recurso, todo suficiente, que garantiza éxito a la persona cuya mente se detiene y medita en sus inmensas riquezas. El Salmo 1.1-3 es eco del mismo pensamiento: «Bienaventurado el varón que no anduvo en consejo de malos, ni estuvo en camino de pecadores, ni en silla de escarnecedores se ha sentado; sino que en la ley de Jehová está su delicia, y en su ley medita de día y de noche. Será como árbol plantado junto a corrientes de aguas, que da su fruto en su tiempo, y su hoja no cae; y todo lo que hace prosperará».

PREDICAR LA PALABRA

Estos pasajes descartan la posibilidad de que el pueblo de Dios pueda hallar verdad espiritual esencial en ninguna fuente, fuera de la Palabra de Dios.

Segunda Timoteo 3.16-17 establece la cuestión de la suficiencia bíblica para el creyente. Estos versículos son tenidos, con frecuencia, como una afirmación de la inspiración y en verdad lo son. Pero notemos cuán clara y definitivamente afirman también la suficiencia de la Escritura: «Toda la Escritura es inspirada por Dios, y útil para enseñar, para redargüir, para corregir, para instruir en justicia, *a fin de que el hombre de Dios sea perfecto, enteramente preparado para toda buena obra*» (énfasis agregado).

La tarea del predicador es proclamar la toda suficiencia de la Palabra de Dios y nada más. Pablo escribió a Timoteo:

> Te encarezco delante de Dios y del Señor Jesucristo, que juzgará a los vivos y a los muertos en su manifestación y en su reino, *que prediques la palabra;* que instes a tiempo y fuera de tiempo; redarguye, reprende, exhorta con toda paciencia y doctrina. Porque vendrá tiempo cuando no sufrirán la sana doctrina, sino que, teniendo comezón de oír, se

amontonarán maestros conforme a sus propias concupiscencias, y apartarán de la verdad el oído y se volverán a las fábulas (2 Ti 4.1-4, énfasis agregado).

Notemos que Pablo reconoce que la Escritura no sería siempre popular. Claramente concede que vendrían tiempos cuando la gente se apartaría de ella para tener sus oídos halagados (o «satisfechas sus necesidades») por predicadores dispuestos a suplir sus deseos egoístas ofreciendo un mensaje alternativo en lugar de la verdad bíblica. Pero Pablo recuerda a Timoteo que la Palabra de Dios es la única guía confiable para enseñar, redargüir, reprender o exhortar a la gente de acuerdo con la voluntad de Dios. Pero sobre todo, este es el único mensaje legítimo para cualquier predicador llamado por Dios. Por tanto, solemnemente encarga a Timoteo que persevere en la predicación de la Palabra.

Estoy convencido de que la predicación de la Palabra es el fundamento sobre el cual debe construirse un ministerio efectivo de consejería. Aun el más vigoroso ministerio de consejería bíblica será minado si la predicación que lo acompaña es débil y ambigua. En cambio, una predicación clara y poderosa frecuentemente tiene éxito en tocar corazones que han resistido a la más sabia consejería.

En contraste, la predicación carente de un claro mensaje bíblico puede tener muy poco o nada de efecto positivo. Los predicadores que llenan sus sermones con sicología y minimizan el contenido bíblico hallarán que buena parte de su gente está batallando con problemas emocionales y espirituales crónicos y buscando desesperadamente respuestas en lugares equivocados. Este es precisamente el estado de cosas en muchas iglesias evangélicas de hoy.

Es mi convicción de que la crisis y la controversia en la consejería en la iglesia de hoy, pronto serán desterradas si los predicadores obedecen esta simple directiva de Pablo: «Que prediques la Palabra». Ellos deben señalar a sus oyentes el único recurso de verdadera ayuda para sus problemas espirituales. La confianza de Pablo en la suficiencia de las Escrituras debe ser restaurada. La Palabra de Dios debe ser desatada para que cumpla los propósitos para los cuales Él la dio. Y la iglesia completa sería revolucionada.

20

Preguntas frecuentes acerca de la consejería bíblica

Compiladas y editadas por Dennis M. Swanson

El propósito de este libro es ayudar a pastores y laicos a familiarizarse con los principios de consejería bíblica para aplicarlos a la vida de la iglesia. En razón de que el concepto de integración ha estado dominando por tantas décadas y el modelo sicológico para la consejería ha permanecido virtualmente sin ser desafiado en la iglesia, han surgido entre los creyentes muchas preguntas acerca del concepto de la consejería bíblica en su totalidad. Jay Adams, en su libro *What about Nouthetic Counseling* [Qué Acerca de la Consejería Noutética] (Baker, 1976), trata muchas cuestiones tocantes al tema, pero desde entonces han habido preguntas adicionales y más precisas. Las que tratamos aquí representan una muestra de las que se hacen con mayor frecuencia.

Las respuestas a tales preguntas han sido preparadas por varios miembros del *Master's College, Grace Community Church* [Iglesia Comunitaria de la Gracia] y otros que contribuyeron a este libro.

¿Hay alguna diferencia entre la consejería bíblica y la sicología cristiana o la consejería cristiana?

Viéndolo superficialmente, parecería que el consejero bíblico y el sicoterapeuta cristiano hacen, en buena medida, lo mismo. Ambos conversan con la gente, ambos toman cuidado de ella, ambos llegan a conocerla, ambos están interesados en la motivación, los pensamientos, las emociones y la conducta; ambos exploran las variadas presiones en la situación de una persona; ambos ofrecen información en respuesta a preguntas, y tal vez ambos hablan acerca de Jesús o de algún pasaje bíblico. Entonces, ¿en qué se diferencian?

Para entender cómo la sicoterapia cristianizada difiere de la consejería bíblica, es necesario observar detenidamente lo que ambas practican y enseñan. Veamos algunos de los rasgos distintivos de cada una.

Perspectiva en cuanto a la Biblia y su contribución a la consejería. La mayoría de los sicólogos cristianos ven la Biblia como un recurso inspirado, pero su sistema básico de consejería, tanto en su teoría como en sus métodos, es tomado, sin alteraciones, de la sicología secular. En su mayoría son franca y conscientemente eclécticos; toman y escogen teorías y técnicas acordes con las preferencias personales. En contraste, los consejeros bíblicos siguen los puntos de vista escriturales como fuente de un método lo suficientemente detallado y amplio como para entender y aconsejar a la gente (2 Ti 3.15-17; 2 P 1.4).

Algunos sicoterapeutas cristianos usan muy poco las Escrituras; otros las usan mucho. Pero la frecuencia conque las citan es mucho menos importante que la forma en que usan sus pasajes, los cuales, en una vasta mayoría de los casos, son utilizados en forma absolutamente incorrecta. Hay una ausencia de exégesis contextualizada (una interpretación crítica del texto) y en cambio, una abundancia de eiségesis, es decir, ideas y opiniones personales que se introducen en la interpretación del texto. La consejería bíblica está comprometida a permitir a Dios hablar por sí mismo a través de su Palabra y trazar correctamente la Palabra de verdad (2 Ti 2.15).

Perspectiva en cuanto a Dios. Hay muchos aspectos de Dios que los sicólogos cristianos casi siempre ignoran. En particular, su soberanía, su santidad, su justicia, su reinado con autoridad y su poder, virtualmente no se mencionan. El tema favorito de estos sicoterapeutas es el amor paternal de Dios; pero independientemente de quién es Dios, este amor resulta en la formación de la idea positiva de que Dios es un gran terapeuta celestial, muy similar al que presenta la clásica teología liberal. La consejería bíblica sigue la Biblia y procura ministrar el amor del Dios viviente y verdadero; ese amor trata con el pecado y produce obediencia (1 Juan).

Perspectiva en cuanto a la naturaleza humana y su motivación. La casi totalidad de los sicólogos cristianos abrazan alguna variedad de teoría de la necesidad. Las necesidades de autoestima, de amor y aceptación así como de significación, tiende a dominar. Si ellas son satisfechas, se cree que la persona va a ser feliz, amable y recta moralmente; si no lo son, la persona será miserable, odiosa e inmoral. Los sicólogos cristianos tomaron prestada su teoría de la motivación, directamente de la sicología humanística. La Escritura se opone de plano a tales teorías de la necesidad porque enseña que la motivación del ser pecaminoso está enraizada en pasiones y concupiscencias (Gl 5.16-24; Ef 2.3; Stg 1.14-16; 3.13-4.12). La Escritura enseña que Dios cambia nuestros deseos y que la motivación piadosa está arraigada en el anhelo por Dios y de su santidad. Cuando la gente ambiciona autoestima, amor y significación, será feliz si lo consigue y miserable en caso negativo, pero en ambos casos seguirá siendo autocentrada. En cambio, si alguien anhela a Dios (Sal 42ss; 73.25), el Reino de Dios (Mt 6.9-13; 6.33; 13.45), la sabiduría celestial (Pr 3.15; 2 Ti 2.22) y la resurrección en gloria (Ro 8.18-25), llegará a ser un siervo de Dios satisfecho, gozoso, obediente y, sobre todo, útil.

Perspectiva en cuanto al evangelio. Para la mayoría de los sicólogos cristianos, Jesucristo es el máximo exponente de las necesidades síquicas y el sanador de las heridas síquicas. El amor de Dios en la cruz simplemente muestra cuán valiosos somos para Dios según contribuya a la autoestima y a suplir la necesidad de ser amado. Pero en la Biblia, Jesús es el Cordero de Dios crucificado en lugar del pecador. El amor de Dios demuele la autoestima y nuestra ambición de ella. Produce, en cambio, una inmensa y agradecida estima por el Hijo de Dios, quien nos amó y dio su vida por nosotros: Ese Cordero de Dios, quien es el único digno de toda nuestra estima. El amor de Dios no suple nuestra ambición de ser amados tal como somos. Al contrario demuele tal ilusión engañosa a fin de amarnos, a pesar de lo que somos, y de enseñarnos a amar a Dios y a nuestro prójimo (1 Jn 4.7-5.3).

Perspectiva en cuanto a la consejería. Los sicólogos cristianos tienden a ver la consejería de la misma manera que la ven los sicólogos seculares: como una actividad profesional que no necesita ninguna conexión con la Iglesia de Cristo. Un cliente, con una sentida necesidad, recurre a un profesional por ayuda para lograr metas de ajuste personal, felicidad emocional, estabilidad, autorealización y cosas semejantes. Pero el consejero bíblico sigue la Biblia y ve la consejería como una actividad pastoral. Sus consejos animan a la santificación progresiva y debe comunicar el verdadero contenido de las Escrituras. La consejería bíblica se relaciona, lógica y estructuralmente, con la adoración, el discipulado, la predicación, la supervisión pastoral, el uso de los dones, la disciplina en la iglesia y otros aspectos de la vida en el Cuerpo de Cristo.

(David Powlison)

He oído que quienes practican la consejería bíblica carecen de simpatía, son ruines y duros. ¿Es eso cierto?

Los consejeros bíblicos, en verdad, nada tienen de estas cosas. En realidad son exactamente lo opuesto. Desean acompañar al aconsejado en sus preocupaciones y en su amor a medida que tratan sus problemas. Desean ayudarle a hallar soluciones bíblicas; alientan al cambio, esencialmente para la gloria de Dios pero también para beneficio del aconsejado.

El apóstol Pablo sirve como buen modelo de consejero bíblico. Recordaba a los ancianos de la iglesia en Éfeso (Hch 20.20) cómo no había rehusado anunciarles y enseñarles nada que les fuese útil. Incluso había ido de casa en casa ministrándoles. Luego, en el versículo 31, muestra su espíritu de humildad cuando dice: «velad, acordándoos que por tres años, de noche y de día, no he cesado de amonestar (nöuthëtëo) con lágrimas a cada uno». Aunque tuvo que amonestarles y decirles la verdad, lo hizo lleno de simpatía y no fue ruin ni duro con ellos.

Otro pasaje que ilustra la compasión de Pablo es 1 Tesalonicenses 2.7-9. Aquí señala que fue tierno con ellos (v. 7) y que su afecto era tan grande que hubiera querido entregarles no sólo la verdad, sino también su propia vida (v. 8). Pablo fue conocido por hablar la verdad, pero en amor (Ef 4.15,29). Y esto es lo que un consejero bíblico hace. El consejero se hace partícipe de la vida del aconsejado y le infunde esperanza de que su problema será superado. Muchos aconsejados nunca habían experimentado esta afectuosa confrontación. Nunca habían experimentado el verdadero interés ni la compasión, virtudes que son requisitos esenciales en un consejero noutético.

(Carey Hardy).

¿No tienen las disciplinas seculares absolutamente nada que ofrecer a la metodología de la consejería bíblica?

Permítasenos aclarar, ante todo, qué significa metodología de consejería. Una metodología de consejería es un *sistema* de metas, de principios así como de compromisos teóricos y sus métodos adecuados. Es un conjunto de cosas interconectadas; no es una colección al azar y migajas de observación o técnicas eclesiásticas. Una metodología de consejería es un sistema organizado y comprometido a entender y abordar los problemas de la gente.

¿Tienen algo que ofrecer las disciplinas seculares a la metodología de la consejería bíblica? La respuesta es un no contundente. Lo que provee el sistema para la consejería bíblica son las Escrituras. Otras disciplinas como la historia, la antropología, la literatura, la sociología, la sicología, la biología, los negocios, las ciencias políticas, etc., pueden ser útiles de varias maneras secundarias al pastor y al consejero bíblico, pero jamás podrán proveer un sistema para entender y aconsejar a la gente.

Las disciplinas seculares pueden servirnos bien en su descripción de la gente, pueden desafiarnos en cómo buscar explicar, guiar y cambiar a las personas; pero nos desvían seriamente cuando las tomamos como verdaderas porque son seculares. Ellas describen a la gente, definen cómo debería ser y tratan de resolver sus problemas sin tener en cuenta a Dios y la relación del hombre con Él. El error en las disciplinas seculares es un compromiso sistemático. No negamos que hay personas seculares que son, con frecuencia, brillantes observadores de otros. A veces son críticos y teorizantes ingeniosos. Pero también distorsionan lo que ven y conducen erróneamente a otros en lo que enseñan y hacen porque, desde el punto de vista de Dios, la sabiduría del mundo es la esencia de la necedad. Ellos no reconocerán que Dios ha creado a los seres humanos con una relación con Él y con una responsabilidad ante Él. La postura del secularismo es como una sierra eléctrica con un ajuste que la desvía del ángulo correcto. Puede ser muy potente y capaz de cortar gran cantidad de madera pero todos sus cortes resultan desviados.

Siendo que la desviación es parte integral de su sistema, ¿cómo podrían las observaciones, las ideas y las prácticas seculares ser útiles a los creyentes? No deben cumplir *ninguna* función en nuestro *modelo* de consejería. Pero, debidamente reinterpretadas, pueden jugar un papel ilustrativo, al brindar ejemplos y detalles que ilustran el modelo bíblico y completar nuestro conocimiento. Pueden también jugar un papel provocativo desafiándonos a desarrollar nuestro modelo en áreas en las que no habíamos pensado o habíamos descuidado o mal construido. Jay Adams declara esto sucintamente en *Capacitado para orientar*, donde explica que la sicología puede ser un «útil adicional» para la consejería bíblica de dos maneras: 1) «Para los propósitos de ilustrar, llenando con especificaciones las generalizaciones» y 2) «Desafiar interpretaciones humanas incorrectas de las Escrituras, forzando con esto al estudiante a escudriñarlas.[1]

¿Qué es lo que las disciplinas seculares tienen para ofrecer a los consejeros bíblicos? Dios es el experto cuando viene a la gente, nos habla y actúa para cambiarnos además nos equipa para ayudar a cambiar a otros. Los secularistas tienen una percepción torcida que sólo puede ser útil a los consejeros bíblicos si es radicalmente reinterpretada de acuerdo con la metodología de consejería revelada en la Escritura. (Los capítulos 11-17 de este libro presentan una metodología bíblica para ayudar a la gente.)

(David Powlison)

¿Es la consejería bíblica demasiado simplista?

Si «demasiado simplista» significa que la consejería bíblica no parece tan sofisticada como, digamos, la sicología y la siquiatría, con sus intrincadas terminologías y metodologías, entonces sí, es más simple. Pero tenga en cuenta que esto no es lo mismo que simplismo.

Ha sido bien dicho: «Un lenguaje sencillo no indica un pensamiento simplista, ni un lenguaje complejo indica profundidad de pensamiento». En esencia, la simplicidad de la consejería bíblica consiste en que procura hallar respuestas al problema del pecado en las páginas de las Escrituras. No necesita buscar tales respuestas fuera de la Palabra de Dios, porque en

---

1. Jay Adams, *Capacitado para orientar*, Editorial Portavoz, 1981, p. XXI del inglés.

ninguna otra parte se puede hallar remedio para este mal tan desesperadamente necesitado de cura. Para que no seamos criticados sin necesidad en
este punto, aclaremos que las dificultades de esta vida son, sin lugar a
dudas, enormes; pero no son imposibles de entender y pueden proveer
energía para crecer. Afirmar sencillamente que los problemas de la vida y
el pecado son simples y luego moverse hacia algo más, es errar el blanco
por concepto. La Palabra de Dios contiene simples pero profundas verdades que son capaces de conformar a la persona misma a la imagen de Cristo.
Aquellos cuyo compromiso es con la Escritura y su suficiencia, basarán
sus esfuerzos para aconsejar sobre ese fundamento.

El compromiso de Pedro fue escrito en estos términos: «Como todas
las cosas que pertenecen a la vida y a la piedad nos han sido dadas por su
divino poder, mediante el conocimiento de aquel que nos llamó por su
gloria y excelencia» (2 P 1.3). La consejería bíblica, pues, provee las únicas
bases seguras para ayudar a la gente y, debido a esto, en modo alguno puede
ser llamada simplista. Si así fuera, esto impugnaría el carácter de Dios
mismo ya que Él también sería simplista. La verdad es, en última instancia, que los consejeros bíblicos son los únicos que pueden penetrar profundamente en las regiones del alma —en todas las áreas del ser humano—
mientras que otros no pueden hacerlo. Sólo el hombre o la mujer que está
equipado con las herramientas de Dios (su Palabra y su Espíritu) puede
atravesar las oscuras aguas del corazón humano. Proverbios 20.5 declara:
«Como aguas profundas es el consejo en el corazón del hombre; mas el
hombre entendido lo alcanzará». Los consejeros bíblicos, no quienes
pretenden tratar con asuntos profundos, son los únicos que pueden son-
dear los verdaderos problemas del alma.

Los consejeros que están comprometidos sólo con las Escrituras no
necesitan ceder a las presiones de aquellos que, de alguna manera, pretenden ver problemas complejos e intrincados en cada situación de consejería.
Por supuesto, algunas situaciones son más complicadas que otras, pero no
se puede aceptar la acusación de que la consejería bíblica es demasiado
simplista. Jay Adams hábilmente responde a esto afirmando: «Considero
la claridad y la simplicidad como virtudes y no defectos. En mi opinión,
cualquier cosa que oscurece el entendimiento es un detrimento y cualquiera que la ilumina merece ser alabada[...] veo la claridad como una sagrada
obligación de un ministro cristiano; sea que hable desde el púlpito o que
escriba. La oscuridad es el padre de la herejía y la ambigüedad, la madre
de todo error. La claridad mantiene una estrecha relación con la verdad.[2]

S. Lance Quinn

---

2. Jay Adams, *What about Nouthetic Conseling?* [¿Qué sabemos de la Consejería
Noutética?], Baker, Grand Rapids, 1979, pp. 3-4.

Siendo que la Biblia no es un libro de texto sobre sicología, ¿no necesitaríamos suplementarla con otras disciplinas para entender y ayudar a la gente con profundas necesidades sicológicas?

A simple vista, esta parece una pregunta razonable. Las disciplinas científicas nos *han* mostrado verdades que van mas allá de la verdad de las Escrituras. Todos nosotros nos hemos beneficiado con la medicina que es, después de todo, extrabíblica. La apendectomía, por ejemplo, ha salvado vidas incontables en los últimos cien años. Las vacunas han eliminado virtualmente ciertas enfermedades. Si en medicina nos limitáramos a los remedios específicamente revelados en las Escrituras, estaríamos en un tremendo atraso en el tratamiento de enfermedades.

Ciertamente, la Escritura *no* pretende ser un libro de texto sobre medicina, física, ni ninguna de las ciencias.[3] Pero la sicología difiere de estas en dos importantes aspectos: Primero, no es una verdadera ciencia (véase la exposición en las páginas 22 al 35). Ella no trata con datos objetivos ni mensurables que puedan ser sujetos a exámenes confiables o confirmados por métodos científicos. Es una seudociencia, además la mayoría de sus doctrinas cardinales son meras especulaciones y no verdades confiables.

Segundo, y más significativo, la sicología, a diferencia de la medicina y la física, trata con cosas que son fundamentalmente espirituales. En realidad, la palabra *sicología* significa «estudio del alma». ¿Cuáles son las profundas necesidades sicológicas sino los aspectos espirituales conque está relacionado el evangelio? Las Escrituras ciertamente reclaman suficiencia absoluta para tratar con tales necesidades: «Toda la Escritura es inspirada por Dios, y útil para enseñar, para redargüir, para corregir, para instruir en justicia, *a fin de que el hombre de Dios sea perfecto, enteramente preparado para toda buena obra*» (2 Ti 3.16-17, énfasis agregado). «La ley de Jehová es perfecta, que convierte el alma» (Salmo 19.7). La Escritura promete a los creyentes el más amplio recurso espiritual: «Todas las cosas que pertenecen a la vida y a la piedad» (2 P 1.3).

¿Es la depresión el problema? La Escritura contiene el único remedio confiable. ¿Es la culpa el problema? ¿Qué puede ofrecer la sicología que vaya más allá de la perfecta solución que sugieren las Escrituras: «Cuánto más la sangre de Cristo[...] limpiará vuestras conciencias de obras muertas para que sirváis al Dios vivo» (Heb 9.14). Toda llamada necesidad sicológica que no es atribuible a causas físicas, es, en realidad, un problema espiritual y las Escrituras, en verdad, afirman ser la única guía suficiente para tratar con problemas espirituales. Intentar agregar teorías sicológicas

---

3. Dondequiera que las Escrituras hablan de estos asuntos, sin embargo, su revelación es cierta, confiable y sin error: «Toda la Escritura es inspirada por Dios y útil para enseñar» (2 Ti 3. 16).

al infalible testimonio de la Palabra de Dios es adulterar la verdad de Dios con opiniones humanas.

(John MacArthur)

¿Es realmente necesaria la consejería bíblica? ¿No es suficiente el discipulado?

El discipulado cristiano es el proceso de transferir a otro creyente las verdades de la Palabra de Dios que uno ha aprendido y aplicado (2 Ti 2.2). Esto lleva tiempo. Puede demandar años de enseñar, preparar, alentar y amonestar. El objetivo en este proceso es ayudar al discípulo a crecer hasta la madurez en Cristo y, coherentemente, andar de acuerdo con la Palabra de Dios. El que discipula debe equipar a su discípulo con la preparación necesaria para que este, por su parte, quede en condiciones de edificar los principios bíblicos en las vidas de otros (nuevamente 2 Ti 2.2). La persona que imparte las verdades de Dios a otros, se agudiza y madura ella misma a través de ese proceso de discipulado.

Desde esta perspectiva, la consejería bíblica aparece como una *parte* del discipulado. No son dos cosas distintas, como el mundo y algunos cristianos las hacen. En realidad, mucho de lo que uno podría decir acerca del discipulado, podría ser igualmente dicho de la consejería. En esta, sin embargo, el proceso de discipulado ha progresado hacia una más *específica* aplicación de principios bíblicos a problemas más *específicos* en la vida de un creyente. Tal vez el individuo requiere más edificación y responsabilidad que las que una relación de discipulado podría brindarle. Esto es especialmente cierto si los asuntos que se están tratando son hábitos arraigados en la vida del aconsejado.

Normalmente, en una relación de consejería, los problemas específicos son tratados en un tiempo mucho más breve que en una relación de discipulado. No es necesario estar aconsejando a un individuo por años. En muchos casos, personas salvas sólo necesitan unas pocas semanas para entender los principios bíblicos que los harán a cambiar sus pensamientos respecto al problema y así, cambiar su modo de comportarse o de responder a las circunstancias.

Hay circunstancias, en el proceso de discipulado, cuando se descubren problemas específicos; en tales casos, al tratar con ellos, quien discipula aconsejará al individuo. Es igualmente cierto que, en el proceso de consejería bíblica, puede darse el caso de que una persona, que ya resolvió el problema que necesitaba consejería, desee continuar una relación de discipulado, con un creyente maduro, en procura de un mayor crecimiento espiritual. De este modo, pues, el discipulado necesita, a menudo, consejería y la consejería, a veces, funciona como una forma concentrada de discipulado.

(Carey Hardy)

¿Cómo encajan la gracia de Dios y el evangelio en la consejería bíblica?
La Biblia habla de la gracia de Dios en las buenas nuevas de Jesucristo. Cuando Jesús abrió la mente de sus discípulos para que entendieran las Escrituras, les explicó lo que ellas hablaban de Él. La Biblia está *relacionada* con Cristo, el Salvador y Señor. Por tanto, la consejería bíblica está *relacionada* con Cristo, el Salvador y Señor. Cuando Jesús abrió las mentes de sus discípulos para que entendieran las Escrituras, les habló de arrepentimiento, de perdón de pecados y de hacer discípulos. La Biblia está *relacionada* con la transformación de pecadores en hijos del Padre; por tanto, la consejería bíblica está *relacionada* con la transformación de pecadores en hijos del Padre. Cuando Jesús abrió las mentes de sus discípulos para que entendieran las Escrituras, les enseñó a servir como su Maestro de gracia; por tanto, la consejería bíblica es portadora de un mensaje lleno de gracia. Los consejeros bíblicos encarnan un método de gracia: amante pureza, humildad, dependencia en la oración, sabiduría, gentileza, denuedo, amabilidad, persistencia, coraje, autoridad, flexibilidad, autosacrificio y paciencia. La Biblia está *relacionada* con el equipamiento de consejeros para administrar todo el consejo de Dios.

¿Cuál es, entonces, el lugar de la gracia de Dios y del evangelio en la consejería bíblica? Esto es más bien como preguntar: ¿Cuál es el lugar del agua y el oxígeno en la fisiología humana? El evangelio es la materia fundamental en la consejería bíblica. Cada una de sus partes esta hecha con evangelio y gracia; desde entender a la gente y sus problemas hasta la solución de ellos.

¿Por qué la gente se pregunta si la gracia es central en la consejería bíblica? Hay tres posibles razones: Primero, muchos piensan que el propósito de la Biblia es lograr que la gente se salve y decirle lo que debe hacer. Desde esa perspectiva, todo lo que el consejero puede decir a la gente es: «Aquí tiene cómo aceptar el evangelio y la gracia perdonadora de Dios para ir al cielo. Ahora, hasta entonces, haga esto; no haga aquello; comience; sólo diga "no"; sea una buena persona». Tal manera de moralizar, sin embargo, es antibíblica. La Biblia no destruye el poder de la voluntad y el esfuerzo propio sobre la gracia. El evangelio y la gracia de Dios no sólo tienen que ver con el perdón de la culpa del pecado sino con el poder de Dios para transformar a los creyentes progresivamente a lo largo de sus vidas. El Espíritu que mora en ellos intenta cambiarlos en los detalles prácticos de su vida. La autorevelación de Dios llega a ser el ambiente en que vivimos; sus promesas llegan a ser el alimento del cual vivimos; sus mandamientos llegan a ser la manifestación exterior en nuestra vida. ¿Puede alguien dudar de que una consejería bíblica digna de su nombre es un ministerio del propio poder de Dios en el evangelio, cambiando a la gente interior y exteriormente?

Hay una segunda razón por la que algunos preguntan sobre el lugar de la gracia de Dios en la consejería bíblica. Los consejeros bíblicos apuntan hacia una obediencia práctica. Muchos piensan que enfatizar la obediencia a los mandamientos de Dios significa pasar por alto o contradecir la libre gracia del evangelio. Pero la gracia libre es gracia efectiva. No es tratar de ser perdonado por el adulterio y seguir siendo adúltero. Dios no se glorifica por perdonar el enojo y dejar a la persona con ira explosiva. No honra al evangelio si la ansiedad puede ser perdonada, pero aquellos destrozados por los nervios siguen viviendo en incredulidad. No resulta en la extensión del Reino de Dios el hecho de que Dios perdone a personas autocentradas si estas no aprenden en alguna medida a considerar los intereses de otros. No traerá felicidad a un gruñón el ser perdonado, si sigue absolutamente absorto en sí mismo, siendo exigente y pesimista. No sería bueno para el mundo ni para la iglesia si promotores de guerra perdonados no aprendieran cómo llegar a ser pacificadores prácticos. Dios está en la tarea de hacer discípulos mediante la gracia del evangelio. El Espíritu producirá los deseos y los frutos divinos y la consejería bíblica es sierva de tales cambios prácticos y valiosos.

La tercera razón por la que algunos preguntan acerca del lugar de la gracia en la consejería bíblica es que, quienes deberían ser consejeros bíblicos, a veces están lejos de ser bíblicos. ¿Qué consejero bíblico desconoce las fallas de la sabiduría pastoral cuando procura ministrar el consejo de Dios? La solución de este dilema es simple y sucinta: Los consejeros bíblicos necesitan ser más bíblicos; deben pedir a Dios que les revele sus defectos; que les perdone su necedad; necesitan buscar al Dios que da sabiduría sin reproches y aprender humildemente de otros consejeros bíblicos más hábiles y maduros. Consejería bíblica es ministrar la gracia de Dios a individuos, justamente como la predicación bíblica es ministrar la gracia de Dios a las multitudes.

(David Powlison)

¿Por qué los consejeros bíblicos rehusan utilizar información proveniente de la ciencia y la sicología?

Ante todo, los consejeros bíblicos están principalmente preocupados con el problema del pecado y cómo la gente puede cambiar y crecer (santificación) para la gloria de Dios. La ciencia, en general, como la conocemos ahora, nada tiene que ver con el problema del pecado ni con Dios; por tanto, no hay razón para que los consejeros bíblicos la usen con el propósito de santificar al hombre para la gloria de Dios. La cuestión del uso de la sicología en la consejería es un tanto diferente. Directamente debemos decir, que la sicología como tal, no es ciencia en absoluto; aunque, por supuesto, los sicólogos desearían que la gente piense que lo es, la sicología es el *estudio* de la conducta humana, no la *ciencia* de la conducta humana. Esta no puede ser estudiada científicamente como si alguien, que viste un delantal blanco, pudiera tomar la actitud de una persona y analizarla en un tubo de ensayo. Aun si, de alguna manera, todos los aspectos del corazón pudieran ser empíricamente cuantificados y verificados, ningún sicólogo ni científico podría proveer las interpretaciones o soluciones adecuadas a los problemas fuera de la Palabra revelada de Dios y su directa aplicación al corazón humano.

Debemos dejar tan en claro como sea posible que los consejeros bíblicos no objetan a la sicología ni a los sicólogos como tales. Hay algunos en el campo general de la sicología que están realizando importantes esfuerzos, digamos, en el área del estudio de patrones de sueño de los cuales puede obtenerse un gran beneficio. La objeción que los consejeros bíblicos hacen a los sicólogos (y aun a los siquiatras en ese asunto) es cuando intentan dar soluciones no bíblicas (y en muchos casos claramente antibíblicas) a gente con problemas de pecado. Como Jay Adams, uno de los líderes del movimiento de consejería bíblica, ha expresado correctamente: «Cuando los sicólogos intentan cambiar a los hombres, pese a que no cuentan con promesas de Dios para ello, ni con un patrón por el cual determinar qué actitudes o conducta son correctas o desviadas, ni un concepto de cómo el hombre *debe* ser, ni poder para lograr el cambio íntimo de corazón y de los pensamientos, lo cual es tan necesario, no puedo evitar mi preocupación».[4]

Cuando se trata de «trabajo del alma», sólo aquellos que son llamados por Dios pueden ser usados por Él para cambiar vidas. El aparato necesario es sólo la Palabra de Dios comunicada mediante la luz del Espíritu Santo, dada y administrada a través de aquellos llamados por Dios en la iglesia local. La sicología o la siquiatría, aunque puedan estar bajo el escudo de la iglesia local, si no actúan bajo el control de las Sagradas Escrituras, no son útiles ni de ayuda al consejero bíblico y aun podrían ser (¡Y ciertamente son!) destructivas para el proceso de consejería. No podemos suponer que cuando los sicólogos emiten juicios sobre la conducta humana, lo hacen en una manera científica e imparcial si van a seguir sugiriendo soluciones para el cambio de tal conducta fuera del control de la Palabra de Dios. Toda solución propuesta para el problema del pecado dependerá de nuestra visión de Dios y su Palabra. Cualquier intento de proveer soluciones fuera de la exégesis bíblica, de la teología y de la aplicación del fruto de tal estudio al corazón resultará en consejería fracasada, provenga de sicólogos o pastores.

(S. Lance Quinn)

---

4. Adams, *Nouthetic Counseling* [Consejería Noutética], p. 31.

¿Es verdad que la consejería bíblica desestima la necesidad de estudios universitarios graduados y enfatiza demasiado sobre la preparación en el discipulado bíblico?

En la mayoría de las profesiones hoy se exige, o es altamente recomendable, tener título universitario. Si alguien quisiera obtener una licencia estatal para trabajar en cualquiera de las profesiones de ayuda a personas, tales como sicología o consejería de matrimonios o familia, se le exigirá un título universitario mas cursos a nivel graduado (licenciatura les llamaríamos en Latinoamérica). Normalmente esto requiere, por lo menos, un año más de estudios luego de haber completado el Bachillerato en Artes (carrera universitaria de cuatro años en Estados Unidos), además de muchas horas de internado bajo supervisión. Esta es una exigencia normal en la mayoría de los programas de sicología cristiana.

Pero la consejería bíblica no sigue este carril educativo convencional y, a causa de esto, es tenida por algunos como menos rigurosa en lo académico y, por tanto, carente de contenido sólido. Una pregunta debe ser hecha, de todos modos: «¿Qué se estudia en el currículum de sicología cristiana?» Si miramos el catálogo de cualquier universidad cristiana en los Estados Unidos, podríamos ver claramente que los cursos que se enseñan, tanto a nivel universitario como de posgrado, consisten por lo general en teorías y clases aplicadas de sicología. Típicamente, los estudiantes que procuran este currículum, completan un núcleo minoritario de cursos de instrucción bíblica, juntamente con otros (la mayoría) más importantes sobre consejería o sicología, que son enseñados por profesores con un trasfondo académico mínimo de estudios bíblicos. Pero ¿cómo pueden instructores carentes de una adecuada instrucción teológica, conciliar la sicología con la Biblia? Y, ¿en qué manera podrán utilizar la Biblia como el punto de referencia infalible para la sicología?

Puesto que los consejeros bíblicos creen que la consejería bíblica es suficiente para tratar con cualquier asunto de fe y práctica, los estudiantes que desean un ministerio de consejería bíblica son animados a seguir su educación a nivel de graduación en un programa para graduados, teológicamente basado, y que ofrezca cursos de técnica y ministerio de consejería bíblica. En el alma y corazón de esta residen el conocimiento y la aplicación de la Palabra de Dios. Este debe ser el fundamento de cualquier educación en consejería bíblica, tanto a nivel de pregraduados como de graduados.

Quienes estén comprometidos en el movimiento de la consejería bíblica deben esforzarse por lograr la más excelente preparación académica para consejeros. Esto demanda un alto nivel de educación formal obtenida en colegios o seminarios que sustenten un elevado concepto de las Escrituras. Las facultades en tales instituciones deben ser altamente capacitadas en el entendimiento y aplicación de la teología, contenido bíblico y teología práctica. Sobre esta base, los cursos prácticos sobre consejería bíblica deben ser enseñados por profesores que tengan capacidades bíblicas y teológicas unidas a una experiencia práctica en consejería bíblica. La tercera fase de esta preparación académica debería ser un internado en una iglesia local bajo supervisión de los profesores y los pastores. Debemos producir hombres y mujeres que, movidos por su entendimiento de lo que las Escrituras revelan tocante a la condición humana, estén calificados, por su preparación académica y su compromiso con Cristo y su Palabra, para aconsejar a otros.

(John P. Stead)

¿Niega la consejería bíblica la existencia de enfermedades mentales o emocionales y la curación necesaria en estas áreas?

El concepto de las enfermedades mentales es una teoría basada sobre un modelo médico de enfermedades. En él una enfermedad orgánica es causante de varios síntomas en el cuerpo. El cuerpo está enfermo porque algo externo lo ha afectado. Así, una persona contrae gripe por causa de un virus portador de este mal. No es por una falla de la persona que ha contraído gripe. Esa persona no puede ser responsabilizada por su incapacidad para trabajar puesto que la enfermedad es resultante de algo que afectó el cuerpo.

La misma lógica se aplica cuando se trata con una conducta difícil de explicar. Cuando alguien muestra una conducta extraña y en los estudios de laboratorio no se hallan causas orgánicas, los no creyentes han teorizado que tal persona es enferma mental. Ellos concluyen que, de la misma manera que el cuerpo se enferma, la mente también. Como la mente está enferma, la persona no puede controlar su conducta y, por tanto, no es responsable de sus acciones. Toda vez que una persona actúe de una manera anormal (irresponsable), es considerada mental o emocionalmente enferma; con una mente y sus emociones que, se cree, están enfermas.

La dificultad con esta teoría es que no puede ser probada. Hay pruebas que miden el pensamiento, pero no prueban que la mente esté enferma. Aun cuando la mente utiliza el cerebro, ella no es el cerebro. Tumores, heridas serias, derrames cerebrales, etc., pueden dañar parte del cerebro y afectar el modo de pensar y actuar de la persona, pero estas no son enfermedades mentales, sino enfermedades orgánicas que pueden ser probadas en laboratorios. Ellas pueden ser causa de que el cerebro esté enfermo pero no la mente. Si bien las partes dañadas del cerebro no están disponibles para la mente, la mente no está enferma. En este caso hay un daño cerebral pero no una enfermedad mental. El concepto de mente enferma es una teoría no probada científicamente.

La siquiatría utiliza rótulos para describir diferentes grupos de síntomas. Cuando encuentra una enfermedad orgánica, le da el rótulo que describe su problema en el cuerpo. Por ejemplo, a través de un examen médico puede descubrirse que una persona con diagnóstico de depresión, padece una baja actividad de la tiroides. En este caso, el diagnóstico es cambiado de depresión a hipotiroidismo. Si la enfermedad mental tuviera un origen orgánico, el término *enfermedad mental* sería sustituido por el nombre de la enfermedad física del cuerpo.

Un argumento para afirmar la existencia de causas orgánicas en los problemas de conducta, se basa en la mejora que algunas personas acusan al ser sometidas a medicación. Sin embargo esta lógica no es científica. Dos hechos concurrentes no significan automáticamente que uno es causado por el otro. Por ejemplo, el cien por ciento de las personas que comieron zanahorias en 1825 están muertas ahora. Si siguiéramos aquel método de razonamiento, tendríamos que concluir que las zanahorias son un alimento peligroso, obviamente una conclusión ilógica. Algo tan ilógico como concluir que, porque una medicación mejora los sentimientos de una persona, esta padece una enfermedad orgánica.

El consejero bíblico es acusado de negar la realidad. Pero ¿quién dice que esto es una realidad? Aun cuando la mayoría, en nuestra sociedad, acepte la teoría de la enfermedad mental como un hecho, tal circunstancia no lo convierte en eso. Tal razonamiento no es científico sino filosófico. Es la misma lógica que dice que los creyentes niegan la existencia de Santa Claus o del «Conejo de Pascua». Mucha gente cree que ellos existen; ¿lo convierte esto en una realidad? Por cuanto la existencia de enfermedades mentales es una teoría y no un hecho, los consejeros bíblicos no están negando algo cuya existencia ha sido probada por datos empíricos obtenidos en el laboratorio. No es necesario negar la existencia de algo que no existe.

La conducta y los pensamientos caracterizados como enfermedades mentales obvian totalmente lo que la Biblia enseña. Cuando los problemas de una persona no son tratados bíblicamente, los resultados son pensamientos confusos y malos sentimientos. Estos se agregan a los problemas a tratar. Cuando la gente vive por sus sentimientos, su conducta es afectada. Se han hecho intentos de mejorar los sentimientos y, por este medio, mejorar la conducta. Pero cuando estos intentos fallan, como ocurre, se crean mayores problemas; los pensamientos resultan más y más confusos intentando tratar con las situaciones difíciles. Como esta espiral continúa, la persona termina al fin con pensamientos y conducta extraños. El problema no está en los sentimientos ni en las emociones, sino en los pensamientos y en las acciones. Cuando no se usa la Biblia para tratar con los problemas, pensamientos y sentimientos, el resultado será pensamientos y acciones confusas. Esto continúa hasta que los pensamientos y la conducta resultan extraños. Las emociones no necesitan ser sanadas ya que no están enfermas; ellas son resultado natural de un pensar antibíblico.

La cuestión implica también que la falta de aceptación de las enfermedades mentales como una realidad resulta cruel ya que esto significa que no hay cura disponible; así, la posición bíblica es cruel. En realidad, sin embargo, lo cierto es lo opuesto. Aquellos que califican la conducta como enfermedad son crueles porque eliminan la esperanza y la victoria disponibles a través de la aplicación de los principios bíblicos. Cuando el modelo médico expresa que la persona está enferma, ¿puede garantizar que una cura es posible? ¿Cómo se define la curación? ¿Qué pasa si esta no ocurre? Como, en realidad, no hay tales enfermedades mentales, ofrecer curación es alentar una esperanza fraudulenta y fútil. En esencia, esto elimina la verdadera esperanza, lo cual constituye la acción *realmente* cruel.

Los consejeros bíblicos pueden ofrecer algo mejor que una curación; pueden ofrecer victoria en medio de las circunstancias difíciles antes que mejorar sentimientos e intentar el cambio de las circunstancias. Esto es bíblico y, por lejos, superior a una curación que no puede ser definida ni medida. La consejería bíblica es amante porque produce la victoria que Dios ha prometido.

(Robert Smith, Doctor en Medicina)

¿Por qué la consejería bíblica sostiene un concepto dicótomo del hombre en lugar de uno tricótomo?

La dicotomía enseña que la persona está compuesta por dos elementos: cuerpo y alma. El cuerpo representa todo lo que es material y el alma todo lo que es inmaterial. En este caso, se considera que los términos *alma y espíritu* se refieren al aspecto inmaterial de la naturaleza humana desde dos diferentes posiciones. Esto es, que la esencia numérica de *alma y espíritu* es una.

La evidencia de la dicotomía se halla en las Escrituras en el uso indistinto de los términos *alma* (*nephesh* en el Antiguo Testamento y *psyche* en el Nuevo) y *espíritu* (*ruah* en el Antiguo y *pneuma* en el Nuevo Testamento). Por ejemplo, compárese Génesis 35.18 y 31.5 como asimismo Juan 12.27 y 13.21. Otra línea de argumentación es la importancia de *alma* según se usa en diversos contextos para representar el aspecto inmaterial de la humanidad. Por ejemplo, véanse Marcos 12.30; Lucas 1.46; Hebreos 1.18-19 y Santiago 1.21. Finalmente, la Escritura usa *cuerpo y alma* juntos como una representación de la persona completa, como en Mateo 10.28 y 16.26.

Al evaluar la dicotomía, la defensa más fuerte es el argumento basado en la creación. Génesis 2.7 dice que el hombre resultó un *alma* viviente. El término incluye todo lo que constituye una vida, un ser que respira. Sería, pues, más exacto decir que el hombre es un alma, pero tiene un *espíritu*. Además, la intercambiabilidad argumenta a favor de la dicotomía. En el lado negativo están estos pasajes (1 Ts 5.23 y Heb 4.12) que parecen hacer distinción entre *alma y espíritu* como favoreciendo la tricotomía.

La tricotomía dice que los humanos somos compuestos de tres elementos distintos: cuerpo, alma y espíritu. El *alma* constituye el principio de animación y las facultades de la naturaleza humana, como la mente, el corazón y la voluntad. El *espíritu*, por el otro lado, es la capacidad espiritual que nos relaciona con Dios. Esto es lo que renace en la salvación.

Evidencias de esta posición se encuentran en algunos pasajes de las Escrituras que señalan una función diferente del *alma* y el *espíritu,* como en Mateo 16.26 (qué recompensa dará el hombre por su *alma,* no su *espíritu*) y en Romanos 8.16 (el Espíritu da testimonio a nuestro *espíritu,* no de nuestra alma). Además, los términos se diferencian uno de otro en 1 Tesalonicenses 5.23. Más importante, Hebreos 4.12 indica que *alma y espíritu* son susceptibles de ser divididos por la Palabra de Dios y, por tanto, debe entenderse que abarcan dos entidades diferentes.

Por vía de evaluación, el concepto tricótomo explica mejor cómo un individuo puede estar físicamente vivo pero espiritualmente muerto. En concordancia, muchas presentaciones del evangelio son construidas desde un punto de vista tricotomista de la raza humana. Pero esta ventaja es neutralizada por la falta de apoyo bíblico a tal posición. Respecto a 1 Tesalonicenses 5.23, debe observarse, ante todo, que Pablo está comprometido en oración. No está pronunciando un discurso sobre la constitución humana. En segundo lugar, la «y» que conecta *alma y espíritu* puede ser entendida como una «y» *(kai)* «epexegética» más que como una simple conexión, de modo que los términos en cuestión representarían diferentes maneras de referirse al mismo aspecto inmaterial del ser humano. En tercer lugar, la expresión verbal «sea guardado» y el adjetivo modificador «irreprensible» están en singular. Aun cuando un verbo singular puede modificar el sujeto neutro plural en la gramática del griego, las reglas de concordancia sugieren que «cuando un sujeto colectivo es tomado en masa, el verbo es singular».[5] Finalmente, la palabra «todo» es *holoteleis* más que *holomereis,* significando que esto no se refiere a partes. Así, los indicadores gramaticales, contextuales y del léxico significativamente eliminan la interpretación tricotomista del versículo.

El caso dado en Hebreos 4.12 es igualmente problemático. El texto no está enseñando una separación del alma *del* espíritu, porque la preposición, ya sea *ek, apo o kata,* está ausente. Asimismo, no hay un verbo que indique una división *entre* dos cosas. Los objetos del participio son una serie de genitivos tales como «división *de* alma y *de* espíritu». En otras palabras, lo que se afirma es la habilidad de la Palabra de Dios para dividir el alma *en sí* y el espíritu *entre sí*. Más apoyo para esta interpretación del

---

5. Harvey E. Dana y Julius R. Mantey, *A Manual Grammar of the Greek New Testament* [Un manual de gramática del Nuevo Testamento Griego], MacMillan, Nueva York, 1957, pp. 164-65.

versículo se halla en la referencia «las coyunturas y los tuétanos». Esto no significa una separación de las coyunturas *de* los tuétanos ya que ellos no están relacionados. Más bien la división es de los huesos, en sus coyunturas, entre unos y otros y el tuétano de los huesos de la superficie ósea. Por consiguiente, Hebreos 4.12 no puede ser usado exegéticamente para defender la tricotomía.

El dicotomista tiene un mejor medio de relacionar *alma* y *espíritu,* uno con otro, en concordancia con la interpretación bíblica. El *alma* anima al cuerpo y es el centro de la conciencia y la personalidad, incluyendo el intelecto, los aspectos y la voluntad. El *espíritu* se refiere a las mismas facultades inmateriales en relación con Dios. Una persona espiritualmente muerta es alguien en quien las capacidades del alma no están en forma correcta relacionadas con Dios. En la regeneración, el espíritu reorienta las facultades del alma en dirección hacia Dios de modo que el alma es hecha espiritualmente viva.

(Ken N. Sarles)

¿Por qué quienes estan involucrados en consejería bíblica critican y condenan a otros creyentes que sostienen diferentes conceptos?

Sería groseramente injusto caracterizar a todo el movimiento de consejería bíblica como crítico y condenatorio. Habiendo leído buena parte de su literatura, quedé impresionado con el equilibrio, la madurez, la actividad y el razonamiento bíblico empleado por hombres como Jay Adams, Richard Ganz, Wayne Mack y otros.

El error que el movimiento de consejería bíblica procura corregir es extremadamente serio, puesto que está en juego la integridad y la autoridad de las Escrituras. Quienes están dedicados a la consejería bíblica entienden que pretender reemplazar las Escrituras con la necia sabiduría del mundo (cf. 1 Co 1.20; 3.19) es falsificar el poder y la bendición de Dios en los ministerios de consejería.

¿Es inevitablemente cruel o condenatorio decir que el concepto de otros es errado? No si uno tiene la autoridad bíblica para decirlo. En verdad, permanecer callado y permitir el avance del error sin exponerlo ni corregirlo es renunciar a una de las obligaciones de los ancianos (Tit 1.9). Pablo públicamente llamó hipócrita a Pedro por comprometer principios bíblicos (Gl 2.11-15). Pedro había sido públicamente hipócrita y era correcto que fuera reprendido también en público (cf. 1 Ti 5.20).

Disentir o criticar los conceptos publicados por alguien no constituye un ataque personal. Si la Iglesia no tolera diálogos polémicos entre diferentes puntos de vista, especialmente si los líderes cristianos no pueden ser responsabilizados cuando sus enseñanzas no son bíblicas, entonces el error reinará libremente.

(John MacArthur)

¿Qué puede ofrecer la consejería bíblica a incrédulos que acuden por consejería?

Primero, la consejería bíblica reconoce que los creyentes e inconversos no pueden ser aconsejados de un mismo modo. No podemos usar las Escrituras para aconsejar a un no creyente que no se somete a su autoridad. En realidad, los aconsejados no pueden y no responderán a la verdad si sus ojos espirituales no son abiertos por Dios. Como dice Pablo: «El hombre natural no percibe las cosas que son del Espíritu de Dios, porque para él son locura y no las puede entender, porque se han de discernir espiritualmente. En cambio el espiritual juzga todas las cosas pero él no es juzgado de nadie» (1 Co 2.14-15). Por tanto, a fin de que la persona experimente un cambio, debe someter su voluntad a la de Dios. El único cambio que puede producirse en un inconverso es superficial y jamás afectará su corazón. Y es justamente hacia esto que apunta la consejería bíblica: Cambiar el corazón a fin de que responda a Dios.

¿Qué es, pues, lo que la consejería bíblica ofrece a una persona no regenerada? Podemos comunicar la verdad de que nadie puede cambiar en un grado significativo si no abraza a Jesús como su Salvador y Señor. Es aquí donde el verdadero cambio debe comenzar. La consejería bíblica puede ofrecer el evangelio como respuesta a la más profunda necesidad humana. Este es el objetivo y la base para cualquier proceso de consejería a no creyentes. Si la persona rehúsa reconocer su necesidad de la obra salvadora de Cristo, no hay realmente otra posibilidad de ayudarla.

(S. Lance Quinn)

¿Qué compromisos teológicos son básicos en el método noutético de la consejería bíblica?

La pregunta puede ser respondida en dos partes: Primero, qué compromisos bíblicos hay involucrados y, segundo, qué aspectos teológicos no están involucrados.

Hablando en general, el consejero bíblico procura afirmar las doctrinas fundamentales de la fe en la tradición de la Reforma Protestante. Específicamente, tres compromisos doctrinales son fundamentales en la consejería bíblica. El primero es con la autoridad y la suficiencia de las Escrituras. Esta verdad, más que ninguna otra, distingue la consejería bíblica de cualesquiera otros sistemas. La Palabra de Dios, usada por el Espíritu de Dios, es suficiente para resolver todos los problemas espirituales, sicológicos y de relación de los hijos de Dios (2 Ti 3.16-17). Ninguna otra rama del conocimiento puede ser incorporada a la Biblia. Sólo ella es firme y habla con autoridad final y absoluta.

El segundo compromiso es con la persona y voluntad de Dios, quien es a la vez autor y objeto de las Escrituras. Todo problema de consejería puede, en última instancia, ser trazado hasta hallar su origen en un concepto erróneo acerca del carácter y la voluntad de Dios (Is 55.8-9). Por tanto, todos los dolores del corazón, las tragedias, las dificultades y los sufrimientos deben ser colocados en correcta relación con su gloriosa y majestuosa persona. Puesto que sólo Él es Dios, y no hay otro fuera de Él, las dificultades de cualquier índole deben ser relacionadas con su plan soberano (Ro 8. 28-30).

El tercer compromiso involucra la doctrina del pecado, un distintivo de la consejería bíblica. Sólo el método noutético concede la debida consideración a la radicalmente defectuosa naturaleza de la humanidad. El dilema fundamental no es que la gente está en dolor o que ha perdido su autoestima o que proviene de una familia con problemas; más bien, la raíz del problema está en que son seres caídos (Gn 3) y en rebelión contra Dios (Ro 5.10). Adoran y sirven a la criatura en lugar del Creador (Ro 1.25).

Aunque el método noutético no es integracionista, esto no elimina toda la diversidad teológica o denominacional de quienes lo utilizan. En efecto, en la consejería bíblica no hay implicaciones eclesiásticas ni escatológicas . Un consejero bíblico puede ser dispensacionalista, o seguir la Teología del Pacto, o ninguna de las dos; puede ser episcopal, presbiteriano, bautista o congregacionalista en cuanto a la forma de gobierno en su iglesia y puede ser premilenarista, postmilenarista o amilenarista acerca del futuro profético. La consejería bíblica es interdenominacional y no sectaria. No está comprometida con ningún individuo, iglesia ni organización. Aparte de los principios teológicos fundamentales en la práctica noutética, este método no está alineado con ningún campo teológico en particular. Como resultado, dondequiera que los fundamentos de la fe sean afirmados, puede utilizarse la consejería bíblica no importa la estructura de la iglesia ni su posición escatológica.

(Ken N. Sarles)

¿Cómo pueden los consejeros bíblicos calificar las adicciones a la droga y alcohol como pecado cuando la ciencia médica ha probado que son enfermedades?

La idea de que las adicciones son enfermedades está tan difundida que parece necio hablar contra ella. Sin embargo, la idea de que la ciencia médica ha probado que las adicciones son una enfermedad orgánica, carece totalmente de fundamento. Las comunidades científicas y médicas permanecen sinceramente divididas sobre la consideración de las adicciones como enfermedad.[6] La Corte Suprema de California, en su famoso «Caso Sundance» (*«Sundance contra la ciudad de Los Ángeles»*, 43 Cal 3rd 1101) aprobó el principio de que es enfermedad y, al hacerlo, removió la responsabilidad legal por ebriedad y estableció programas privados y gubernamentales

---

6. David G. Benner, ed. *Baker Encyclopedia of Psychology* [Enciclopedia Baker de Sicología], Baker, Grand Rapids, 1985, p.38.

para tratamiento. En realidad, lo que el Dr. William Playfair ha llamado «La industria de la recuperación» ha sido tan efectiva en su difusión de la idea de que la adicción es una enfermedad clínica que un estudio realizado en 1990 mostró a un ochenta y siete por ciento de los estadounidenses sosteniendo esta posición.

En cambio, la Biblia declara que la borrachera (la no médica, la introducción no prescrita de químicos en el cuerpo con el propósito de obtener placer o alterar percepciones de la realidad a fin de hacer frente o eludir las pruebas y las luchas de la vida) es pecado (Gl 5.17-21; Ef 5.18; 1 P 4.3-5). Tales químicos son el alcohol o las drogas en sus variados tipos. La ingestión de tales sustancias es una elección personal consciente, totalmente dentro del control del individuo. Afirmar lo contrario es sugerir una predisposición genética a la adicción o sugerir que, en la medida que el abuso de la sustancia continúa, una persona pierde gradualmente su capacidad de escoger el negarse a seguir en ese patrón de vida.

La respuesta genética es la idea más popular aun en círculos cristianos. Desde este punto de vista una persona nace alcohólica o adicta de la misma manera que podría haber nacido con ojos azules o pardos. El punto de partida, sin embargo, del alcoholismo o la drogadicción es el primer trago o la primera píldora. De otro modo estos individuos no tendrían opción; serían víctimas de su constitución genética. Este concepto, aparte de ser antibíblico, no cuenta con el acuerdo de toda la comunidad médica.[7] El otro principio, que dice que una persona pierde gradualmente su capacidad de abstenerse del abuso de tales sustancias, es una simple variante del principio de la enfermedad y tampoco en este hay unanimidad entre los profesionales médicos.

Cuando alguien queda bajo el control de una sustancia, no es fácil romper sus ataduras. Es lo que Pablo advierte con tanta vehemencia acerca de no dejarse dominar por nada, aparte del Espíritu Santo (1 Co 6.12). El único tratamiento efectivo en el abuso de sustancias es reconocer que es pecaminoso, arrepentirse y dejar de hacerlo. Esto tal vez no sea muy grato; por el contrario, es bien sabido que, extirpar vicios arraigados por largo tiempo, es algo desagradable. En algunos casos extremos, como en el del uso de la heroína, puede requerir supervisión médica. Sin embargo, la manera bíblica de tratar con estos pecados es clara: Arrepentimiento y abandono de tal actividad pecaminosa. El problema del abuso de sustancias y la adicción no es —opinión popular aparte— una enfermedad indefinida que proviene de la genética, del ambiente u otra fuerza exterior; es la elección voluntaria y pecaminosa de un individuo caído.

(Dennis M. Swanson)

---

7. William L. Playfair y George Bryson, *The Useful Lie* [La mentira útil], Good News/Crossway, Wheaton, 1991, pp. 45-47.

¿Es verdad que el fundamento de la consejería bíblica tiene raíces en el legalismo?

Legalismo es un término que *casi siempre* se suelta sin pensar mucho en su significado. En esencia, legalismo significa mostrar espiritualidad por medio de lo que uno hace o deja de hacer. En el legalismo alguien establece una medida externa de espiritualidad y luego juzga a todos por ese patrón. Como la persona ha establecido el patrón, obviamente siempre lo alcanza. Pablo denuncia esta actividad en 2 Corintios 10.12. El apóstol censura a quienes «se miden a sí mismos por sí mismos y se comparan consigo mismos».

La consejería bíblica ha sido caricaturizada por sus críticos como legalista y debe reconocerse que, ocasionalmente, en algunos casos, ha sido cierto; pero ella no tiene raíces en el legalismo. Es estricta en su aceptación de la única fuente de autoridad, la verdad de Dios revelada en su Palabra, y no tolera la integración de teorías, conceptos ni prácticas de la sicología secular en el área de consejería. Pero los consejeros bíblicos no se colocan a sí mismos como el patrón para la vida y la piedad. Más bien, señalan las Escrituras de modo que la gente pueda ver a Dios más claramente y entender que Él ha provisto para todos los creyentes «bendición espiritual en los lugares celestiales en Cristo» (Ef 1.3). El consejero bíblico es como Pablo, que admite: «Hermanos, yo mismo no pretendo haberlo ya alcanzado; pero una cosa hago: olvidando ciertamente lo que queda atrás, y extendiéndome a lo que está adelante, prosigo a la meta» (Flp 3.13). El consejero bíblico también señala al aconsejado la dirección que tomó Pablo cuando dijo: «Todo lo puedo en Cristo que me fortalece» (Flp 4.13).

Llamar legalista a la consejería bíblica es negar la verdad, pues ella sólo procura honrar a Dios en todo y poner en igualdad a hermanos y hermanas en Cristo con admonición, consejo y represión cuando es necesario, para mostrar a los no creyentes que sus problemas palidecen si se los compara con su necesidad de salvación en Cristo y declarar a todos la omnisciencia, omnipotencia y omnipresencia de Dios, quien es el único que puede salvar y revestirnos de poder para servirle en este mundo.

(Dennis M. Swanson)

¿Refiere usted personas a los sicólogos o siquiátras para que las ayuden?

Nunca hago tal cosa a menos que el consejero a quien envío una persona esté dedicado a la consejería bíblica, de manera que el título profesional es incidental. Ocurre que muchos consejeros bíblicos poseen títulos en sicología, siquiatría, neurología, medicina general, enfermería, educación o de trabajadores sociales. Estudiaron teorías y métodos seculares de consejería que luego dejaron de lado en favor de las teorías y prácticas bíblicas.

Enviaría a alguien, alguna vez, a sicólogos o siquiatras por otras razones? Una preparación médica siquiatra podría ayudar a determinar si ciertos problemas neurológicos u orgánicos son causa de ciertos problemas y un sicólogo podría ayudar con un test de inteligencia. Pero, lamentablemente, siquiatras y sicólogos, con demasiada frecuencia, adoptan el papel de sicoterapeutas. Ellos se introducen en los dominios del Espíritu, de la Palabra y el ministerio porque aconsejan a la gente por medios antibíblicos. Una carta de una organización cristiana líder, contiene la siguiente declaración:

> Los sicólogos hacen mucho más que involucrarse en la práctica de la sicoterapia. ¿A quién llevaría usted un niño de seis años para que determine si está emocional y físicamente listo para ingresar al primer grado?[...] ¿A quién iría usted si su esposa fuera esquizofrénica y corriera gritando por la calle? ¿Sería su pastor capaz de tratar con tal situación? ¿Qué si usted decidiera hacer un cambio de carrera a los cuarenta y cinco años y deseara una evaluación objetiva de sus fuerzas e intereses? ¿A quién podría usted pedir ayuda? ¿A quién iría usted por ayuda con un adolescente que ha sido extremadamente rebelde y resentido con su padre? En cada una de estas situaciones y en un centenar de otras, usted debería buscar a un sicólogo cuyo primer amor y más elevado compromiso sea con Cristo y con la Palabra de Dios. Cuán simple es decir: «No existe tal cosa».[8]

Permítaseme interactuar con esta declaración, frase por frase.

«Los sicólogos hacen mucho más que involucrarse en la práctica de la sicoterapia». En verdad, lo hacen. Por supuesto, para la mayoría de los sicólogos cristianos, la sicoterapia es el medio de hacer dinero. Pero tal práctica de consejería es legitimada por una enorme cantidad de escritos y discursos populares. En realidad, la mayor influencia de los sicólogos en la iglesia, en este tiempo, no es ejercida a través de la sicoterapia, sino por cantidades de libros con récords de ventas, conferencias, videos y programas radiales. La declaración hace hincapié en el papel de servicio que han asumido los sicólogos. Pero, por lo menos en esta cita, no se menciona su papel más importante: maestros acerca de la naturaleza humana, de sus problemas y soluciones. En un nefasto desarrollo para la iglesia, los sicólogos han ganado autoridad en tres aspectos: 1) El derecho a interpretar a los seres humanos y sus problemas; 2) El derecho a trabajar con personas que están experimentando problemas y 3) El derecho a intentar solucionar tales problemas.

---

8. La cita es presentada en una carta formal enviada por [Enfoque a la Familia], el 9 de noviembre de 1989. Está firmada por David Tompkins, un asistente personal del Dr. James Dobson.

El dilema es este: Las interpretaciones respecto a las personas que hacen los sicólogos cristianos son sistemáticamente torcidas por el error. ¿Qué es lo que enseñan? Diversos como son en sus detalles, los sicólogos cristianos populares coinciden en su enseñanza de que el problema fundamental de la humanidad surge de una falta, vacío, necesidades no satisfechas, lesiones o traumas (por ejemplo «baja autoestima», «profundos anhelos de relaciones», «hambre de amor», «búsqueda de significación»).

En contraste, la Biblia enseña que nuestro problema fundamental surge de deseos activos, pensamientos e intenciones del corazón. ¿Somos básicamente pecadores, o simplemente reaccionamos en forma pecaminosa, debido a fallas en quienes fueron responsables de satisfacer nuestras necesidades primarias?

El párrafo transcrito apela a la institucionalización *de facto* de la sicología dentro de la cultura contemporánea secular y cristiana como si esto estableciera la legitimidad de los sicólogos. Se hace aparecer su autoridad como autoevidente: Debido a que la gente recurre a los sicólogos, estos son necesarios. Sin embargo, cada uno de los ejemplos citados arriba perecerían muy dudosos de ser inspeccionados.

«¿A quién llevaría usted un niño se seis años para que determine si está emocional y físicamente listo para ingresar al primer grado?» Llévelo a un médico en cuanto a la parte física. Llévelo al director de la escuela y a los maestros del jardín de infantes y primer grado para los otros aspectos. Ellos han tratado con centenares de niños a lo largo de los años. Un buen recurso pueden ser también otros padres. Gente experimentada puede darle buenos consejos que pesen en *su* determinación respecto a la capacidad de su niño.

«¿A quién iría usted si su esposa fuera esquizofrénica, y corriera gritando por la calle? ¿Sería su pastor capaz de tratar con tal situación?» Si la conducta o modo de pensar de su esposa llegaran a ser extraños, entre un médico, la policía y su pastor (o cualquier otro consejero pastoral) usted estaría capacitado para hacer lo que humanamente se puede hacer. El éxito de los sicólogos con los llamados esquizofrénicos ni vale la pena mencionarse.

«¿Qué si usted decidiera hacer un cambio de carrera a los cuarenta y cinco años y deseara una evaluación objetiva de sus fuerzas e intereses? ¿A quién podría usted pedir ayudar?» Un consejero vocacional podría proveer un examen de interés y aptitud, y su conocimiento del mercado de trabajo. Un consejero pastoral digno de este nombre podría ayudarlo a considerar los motivos para considerar ese cambio, como asimismo otros aspectos en el proceso de su decisión. Gente que lo conozca bien a usted; otros que estén haciendo lo mismo que hace usted actualmente y alguien que hace lo mismo que usted está pensando hacer pueden también aconsejarlo de un modo práctico.

«¿A quién iría usted por ayuda con un adolescente que ha sido extremadamente rebelde y resentido con su padre?» Esto es como pan y manteca en la consejería bíblica. Traiga al adolescente y sus padres a la consejería. Averigüe por qué el joven es tan rebelde y resentido, y si esto no es provocado por su padre. Ayude a ambos a hacer los cambios necesarios.

«En cada una de estas situaciones y en un centenar de otras, usted debería buscar a un sicólogo cuyo primer amor y más elevado compromiso sea con Cristo y con la Palabra de Dios. Cuan simple es decir: no existe tal cosa». Sinceramente no podría pensar en ninguna situación, excepto tal vez en un examen de inteligencia de un sicólogo escolar, donde el título de *sicólogo* sería significativo. Mucha gente bíblicamente sabia en muchos caminos de la vida podría proveer ayuda en estas instancias. Mi mayor problema con los «sicólogos cuyo primer amor y más elevado compromiso es con Cristo y con la Palabra de Dios» es que la mayoría de quienes he conocido personalmente o he leído se desvían abiertamente de ese compromiso profesado, tanto en su teoría como en su práctica. Compromisos verbales con la Palabra de Dios coexisten con enseñanzas desviadas que provienen de enemigos de esa Palabra.

Los sicólogos cristianos casi tienen que desviarse a fin de definirse a sí mismos como profesionales legítimos con algo de experiencia única. Después de todo, el territorio que vienen reclamando no les pertenece por ningún derecho natural. Es un territorio de los padres, de los pastores, de los maestros, de los médicos, de los amigos y un ejército de consejeros prácticos que no pretenden ser sicólogos. Es un territorio de los problemas de la vida y de la sabiduría, en ese terreno, está a nuestra disposición en las páginas de la Escritura. Aunque con dificultad gane experiencia en la aplicación de la verdad a la vida, tal sabiduría está disponible para cuantos la busquen.

(David Powlison)

Apéndice

DATOS DE IDENTIFICACIÓN:

Nombre _____ Teléfono _____

Dirección _____

Ocupación _____ Teléfono del trabajo _____

Sexo _____ Estatura _____

Fecha de nacimiento _____ Edad _____

Estado civil: Soltero ____ Comprometido ____ Casado ____

Separado ____ Divorciado ____ Viudo ____

Educación (último año completo): ____ (grado)

Otra preparación (detalle el tipo y años completos) _____

Referido aquí por

Dirección

INFORMACIÓN SOBRE LA SALUD:

Evalúe su salud (tilde): Muy buena ____ Buena ____ Intermedia ____

Declinando ____ Otra _____

Peso aproximado _____ kgs.

Cambios recientes en su peso: Perdió ____ Aumentó ____

Detalle enfermedades, lesiones o incapacidades importantes, pasadas o actuales:

_____

_____

Fecha de su último examen médico _____ Resultado _____

Nombre de su médico _____ Dirección _____

---

1 Este material fue tomado de «Manual del Consejero Cristiano: Práctica de Consejería Noutética» (_____) y es usado con permiso.

¿Está tomando medicinas? Sí _____ No _____ ¿Cuáles? _____

¿Ha tomado alguna vez medicina para propósitos que no sean médicos?

Sí _____ No _____ ¿Cuáles? _____

¿Ha tenido alguna vez trastornos emocionales severos? Si _____ No _____

Explíquelos _____

¿Ha sido arrestado alguna vez? Sí _____ No _____

¿Está dispuesto a firmar un formulario autorizando informaciones que permitan a su consejero obtener, por escrito, información social, médica o siquiátrica?

Sí _____ No _____

¿Ha sufrido recientemente la pérdida de una persona cercana?

Sí _____ No _____ Explique _____

¿Ha sufrido recientemente alguna pérdida por algún revés serio en lo social, comercial o de otro tipo? Sí _____ No _____

Explique _____

TRASFONDO RELIGIOSO

Iglesia a la que asiste _____ ¿Es miembro? Sí _____ No _____

Veces que asiste por mes a la iglesia (marque)   1 2 3 4 5 6 7 8 9 10+

¿A qué iglesia asistía en su niñez? _____

¿Es bautizado? Sí _____ No _____

Si es casado, trasfondo religioso de su cónyuge _____

¿Se considera usted una persona religiosa? Sí _____ No _____ En duda _____

¿Cree usted en Dios? Sí _____ No _____ En duda _____

¿Ora a Dios? Nunca _____ Ocasionalmente _____ Con frecuencia _____

¿Es salvo? Sí _____ No _____ No estoy seguro _____

¿Cuánto lee la Biblia? Nunca _____ Ocasionalmente _____ Con frecuencia _____

¿Tiene devocionales familiares en forma regular? Sí _____ No _____

Explique algún cambio reciente en su vida religiosa (si lo ha tenido)

_____

_____

INFORMACIÓN SOBRE SU PERSONALIDAD:

¿Ha estado alguna vez bajo consejería o sicoterapia?

Sí _____ No _____

Si contesta afirmativamente, detalle consejeros o terapeutas y fechas _____

¿Cuál fue el resultado? _____

Marque cualesquiera de las siguientes palabras que mejor lo describan a usted:

Activo ____ Ambicioso ____ Autoconfiado ____ Persistente ____

Nervioso ____ Trabajador ____ Impaciente ____ Impulsivo ____

Malhumorado ____ Depresivo ____ Entusiasta ____ Imaginativo ____

Calmado ____ Serio ____ Divertido ____ Tímido ____ Bien dispuesto ____

Introvertido ____ Extrovertido ____ Atractivo ____ Líder ____

Tranquilo ____ Duro ____ Sumiso ____ Solitario ____ Recatado ____

Sensible ____ Otros _____

¿Ha sentido alguna vez que alguien lo observaba? Sí ____ No ____

¿El rostro de la gente le parece distorsionado? Sí ____ No ____

¿Experimenta dificultades en distinguir rostros? Sí ____ No ____

¿Los colores le parecen demasiado brillantes? Sí ____ No ____

¿Demasiado opacos? Sí ____ No ____

Es, algunas veces, incapaz de calcular una distancia? Sí ____ No ____

¿Ha tenido alucinaciones? Sí ____ No ____

¿Tiene miedo cuando está en un automóvil? Sí ____ No ____

¿Es su oído excepcionalmente bueno? Sí ____ No ____

¿Tiene problemas con el sueño? Sí ____ No ____

INFORMACIÓN SOBRE MATRIMONIO Y FAMILIA:

Nombre del cónyuge _____ Teléfono _____

Dirección _____

Ocupación _____ Tel. del trabajo _____

Edad de su cónyuge ____ Educación (años) ____

Religión _____

¿Está su cónyuge dispuesto a venir por consejería? Sí ____ No ____ En duda ____

¿Ha estado usted alguna vez separado? Sí ____ No ____ ¿Cuándo? _____

Fecha de casamiento _____

Su edad al casarse: Esposo _____ Esposa _____

¿Por cuánto tiempo conoció a su cónyuge antes de casarse? _____

Duración del noviazgo formal _____ Luego del compromiso _____

Dé una breve información sobre matrimonios anteriores: _____

_____

Información sobre los hijos:

MA*	Nombre	Edad	Sexo	¿Vive?	Educación (años)	Estado civil

* Marque esta columna si algún hijo es de un matrimonio anterior.

Si fue criado por otras personas, fuera de sus padres, explique brevemente.

¿Cuántos hermanos _____ y hermanas _____ mayores tiene?

¿Cuántos hermanos _____ y hermanas _____ menores tiene?

CONTESTE BREVEMENTE LAS SIGUIENTES PREGUNTAS:

1) ¿Cuál es su problema?

2) ¿Qué ha hecho acerca de él?

3) ¿Qué piensa que podemos hacer al venir aquí?

4) Según se ve a sí mismo, ¿qué clase de persona es usted? Descríbase a sí mismo.

5) ¿Qué es lo que teme? (si es que tiene temor).

6) ¿Tiene alguna otra información que deberíamos conocer?